Über dieses Buch Aus dem Inhalt: Die Erkenntnisse der Manipulationsstrategen. Wie wirkt unterschwellige Werbung? Über die Wirkung von Sex und über die Frauenbilder in der Werbung. Vom demonstrativen Konsum und von demonstrativer Vernunft. Wie Werbemacher und Marktforscher die Konsumenten untersuchen. Von der Unmöglichkeit, nicht manipuliert zu werden, und warum die Konsumenten trotzdem klüger sind als die Werbemacher.
Jedes Kapitel behandelt eines der berühmt-berüchtigten oder streng geheimen Erfolgsrezepte der Werbetheoretiker oder Werbepraktiker. Und jedes Kapitel ist auch einzeln verständlich.
Für alle, die Werbung machen oder sich mit Werbung auseinandersetzen – insbesondere für jene, die sich über die heutige Werbung ärgern.

Die Autorin Dr. Eva Heller, geb. 1948, ist Werbewirtin (HdK Berlin) und studierte Soziologie, Psychologie und Betriebswirtschaftslehre an der Freien Universität Berlin. Promotion an der Universität Frankfurt. Arbeitete in Berlin als Werbeleiterin und arbeitet als Sozialwissenschaftlerin in Frankfurt. Zu ihren belletristischen Publikationen zählt der Bestseller-Roman ›Beim nächsten Mann wird alles anders‹ (Fischer Taschenbuch Bd. 3787).

E. Heller

Wie Werbung wirkt:
Theorien und Tatsachen

Fischer
Taschenbuch
Verlag

Lektorat: Ingeborg Mues

19.–20. Tausend: April 1990

Originalausgabe
Veröffentlicht im Fischer Taschenbuch Verlag GmbH,
Frankfurt am Main, Februar 1984

© 1984 Fischer Taschenbuch Verlag GmbH, Frankfurt am Main
Umschlaggestaltung: Eva Heller/Manfred Walch
Gesamtherstellung: Clausen & Bosse, Leck
Printed in Germany
ISBN 3-596-23839-0

Inhalt

3. Kapitel
Das Geheimnis der Psychobiologie

4. Kapitel
Die öffentlichen Verführer

5. Kapitel
Werbeanalyse als Hohe Schule der Deutungskunst

10. Kapitel
**Erkenntnisse
der Massenkommunikationsforschung**

11. Kapitel
**Von der Natur des Menschen
zur Natur des Konsumenten**

12. Kapitel
**Die Vorstellungen vom Verbraucher·
und ihre Beweismethoden**

Teil IV
ALTERNATIVE ANSÄTZE

13. Kapitel
**Vom demonstrativen Konsum
zur demonstrativen Vernunft**

14. Kapitel
Die Absicht der Werbung ist ihre Wirkung

Einleitung

Zu den Theorien, die jedem Gebildeten geläufig, aber niemandem verständlich sind, gehört die, daß Werbung manipuliert.

Beginnen wir bei den Tatsachen. Die Werbekampagnen werden immer gigantischer. Der Tabakkonzern Reemtsma brachte 1981 die Zigarettenmarke ›West‹ auf den bundesdeutschen Markt. Kosten der Einführungskampagne: 50 Millionen Mark. Die amerikanische Brown & Williamson Tobacco Company lancierte im selben Jahr in den USA die Marke ›Barclay‹, die innerhalb von sieben Monaten einen Marktanteil von 1,2 Prozent erreichte – ein bescheidener Anteil, doch auf dem heiß umkämpften Zigarettenmarkt ein sensationeller Erfolg –, Kosten dieser Einführungskampagne: 350 Millionen Mark.[1]*
Nach den offiziellen Angaben des Zentralausschusses der Werbewirtschaft wurden 1981 in der Bundesrepublik Deutschland 12,5 Milliarden Mark für Werbung ausgegeben.[2] Als jedoch drei Jahre zuvor die erste und bislang letzte von der Werbewirtschaft unabhängige Recherche der nationalen Werbekosten durchgeführt wurde, errechneten die Forscher Klein-Blenkers und Robl bereits für das Jahr 1978 Werbekosten von mindestens 34,6 Milliarden Mark![3]

Aber auch die Kritik an der Werbung wird immer massiver. Die Assoziation von ›Werbung‹ mit ›Manipulation‹ ist so allgemein geworden, daß sie sogar im Fremdwörter-Duden aufgegriffen wird. Da ist Manipulation definiert als »bewußter und gezielter Einfluß auf Menschen ohne deren Wissen und oft gegen deren Willen«, und diese Definition wird seit der Auflage von 1974 mit dem Zusatz erläutert: »zum Beispiel mit Hilfe der Werbung«.
Manipulation durch Werbung ist für die Verkäufer der Traum von Macht, für die Käufer der Alptraum ihrer Ohnmacht. Die

---

* Die Anmerkungen befinden sich auf den Seiten 241 bis 259.

Konsumenten haben oft genug gehört, daß sie nur zu leicht beeinflußbar seien, daß ihre Bedürfnisse und Wünsche nur von der Werbung suggeriert worden seien, daß sie nur wegen der Werbung Dinge kaufen, die sie eigentlich nicht wollten und nicht brauchten. Werber und Umworbene sind heute feindliche Lager. Aufklärung über die Machenschaften der Werbung mit dem Ziel der Immunisierung gehört heute zum Lehrplan aller Schulen.[4]

Die Ohnmacht der Verbraucher hat eine überraschende Parallele. Wenn Werber über Werbung reden, zitieren sie meist diesen – den berühmtesten – Satz über die Erkenntnisse der Werbewirkung: »Die Hälfte des Geldes, das für Werbung ausgegeben wird, ist zum Fenster hinausgeworfen – unklar ist nur, welche Hälfte es ist.«[5] Allerdings, heute stimmt dieser Satz nicht mehr ganz. Man kann heute davon ausgehen, daß mindestens Dreiviertel der Werbeetats ausgegeben werden, ohne Erfolg einzubringen. David Ogilvy, einer der Großen der Werbung, sagte es 1979 seinen Berufskollegen ganz unverblümt: »Most of the advertising is shamefully ineffective.«[6]

Daß der größte Teil der Werbung beschämend wirkungslos ist – jedenfalls für die Werber beschämend –, auch dies läßt sich gut am Zigarettenmarkt darstellen: Von 1970 bis 1980 wurden von den nationalen und internationalen Konzernen 202 neue Zigarettenmarken auf den bundesdeutschen Markt gebracht. 1981 waren von den Neueinführungen der siebziger Jahre noch die Hälfte, exakt 102 Marken, übrig. Das bedeutet jedoch nicht, daß die Hälfte aller Neueinführungen erfolgreich war, denn dieser Rest wird sich von Jahr zu Jahr weiter rapide verringern: Marken, die sich länger als drei Jahre auf dem Markt halten können, sind Ausnahmen. Echte Erfolge waren von den 202 Neueinführungen nur zwei Marken. Erfolg – das ist nach den Kriterien der Zigarettenindustrie ein Marktanteil ab 1 Prozent! Nicht nur die großen, auch die bescheidenen Erfolge sind rar: Lediglich weitere fünf Marken erreichten wenigstens Anteile zwischen 0,3 Prozent bis 0,6 Prozent.[7]

In den Journalen der Profession preisen Theoretiker wie Praktiker unermüdlich neue Werbestrategien und neue Marketingkonzepte. Von neuen Produktnamen, neuen Verpackungen, neuen Medien, neuen Verkaufsmethoden, und was es der Veränderungen mehr gibt, erhofft man sich jedesmal aufs neue die durchschlagende Wirkung. Jede erfolgreiche Kampagne wird als Entdeckung des Geheimnisses garantierter Werbewirkung gefeiert. Problematisch an den aus Einzelerfolgen abgeleiteten Universalrezepten ist nur, daß es zu jeder erfolgreichen Kampagne immer auch bedenkenswerte Gegenbeispiele gibt: Kampagnen, die genau dieselbe Strategie verfolgten und dennoch – oder gerade deshalb? – immense Fehlschläge waren. Und umgekehrt gibt es Kampagnen, die jede erprobte Regel mißachteten und dennoch – oder gerade deshalb? – sehr erfolgreich waren.

Die empirisch ermittelten Regeln erfolgreicher Werbung sind meist nur formale Aussagen über Modifikationen von Details. So soll eine Zeitschriftenanzeige automatisch wirkungsvoller sein, wenn sie in der oberen Ecke der rechten Heftseite plaziert ist – der untere Teil der linken Seite gilt dagegen als extrem ungünstig; so sollen stark furchteinflößende Argumente weniger effektiv sein als weniger furchteinflößende; Sex in der Werbung soll verkaufsfördernd sein; eine bunte Anzeige soll erwiesenermaßen mehr auffallen als eine schwarzweiße; soll ein Spot im Radio besser in Erinnerung bleiben als eine Anzeige in einer Illustrierten – aber andererseits eine Anzeige in einer Fachzeitschrift als seriöser und wichtiger empfunden werden als Rundfunkwerbung; soll eine Anzeige in einer Zeitschrift mit geringem Heftumfang mehr Aufmerksamkeit auf sich ziehen als dieselbe Anzeige in einer Zeitschrift mit vielen Seiten; soll gesungene Fernsehwerbung bei den Zuschauern besonders beliebt sein – soll aber andererseits sachlich-nüchterne als besonders glaubhaft gelten ...[8] Gegen diese Rezepte sprechen Erfahrungen: die Erfahrung beispielsweise, daß es stark furchteinflößende Appelle gibt, die ganze Nationen in Panik versetzen; die Erfahrung, daß Sex in der Werbung viele Konsumenten abstößt; daß im grellen Meer der Reklame eine schwarzweiße Kleinanzeige viel interessanter wirken kann als eine bunte Doppelseite; daß jeder von sich selbst weiß, daß er Produkte, für die kindisch-albern geworben wird, ebenso kauft wie Produkte mit sachlich-nüchterner Werbung und ebenso Produkte, für die gar nicht geworben wird. Das Dilemma der Widersprüche von theoretischem Wissen und praktischen Erfahrungen hat dazu geführt, daß sich die meisten Werbemacher rühmen, von Werbetheorie keine Ahnung zu haben. Nur ist das auch kein Erfolgsrezept.

Werbung ist ein Mythos geworden, weil es über ihre Wirkung mehr Widersprüche als Erkenntnisse gibt. Wie untersucht man einen Mythos? Hier wird er Stück für Stück demontiert, indem die Theorien der Manipulationsstrategen und Werbekritiker analysiert werden und die Theorien der Werbepraktiker, die ihre Theorien ›Erfahrung‹ zu nennen pflegen. Jedes Kapitel behandelt einen Teil des Phänomens: die Wirkung unterschwelliger, unsichtbarer Werbung; die Erkenntnisse der Motivforscher; die ›Psychobiologie‹; die ›Kritik der Warenästhetik‹ und ihre Erklärung der Werbewirkung; die Beiträge der Strukturalisten; die Praktiken der Praktiker; die Bedeutung der Zielgruppen-Typologien; die Haushalts-Einkommens-Strategien …

Aber es geht hier nicht allein darum, Theorien zu zitieren, allein das Denken der Werbemacher zu analysieren. Vor allem geht es hier darum, festzustellen, welche Wirkung die Werbung bei ihrem Publikum hat. Denn das Publikum reagiert auf Werbung durchaus nicht immer – nicht einmal oft – den Absichten der Werbemacher entsprechend. In diesem Sinn ist dieses Buch ein Beitrag zur Wiederentdeckung des Konsumenten.

Teil I
Die Theorien der Theoretiker

Die Naturwissenschaft spricht über ihre Ergebnisse,
die Sozialwissenschaft über ihre Methoden.
Henri Poincaré

1. Kapitel
Die unsichtbare Manipulation

Die Erfindung unsichtbarer Werbung und die Folgen

James M. Vicary, Inhaber der ›Subliminal Projection Company Inc.‹ – auf deutsch: ›Gesellschaft für unsichtbare Beeinflussung‹ –, gab am 12. September 1957 in New York eine Pressekonferenz, um eine ganz neue Art von Werbung vorzustellen. Seine Erfindung schien bedeutsam. Das ›Wall Street Journal‹ berichtete:
Vicary hat eine neue Werbetechnik entwickelt und in einem Kino mit phänomenalem Erfolg erprobt. Sein Verfahren besteht darin, in die vorgeführten Kinofilme Reklame einzublenden. Jedoch sind diese Einblendungen so kurz – nur eine dreitausendstel Sekunde! –, daß sie vom Publikum gar nicht bemerkt werden können. Sechs Wochen lang wurde dieses Verfahren in einem Kino in einem New Yorker Vorort getestet: 45 699 Besucher sahen – ohne es zu wissen und ohne es zu merken – Filme mit Werbung für Coca-Cola und Popcorn. Das Ergebnis: Im Foyer des Kinos stieg in dieser Zeit der Verkauf von Coca-Cola um 18,1 Prozent, von Popcorn um 57,7 Prozent! – Die unsichtbare Werbung habe die Zuschauer unbewußt gezwungen, Cola und Popcorn haben zu wollen.
Wie das ›Wall Street Journal‹ weiter berichtete, wurde angesichts dieses Erfolgs die Patentierung dieser einzigartigen Technik beantragt. Da das Patentierungsverfahren noch nicht abgeschlossen sei, könnten weitere Einzelheiten vorerst nicht bekanntgegeben werden.[1]
Dies ist das berühmteste Experiment in der Geschichte der Werbung und die spektakulärste Theorie über die Wirkung von Werbung. Weltweit ins Gerede kam die unsichtbare Werbung durch Vance Packards 1957 erschienenes Buch ›Die geheimen Verführer‹ (original: ›The Hidden Persuaders‹). Durch glückliche Umstände – vielleicht Zufall – erschien das Buch in jenem Moment auf dem Markt, als Vicary seine Sensationsmeldung lancierte.

So konnte Packard zwar nichts über Vicarys Experiment schreiben, er berichtete aber über ein fast identisches Experiment, das ein Jahr zuvor stattgefunden haben sollte, jedoch kaum Resonanz ausgelöst hatte: Am 10. Juni 1956 hatte die ›Sunday Times‹ auf der Titelseite gemeldet, daß in einem Kino in New Jersey während des Films plötzlich Werbedias für Eiskrem erschienen seien. Packard schrieb: »Diese Einschaltungen dauerten nur Sekundenbruchteile, zu kurz, um von den Zuschauern bewußt wahrgenommen zu werden, aber lange genug für eine unbewußte Aufnahme. Dem Zeitungsbericht zufolge war das Ergebnis ein klarer und anderweitig nicht erklärbarer Aufschwung im Eiskremverkauf.«[2]

Vicary und Packard, die sich persönlich kannten und schätzten – Packard empfiehlt Vicary als »die vielleicht freundlichste und gewinnendste aller großen Persönlichkeiten, die unabhängige Firmen für Tiefenforschung betreiben«[3] –, teilten sich die Rollen und die Märkte: Vicary versprach der Werbewirtschaft, jeden Zuschauer zum willenlosen Konsumenten zu machen. Packard übernahm die Vertretung der Verbraucherinteressen. Beide hatten sensationellen Erfolg.

Die Presse sprach von der unterschwelligen Werbung als »most hidden, hidden persuasion«, von »invisible monsters« und von »brainwashing«. Der Öffentlichkeit wurde der Eindruck vermittelt, daß es sich um die Erfindung einer höchst gefährlichen Methode handle, die den Beginn der Orwellschen Ära anzeige. Der Aufruhr gipfelte darin, daß der Bundesstaat New York im März 1958 ein Gesetz verabschiedete, das unterschwellige Werbung verbot. Mehrere amerikanische und britische Rundfunk- und Fernsehstationen versprachen, freiwillig darauf zu verzichten.

Vicarys Experiment ist nicht nur das berühmteste der Werbewirkungsforschung. Es ist auch das berüchtigtste. Denn immer mehr wird bezweifelt, daß es überhaupt stattgefunden hat. Unter dem Titel ›Die Legende von den »geheimen Verführern«‹ hat 1978 Horst W. Brand eine Analyse wohl sämtlicher Experimente zur Erforschung unterschwelliger Wahrnehmung und unterschwelliger Werbung veröffentlicht.[4] Seine Arbeit bestärkt den Verdacht, daß Vicarys Meldung eine erfundene Werbeaktion für seine Firma ›Subliminal Projection‹ war.[5] Warum, wird in diesem Kapitel ausgeführt.

Ein altes Thema mit neuen Variationen

Schon lange, ehe Vicary und Packard unterschwellige Werbung als erfolgreichstes Beeinflussungsmittel aller Zeiten propagierten, gab es wissenschaftliche Untersuchungen zur unterschwelligen Wahrnehmung, deren Interesse die Erforschung menschlicher Fähigkeiten war. Das erste Experiment dieser Art datiert von 1863.[6] Besonders intensiv wurde auf diesem Gebiet in den fünfziger Jahren geforscht; Vicary war keineswegs der einzige. Obwohl schon damals Vicarys Meldung bezweifelt wurde, wurde deshalb die Möglichkeit einer unbemerkbaren Beeinflussung nicht grundsätzlich verworfen.

Noch heute wird das alte Thema in immer neuen Variationen geboten: 1979 war im ›Berliner Tagesspiegel‹ zu lesen, ein amerikanisches »Zentrum für Verhaltensmanipulation« habe eine »Black Box« entwickelt, die mit hypnotischer Kraft unhörbar flüstere:

»Dies Flüstern kann der überall in Kaufhäusern, Kliniken, Restaurants oder Büros zu hörenden Musikberieselung überlagert werden und ist so leise, daß die meisten Menschen es nur im Unterbewußtsein aufnehmen. Von hier aus wirkt es auf ihr Verhalten ein. Eine Immobilienfirma hat den Spruch ›Ich liebe meine Arbeit. Ich will mich jeden Tag um neue Kunden bemühen‹ für die Beeinflussung ihrer Makler gewählt. Eine Fußballmannschaft wird demnächst unbewußt Ermunterungssprüche in sich aufnehmen. Psychologen benutzen die ›Schwarze Kiste‹ bei Patienten, die Gewicht verlieren, das Rauchen aufgeben oder ihre Angst vorm Fliegen überwinden wollen. Am meisten jedoch wird sie in Läden angewandt, wo viel gestohlen wird. Etwa neuntausendmal in der Stunde suggeriert die Geisterstimme dem Kunden: ›Ich bin ehrlich. Ich stehle nicht.‹ Über fünfzig Kaufhäuser in den USA und Kanada haben das Gerät bereits in Betrieb.« Und: »Inzwischen mehren sich die Proteste. Die amerikanische Bürgerrechtsunion verurteilte die Einrichtung als ›Manipulation‹, derer man sich überhaupt nicht bewußt ist‹. Eine Anwendung in Radio und Fernsehen wurde (zunächst) verboten, nachdem bei der staatlichen Kommunikations-Kommission Beschwerden über eine Fernseh-Spielzeugwerbung eingegangen waren, bei der die Kinder unterschwellig aufgefordert wurden: ›Das mußt du haben.‹«[7]

Das Typische an diesem Beispiel: Es vermittelt den Eindruck, es gebe weder Schwierigkeiten mit den technischen Bedingungen der Medien noch mit den physischen und psychischen Bedingungen der Wahrnehmung beim Publikum. Man tut, als sei unterschwellige Werbung eine gesicherte Methode. Genau das Gegenteil ist wahr.

Was ist unterschwellige Manipulation?
Die wissenschaftliche Definition

Verschiedene Techniken und, damit verbunden, verschiedene Theorien werden als unterschwellige Manipulation bezeichnet.

Im psycho-physikalischen Sinn – das heißt in bezug auf die biologisch gegebenen Fähigkeiten der menschlichen Wahrnehmung – ist damit eine Beeinflussung durch Reize gemeint, die außerhalb unserer Wahrnehmungsfähigkeiten liegen. Nicht wahrnehmbare Reize sind in diesem Sinn optische Reize, die zu kurz oder zu schwach sind, um gesehen zu werden, akustische Signale, die das menschliche Ohr nicht mehr hört, und taktile Reize, die zu schwach sind, um empfunden zu werden.

Im psychologischen Sinn meint unterschwellige Beeinflussung die unbewußte Stimulation von handlungsauslösenden Impulsen oder Motiven, also von Bedürfnissen, Wünschen, Trieben, Strebungen. Speziell im psychoanalytischen Sinn wird auch eine *bewußt* wahrzunehmende Stimulation solcher Impulse mit unterschwelliger Manipulation gleichgesetzt, da nach der psychoanalytischen Theorie nahezu alle Motive dem Bereich des Unbewußten zugerechnet werden. – Diese Art unterschwelliger Beeinflussung wird ausführlich im 2. Kapitel behandelt.

Eine Anmerkung zur Terminologie: Die wissenschaftliche Bezeichnung für unterschwellig ist ›subliminal‹. Der Terminus für unterschwellige Wahrnehmung ist ›Subception‹, entstanden aus ›subliminal perception‹ beziehungsweise dem wissenschaftsdeutschen Begriff ›subliminale Perzeption‹.

Methodische Probleme.
Hundertstel oder tausendstel Sekunden?

Wird die Möglichkeit einer Manipulation durch nicht sichtbare und nicht hörbare Reize diskutiert, geht es zuerst um naturwissenschaftliche Probleme, um die biologischen Bedingungen der Wahrnehmung. Die erste Frage, die sich stellt: Wie lange dauert es, bis man ein Bild oder ein Wort erkennen kann? Oder umgekehrt: Welche Zeit ist zu kurz, um etwas erkennen zu können? – Die Antwort auf diese Frage ist die konkrete Definition eines unterschwelligen Reizes.

Mit dem Tachistoskop, das ist eine Art Mikroskop, können Bilder für extrem kurze Zeiten – bis zu tausendstel Sekundenbruchteilen – gezeigt werden.[8] Technisch also ist die Frage zu beantworten – wenigstens im Labor. Aber dennoch werden mit dieser ersten Frage viele Experimente, in denen eine unterschwellige Beeinflussung nachgewiesen wurde, wissenschaftlich wertlos, denn, wie Brand recherchierte, hielten es viele Forscher für überflüssig, vor dem Experiment die Wahrnehmungsschwelle überhaupt zu ermitteln. Was unterschwellig ist, wurde nach Alltagsvorstellungen definiert: eine hundertstel Sekunde. Dieses Intervall wurde die Standardzeit der Experimente über unterschwellige Wahrnehmung, ungeachtet der unterschiedlichen Komplexität der Bilder und Wortvorlagen in den verschiedenen Experimenten. Die wissenschaftliche Legitimation dieses Intervalls war allein eine Frage der Zeit: Je mehr Experimente mit diesem Intervall durchgeführt wurden, desto selbstverständlicher wurde es, daß Forscher die Wahrnehmungsschwelle nicht eigens ermittelten, sondern unter Verweis auf andere Experimente ebenfalls das Intervall von einer hundertstel Sekunde wählten.

Eine hundertstel Sekunde ist eine sehr kurze Zeitspanne, gemessen an unseren Alltagsvorstellungen – aber sie steht in keinem sinnvollen Verhältnis zur menschlichen Wahrnehmungszeit. Konkret heißt das: In diesen Experimenten (und das ist die Mehrzahl der Experimente, die den Nachweis einer unterschwelligen Wahrnehmung erbrachten!) waren die Reize gar nicht unterschwellig. Mit einer hundertstel Sekunde wurden sie lange genug gezeigt, um von den Versuchspersonen zumindest teilweise erkannt zu werden. Zum Vergleich: Nach umfangreichen Studien über Wahrnehmungszeiten exponierte Brand in seinen eigenen Experimenten Reize wie »Trink Coca-Cola« und »Rauchen verboten« nur je eine zweitausendstel Sekunde.[9]

Auch wenn die Wahrnehmungszeit vor einem Experiment ermittelt wurde, waren damit längst nicht alle methodischen Fehler eliminiert. Um die Wahrnehmungszeit vor einem Experiment zu ermitteln, werden Reize, die den im eigentlichen Experiment verwendeten Reizen ähneln, im Tachistoskop in immer längeren Intervallen gezeigt, so lange, bis sie zu identifizieren sind. Das Intervall an der Grenze von Noch-Nichterkennen zum Erkennen wird dann im Experiment benutzt. Nun variieren Wahrnehmungszeiten erstens individuell, und sie sind obendrein individuell nicht konstant. Beides wurde oft nicht berücksichtigt. Meist wurde der Grenzwert nur einmal ermittelt, und man zeigte die Reize sämtlichen Versuchspersonen mit dem gleichen Intervall, unabhängig vom individuellen Sehvermögen. Daß Wahrnehmungszeiten individuell nicht konstant sind, besagt, daß die zum Erkennen notwendige Zeit von der Gewöhnung an die Versuchssituation abhängt. Das bedeutet, daß nach einiger Übung die Versuchspersonen durchaus in der Lage sind, zuvor Unsichtbares zu erkennen.

Eine weitere Fehlerquelle sind die Kriterien des Beweises. Als bewiesen gilt eine unterschwellige Wahrnehmung, wenn die Versuchspersonen auf Listen, die beliebige Wörter und die zuvor exponierten Begriffe enthalten, die exponierten Begriffe häufiger wiederfinden, als allein durch Zufall plausibel ist. Jeder weiß, daß schon einzelne Buchstaben Aufschluß über ein ganzes Wort geben können (z. B. Loko . . . . . .), und wenn Teile eines Wortes durch selten vorkommende Buchstaben oder Doppellaute besonders markant sind oder wenn die Wortlänge auffällig ist, dann wird, was beim Blick ins Tachistoskop nur vage zu ahnen war, durch den nachträglichen Vergleich mit den Wortlisten erkennbar und so die Unterschwelligkeit aufgehoben. Das Erkennen eines unterschwelligen Reizes läßt sich noch einfacher feststellen, dadurch, daß die Versuchspersonen die exponierten Worte nennen. Bei diesem Verfahren entfallen die unerwünschten Hilfestellungen durch die Vorgabe der Worte auf den Listen, dennoch ist es nicht weniger problematisch. Um die daraus resultierenden Fehler zu verstehen, genügt es allerdings nicht mehr, die technischen Bedingungen zu kontrollieren. Dazu müssen theoretische Positionen geprüft werden.

Für die Werbepraxis aber ist die Frage, ob unterschwellige Manipulation dieser Art funktioniert, schon hier durch die methodischen Probleme zu beantworten. Zwar sind im Labor mit dem Tachistoskop die technischen Möglichkeiten vorhanden, um Reize in beliebig kurzen Intervallen zu zeigen – aber in den öffentlichen Medien ist die Frequenz der Bilder technisch vorgegeben. Fernsehfilme haben 24 Bilder pro Sekunde, Kinofilme 25 Bilder pro Sekunde. Jeder normal sehfähige Zuschauer wäre in der Lage, die versteckte Werbung mühelos zu entdecken. Anmerkung: Nur von einem einzigen unterschwelligen Radiospot berichtet Brand, der nicht bereits an den technischen Bedingungen der Medien scheiterte, dessen Erfolg allerdings – so es ihn gab – eine Beeinflussung auf Umwegen war: In einer Radiowerbung für Hundefutter soll ein Hundegebell in einer Frequenz ausgestrahlt worden sein, die für das menschliche Ohr nicht mehr hörbar ist. Gleichzeitig sagte ein Sprecher: »Do you know why your dog is running around the room and barking at this moment? He wants Blank-dog-food!«[10]

Theoretische Probleme.
1. Wie wirkt unterschwellige Werbung?

Auf dem psychologischen Forschungsterrain ›unterschwellige Wahrnehmung‹ begegnen und bekämpfen sich zwei Sparten dieser Wissenschaft: die Psychophysik einerseits, also jener Zweig der experimentellen Psychologie, der die Kapazitäten der Sinnesorgane generell und speziell die Gesetzmäßigkeiten und Beziehungen zwischen Reizintensität und Reizqualität und den damit gekoppelten Empfindungen erforscht; andererseits die Psychoanalyse, die Intensität und Qualität, mit der ein Reiz erlebt wird, nicht mit den physikalischen Eigenschaften des Reizes erklärt, sondern auf seelische Prozesse zurückführt.
Nach den Erkenntnissen der Psychophysik sind Stimuli um so wirksamer, je besser sie wahrgenommen werden. Das ist ein eindeutiges Votum gegen unterschwellige Werbung.
Psychoanalytische Forscher sehen das ganz anders: Kognitive Aspekte der Wahrnehmung spielen für sie keine Rolle. Einige Psychoanalytiker behaupteten sogar, daß gerade Personen, die fest schlafen, für subliminale Beeinflussung ganz besonders empfänglich seien. Im Gegensatz zu den Psychophysikern vertraten sie die Auffassung, die von einem Reiz ausgehende Wirkung sei um so stärker, je kürzer dieser Reiz ist, denn dadurch würde verhindert, daß das Bewußtsein dazwischentreten und unerwünschte Umdeutungen bewirken könne.[11] Eine These, ideal für die Werbung: Je kürzer der Reklameimpuls, desto effektiver – und desto besser ist zu verhindern, daß Zuschauer die Werbung doch erkennen können, was wieder öffentlichen Ärger heraufbeschworen hätte. – Verständlich, daß jene, die mit der Erforschung unterschwelliger Wahrnehmung kommerzielle Interessen verfolgten, am liebsten psychoanalytisch orientierten Forschern glauben wollten.
Die Psychophysiker vertreten die Auffassung, bei der extrem kurzen Wahrnehmung eines optischen Reizes würde primär die Struktur, also der Eindruck von Farbe und Form erfaßt. Die

Psychoanalytiker behaupten dagegen, daß sich die Wirkung eines Reizes, sobald er nicht mehr bewußt wahrgenommen werden kann, ändert, daß statt der Struktur dann der Inhalt wirksam sein soll. Die Verfechter dieses Standpunktes berufen sich dabei auf das hypothetische Konstrukt von den ›restriktiven Wirkungen der Bewußtheit‹; sie beziehen sich dabei auf die Freudsche These, daß nicht-bewußte Prozesse unbewußte Assoziationen zu den Inhalten, zur Bedeutung eines Themas sind.[12] Davon ableitend meinen sie, daß die Wirkungen unterschwelliger Reize durch die unbewußten Assoziationen, die diese auslösen, entstehen. Und unterschwellige Werbung sei wirksamer als bewußt wahrzunehmende, weil bei kontrollierter Bewußtheit der optische Eindruck in den Vordergrund trete, inhaltliche Assoziationen aber unterdrückt würden.

Für die Werbung ist der Unterschied zwischen inhaltlicher und struktureller Wahrnehmung von großer Wichtigkeit. Zwar besteht bei einer inhaltlichen bedeutungsabhängigen Wirkung eines Werbeimpulses wie etwa ›BIER‹ die Gefahr, gleichzeitig das Bedürfnis nach andern Getränken zu stimulieren, aber auf jeden Fall partizipiert der Werbetreibende an dem von ihm verursachten Effekt. Bei der von der Psychophysik angenommenen Wirkung der Struktur könnten diese Nachteile viel größer sein: Würde statt ›BIER‹ etwa ›VIER‹, ›GIER‹ oder ›PIEP‹ oder sonst ein strukturell ähnlicher, aber inhaltlich ganz anderer Begriff wahrgenommen, wäre der ganze Werbeaufwand umsonst.

Einer methodischen Prüfung hält allerdings keines der Experimente stand, mit denen die Psychoanalytiker ihren Glauben an eine unterschwellige Manipulation und ihre Versprechen an die Werbewirtschaft begründeten. Zur Verdeutlichung ein Experiment von Spence und Holland (1962), das besonders interessant ist wegen der Kritik von experimentalpsychologischer Seite, die zeigt, wie viele Fehler selbst in recht einfachen Versuchen gemacht werden können.[13] Um zu prüfen, ob unterschwellige Reize inhaltlich wahrgenommen werden, wurde Versuchspersonen das Wort CHEESE mehrmals für je 0,0067 Sekunden gezeigt. Dann wurde ihnen eine Liste vorgelesen, die 10 Worte enthielt, die zum Begriff Käse in einem assoziativen Zusammenhang stehen, z. B. COW, COTTAGE, MOUSE, SMELL, GREEN. Zur Kontrolle, ob der unterschwellige Reiz nicht doch in seiner Struktur wahrgenommen worden war, wurden 10 Worte verlesen, die nichts mit dem Begriff Käse zu tun haben, aber je zwei aufeinanderfolgende Buchstaben aus dem

Wort CHEESE enthalten, wie CHAIR, HEDGE, ARCH, BEST. – Das Ergebnis: Eindeutig erinnerten die Versuchsteilnehmer mehr Assoziationen zum Wort CHEESE als Worte mit struktureller Ähnlichkeit. Die These von der inhaltlichen Wahrnehmung unterschwelliger Werbung schien bestätigt.

Die Experimentalpsychologen erklärten dieses Resultat jedoch schlicht damit, daß dieses Ergebnis schon in der Konstruktion des Experiments enthalten sei. Denn da von 20 Worten 10 Worte zur Assoziationsgruppe CHEESE gehören, für die Struktur-Worte ein solcher Überbegriff aber fehlt, dann müssen allein nach der Zufallswahrscheinlichkeit häufiger Worte der CHEESE-Kategorie genannt werden.

Darüber hinaus war strukturelle Ähnlichkeit nach psychophysikalischen Erkenntnissen recht fragwürdig, denn eine strukturelle Ähnlichkeit entsteht nicht allein durch zwei identische Buchstaben. Wichtiger sind jene Kriterien, die auch beim teilweisen Erkennen eines Wortes das Wiederauffinden entscheidend erleichterten: die Wortlänge, Oberlängen und Unterlängen einzelner Buchstaben, Doppellaute und offene oder geschlossene Buchstaben (I und O). Nach diesen optischen Kriterien sind CHEESE und BEST völlig ungleich, und die CHEESE-Kategorie enthält auch strukturähnliche Worte, etwa CHEESE und COTTAGE.

Wurde die Strukturähnlichkeit nach diesen Kriterien operationalisiert, dann erwies sich eindeutig, daß zuerst die Struktur wahrgenommen wird. In einem solchen Experiment von Wiener und Schiller (1960) wurde Versuchspersonen das Wort SHIP im Tachistoskop gezeigt, dann sollten sie anhand einer Liste mit vorgegebenen Begriffen identifizieren, was sie gesehen hatten: Bei SHIP wurde häufiger als das inhaltsähnliche Wort BOAT das strukturähnliche Wort SHOP als wahrgenommen bezeichnet; bei ALLOW wurde eher FOLLOW statt des bedeutungsgleichen PERMIT angegeben.[14]

Eine Anmerkung: In der Werbung werden oft Tests mit dem Tachistoskop durchgeführt. So soll festgestellt werden, ob eine Anzeige, eine Verpackung auch noch bei ganz flüchtiger Wahrnehmung als eben jene Anzeige, eben jene Verpackung erkannt wird, und so soll auch die ›emotionale Erstanmutung‹ analysiert werden.[15] Was erreicht man mit diesen Tests? Wie die Erkenntnisse über unsere Wahrnehmung zeigen, bringen solche Tests Ergebnisse, die dem eigentlichen Sinn der Tests widersprechen. Denn alles, was Unverwechselbarkeit ausmacht, das Originelle, das Unerwartete, das wird so systematisch eliminiert. Auf alles, was Werbung attraktiv machen könnte, wird verzichtet zugunsten einer Formel inhaltsleerer Wirkung – eine Formel, die außerhalb der Laborsituation, bei normalen Wahrnehmungszeiten, ohnehin ungültig ist.

2. Das Unterbewußtsein als Zensurinstanz und die Alltagserfahrung

Unsere Wahrnehmungsfähigkeiten sind nicht allein biologisch bedingt. Im allgemeinen können wir Worte oder Bilder mit angenehmen Bedeutungen sehr viel schneller erkennen als solche mit unangenehmen. Am längsten dauert es, bis tabuisierte Begriffe erkannt werden. Ein interessantes Experiment führte dazu Wiener (1955) durch: Er gab seinen Versuchspersonen ein Heft, bestehend aus Durchschlägen eines maschinengeschriebenen Textes, die von Seite zu Seite deutlicher lesbar wurden. Der Text enthielt Worte, die in der englischen Sprache je nach Kontext harmlose oder vulgäre Bedeutung haben: fairy, pussy, balls, screw. Immer wenn diese Worte durch den Satzsinn tabuisierte Bedeutung bekamen, dauerte es wesentlich länger, bis sie von der Versuchsperson genannt wurden.[16]

Wie ist das zu erklären? Psychoanalytiker begründen dieses Phänomen mit der These von der Wahrnehmungsabwehr. Wichtig an dieser These ist die Vorstellung, daß unser Bewußtsein von einer Zensurinstanz beherrscht wird, die darüber entscheidet, welche Reize wahrgenommen und welche abgewehrt werden. Diese Zensurinstanz des Bewußtseins ist das Unterbewußtsein. Nur durch diese Konstruktion ist der logische Widerspruch der These aufzulösen: Würde nicht vorausgesetzt, daß eine andere Art von Wahrnehmung dazwischentritt, ließe sich einwenden, daß Reize, um abgewehrt zu werden, zuerst mal erkannt werden müssen. Die Frage, ob es eine Wahrnehmungsabwehr gibt, ist gleichzeitig die Frage nach der Bedeutung des Unterbewußten für unsere Wahrnehmung.

Allerdings – das ist das Problematische an der These von der Wahrnehmungsabwehr –, man kann das damit erklärte Phänomen auch als Wirkung ganz anderer Ursachen sehen. Nicht das Unterbewußtsein ist die Zensurinstanz, sondern die Gesellschaft, sagen Sozialforscher. Dieser Bereich der Erforschung der Wahrnehmung ist wissenschaftlich etikettiert als ›Social Perception‹ – deutsch: ›Soziale Wahrnehmung‹.[17] Daß es länger dauert, bis Tabu-Worte erkannt werden, erklären diese Forscher durch Normen sozialen Verhaltens: Niemand mag sich vor der Autorität des Versuchsleiters blamieren. Schon gar nicht dadurch, daß man bei unsicherer Wahrnehmung ohne Umschweife und Verlegenheit angibt, ein ›unanständiges‹ Wort gesehen zu haben.[18] Wenn man von den Alltagserfahrungen ausgeht, dann ist die höhere Schwelle bei Tabu-Begriffen damit zu erklären, daß man solche Worte selten hört, noch seltener liest und am allerwenigsten erwartet, damit bei einem wissenschaftlichen Experiment konfrontiert zu werden.

Für die These von der sozial normierten Wahrnehmung spricht, daß in Untersuchungen, in denen der Versuchsleiter ein verfängliches Wort aussprach und die Versuchspersonen nur zu sagen hatten, ob und wo das Wort wieder vorkam, oder nur die einzelnen Buchstaben nennen mußten, sich identische Wahrnehmungszeiten für tabuisierte und für harmlose Begriffe ergaben. Das bedeutet: tabuisierte Begriffe werden wohl erkannt, aber nur widerwillig ausgesprochen. Die Versuchspersonen wollen nicht in den Verdacht geraten, derartiges Vokabular zu benutzen oder überhaupt zu kennen. Weibliche Versuchspersonen benötigten denn auch durchschnittlich noch mehr Zeit, bis sie es wagten, sexuelle Begriffe zu erkennen.[19] Ebenso zeigte sich eine Abhängigkeit vom Bildungsniveau der Versuchspersonen: Gerade die belesenen Studenten brauchten am längsten, um Tabu-Wörter zu erkennen.[20] Vergegenwärtigt man sich, daß die Experimente meist mit Psychologiestudenten durchgeführt wurden, die vor dem Hintergrund ihres professionellen Selbstbildes reagieren, das (weitgehend wenigstens) psychische Gesundheit fordert, kann man sich ihre Hemmung, derartige Begriffe zu nennen und dabei möglicherweise Freudsche Fehlleistungen zu offenbaren, gut vorstellen.

Aber man kann natürlich diese Ergebnisse auch anders interpretieren – sie können auch als Beweise einer Zensurinstanz im Unterbewußtsein angeführt werden. An der Frage nach den Ursachen verzögerter Wahrnehmung offenbart sich das ganze Dilemma des Theorienstreits. In der Kontroverse um die Möglichkeit oder Unmöglichkeit einer unterschwelligen Manipulation hält es Brand für symptomatisch, »daß die jeweils vertretene Auffassung in hohem Maße von den theoretischen Grundüberzeugungen des einzelnen Forschers abhängig ist«.[21] Umgekehrt heißt das: Die Theorie ist überzeugender als die experimentellen Ergebnisse. Das bedeutet aber nicht, daß die Forscher blind gegenüber empirisch ermittelten Tatsachen an ihrer Theorie hängen. Das Problem ist komplizierter: Ursache und

Wirkung sind nicht dasselbe. Die wissenschaftliche Ermittlung von Tatsachen ist nicht gleichbedeutend mit der Ermittlung von Erkenntnissen über die Ursachen der Tatsachen.

3. Die Interpretationen der Psychoanalytiker

In den bisher referierten Beispielen wurden die Theorien zur Wirkung unterschwelliger Beeinflussung nach psychophysikalischen und experimentalpsychologischen Kriterien geprüft. Es gibt auch Versuche, die an psychoanalytischen Kriterien ausgerichtet sind. Aber diese sind experimentell nicht überprüfbar; überprüfbar sind sie nur an der psychoanalytischen Theorie selbst.

In diesen Versuchen gilt es als Beweis einer unterschwelligen Beeinflussung, wenn die unterschwellig gezeigten Reize im Traum wieder auftauchen. Und weil die Reize durch die sogenannte Traumarbeit verzerrt werden können – das ist eine zusätzliche These –, deshalb können die unterschwellig gezeigten Bilder im Traum auch in verzerrter Form wieder erscheinen.

Als »experimentelle Illustration der Freudschen Traumanalyse« wertete Pötzl sein 1917 veröffentlichtes Experiment zur unterschwelligen Wahrnehmung.[22] Dieses Experiment hatte nachhaltigen Einfluß auf weitere Experimente zur unterschwelligen Wahrnehmung, würdigte es doch Freud selbst als wichtigen Beitrag zur Erforschung der Traumbildung. Schon damals, 1917, wurde mit dem Tachistoskop gearbeitet. Pötzl, Arzt an einer psychiatrischen Klinik, nahm seine Patienten als Versuchspersonen.[23] Die Patienten sahen je ein Bild eine hundertstel Sekunde lang, dann hatten sie die wahrgenommenen Bildinhalte zu beschreiben und nachzuzeichnen. Es waren Bilder von Landschaften, der Tempelruinen von Theben und ähnlichem. Am nächsten Tag mußten sie dann aufschreiben, was sie nachts geträumt hatten, und mit Hilfe Pötzls wurden Assoziationen zu den Trauminhalten gebildet.

Pötzls Experiment offenbarte Erstaunliches: Nicht nur, daß bei neun seiner zwölf Versuchspersonen die Träume stark beeinflußt waren von den tags zuvor unterschwellig dargebotenen Bildern – es traten ausschließlich solche Bildinhalte in den Träumen wieder auf, die zuerst, beim Blick ins Tachistoskop, nicht gesehen worden waren. – Dieses sogenannte Pötzl-Phänomen wurde Jahre später, in der Diskussion um die Wirkung unterschwelliger Werbung, wieder interessant. Denn wenn die Effekte unterschwelliger Werbung erst mit zeitlicher Verzögerung wieder auftreten, dann kann auch für jene Produkte unterschwellig geworben werden, die nicht unmittelbar (so wie Coca-Cola und Popcorn) konsumiert werden können.

Wie ist die von Pötzl nachgewiesene Beeinflussung zu erklären? – Wenn ein Traumbild nicht den tachistoskopisch gezeigten Bildern entspricht, so kann es doch immerhin als Transformation eines Bildes gedeutet werden, oder durch entsprechende Interpretationen kann ein Zusammenhang konstruiert werden. Folglich ist um so wahrscheinlicher, daß Hinweise auf die tachistoskopisch gezeigten Bilder in den Träumen wieder auftauchen, je mehr Bilder gezeigt werden und je abstrakter und damit vieldeutiger die Bilder sind. – Das Phänomen, daß in den Träumen von Pötzls Patienten nur solche Bildinhalte auftauchen, die bewußt nicht wahrgenommen worden waren, erklärten andere Forscher damit, daß die Träume der Versuchspersonen überhaupt nichts mit den Bildern zu tun gehabt hätten.[24]

Wie erwünschte Ergebnisse herbeiinterpretiert werden können, demonstriert ein 1963 von Berger durchgeführtes Experiment, bei dem Versuchspersonen, die fest schliefen, leise eine Liste mit Namen vorgelesen wurde, unter denen der eigene Vorname und der Vorname des Freundes oder der Freundin waren.[25] Es ging um die Hypothese, daß die emotional besetzten Namen in den Träumen wieder auftauchen müßten. – Tauchten diese Namen in den Traumprotokollen aber nicht auf, dann wurde so lange nach Transformationen geforscht, bis sie gefunden waren. Brand zitiert folgende Deutungen:

»So trat z. B. der Name ›Jenny‹ in einem Traumprotokoll als ›jemmy‹ wieder auf, bei einer anderen Versuchsperson ›Robert‹ als ›rabbit‹. Die Mehrzahl dieser Fälle bestand demgegenüber aus weitaus extremeren Transformationen: So wird u. a. die Erwähnung von ›flowers‹ auf den Namen ›Liz‹ zurückgeführt, das Auftreten von ›sandwich‹ auf ›Diana‹, von ›potato‹ wird auf die Nennung von ›Peter‹ rekurriert, und ›Linoleum‹ gilt als transformierte Form von ›Norman‹.«

Aus andern, entsprechenden Experimenten zitiert Karlfritz Koeppler Interpretationen, bei denen ein Stuhl in ein Bett, ein Firmenschild in einen Handkoffer, ein Elefant in einen Kamin ›transformiert‹ wurden![26]

Die Beweiskraft solcher Versuche beruht nicht auf den unbewußten Wahrnehmungen der Versuchspersonen, sondern auf den Wahrnehmungen des Versuchsleiters. Sogar dieser Makel konnte von psychoanalytischen Forschern zur Notwendigkeit umgedeutet werden: Zum Erkennen der Effekte unterschwelliger Beeinflussung sei große Erfahrung nötig, deshalb könnten sie von Außenstehenden nicht kontrolliert werden; zusätzlich wurde gefordert, Experimente dieser Art nur von Forschern auswerten zu lassen, die persönlich überzeugt sind von der Wirksamkeit unterschwelliger Beeinflussung.[27]

Der Glaube an eine generelle Wirkung unterschwelliger Stimuli war jedoch geschwunden. So wurde weiter eingeschränkt: Ein Erfolg sei nur dann zu erwarten, wenn die unterschwelligen Reize eine gewisse Bedeutung für die Versuchspersonen hätten, nur wenn sie freundliches Interesse hervorrufen und keine Ablehnung provozieren.[28] Kurz: Unterschwellige Beeinflussung sei nur möglich, wenn es die Manipulierten wollen!

Brands Analyse eines jener Experimente, die zu dieser Einschränkung führten, ist besonders amüsant. Um unterschwellig den Appetit anzuregen, führte Byrne (1959) einer Gruppe von Psychologiestudenten einen Film vor, in den über hundertmal das Wort ›Rindfleisch‹ (beef) unsichtbar eingeblendet war; eine Kontrollgruppe sah denselben Film ohne Einblendungen.[29] Jeweils vor und nach der Vorführung beantworteten beide Gruppen einen Fragebogen, in dem das augenblickliche Hungerempfinden und auch der Zeitpunkt der letzten Mahlzeit erfragt wurden.

Tatsächlich war die Gruppe, die den Film mit den appetitanregenden Einblendungen gesehen hatte, beträchtlich hungriger als die Kontrollgruppe. Allerdings war der Hunger recht unspezifisch: Der erwünschte Appetit auf Rindfleisch hatte sich nicht eingestellt. Diese Abweichung wurde eben damit begründet, daß die unterschwellige Handlungsaufforderung auf ein Interesse bei den Angesprochenen treffen müsse. Als Brand dieses Experiment analysierte, suchte er zuerst andere Ursachen für den Hunger. Er korrelierte das Hungergefühl mit dem Zeitpunkt der letzten Mahlzeit, und es stellte sich heraus, daß der hungrigeren Studentengruppe der Film vor dem Mittagessen gezeigt worden war; die Kontrollgruppe, die den Film ohne die Einblendungen sah, sah den Film später – viele Studenten kamen direkt vom Mittagessen.

Der Packard-Effekt

Einen neuen Einflußfaktor, der speziell bei Experimenten zur Erforschung unterschwelliger Manipulation auftreten kann, entdeckte Brand 1976 in seinen eigenen Experimenten.[30] Mehreren Studentengruppen wurden Filme gezeigt, in die zwei

Werbebotschaften jeweils 36mal eingeblendet waren. Die wechselnd eingeblendeten Reize: ›BIER‹, ›COLA‹, das Markenzeichen ›Trink Coca-Cola‹, ›ROYAL‹ (eine damals neu eingeführte Zigarettenmarke) und ›Rauchen verboten‹. Alle Einblendungen wurden eine zweitausendstel Sekunde lang gezeigt – diese Zeit gewährleistet mit Sicherheit, daß die Versuchspersonen nichts erkennen können. Die Studenten hatten während des Versuchs die Wahl zwischen diversen Getränken und Zigarettenmarken. Das Ergebnis: Durch die unterschwellig eingeblendete Werbung änderten sich weder der Zigarettenkonsum noch der Getränkekonsum entsprechend der Werbung. Allerdings hatte eine Gruppe beträchtlich mehr Bier als der Durchschnitt getrunken, eine andere beträchtlich mehr Cola. Verblüffend war aber, daß die Cola-Trinker einen Film mit den Einblendungen ›BIER‹ gesehen hatten, und den Biertrinkern war ›Trink Coca-Cola‹ gezeigt worden. – Immerhin hätte dies als Bestätigung der These von einer Stimulation vorhandener Bedürfnisse durch unterschwellige Werbung gewertet werden können.

Nun hatte Brand in jeder Gruppe einen als Versuchsperson getarnten Mitarbeiter. Dieser hatte die Aufgabe, die echten Teilnehmer unauffällig über ihre Ansichten und Eindrücke vom Experiment auszufragen. Ein kluger Gedanke. Denn bei den nachträglichen Gesprächen stellte sich heraus, daß der erhöhte Bier- und Cola-Konsum Effekte der Erwartungen gegenüber Experimenten zur unterschwelligen Beeinflussung waren. Brand hatte die Filmvorführung nicht angekündigt. Die Filmvorführung war als Überbrückung der Wartezeit in einem andern Experiment kaschiert, dessen Ablauf sich angeblich durch eine technische Panne verzögerte. Es war sogar darauf geachtet worden, daß der Vorschlag, die ›unvorhergesehene‹ Wartezeit mit einer Filmvorführung zu überbrücken, nicht vom Versuchsleiter, sondern von der Pseudo-Versuchsperson eingebracht wurde. An alles war gedacht worden – zumindest im Experiment.

Nicht einkalkuliert hatte man die Erwartungen der Versuchspersonen. Denn die Umstände – ein Universitätsinstitut, das Werbeforschung betreibt, lädt zu einem Experiment ein, und dann wird auch noch Coca-Cola angeboten – brachten einige Studenten auf die Idee, es handle sich um eine Wiederholung des berühmten Experiments mit der unterschwellig eingeblendeten Cola-Reklame. Zwei Versuchspersonen hatten noch genauere Informationen: Sie hatten in einer Notiz im

Jahrbuch der Universität gelesen, daß an diesem Institut Untersuchungen zur unterschwelligen Werbung durchgeführt würden. Die Vermutungen der Studenten waren dieselben, aber sie weckten verschiedene Gefühle. Der hohe Cola-Konsum jener Gruppe, die den Film mit den Einblendungen ›BIER‹ gesehen hatte, wurde von zwei Studenten verursacht, die dem Versuchsleiter wünschten, die Manipulation möge gelingen, und nach Kräften den eher mäßigen Cola-Konsum der anderen Studenten kompensierten. In jener Gruppe, die soviel Bier getrunken, aber den Film mit den Einblendungen ›Trink Coca-Cola‹ gesehen hatte, waren drei Studenten mit entgegengesetzten Absichten. Sie erzählten dem Pseudo-Teilnehmer, daß sie nicht manipulierbar seien: Sie hatten es bewiesen – durch engagiertes Biertrinken.

Fazit I:
Das Ende der Legende

Wann immer bisher der Nachweis einer unterschwelligen Manipulation gelang, dann war irgendwo im Experiment ein Fehler. Entweder waren die Methoden unzureichend – Brand faßt zusammen:

»In sämtlichen Fällen, in denen Nachweise für die Wirksamkeit ›unterschwelliger‹ Stimulationen postuliert werden, liegen nicht nur auf seiten der abhängigen Variablen (beeinflußtes Verhalten), sondern mehr noch auf seiten der unabhängigen Variablen (›subliminaler‹ Stimulus) methodische Unzulänglichkeiten vor, die in hohem Maße das Zustandekommen artifizieller Befunde begünstigen. Dies betrifft vorrangig die gänzlich fehlende oder allenfalls oberflächliche experimentelle Überprüfung der Annahme, daß die jeweils exponierten Stimuli mit hinreichend geringer Irrtumswahrscheinlichkeit als unterschwellig anzusehen sind. Aufgrund der jeweils gewählten Indikatoren, mittels derer im Einzelfall der Tatbestand der Unterschwelligkeit der Expositionsbedingungen indiziert werden soll, konnte insbesondere der Verdacht nicht ausgeräumt werden, daß von den vermeintlich subliminalen Stimulationen zumindest partielle Informationen ausgehen, die eine reizadäquate Reaktion der Probanden begünstigen. Demgegenüber führt eine rigorose Kontrolle der unabhängigen Variablen regelmäßig zu negativen bzw. zu solchen Resultaten, die sich anderweitig erklären lassen und des Rückgriffs auf die An-

nahme eines subliminalen Wahrnehmungsprozesses nicht bedürfen.«[31]
– Oder der Beweis einer unterschwelligen Manipulation gelang, weil die Möglichkeit des Nicht-Gelingens theoretisch einfach ausgeschlossen wurde:

»Wie die Diskussion der hierzu vorliegenden Literatur ergab, wird insbesondere von seiten solcher Autoren, die der Psychoanalyse verpflichtet sind, im Falle des Ausbleibens der jeweils erwarteten Manifestationen der subliminalen Stimulation dieser Befund nicht zum Anlaß genommen, die Ausgangshypothese als falsifiziert zu betrachten; vielmehr zeigt sich, daß unter diesen Umständen mit teilweise beträchtlichem Eklektizismus die jeweils erforderlichen Zusatzhypothesen eingeführt werden, um post hoc eine plausible Erklärung für die unvermutete Ineffizienz der subliminalen Stimulation beizubringen.«[32]

Zu hoffen bleibt nur noch, daß sich sowohl Werbemacher wie Werbekritiker endlich und für immer von der Idee einer unterschwelligen Manipulation trennen.

Fazit II:
Forschung als self-fulfilling prophecy

Brands Arbeit ist nicht nur wichtig als Abrechnung mit der Legende von den geheimen Verführern. Sie ist ebenso wichtig, um die wechselseitige Abhängigkeit von Methoden, Theorien und Erkenntnissen zu verstehen. Oft wird behauptet, nur die Erkenntnis zähle, Methoden und Theorien des Forschungsprozesses seien lediglich Hilfsmittel auf dem Weg dahin. Diese populäre Annahme, die gerne als Theorie-Praxis-Konflikt thematisiert wird, gilt nicht, wenn es um die Erforschung menschlichen Verhaltens geht. Erkenntnisse über die menschliche Wahrnehmung sind nicht einfach Tatsachen mit der universalen Gültigkeit von Naturgesetzen. Erkenntnisse über den Menschen werden durch Theorien gemacht und durch entsprechende Methoden bestätigt, und ebenso können sie wieder zunichte gemacht werden.

2. Kapitel
Die Manipulation geheimer Wünsche
im Unterbewußtsein

Wie Wünsche Waren werden

Manche Theorien sind zu schön, um nicht wahr zu sein. Die Hoffnung der Werbebranche, den Verbraucher manipulieren zu können, beruhte nicht allein auf der Vorstellung, durch extrem kurze, nicht mehr wahrnehmbare Werbeimpulse Bedürfnisse erschaffen zu können. Es gab noch die Motivforschung. In den 60er Jahren war die Motivforschung die große Mode der Werbeforschung. In den 70er Jahren geriet sie fast in Vergessenheit, als man das Erkenntnispotential der Methode erschöpft glaubte. Zu Beginn der 80er Jahre feiert sie ihr Comeback. Gert Gutjahr vom Mannheimer Institut für Marktpsychologie stellt fest, daß »heute wieder die ersten auf Motivforschung zurückgehen«.[1]

Der Unterschied zwischen dem im 1. Kapitel behandelten Konzept der Manipulation durch unterschwellige Werbung und dem von den Motivforschern vertretenen Manipulationskonzept ist wichtig – obwohl er oft übersehen wird: Im ersten Fall soll die Wahrnehmung unbewußt sein; im zweiten Fall sind die Wünsche, die geweckt werden sollen, unbewußt. Im ersten Fall ist der auslösende Reiz mit dem intendierten Bedürfnis identisch: Der unsichtbare Impuls ›Trink Coca-Cola‹ soll Durst auf Coca-Cola machen. Im Konzept der Motivforscher sind das intendierte Bedürfnis und der auslösende Reiz sehr verschieden: Beispielsweise wird für Cassettenrecorder, Kugelschreiber und Heimorgeln mit demselben Standardstimulus – einer nackten Frau – geworben.[2] Bei der ersten Art von Manipulation geht es um die Manipulation des Bewußtseins; Ziel der Motivforscher ist die Manipulation des Unterbewußtseins.

Statt vom ›Unterbewußtsein‹ spricht man auch vom ›Unbewußten‹. Dazu ist anzumerken, daß es in der Psychologie keine verbindliche Trennung der Begriffe gibt, sie werden in der Allgemeinpsychologie und in der Umgangssprache synonym verwendet. Freud allerdings lehnte die Gleichsetzung von ›unbewußt‹ mit ›unterbewußt‹ ab, in seinem Sinn ist ›Das Unbewußte‹ eine (hypothetische) Instanz der Persönlichkeit; Verhalten ohne reflektierte Bewußtheit bezeichnete er als »unterbewußtes« Handeln. (Soweit im folgenden notwendig, wird Freuds Differenzierung entsprochen.)

Die Motivforscher kennen die Tricks, unser Unterbewußtsein zu manipulieren – jedenfalls verkündeten sie das ihren Auftraggebern. Unbestritten ist ein großer Teil unserer Handlungen unbewußt: automatisch, routiniert, unreflektiert. Über täglich wiederkehrende Alltagsverrichtungen wird nicht jedesmal aufs neue entschieden. Um unbewußtes Verhalten solcher Art geht es den Motivforschern aber nicht. Sie suchen nach den ›eigentlichen‹ Ursachen unseres Verhaltens, die sie Motive nennen und in den Untiefen des menschlichen Unterbewußtseins verborgen glauben. Sie suchen Strategien, um die geheimen Motive heimlich anzusprechen, um Menschen zu manipulieren, ohne daß es die Manipulierten merken können.

Nicht alle Motivforscher verstehen sich als Manipulationsforscher, das ist einschränkend vorauszuschicken. Aber eine Zuordnung ist nicht einfach aufgrund der Selbstdarstellungen der Forscher möglich, da agieren viele gespalten: In internen Publikationen der Werbebranche (der Lektüre möglicher Auftraggeber) rühmen sie sich als Verbraucherdompteure – der Öffentlichkeit wird aufklärerisches Verantwortungsbewußtsein demonstriert. Die Zuordnung ergibt sich aus den Theorien über die Persönlichkeit des Konsumenten; sie werden in diesem Kapitel und in den folgenden diskutiert.

Unter pragmatischem Aspekt ist die Zuordnung freilich einfacher und vorwegzunehmen: Motivforscher, die für die Werbung arbeiten, sind – von wenigen Ausnahmen abgesehen – jene Motivforscher, die nach Manipulationsmechanismen suchen, und sind – ebenfalls mit wenigen Ausnahmen – psychoanalytisch orientiert.[3]

Im Gegensatz zur Psychoanalyse ist die kommerzielle Motivforschung jedoch kaum an den Einflüssen, die die Persönlichkeit des Menschen prägen, interessiert, ihre Aufmerksamkeit gilt jenen Faktoren, die Einfluß auf Kaufentscheidungen haben. Trotzdem ist die Verwandtschaft zwischen Psychoanalyse und Motivforschung eng. Gemeinsame Basis ist die Vorstellung, daß hinter all unseren Verhaltensweisen »angeblich noch etwas verborgen liegt, was als Ursache elementare oder permanente Qualität besitzt, nämlich die unwandelbare allumfassende universale Triebkraft menschlicher Verhaltensweisen«.[4] Psychoanalytiker und Motivforscher sehen das Verhalten des Menschen großenteils determiniert durch unbewußte Seelenvorgänge, elementare Impulse, Triebe und Instinkte, durch Kräfte also, die der Kontrolle des Bewußtseins nicht zugänglich sind und über die sich der Mensch keine Rechenschaft abzulegen vermag. Die Triebe des Unbewußten sind für die Motivforscher der Motor menschlicher Existenz – eigentlich sind wir für sie allesamt Triebtäter.

Besonders deutlich sagt es Ludwig von Holzschuher in seinen ›Psychologischen Grundlagen der Werbung‹ (1955). Holzschuher vertritt ein »bipolares« Bild vom Menschen, zwei Seelen wohnen in unserm Gehirn: Die vernünftige »Ichperson« und ihr Gegenspieler, die triebgelenkte »Primitivperson«. (Sein Konstrukt der Primitivperson ist eine Verkürzung des Freudschen Konzepts vom unbewußten »Es«.) Beide Pole der Persönlichkeit stehen sich jedoch nicht gleichberechtigt gegenüber – »Hinter allem steht die Primitivperson« propagiert Holzschuher und führt aus:

»Der Werber, der mit Massen umzugehen hat, muß zu dem – den Stolz des Menschen freilich schwer kränkenden – Schluß gelangen, daß die Ichperson samt ihrer Vernunft eine weit weniger ausschlaggebende Rolle spielt, als man sich das träumen lassen möchte.

Wo immer es um Menschliches, Allzumenschliches geht, wo immer die persönlichen Interessen und Belange berührt werden, ja wo immer Ideen und Ideale zum Gegenstand von Leidenschaften und Bewegungen werden, gerät sie mit geradezu tödlicher Sicherheit in den Bann der Primitivperson. Ja, oft ist sie nicht einmal befähigt, höchst einfache Dinge im Sinne der Vernunft zu beschließen und zu betreiben. Immer spricht da die Primitivperson mit, und meist spricht diese das gewichtigere Wort.«[5]

Holzschuher war ein Wegbereiter der Motivforschung in der Bundesrepublik. Der Impuls aber kam aus den USA. Packard referiert in seinen ›Geheimen Verführern‹ hauptsächlich Erkenntnisse von Motivforschern; sie sind die »Tiefenheinis« und »Tiefenarbeiter«, vor denen er die Welt warnte: »Diese tiefenpsychologischen Manipulatoren sind im Begriff, mit ihrem Wirken unter der Oberfläche des amerikanischen Lebens eine derartige Überzeugungsmacht zu erlangen, daß die Öffentlichkeit gut daran täte, sich mit diesem Fragenkomplex zu befassen und ihn aufmerksam zu beobachten. Hoffentlich kann dieses Buch die Aufmerksamkeit der Öffentlichkeit wachrufen.«[6] – Das ist Packard vollkommen gelungen.

Packard bezieht sich vor allem auf einen Motivforscher: Ernest Dichter. Ernest Dichter war nicht der erste, der sich mit unseren unbewußten Motiven befaßte, aber er gilt in der Werbewelt als Vater der Motivforschung. Seine ›Strategie im Reich der Wünsche‹ (›The Strategy of Desire‹; 1961) ist noch heute das Standardwerk der Motivforschung.[7]

Ernest Dichters Strategie im Reich der Motive

Packards Aufregung war vielen verständlich, Dichters ›Strategie im Reich der Wünsche‹ beginnt mit einer gewaltigen Demonstration der Macht der Motivforscher:

»Immer wieder versuchen wir, in das Nirwana embryonaler Wärme und träumerischer Unwissenheit zu entfliehen. Wir fürchten uns vor den Verführungsmethoden, weil sie das Flammenschwert des Engels sind, das, am Schleifstein der Wissenschaft geschärft, uns hindert, dahin zurückzukehren, wo wir – vermutlich irrtümlich – das ›Paradies‹ vermuten. Menschliche Wünsche sind das Rohmaterial, mit dem wir arbeiten. Ihre planmäßige Steuerung ist die Form, die das Bild der Menschen prägt, sie ist die wichtigste Waffe im Arsenal dieser Welt. Menschlicher Fortschritt ist der Sieg über das Tierische in uns, aber kein Sieg gelingt ohne Einsatz strategischer Mittel.«[8]

Die Grammatik ist Camouflage – Dichters Worte markieren Machtverhältnisse: »Wir«, die wir uns in träumerischer Unwissenheit am wohlsten fühlen, das sind wir Verbraucher; aber »wir«, die mit den menschlichen Wünschen arbeiten und durch planmäßige Steuerung das Bild des Menschen prägen – der Engel mit dem am Schleifstein der Wissenschaft geschliffenen Flammenschwert – kein Zweifel: das ist der Motivanalytiker Dichter, zitiert er doch auch gleich den gegen ihn erhobenen Vorwurf, »eine mächtige Waffe mit unsicherer Hand« zu führen.[9]

Natürlich will Dichter nur unser Bestes. Seine Ausführungen, warum die Motivanalyse im Dienst der Werbung zum Segen der Menschheit sei, ist die Verherrlichung des American Way of Life. Motivforschung sei das Mittel, um die Prosperität und den allgemeinen Wohlstand zu steigern. Aber mehr noch, sogar für die Lösung politischer Probleme erklärt sich Dichter zuständig: Seine Arbeit hat ihn zu der Erkenntnis geführt, daß »sich die individuellen Probleme, denen eine bestimmte Institution gegenübersteht, nicht sehr stark von den weit größeren Ausmaßes unterscheiden, die in nationalem oder internationalem Raum ständig anfallen«.[10] Mit dieser Projektion individueller Mikrostrukturen auf soziale Makrostrukturen (wie sie sich auch bei Freud findet) ruft Dichter folgerichtig ein »Zeitalter der Psychologie« aus und erklärt sich so zum neuen Machthaber.[11]

Dichters Ideen vom Zeitalter der Psychologie sind vom Gedankengut der Ära des kalten Krieges beeinflußt, die Zeit militärischer Eroberungen ist vorbei, Ideologie wird zur neuen Waffe:

»Hält man heute Rückschau auf die menschliche Geschichte, so spiegeln Erfolge und Mißerfolge von Ländern und Reichen die physischen und psychologischen Kräfte getreu wider. Hier zeigt es sich dann, daß in starkem Maße die psychologische Strategie, die Menschen und Völker gegeneinander anwandten, zu Enderfolgen führte. Noch wurde die Geschichte ideologischer und psychologischer Kriegskunst, deren man sich in Tausenden von Jahren bediente, nicht niedergeschrieben. Wäre es geschehen, würde sich wahrscheinlich herausstellen, daß in den meisten Fällen ideologische Waffen viel wirksamer waren als rein militärische.«[12]

Kern des Dichterschen Werkes ist die Erklärung, daß wir Menschen uns hinter »der Maske unserer Verhaltensweisen« versteckten, aber in Wirklichkeit gar nicht sind, was wir zu sein vorgeben. Denn fragt uns der Motivanalytiker nach Gründen unseres Verhaltens, so kommen wir ihm mit Rationalisierungen, Entschuldigungen, Lügen oder wissen gar keine Begründung.

Woher weiß nun ein Motivanalytiker, warum eine Person so handelt, wie sie handelt – wenn sogar der Handelnde selbst die Gründe seines Handelns nicht kennt? Wieso kann ein Motivforscher vorgebrachte Erklärungen als Rationalisierungen und Verfälschungen ›wahrer‹ Motive entlarven? Um dies zu beantworten, muß vorab der Motivbegriff verdeutlicht werden.

Die ungeklärte Definition: Was ist ein Motiv?

Motive – so die pauschale Definition – beinhalten ein Ziel, beabsichtigen einen Zweck und führen deshalb letztlich zu Handlungen. Jeder Faktor, der bei einer Handlung eine Rolle spielt, sei es als handlungsunterstützendes oder distanzierendes Element, kann Motiv genannt werden. Allerdings wirft diese Definition mehr Fragen auf, als sie beantwortet. Zwar führen Motive zu Handlungen, aber Handlungen sind nur selten durch einzelne Motive verursacht. Meist werden sie ausgelöst durch einen Komplex vieler miteinander verbundener Motive. Man nennt solche Motivkomplexe Motivation. Je folgenhafter eine Handlung ist, desto mehr Motive kommen ins Spiel, desto widersprüchlicher können sie sein: Instinkte, soziale Normen, Triebe, gesellschaftliche Strebungen, Bedürfnisse, gesetzliche Zwänge, Interessen, Affekte können nebeneinander und gegeneinander eine Rolle spielen. Inhaltlich ist damit der Begriff Motivation ebenso vielsagend wie nichtssagend.

In der Literatur zur Motivforschung wird unterschieden zwischen ›rationalen‹ und ›irrationalen‹ beziehungsweise ›bewußten‹ und ›unbewußten‹ Motiven. Es wird getrennt zwischen ›primären‹ und ›sekundären‹ oder zwischen ›angeborenen‹ und ›erlernten‹ Motiven.[13] Nun besteht jedoch unter den Forschern keineswegs Einigkeit über die Klassifikationen der Motive. So kann beispielsweise Sexualität als biologisch bedingter Trieb zur Arterhaltung, also als primäres Motiv verstanden werden. Aber Sexualität kann auch sekundäre Ziele haben, kann auf Lustgewinn gerichtet sein. Nicht nur auf die Frage, ob sexuelles Verhalten angeboren oder erlernt ist, gibt es zwei Antworten – man kann auch behaupten, Hunger sei ein primäres Motiv, Appetit ein sekundäres, weil konditioniertes Verhalten.[14] Über derartige Fragen ist viel gestritten worden. Aber das sind Kämpfe auf Nebenschauplätzen.[15]

Das Problem beginnt bei der Tatsache, daß eine Handlung nur in seltenen Fällen auf ein bestimmtes Motiv zurückzuführen ist und daß gleichzeitig Motivationen als Motivkomplexe mehr sind als nur die Summe der einzelnen Motive, denn den verschiedenen Motiven kommt verschiedene Bedeutung zu. Und das ist das eigentliche und unlösbare Problem: Es gibt kein theoretisches Modell, das die komplexen Zusammenhänge der Motivation allgemeingültig definiert. Und ein solches Modell kann es nicht geben. Denn die Frage, durch welche Motive Handlungen initiiert werden, sowohl im generellen Sinn als auch im Einzelfall, ist nicht lediglich eine Frage von Begriffsdefinitionen – und damit für den Praktiker als akademisches Problem abzutun –, diese Frage führt zur grundsätzlichen Kontroverse über die Konstitution menschlicher Persönlichkeit. Sie gibt Auskunft darüber, wieweit (ein) Verhalten als bewußter Reflexion zugänglich und rational steuerbar gedacht ist oder als unbewußt-instinktiv vollzogen interpretiert wird. Das heißt: Jede Motivtheorie ist eine theoretische Antwort auf die Frage, wieweit der Mensch Herr seiner selbst ist. Es gibt auf diese Frage keine wertfreie Antwort.

Dichters Definition

Auch Dichter stellt die Frage: »Was aber ist eine Motivation?« Seine erste Antwort: »Sie ist eine Anhäufung von Faktoren, deren Ergebnis zu einer bestimmten Handlung führt, die nun ihrerseits beabsichtigt, die augenblickliche Situation in eine künftige umzuwandeln.« Das ist die Definition von Motiven als Handlungsimpulse; weiter aber verkündet Dichter:

»Bei unserer Arbeit im Institute for Motivational Research haben wir eine treffendere Definition für Motivation entwickelt. Wir glauben, daß die meisten menschlichen Handlungen das Ergebnis von Spannungen sind. Sind die Spannungsunterschiede stark genug ausgeprägt, führen sie zu Aktionen.«[16]

Mit der zweiten, der »treffenderen« Definition definiert Dichter die theoretische Ausrichtung seines Motivationsmodells. Mit dem Begriff der »Spannungen« greift er zurück auf die energetisch-ökonomische Vorstellung des psychoanalytischen Systems.[17] Diese Vorstellung geht davon aus, daß bei jedem Verhalten und jeder Handlung psychische Energie abgeführt wird und Triebentspannung das Ziel jeder Tätigkeit sei. Umgekehrt bedeutet das: Ursache unseres Handelns sind Triebe.

Nun verzichtet Dichter darauf, die spannungsverursachenden Motive zu differenzieren. Denn er kann die Fragen, ob Motive bewußt oder unbewußt, rational oder irrational, angeboren oder erlernt sind, und die Frage nach der Bedeutung der verschiedenen einzelnen Motive im Gesamtsystem Motivation pauschal beantworten, indem er nämlich darauf verweist, daß auch scheinbar vollkommen rationales Handeln (wie etwa die Befriedigung existentieller Bedürfnisse) immer als Kern das Irrationale in sich trage: bewiesen sei das dadurch, daß alle Menschen immer mehr als nur das Notwendigste haben wollen. Dichter meint: »Wir müssen uns an den Begriff *psychologischer* Bedarf halten, wenn wir menschliche Motivation erklären wollen.«[18]

Durch die Einführung dieses Begriffs ist Dichters System am Ende – oder wieder am Anfang: Da die Ursache jeder Handlung Triebentspannung sein soll, ist nur folgerichtig, daß mit jeder Handlung ein psychologischer Bedarf gedeckt werden soll, und der psychologische Bedarf ist zwangsläufig irrational, weil seine Ursache nicht rational steuerbar ist. (Der Originaltitel ›Strategy of Desire‹ ist insofern aufschlußreich, weil ›Desire‹ in der psychologischen Terminologie als Synonym für appetitives Verhalten gebraucht wird. Damit werden unbewußte, angeborene Reaktionen bei Tieren charakterisiert.) So wird in Dichters Theorie der multikausale Komplex der Motivation auf ein System reduziert, bei dem Ursache und Wirkung identisch sind. An die Stelle einer Erklärung tritt ein Glaubensbekenntnis.

Dichters Legitimation, das Verhalten eines Menschen zu deuten, besteht in einem kurzen Verweis auf seine Funktion: »Als Erforscher menschlicher Motivation steht uns das Urteil, warum er das, was er getan hat, tat, zu.«[19] Da uns, den Erforschten, kein Urteil darüber zustehen soll, warum wir tun, was wir tun, steht uns ein Urteil über die Urteile der Motivanalytiker natürlich schon gar nicht zu. – Freud hat übrigens ähnlich argumentiert, er wertete die Kritik an der Psychoanalyse als Zeichen des psychischen Widerstandes gegen sie. In ›Zur Geschichte der psychoanalytischen Bewegung‹ (1913–1917) schreibt Freud, daß er sich nicht wie andere »vereinsamte Entdecker« über die heftige zeitgenössische Ablehnung seiner Theorien quälte:

»Das brauchte ich nicht, denn die psychoanalytische Lehre gestattete mir, dies Verhalten der Umwelt als notwendige Folge aus den analytischen Grundannahmen zu verstehen. Wenn es richtig war, daß die von mir aufgedeckten Zusammenhänge dem Bewußtsein der Kranken durch innere affektive Widerstände ferngehalten werden, so mußten sich diese Widerstände auch bei den Gesunden einstellen, sobald man ihnen das Verdrängte durch Mitteilung von außen zuführte. ... Der Unterschied war nur, daß man bei den Kranken über Pressionsmittel verfügte, um sie ihre Widerstände einsehen und überwinden zu lassen, bei den angeblich Gesunden solcher Hilfen aber entbehrte.«[20]

Drei Prinzipien zur Analyse von Kaufmotiven

Wie sieht Dichters praktische Arbeit aus? Er nennt drei Prinzipien, mit denen er Motive analysiert: das funktionale Prinzip; das dynamische Prinzip; das Prinzip fundamentaler Einblicke.[21] (Allerdings markieren diese Prinzipien keine konsequente Differenzierung, sie sind als Stichworte zu verstehen, unter denen Aspekte der Motivanalyse aufgeführt werden.)

1. Das Prinzip des Funktionalen:
Es besagt, daß sich aus der Verbrauchssituation die Anforderungen analysieren lassen, die der Konsument an einen Konsumartikel stellt. Aber jene Anforderungen an Produkte, die Dichter im Sinn hat, sind keine funktionalen Anforderungen im gewohnten Sinn praktisch-rationaler Kriterien: Dichters Beispiele sollen zeigen, daß alles Verhalten naturgesetzlich determiniert ist. Die Tatsache etwa, daß der Konsument Seife bevorzugt, die gut in der Hand liegt, leitet Dichter aus der Haltung der Finger beim menschlichen Embryo ab: Bei den Händchen eines Embryos sind die Finger zur Handinnenfläche gerichtet, und mit genauso gekrümmten Fingern hält auch der erwachsene Mensch ein Stück Seife in der Hand. Deshalb habe die Form einer Seife für uns eine »biopsychologische Bedeutung«.[22] Unbewußt selbstverständlich.
Oder ein anderes Beispiel: Dichter beobachtete, daß Leute, die Handwerkszeug kaufen wollen, oft das Werkzeug prüfend in der Hand halten. Daraus schließt Dichter, daß Handwerkszeug nach Gewicht gekauft wird. Unbewußt selbstverständlich. Und weil Gewicht eine »urzeitliche Weltnorm« sei, die heute jeglicher Bedeutung entbehre, kann er wieder feststellen: »Wir haben auch in Bereichen, wo erdrückendes Beweismaterial für unser falsches, irrationales Verhalten vorhanden ist, unseren Höhlenbewohnerglauben nicht abgelegt.«[23, 24]
Mit derartigen Deutungen erklärt sich Dichter zum Kultur-Anthropologen: »Die Wissenschaft der Anthropologie erhält ihre Bedeutung aus der Tatsache, daß sie bestrebt ist, ein jedes Einzelwesen, das einer niederen Kulturstufe angehört, in seinem Naturzusammenhang zu sehen«, zitiert er die berühmte Anthropologin Margret Mead und stellt für sich selbst fest: »Die Anwendung dieses funktionalen Prinzips läßt klar erkennen, weshalb die als Motivforschung bezeichnete Arbeit in Wirklichkeit nichts anderes ist als Kultur-Anthropologie.«[25]
Sein ebenfalls sehr bekanntes ›Handbuch der Kaufmotive‹ (›Handbook of Consumer Motivations‹; 1964) nennt Dichter deshalb »eine Art zeitgenössischer Kultur-Anthropologie des modernen Menschen«. Hier führt er aus, daß der Mensch in seiner lebensgeschichtlichen Entwicklung nichts dazulernt und auch die menschheitsgeschichtliche Entwicklung kaum als ›Entwicklung‹ bezeichnet werden darf: »Wir sind alle noch Ur-

menschen«, sinniert der Motivforscher, denn auch beim modernen Menschen bestehe oft »kein allzu großer Unterschied zwischen seinen Gewohnheiten, Motivationen, Wünschen und Hoffnungen einerseits und den Ritualen und dem Fetischismus der Eingeborenen Neuguineas andererseits. Nur kaufen wir unseren Fetisch im Warenhaus, und sie schnitzen ihn aus den Schädeln ihrer Feinde.«[26]

Die Parallele zur Anthropologie, die Dichter zieht, ist willkürlich und ist falsch: Der Anthropologie geht es nicht um die Natur des Menschen, sondern im – Gegenteil – um die Kultur der Menschen. Kein Anthropologe will die Verhaltensweisen und Rituale primitiver Volksstämme auf moderne Industriegesellschaften übertragen, denn die Kultur von Naturvölkern hat nichts zu tun mit dem Naturbegriff Dichters: Tatsächlich ist seine Art von Anthropologie nichts anderes als eine biologistische Instinktlehre. – Und die ist ganz überflüssig, um zu begründen, warum Leute Seife bevorzugen, die nicht aus den Händen glitscht.

2. Das Prinzip des Dynamischen:

Das zweite Prinzip besagt, daß individuelle Lebensumstände und gesellschaftliche Gegebenheiten als Entwicklungsprozesse analysiert werden müssen. Zunächst scheint dieses Prinzip im krassen Widerspruch zu stehen zum Prinzip des Funktionalen, in dem die Menschen auf die Stufe von Höhlenbewohnern gestellt werden, in dem jede Entwicklung ignoriert wird. Der Widerspruch löst sich durch Dichters speziellen Entwicklungsbegriff: »Es gilt, auch die Tatsache zu berücksichtigen, daß sie (die Menschen; E. H.) sich während der Lebenszeit des einzelnen und mit der historischen Entwicklung einer Kulturgruppe oder der gesamten menschlichen Rasse laufend ontogenetisch und phylogenetisch wandeln und entwickeln. Die menschliche Rasse als Ganzes wandelt sich ständig. In starkem Maße wiederholt jedes Einzelwesen in seinem eigenen Leben die allumfassende Wandlung, die in Jahrtausenden stattgefunden hat und die die Menschheit in der phylogenetischen, rassischen Entwicklung immer wieder ein oder zwei Schritte vorwärts brachte.«[27] – Es ist ein biologischer Entwicklungsprozeß, den Dichter im Sinn hat, aber seine Darstellung von menschlicher Entwicklung ist widerlegt, durch eben jene Wissenschaft, auf die sich Dichter beruft – durch die Biologie. Die individuelle Wiederholung der menschlichen Stammesgeschichte, der Phylogenese, geschieht nicht, wie Dichter unterstellt, während der gesamten Lebenszeit, sondern vor der Geburt, im embryonalen Stadium. Und die Theorie, daß sich die Menschheit durch Anpassung an die Umwelt rassisch verändere und sich durch die Vererbung erworbener Eigenschaften fortentwickle, gilt seit Darwin als widerlegt.[28]

Hier wandelt Dichter auf den Spuren Freuds: In ›Der Mann Moses und die monotheistische Religion‹ (1932–1939) kommt Freud zum Postulat einer psychologischen Vererbung. Auch Freud mußte, um die biologistische Logik seiner Theorie aufrechtzuerhalten, annehmen, der Mensch besitze «bei der Geburt mitgebrachte ... Stücke von phylogenetischer Herkunft, eine archaische Erbschaft».[29] Und Freud stellt die Behauptung auf, »daß die archaische Erbschaft des Menschen nicht nur Dispositionen, sondern auch Inhalte umfaßt, Erinnerungsspuren aus dem Erleben früherer Generationen«. Aber Freud gestand ein, daß er sich mit diesem Postulat im Widerspruch zu den Erkenntnissen der Biologie befand: »Unsere Sachlage wird allerdings durch die gegenwärtige Einstellung der biologischen Wissenschaft erschwert, die von der Vererbung erworbener Eigenschaften auf die Nachkommen nichts wissen will. Aber wir gestehen in aller Bescheidenheit, daß wir trotzdem diesen Faktor in der biologischen Entwicklung nicht entbehren können.« Denn mit dieser Annahme einer psychologischen Vererbung kann Freud die soziale Prägung des Menschen als Einfluß kategorisieren, der für alle Menschen einer Zeit gleich ist und sich damit nivelliert, und kann so die Gesellschaft aus der Psychoanalyse eliminieren: »Wenn wir den Fortbestand solcher Erinnerungsspuren in der archaischen Erbschaft annehmen, haben wir die Kluft zwischen Individual- und Massenpsychologie überbrückt, können die Völker behandeln wie den einzelnen Neurotiker.«[30,31]

Die biologistische Argumentation behält, gemessen an der Realität, nur wenig Plausibilität: Wie wenig hat sich der Mensch seit dem Mittelalter rassisch, also biologisch verändert, und doch ist aufgrund der fortwährenden sozialen Veränderungen in allen Bereichen kaum eine Situation noch vorstellbar, in der ein Zeitgenosse und ein Mensch des 14. Jahrhunderts gleich denken und handeln würden.

3. Das Prinzip der fundamentalen Einblicke:
Auch bei diesem Prinzip geht es um Dichters Erkenntnis des irrationalen menschlichen Wesens: »Bei der praktischen Erforschung menschlicher Motivation halten wir es für unsere

Pflicht, fundamentale Einblicke zu tun und ohne Furcht oder Entrüstung die Tatsache anzuerkennen, daß eine stattliche Anzahl von Motivationen irrational, unbewußt und den Menschen selbst unbekannt ist.«[32]

Hier ein fundamentaler Einblick aus einem Experiment: »Während eines andern Versuches zeigten wir fünfundzwanzig Stück Seife, jedes war eine andere Marke. Wir ließen die Testpersonen ein Stück davon auswählen. Vorher hatten sie die Frage zu beantworten, was sie an einer Seife besonders schätzten. Ihre Antworten besagten, daß ihnen Größe, Geruch, Persönlichkeit und Reinigungskraft bedeutsam wären. Als man aber dem gleichen Personenkreis (meist Frauen) das Seifenstück aushändigte, taten beinahe 70 Prozent von ihnen das gleiche: Sie wickelten es aus, ließen ihre Finger über die Oberfläche gleiten, rochen daran und wogen es schließlich in der Hand. Wir filmten ihr Gehaben. Als wir ihnen später den Streifen vorführten, waren sie zumeist reichlich erstaunt über ihr Verhalten, erkannten aber die Beweiskraft des Filmes an. Sie sagten aus, daß sie sich über ihr wahres Verhalten nicht klar gewesen seien. Überraschenderweise zeigte es sich, daß das Gewicht sich wieder einmal als Hauptfaktor erwies. Wahrscheinlich ist diese Erscheinung ein Überbleibsel aus der Zeit, als die Frauen ihre Seife selbst sotten. Es mag aber auch daher rühren, daß – wie bereits erwähnt (beim Beispiel Werkzeug; E. H.) – Gewicht immer noch ein Wertmaßstab in unserer modernen Welt ist. Der Wunsch, die Geschmeidigkeit der Seife zu prüfen, fand seinen Ausdruck in dem Darübergleiten der Finger. Auch dies ist ein ziemlich irrationales Verhalten, denn niemand verwendet trokkene Seife, es kommt vielmehr darauf an, ob ihr Schaum weich ist.«[33]

Warum ist dieses Experiment eine lehrbuchreife Demonstration experimenteller Fehler? Man muß sich einmal in die Situation der Versuchspersonen versetzen: Zuerst haben sie zu allem, was über Seife überhaupt gesagt werden kann, eine Meinung zu äußern. Dann folgt die Wahl einer Seife, und nach der vorangegangenen Befragung wird natürlich nicht mehr spontan, sondern mit möglichst viel Problembewußtsein gewählt. Dann soll das Seifenstück noch getestet werden. Vor laufender Filmkamera. – Was macht man nun mit einem Stück Seife vor der Kamera? Genau das, was Dichter so dramatisch schildert: Man wickelt die Seife aus, riecht daran und hält sie in der Hand – so lang, bis der Versuchsleiter abwinkt ... Nicht die Frauen sind hier irrational, die Versuchssituation ist es. Denn um die

sogenannten rationalen Kriterien zu testen, um die Seife überhaupt zu benutzen, braucht man Wasser – aber das war in diesem Test offenkundig nicht vorgesehen.

Praktische Erkenntnisse I: Wie sich die Persönlichkeit des Käufers auf das Produkt überträgt

»Die Automobilindustrie wäre über Nacht bankrott, würden
Autos nur von den Leuten gekauft, die sie wirklich brauchen«,
meint Dichter und rühmt sich seiner Verdienste um die ame-
rikanische Automobilindustrie.[34]
Wenn Dichter nach den wahren Gründen für den Kauf eines
Wagens und die Wahl einer Marke forscht, kommt natürlich die
irrationale Natur der Menschen zutage. Bei den Männern zeigt
sie sich insbesondere im libidinösen Verhältnis zum Auto.
Einige Statements aus seiner ›Psychologie des Autokaufs‹:[35]
»Mein Wagen paßt mir wie der Handschuh an meiner Hand.
Wenn ich fahre, wird der Wagen beinahe ein Teil meines Körpers.«[36] »Mein rechtes Auge gäbe ich für eines der schnittigen
Modelle, das so schön in die Knie geht und faucht und brüllt,
wenn man auf das Gaspedal tritt!«[37] »Ich habe so verflucht viele
Wagen gehabt; wenn ich anfangen wollte, über sie zu erzählen,
könnte ich wahrscheinlich den ganzen Tag mit ausfüllen. Es
ist, wie wenn einer vier- oder fünfmal verheiratet war. Dann
kann er auch den ganzen Tag von seinen verschiedenen Wei-
bern berichten.«[38] Einer schildert seine Gefühle beim Be-
rühren des Lenkrades: »Es ist, wie wenn ich die Hand meines
Mädchens in der meinen hielte oder jemandem in die Augen
schaue.«[39]
Frauen sind sowieso irrational. Dichter sagt es auch noch mal.
Erwartungsgemäß achten sie beim Autokauf allein darauf, ob
die Farbe des Wagens zur Farbe ihrer Augen und die der Sitze
zum Kostüm paßt. Unter den wohl hundert Beispielen über
Verhalten beim Autokauf findet sich nur eines (dafür angeblich
typisches), in dem Frauen ohne männliches Regulativ, ganz auf
sich gestellt, ein Auto kaufen dürfen und dem Motivforscher
bestätigen, was er schon immer wußte:
»Mutter und Tochter kamen in den Vorführraum und begannen
einen Wagen zu inspizieren. Die Mutter zitierte die Tochter hinter das Steuer. Nachdem die junge Dame ihren Hut zurechtge-
rückt und eine recht attraktive Pose eingenommen hatte, trat
die Mutter einen Schritt zurück und betrachtete, Kopf zur Seite
geneigt, die Szene. Sie gab verschiedene Regieanweisungen,

ging dann auf die andere Seite, um das ganze Bild aus einer anderen Perspektive zu sehen. Nachdem sich beide überzeugt hatten, daß der Wagen vom Standpunkt des Betrachters aus recht schick wirkte, ergingen sie sich in minuziösen Einzelheiten über Polsterung, Bodenbeläge, Armaturenbrett und diverse lieferbare Farben.«[40]

»Diese farbigen Schilderungen«, konstatiert Dichter, »zeigen sehr deutlich, wie die Persönlichkeit des Wagens effektiv erlebt wird.« Entstehen soll die Persönlichkeit des Autos durch eine doppelte Projektion: »Die Persönlichkeit des Käufers und die des Herstellers werden auf den Wagen übertragen.«[41] So sieht Dichter auch zwischen dem Idealauto und den Lebensphasen seines Besitzers ein psychologisches Verhältnis: »Der Wagen, den man in einer bestimmten Lebensperiode besitzt, spiegelt deren psychologische Merkmale.«[42] Als Beobachtung ist diese Feststellung richtig. Aber die Erklärungen, die glauben machen sollen, solche Veränderungen geschähen psychologisch, also innerlich und unabhängig von der äußeren Lebenswelt, sind Umkehrungen von Ursache und Wirkung. Wenn Dichter meint, daß beim Autokauf der Wunsch nach ewiger Jugend im Sportwagen seinen symbolischen Ausdruck fände, und auch vor dem Vergleich nicht zurückschreckt, daß das Kabriolett für den Mann die Geliebte, die Limousine aber die Ehefrau verkörpere[43], dann ist es nicht die Persönlichkeit des Autos, die auf den Käufer so wirkt, es sind die Funktionsbereiche der unterschiedlichen Wagentypen. Erma Bombeck schildert in ihrem Hausfrauen-Roman ›At Wit's End‹ (1965) ihren Ärger darüber, von Dichter als »brauchbare Limousine« tituliert zu werden. Deshalb will sie ihren Mann überreden, ein neues Auto zu kaufen, ein Kabriolett. Bombeck beschreibt das Verhalten ihres Mannes im Autosalon; zunächst ganz im Sinne Dichters: »Er ließ sich in den Sitz des Sportcabrios im Schaufenster gleiten und legte verstohlen den Arm um die Lehne. Er liebkoste Lenkrad und Sonnenblende mit einer Innigkeit, die ich an ihm nicht kannte. (Ich glaubte sogar zu bemerken, daß er den Fernlichtschalter heimlich kniff.) Dann tat er einen tiefen, resignierten Atemzug, ging hinüber zur gewohnten Limousine und seufzte: ›Wir müssen auch an die Kinder denken.‹«[44]

Mit der Ignoranz menschlicher Rationalität bleibt Dichter die fundamentale Erkenntnis versagt, daß Wünsche an der Realität gemessen werden. Die zitierten Einstellungen zum Auto aus der ›Psychologie des Autokaufs‹, einer 1940 abgeschlossenen Studie, sind heute kaum mehr nachvollziehbar. Aber nicht die

Psyche der Autofahrer hat sich nach irgendeiner inneren Eigengesetzlichkeit gewandelt, sondern die Verkehrsflut und die
Energieverknappung haben die Einstellung zum Auto so radi-
kal geändert. Und der Käufer weiß schon lange, daß sein innig-
ster Wunsch beim Autokauf kaum erfüllt wird, und das ist der
Wunsch nach Erfüllung der Funktion: nach einem Auto, das
fährt und fährt und fährt und so weiter. Der Käufer weiß schon,
was er will, er weiß aber auch, daß er es nicht bekommt. Seine
Unsicherheit ist die Unkenntnis darüber, welche Wünsche ihm
erlaubt werden – die verzweifelten Vergleiche aller möglichen
Daten vor einem Autokauf zeigen das immer wieder. Was dem
Käufer schließlich bleibt, ist die Akzeptanz der Bedingungen
der Anbieter, die Beschränkung seiner Wünsche auf das
Wünschbare: die Auswahl von Farben und Zusatzausstattun-
gen und die Hoffnung auf verfügbare Reparaturdienste. Zwischen der Welt der Werbung und der Welt der Konsumenten
liegt die Realität.

Praktische Erkenntnisse II: Wie sich die Persönlichkeit
des Produkts auf den Käufer überträgt

›Der Selling Appeal von Waren, Werkstoffen und Dienstleistungen‹ heißt der Untertitel vom ›Handbuch der Kaufmotive‹,
in dem Dichter die Persönlichkeit von Produkten ausführlich
erläutert. Autoreifen, Bohnen, Hüte, Deodorants, Spaghetti,
Zedernholz, Gurken, Feuerzeuge und Papierservietten, das alles hat eine Seele. Wir erfassen diese Seelen unterbewußt. Die
Fetischisierung der Objekte geht so weit, daß Dichter sogar deren Sexualität analysiert: So sollen Tee, Kuchen und Reis femi-
nin, Kartoffeln, Kaffee und Bier maskulin; gebratene Hühn-
chen und Orangen bisexuell sein.[45]
Den femininen Appeal von Reis beispielsweise begründet
Dichter so: »Wer einmal Reis beim Kochen beobachtet hat,
dem mag vielleicht der Vergleich mit biologischen Vorgängen
gekommen sein. Im siedenden Wasser erwachen die Reiskör-
ner zum Leben, sie quellen auf, werden größer und größer. Sie
ähneln kleinen, blitzschnell reifenden Eiern, die jeden Augenblick auseinanderbersten und neues Leben aus ihrer Schale ent-
lassen können. Das brodelnde, kochende Wasser trägt außerdem dazu bei, den Eindruck einer Pseudo-Geburt zu vertie-
fen.«[46] – Hier wird ein beliebiger Aspekt herausgegriffen und
(meist in Analogie zum typischen Produktverwender) psycho-
logisiert. (Genauso überzeugend ließe sich feststellen, Lippen-

stifte seien weiblichen und Rasierapparate männlichen Geschlechts.)

Abgesehen vom spekulativen Charakter haben solche Erklärungen der Ursachen von Konsumverhalten den Nachteil, daß einem Motiv eine sich selbst erklärende Funktion zugeschrieben wird. So etwa, wenn mit einem ›Modernitätsfaktor‹ begründet wird, daß moderne Menschen gerne moderne Produkte kaufen. Der Wirtschaftspsychologe Petera glossiert: »Wenn etwas verkaufbar ist, wird auf ein Kaufmotiv zurückgeschlossen.«[47]

Motivforschung heute: Neubeginn oder Neuauflage?

Für die Werbepraxis ist das zentrale Argument gegen die Motivforschung, daß deren Ergebnisse nicht in konkrete Angaben über die Größe der psychologisch definierten Käufergruppen und mögliche Marktanteile zu übersetzen sind. Im Report der Absatzwirtschaft von 1980 über psychologische Marktforschungsmethoden konstatiert der Marketing-Experte Dieter Franke: »Es genügt nicht, sich mit dreißig Leuten auf der Couch niederzulassen und den großen Zampano zu spielen. Vielmehr müssen die Ergebnisse abgesichert sein.«[48] – Das ist aber kaum möglich. Eine neue tiefenpsychologische Erkenntnis, die der Motivforscher Werner Sommer in diesem Report schildert, macht das Problem deutlich: »Bei einer Exploration um das Produkt ›Lack‹ erinnerte der Vorgang des Schmierens und Kleckerns sehr stark an Exkremente oder – psychoanalytisch ausgedrückt – an die anale Phase. Der Umgang mit dem Pinsel löste bei Frauen zusätzlich ein Erfolgserlebnis aus – gemäß dem phallischen Erklärungsansatz.« Und Sommer klagt: »Aber machen Sie einem Marketingchef das mal klar.«[49]

Je mehr die Motivforschung in die Tiefe geht, desto universaler werden die Erkenntnisse. Wo es zuerst das erklärte Ziel war, die Wünsche der Konsumenten differenziert zu erfassen, bleiben als Ergebnisse nur Theorien, die alles bei allen gleich erklären wollen. So scheitern die Motivforscher an der Vielfalt menschlichen Verhaltens. Mit ihrer maßlosen Überschätzung der Sexualität – die sie mit Rekursen auf die Psychoanalyse legitimieren wollen – kommen sie letztlich jedesmal zum gleichen Ergebnis: Sexuelle Motive sind es, die das Verhalten der Konsumenten determinieren. Zur Erklärung der Tatsache, daß sich aber trotz gleicher Motive verschiedene Konsumenten verschieden verhalten, hat die Motivforschung nur noch den Verweis auf den Unterschied zwischen Männern und Frauen parat.

Auch hier gehen Theorie und Methode ineinander über. Die Theorie postuliert eine Beschränkung der Ursachen menschlichen Handelns auf einige wenige Motive; die Methode besteht darin, die Vieldimensionalität jeder Motivation auf ein eindimensionales Reiz-Reaktions-Schema einzuebnen. Natürlich interessierte dieser theoretische Mangel die Werbepraktiker zu keiner Zeit. Die Praktiker lernen nur aus der Praxis. Daß identische Handlungen durch sehr verschiedene Motive ausgelöst sein können und andererseits gleiche Motive zu sehr verschiedenen Handlungen führen können, das haben die Praktiker aus der immer wiederkehrenden Erfahrung gelernt, daß ihre nach Motivstrategien konzipierten Werbekampagnen erfolglos blieben.

Weil die Frage nach den Motiven menschlichen Handelns so schwierig zu beantworten ist und die bisherigen Antworten so unbefriedigend waren, versucht nun die kommerzielle Motivforschung den Verbraucher ganz verschwinden zu lassen. Rolf Kirchmair vom deutschen Ernest-Dichter-Institut berichtet von dieser neuen Methode: »Wenn es um Kaffee geht, so kann eine Hausfrau sich in die Rolle eines Bohnenkaffees versetzen, eine andere in die des Pulverkaffees. Beide müssen die Vorteile diskutieren; der Rest der Gruppe feuert an.«[50]

Was bringt solche Forschung? Erkenntnisse über den Menschen keine, von dessen Persönlichkeit bleibt lediglich, was sich im Produkt widerspiegeln kann; eine Widerspiegelung, die oft nur willkürliche Anstrengung bleiben wird. Solche Motivforschung kann allenfalls Aufschluß geben über sekundäre Anmutungsqualitäten eines Produktes im Verhältnis zu einem andern Produkt. Mehr nicht.

Fazit:
Die Praxisrelevanz der Erkenntnisse

Sieht man ab von den Omnipotenzphantasien des Manipulationsstrategen, was bleibt an Erkenntnissen aus Dichters Forschungspraxis?

In den 50er Jahren waren Dichters Ideen sicher wichtig. Damals orientierte sich die Werbung noch weit stärker als heute an der Vorstellung eines ausschließlich von finanziellen Erwägungen geleiteten Konsumenten: am Homo oeconomicus. Allerdings war jener Homo oeconomicus nicht als Verbraucher gedacht, der Konsumprioritäten gemäß seinen Lebensverhältnissen und Wünschen setzt, sondern gemäß dem Markt der Anbieter: Sein wirtschaftlich-rationales Handeln sollte das Ziel haben, an sämtlichen Märkten partizipieren, von allem etwas kaufen zu können. Man glaubte, die Wünsche aller Konsumenten seien identisch – individuell seien lediglich die finanziellen Mittel zur Realisierung der Wünsche. Damals wurde die Werbung gezwungen, dieses Bild vom Konsumenten zu revidieren: Der wirtschaftliche Aufschwung Amerikas hatte eine immense Angebotsschwemme und entsprechende Konkurrenz gebracht. Als jedes Produkt in jeder möglichen Preisklasse – für jeden Geldbeutel passend – angeboten worden war, waren die alten Verkaufsargumente erschöpft. Diese neue Marktsituation war es, die Dichter verzweifelt-gläubige Auftraggeber bescherte.

Dichter brachte neue Strategien der Produktdifferenzierung, weil er neue Erklärungen des Konsumentenverhaltens brachte. Und er propagierte eine Methode, die neu war – jedenfalls für die Marktforschung. Vorher hatte man Statistiken analysiert, insbesondere Einkommensstatistiken, um Marktpotentiale zu prognostizieren. Dichter meinte, daß solche quantitativen Analysen – die er unzulässigerweise als »soziologische« Analysen bezeichnet – ungeeignet seien, um die eigentlichen Ursachen des Konsumentenverhaltens zu erforschen. Er wollte die quantitativen Analysen durch qualitative Analysen ersetzen und damit statt der Frage »Wieviel?« die Frage »Warum?« beantworten.

Dichters Vorwürfe gegen solche Marktforschungsstudien, die jede Konsumpräferenz mit der Menge des verfügbaren Geldes erklären zu können glauben, sind berechtigt. Aber das ist keine Frage der Methode, sondern allein eine Frage der Theorie. Und die verbissene Fixierung der Werbemacher auf das Einkommen der Verbraucher ist keine soziologische Theorie: Sozialwissenschaftler wissen längst, daß es zur Erklärung des Konsumentenverhaltens weit aufschlußreicher ist zu wissen, *wie* jemand Geld verdient, statt zu wissen, *wieviel* er verdient.[51]

Jedoch ist die Kluft zwischen quantitativen und qualitativen Methoden nicht so groß, wie in der damaligen Kontroverse zwischen orthodoxen Marktforschern und Motivforschern behauptet wurde.[52] Dichter, der die Statistik als »treue Magd der Sozialwissenschaft« bezeichnet, kann auch nicht umhin, mit quantitativen Daten zu arbeiten. Obwohl ihm »jedes Einzelwesen motivationsmäßig ein Universum« ist[53], muß er dennoch recherchieren, wo sich bei den einzigartigen Einzelwesen Gemeinsamkeiten finden, und ob diese Gemeinsamkeiten häufig genug auftreten, um kommerziell relevante Käufergruppen auszumachen. In seinen Zielgruppen-Typologien kehrt Dichter zu – sehr undifferenzierten – soziologischen Kategorien zurück: junge Leute, alte Menschen, Aufsteiger, Etablierte, Frauen, Hausfrauen.

Methodisch gesehen sind die Tiefeninterviews der Motivforschung nichts anderes als teilstrukturierte Befragungen, wie sie in der empirischen Sozialforschung üblich sind.[54] Wenn Dichter die Technik der freien Assoziation aus der Psychoanalyse übernimmt, darf die identische Technik nicht darüber hinwegtäuschen, daß ein Tiefeninterview der Marktforschung etwas völlig anderes ist als ein Gespräch zwischen Psychoanalytiker und Patient. Der entscheidende Unterschied besteht darin, daß, mindestens in der Mehrzahl der kommerziellen Tiefeninterviews, Themen behandelt werden, die für die Befragten keineswegs von tieferer Bedeutung sind. Und wo das Thema der Assoziation vom Interviewer vorgeschrieben wird, da kann ernsthaft von ›freier‹ Assoziation nicht mehr die Rede sein. Grundsätzlich sind psychoanalytische Verfahren unangemessen, wenn persönliches Engagement fehlt (ein Leidensdruck ist ja auch notwendige Voraussetzung einer psychoanalytischen Behandlung). Und inadäquat ist diese Methode immer dann, wenn Verhalten durch äußere Zwänge determiniert ist. Dann führt der Weg in die Tiefe in die Irre.

Jede Motivtheorie ist eine theoretische Antwort auf die Frage, wieweit der Mensch Herr seiner selbst ist. Dichters Theorie ist das vielfältig variierte Glaubensbekenntnis, der Konsument sei ein von dumpfen Instinkten gesteuertes Wesen, das – wenn überhaupt – seinen Verstand nur gebraucht, um Rationalisierungen seiner triebhaften Wünsche zu erfinden. Offen bleibt diese Frage: Warum ist der Konsument zu Rationalisierungen fähig, nicht aber zu rationalem Handeln?

Um seine Theorie zu beweisen, vergleicht Dichter Motivanalysen mit ärztlichen Diagnosen. Aber dieser Vergleich ist Ideologie: Ideologie ist die Gleichsetzung des Psychischen mit dem Biologischen; Ideologie auch die Gleichsetzung des Psychischen mit dem Gesellschaftlichen.[55] Unbestreitbar ist die Psychologie in einigen Bereichen eng mit den Naturwissenschaften verbunden, aber die Motivforschung gehört nicht dazu. Der Unterschied ist entscheidend für die Beweiskraft der Beispiele: In den Naturwissenschaften ist ein Beispiel eine exemplarische Tatsache, in den Sozialwissenschaften ist ein Beispiel ein Argument für eine Theorie. Die Kritik an den Beispielen Dichters soll deshalb nicht als Kritik seiner Methode verstanden werden – es ist eine Kritik seiner Theorie.[56]

Die Grenzen der Theorie offenbaren sich in der Praxis. Da scheitert Dichters Manipulationsanspruch an der Begrenztheit seiner Erkenntnisse auf das Nebensächliche. Wenn beispielsweise ein Käufer statt roter lieber grüne Polster im Auto haben will, weiß er sehr wohl, daß diese Entscheidung sein Leben nicht ändern wird. Solche Vorlieben, wie sie in den Darstellungen der Manipulationsstrategen dramatisiert werden, sind den Käufern häufig nicht das geringste finanzielle Opfer wert. Wenn grüne Polster teurer sind als rote, dann wollen viele doch lieber rote. Der einzige, für den die Entscheidung zwischen Grün oder Rot wirkliche Bedeutung hat, ist der Verkäufer – er muß, wenn er die gewünschte Farbe nicht auf Lager hat, den Kunden zur Konkurrenz ziehen lassen. Aber nicht einmal im Nebensächlichen lassen sich die angeblich naturgesetzlichen Wahrheiten Dichters generalisieren. Seine Aussagen beziehen sich auf Produkte der Reklamewelt, deren Beurteilung kontinuierlich mit der gesellschaftlichen Entwicklung und sprunghaft mit modischen Trends wechselt. Deshalb beschränken sich Dichters Erkenntnisse nicht nur auf Nebensächliches, sie beschränken sich darin auf die Beschreibung bestehender Zustände und sind ungeeignet für Prognosen über künftige Orientierungen.

Die Bedeutung, die Verbraucherentscheidungen in der Motivforschung beigemessen wird, ist nicht durch die Lebensbedingungen und Erfahrungen der Konsumenten bestimmt, sondern durch die Konkurrenzsituation der Märkte. Was wesentlich oder unwesentlich, rational oder irrational sein soll, wird nach den Wünschen des Verkäufers definiert – nicht nach den Wünschen des Käufers. Würden die Motivforscher aber Handlungen nach der Bedeutung analysieren, die der Konsument diesen Handlungen zuschreibt, dann würden rationale Orientierungen in den Vordergrund treten. Aber die Motivforscher wollen keine rationalen Handlungsorientierungen analysieren, weil sie damit ihren eigenen Manipulationsanspruch aufgeben müßten.

Für die Werber ist der Glaube an die Manipulierbarkeit der Konsumenten das ideologische Alibi ihrer eigenen Bequemlichkeit: Dichter hat ihnen bestätigt, daß der Konsument ein Urmensch sei, auf ewig unbelehrbar, dem man alles verkaufen könne, wenn man nur die Methode beherrscht.

Und diese Methode verkauft Ernest Dichter.

3. Kapitel
Das Geheimnis der Psychobiologie

Kroeber-Riels neue Manipulationswissenschaft

Bei Erregung steigt der Blutdruck, das Herz schlägt schneller, die Pupillen werden größer, manche Menschen werden rot, manche beginnen zu schwitzen – solche spontanen körperlichen (physiologischen) Reaktionen sind bewußt kaum zu kontrollieren. Diese Tatsache brachte der Werbung ein weiteres Manipulationskonzept. Dessen Erfinder ist Werner Kroeber-Riel, Leiter des Instituts für Konsum- und Verhaltensforschung in Saarbrücken. Kroeber-Riel verspricht wissenschaftlich garantierte Manipulationserfolge. Denn er propagiert eine »neue Wissenschaft« für die Werbewirkungsforschung: die Psychobiologie.

Im Pressedienst ›Konsum und Verhalten‹ (K & V) seines Institutes stellt Kroeber-Riel das Ziel der Psychobiologie vor: »Durch konsequente Verwendung von biologischen Erkenntnissen und Gesetzmäßigkeiten will man die *Grenzen durchbrechen*, an welche die traditionelle Psychologie bei der Erklärung menschlichen Verhaltens gestoßen ist.«[1]

Kroeber-Riel als studierter Diplom-Kaufmann durchbricht die Grenzen der Psychologie so: Weil sich das Denken im Gehirn abspielt und weil das Gehirn angeboren ist – was er ausführlich belegt[2] –, deshalb, so Kroeber-Riel, ist auch das, was sich im Gehirn abspielt, angeboren. Die Tätigkeit des Gehirns manifestiert sich physisch als Gehirnstromwellen. Und weil diese Strömungen und andere dadurch bedingte Reaktionen meßbar sind, ist, so Kroeber-Riel, auch das Denken meßbar und sind deshalb auch Reaktionen auf Werbung meßbar. Und da die Gehirnstromwellen nicht bewußt steuerbar sind, kommt Kroeber-Riel zum Schluß: Die Messungen nicht bewußt steuerbarer körperlicher Reaktionen sind Messungen unbewußt-emotionaler Reaktionen.

Mit diesen Schlußfolgerungen ist Kroeber-Riel schnell beim eigentlichen Thema seiner Wissenschaft: Die Publikationen seines Instituts bestehen überwiegend aus Schilderungen der Meßgeräte, mit denen registriert werden soll, welche Werbung welche körperlichen Reaktionen hervorruft. Die Technologie ist eindrucksvoll.[3]

Wie Gefühle gemessen werden

Das wichtigste Gerät ist ein Gerät zur Messung der elektrodermalen Reaktion, EDR-Meßgerät oder Psychogalvanoskop genannt – populär und berüchtigt ist es als Lügendetektor. Gemessen wird damit der Widerstand der Hautoberfläche gegenüber einem schwachen elektrischen Impuls. Da sich der Hautwiderstand bei Erregung ändern kann – man vermutet durch Schweißabsonderung –, kann die Veränderung ein Indikator für Erregung sein. Zur Messung werden den Versuchspersonen an Armen und Händen Elektroden angelegt.

Das Blickaufzeichnungsgerät registriert die Augenbewegungen beim Betrachten einer Anzeige. Auch die Dauer, mit der Details betrachtet werden, kann gemessen werden. Das Gerät ähnelt einem schweren Motorradfahrerhelm mit eingebauter Schutzbrille.[4]

Das Tachistoskop: Mit diesem Gerät können optische Reize für Sekundenbruchteile exponiert werden. Dadurch soll ermittelt werden, welche Elemente eines Bildes (Farben, Formen) zuerst erkannt werden.[5]

Auch Thermografie wird eingesetzt. Damit können unterschiedliche Wärmeabstrahlungen an Materialien aller Art fotografisch sichtbar gemacht werden. In Saarbrücken sollen damit »Gefühle durchleuchtet« werden. »Es wurden Temperaturveränderungen des Gesichts festgestellt, die mit großer Wahrscheinlichkeit psychische (emotionale) Ursachen haben«, berichtet der Instituts-Pressedienst.[6]

Bei Erregung kann auch die Stimme zittern – deshalb gibt es ein weiteres Gerät, um Veränderungen der Stimmfrequenz zu registrieren. Das Gerät mißt sogar in Frequenzbereichen, die für das menschliche Ohr nicht mehr hörbar sind. Kroeber-Riel dazu: »Mit dieser Technik wird es vielleicht möglich, unbemerkt solche Spannungen und Erregungen zu untersuchen, die im Laufe von Gesprächen (politischen Verhandlungen, Verkaufsgesprächen) auftreten.«[7]

Große Hoffnungen setzen die Psychobiologen auf die ›Pupillometrie‹ und ein Gerät zur Messung der Pupillengröße. Weil die Pupille sich vergrößert beim Anblick aufregender Reize, soll die Veränderung Aufschluß über den Erregungsgrad des Reizes geben.[8]

Der Erkenntniswert der Meßwerte

Welche Erkenntnisse vermitteln nun diese Apparate? Was weiß man, nachdem die Veränderung des Hautwiderstandes gemessen wurde? Nun, man weiß, ob und wie stark sich der Hautwiderstand verändert hat. Nach Messungen der Pupillenveränderung weiß man, ob und wie stark sich die Pupille vergrößert hat. Auf thermografischen Aufnahmen kann man sehen, ob und wie stark sich die Hauttemperatur verändert hat. Nur: Man weiß nicht, welche Gefühle hinter den Reaktionen stehen.

Denn die Tatsache, daß ein Reiz eine Reaktion hervorruft, sagt nichts über die Intention der Reaktion und damit nichts über die Qualität der Werbewirkung aus: Man weiß nicht, ob das Meßgerät ausschlägt, weil der Betrachter wütend oder begeistert ist; denn es kann zwar den Grad der Erregung messen, aber es kann keinen Aufschluß geben über die Ursache der Erregung. Deshalb ist auch seit einem BGH-Urteil von 1954 der Einsatz des Lügendetektors zur Ermittlung in Strafverfahren verboten.[9] – Ein Angeklagter kann erregt sein, weil er lügt, er kann sogar noch erregter sein, weil er als Unschuldiger verdächtigt wird. In der Laborsituation läßt die Tatsache, daß eine Reaktion aufgezeichnet wurde, nicht einmal die Schlußfolgerung zu, daß die Versuchsperson während des Tests nicht eingeschlafen ist: Es ist vorstellbar, daß die Träume mancher Versuchspersonen aufregender sind als die Sujets, die ihnen bei Werbeforschungstests vorgeführt werden.

Dennoch ist Kroeber-Riels Darlegung, daß Werbung die Gehirnströme und andere damit gekoppelte Reaktionen aktivieren könne, durchaus unbestritten.[10] Denn ebenso unbestritten ist, daß die Gehirnstromwellen und eventuell damit gekoppelte andere Reaktionen von jedem möglichen physiologischen Reiz und jedem möglichen psychologischen Reiz beeinflußt sein können.

Das grundsätzliche Problem der Interpretation von Erregungsmeßwerten besteht darin, daß es keine gesetzmäßigen Beziehungen zwischen Reizen und körperlichen Reaktionen gibt. Verschiedene Leute reagieren auf die gleichen Reize verschieden. Manche fürchten weder Tod noch Teufel, dafür aber harmlose Insekten und Nagetiere. Aber sogar wenn Reize dasselbe Gefühl verursachen, können die physischen Reaktionen individuell ganz verschieden sein. Manche Menschen werden rot vor Zorn, andere blaß; manche schreien laut, wenn sie sich erschrecken, anderen bleibt die Stimme weg; manche sind in Prüfungssituationen aufgeregt und haspelig, andere erstarren. Biologisch bewiesen ist nur eine Kausalität: Ein Mensch, bei dem keine Hirnströme meßbar sind, ist tot.

Und wenn Kroeber-Riel triumphiert, daß es nun mit dem Blickaufzeichnungsgerät endlich möglich sei, wissenschaftlich nachzuweisen, wohin ein Mann bei einer Frau zuerst blickt[11], so bleibt doch die Wahrscheinlichkeit, daß es Unterschiede geben wird beim Anblick von Mrs. Thatcher und Mrs. Taylor.

Psychobiologische Theorie: Konsumaffen, Plattwürmer und genetische Mutationen

Zur Klärung der ungeklärten Reiz-Reaktion-Relation verweist Kroeber-Riel darauf, daß Erfahrung notwendig sei, und zwar »1–2 Jahre«, um die Meßdaten interpretieren zu können, und »ein theoretischer Hintergrund ist erforderlich, um nicht zu Fehlinterpretationen zu gelangen«.[12] Nun wird auf die Inhalte der Erfahrung nie eingegangen, und die Saarbrücker Sammlung von Geräten zur Messung psychophysiologischer Reaktionen wäre weder ein Novum, geschweige denn eine »neue Wissenschaft«, würden allein die körperlichen Auswirkungen verschiedener Reize gemessen. Die Originalität des theoretischen Hintergrundes macht den Unterschied.[13] Und hier wird's biologisch: unterscheidet sich doch die Psychobiologie von andern Wissenschaften durch die Erkenntnis, daß menschliches Verhalten größtenteils angeboren sei. Deshalb ist auch für Kroeber-Riel der Mensch nicht schlauer als ein Affe. Uns Konsumenten charakterisiert er deshalb als »Konsumäffchen«.

Kritiker sind für Kroeber-Riel Ignoranten: »Psychobiologie ist eine neue Wissenschaft, die mit Schwierigkeiten zu kämpfen hat, weil ihre Erkenntnisse unbequem sind und gegen Vorurteile verstoßen.«[14] Den Vorurteilslosen offenbart Kroeber-Riel:

»Fast 100 Jahre nach dem Tode von Darwin ist es noch verpönt, *Menschen* und *Tiere* in einem Atemzug zu nennen. Es ist auch heute noch nicht möglich, über die Vererbung von Intelligenz oder über natürliche Unterschiede von Mann und Frau zu reden, ohne ideologisch verdächtigt zu werden. Gleichwohl gerät die Überzeugung ins Wanken, daß nur die Haarfarbe oder Warzen vererbt werden, das menschliche Verhalten im übrigen aber von der Umwelt geprägt werde. Neue Forschungsergebnisse bringen Belege dafür, daß für das Verhalten – im stärkeren Maße als bisher vermutet wurde – *vererbte* Anlagen verant-wortlich sind.«

Als Forschungsergebnisse führt er an:
»Besonders interessant ist das gefundene Material über die biologisch bedingten Unterschiede des Verhaltens von *Mann* und *Frau*. Frauen reagieren schwächer auf sexuelle Reize als Männer. Sie sind im Umgang mit anderen eher zum Lächeln und Nachgeben bereit (im Durchschnitt gesehen; das gilt sicherlich nicht für Emanzipationstypen!). Sogar das künstlerische Schaffen von Frauen scheint indirekt durch biologische Veranlagung gesteuert zu werden. Ein Vergleich über völlig verschiedene *Kulturen* und Zeiten hinweg ergab, daß Mädchen lieber Blumen malen als junge Männer. Das heißt allerdings nicht, daß solche Anlagen nicht durch gesellschaftliche Einflüsse modifiziert oder sogar unterdrückt werden können.«[15]

Oder: «Wenn jüdische Kinder zu lesen beginnen, bringt man Honig auf die ersten Seiten eines Buches. Sie küssen dann die Seiten. Diese positiven Erlebnisse bringen sie dazu, für Bücher empfänglich zu werden.«[16]

Bei andern Menschen wohl soll aber auch Wissen biologisch bedingt sein – Kroeber-Riel weiß:
»Die Langzeitspeicherung von Informationen ist an biochemische Prozesse gebunden: Sie verlangt den Aufbau von besonderen Eiweißsubstanzen. Im Tierversuch ist es möglich, diese Gedächtnissubstanz von einem Tier auf ein anderes zu übertragen. Dadurch erhält das Empfängertier Fähigkeiten, die es vorher nicht besaß und die vorher das Spendertier erworben hatte. Leider ist es nicht möglich, Professorengehirne auf diese Weise zur geistigen Aufrüstung der übrigen Menschheit zu übertragen.«[17]

Es gibt Theorien, die bestechen durch die Quantität ihrer Belege, andere durch die Qualität ihrer Beweise. Im Falle der Psychobiologie besticht vielleicht die Unbekümmertheit, mit der Aussagen über gesellschaftliches Handeln und Verhalten in den Bereich der Biologie verschoben werden.

Zum ersten Forschungsergebnis: Mit dem gleichen Argument ließe sich beweisen, daß Frauen eine angeborene Neigung zum Geschirrspülen haben. Das zweite Forschungsergebnis, das das Kroeber-Riel-Institut unter dem Namen der Universität von Saarbrücken publiziert, braucht keinen Kommentar. Das dritte zitierte Ergebnis bezieht sich auf ein Experiment mit Plattwür-

mern, das 1962 von einem James McConnell – angeblich –
durchgeführt wurde: Würmer wurden auf einen Lichtreiz dressiert und dann an nicht-dressierte Artgenossen verfüttert.
Durch diese kannibalistische »Informationsübertragung« hätten dann die undressierten Würmer die gleiche Lernaufgabe
erheblich schneller bewältigt. Dieses Experiment, das von der
Sensationspresse und ultrakonservativen Ideologen gerne als
Beweis angeborener Intelligenz zitiert wird, hat in wissenschaftlichen Kreisen einen beträchtlichen Makel: Kein anderer
Forscher, der das Experiment wiederholte, kam jemals zum selben Ergebnis.[18] Abgesehen davon: Auch Darwin nennt Platt-
würmer und Professoren nicht in einem Atemzug.
Und wenn Kroeber-Riel nun herausgefunden hat, daß es eine
weibliche Anlage ist, Blumen zu malen, hat er damit bewiesen,
daß Emanzipationstypen eine Mutation sind, entstanden aus
einer spontanen Erbänderung? Oder ist das »Neue« an den
»neuen Forschungsergebnissen« nur das Datum, zu dem abge-
standene Vorurteile wieder aufgewärmt werden?
Hinter der von Kroeber-Riel behaupteten neuen Erkenntnis,
Umwelteinflüsse könnten biologische Anlagen ändern und erworbene Eigenschaften seien vererbbar, steht eine sehr, sehr
alte Theorie: die Vererbungslehre Lamarcks (1744–1829). Es
sollen hier keine Vererbungslehren diskutiert werden; das ist
nicht notwendig. Es gibt heute keinen ernsthaften Wissenschaftler, der Darwins Theorie über die Entwicklung der Arten
anzweifelt. Darwin (1809–1882) veröffentlichte 1859 ›On the
Origin of Species by Means of Natural Selection‹ (›Über die
Entstehung der Arten durch natürliche Zuchtwahl oder die Erhaltung der bevorzugten Rassen im Kampf ums Dasein‹). Darwins zentrale Aussagen: Umwelteinflüsse können biologische
Anlagen nicht ändern; erworbene Eigenschaften vererben sich
nicht.[19] Lamarck geriet in Vergessenheit.

**Experimentelle Beweise I: Kameradschaftliche Seife
für kritische Studenten**

Ungeachtet aller theoretischen Defizite gelingen – wie der Instituts-Pressedienst berichtet – Kroeber-Riel sensationelle Manipulationserfolge: »So wie ein Affe durch Lernprozesse –
durch klassische Konditionierung im Zirkus – dazu gebracht
werden kann, auf einen Stuhl zu springen, so kann ein Konsument dazu abgerichtet werden, eine positive Haltung zu einem
Produkt einzunehmen. Dieser Vorgang wurde im Institut für

Konsum- und Verhaltensforschung an der Universität des Saarlandes nachgewiesen. Die Konditionierung wurde wie folgt vorgenommen:

Über längere Zeit hinweg wurde ein Markenname, der den Leuten gleichgültig war, in Verbindung mit stark angenehmen Bildreizen gezeigt, ohne jede Zusatzinformation! Hinterher reagierten die Leute positiv auf die Marke. Eine solche rein emotionale Werbung braucht vom Konsumenten gar nicht bewußt wahrgenommen zu werden. Die dargebotenen Reize wirken im Gehirn weitgehend *automatisch* aufgrund biologischer Mechanismen.« [20]

Konkret geht es hier um ein Experiment, in dem eine vom Institut konzipierte Werbung für eine nicht existierende Seife, der man den Namen »HOBA« gab, getestet wurde. Dieses Experiment brachte, so Kroeber-Riel, »grundlegende Erkenntnisse« über die Manipulierbarkeit des Menschen. [21] Die Presse nahm diese Botschaft begierig auf: Nun erfuhr auch das Publikum, daß das Unheil aus Saarbrücken käme. Unter dem Titel ›Die geheime Verführbarkeit – Seelenspionage mit Hilfe der Biologie‹ schrieb etwa der Journalist Dieter E. Zimmer in der ZEIT [22]: »Daß sich positive Einstellungen etwa zu einem Produkt unbemerkt dressieren lassen: diese Vermutung wurde hier zur Gewißheit.« Zimmer berichtet: »Man biete nicht die Seife, sondern den Namen ›HOBA-Seife‹ einer Reihe von völlig desinteressierten Leuten wiederholt zusammen mit ansprechenden Bildmotiven dar, hübschen Mädchen, romantischen Landschaften – und wie in dem Grundexperiment der klassischen Konditionierung Pawlows Hund der Speichel zu triefen begann, wenn er auch nur die Glocke hörte, die ihm bisher das Futter angekündigt hatte, so wird nach einiger Zeit der bloße Name ›HOBA-Seife‹ angenehme Gefühle auslösen. Wie verläßlich und kräftig diese angenehmen Gefühle ausfallen, hängt allein davon ab, wie stark die positiven Reize waren und wie oft sie wiederholt wurden: dagegen überhaupt nicht von etwaigen sachlichen Informationen über ›HOBA-Seife‹. Für den Erfolg oder Mißerfolg der Werbung, heißt das, ist die in ihr enthaltene Information meist völlig gleichgültig: Sie setzt sich nicht mit unserer Rationalität ins Benehmen, sondern mit unseren tiefersitzenden, unkontrollierten Vorlieben. Solche Erkenntnisse sind es, die Kroeber-Riel skeptisch gegenüber dem optimistischen Leitbild des mündigen, rationalen Konsumenten gemacht haben. Wir sind und bleiben manipulierbare Konsumaffen, meint er und sagt ›Äffchen‹, und sollten uns realistischerweise besser dazu bekennen, statt uns stolz an die Fiktion vom freien autonom handelnden Menschen zu klammern. Noch soviel vernünftige Aufklärung wird uns nicht kurieren; wir werden sie gegebenenfalls nicht zur Kenntnis nehmen und unseren instinktiven Reaktionen gehorchen.«

Über das experimentelle Design schwieg die öffentliche Berichterstattung, schwieg der Instituts-Pressedienst; auch in Kroeber-Riels Buch ›Konsumentenverhalten‹ (1980) sind die Schilderungen des Erfolgs ausführlich – die Bedingungen des Erfolgs müssen aus beiläufigen Anmerkungen recherchiert werden.

Wer die erfolgreich dressierten Konsumaffen waren, darüber gibt eine Anmerkung in Klammern Aufschluß: »(männliche Studenten)«. Diese Studenten – alles deutet darauf hin, daß es Studenten Kroeber-Riels sind – hatten sich bereit erklärt, an einer Versuchsreihe des Instituts teilzunehmen. Was für die Studenten konkret bedeutete, daß sie an zehn aufeinanderfolgenden Werktagen im Institut zu erscheinen hatten. Angekündigtes Thema: Werbung im Kino. Um was es ganz speziell ging, erfuhren die Studenten aber auch noch vor dem Experiment, denn zuerst einmal mußten sie zu Protokoll geben, was sie über Seife wußten: »sauber, hygienisch, duftend, schaumig«[23], sagten sie artig – Interesse am Leben der Forschung ist im Uni-Betrieb immer gut. (Es sei »nicht zu vermuten, daß die sehr komplexe Lernsituation durchschaut wurde«,[24] meint Kroeber-Riel über seine Studenten.)

Um die Studenten für die folgenden neun Tage zu motivieren, wurde ihnen ein »sehr attraktives Filmprogramm« versprochen (darüber ist an anderer Stelle nur noch zu erfahren, daß es sich um Kurzfilme von 15 bis 20 Minuten Dauer handelte).[25] Ehe die Studenten nun aber die attraktiven Filme sehen durften, wurden sie »dressiert«, wie es in der Terminologie Kroeber-Riels heißt, was bedeutet: Es wurden ihnen Reklame-Dias für die Seife HOBA vorgeführt.

In der Psychologie-Zeitschrift ›Warum?‹, in der Helgard Köhne unter dem programmatischen Titel ›Werbung macht dumm‹ über den Manipulationserfolg Kroeber-Riels berichtet, sind einige der Dias abgebildet. Es sind – sogar im Vergleich zum Reklamestandard – langweilige und höchst einfältige Sujets: eine Dame mit einem Kind; noch eine Dame, die den obersten Knopf ihrer Bluse geöffnet hat; ein Herr auf einem Kamel. Darunter steht jeweils mit schwerfälligen, laienhaft gebastelten Druckbuchstaben ›HOBA-Seife‹.[26]

»10 Dias reichten im Durchschnitt, dann war der gewünschte Effekt erzielt«, jubelt Köhne mit dem Kroeber-Riel-Institut. »Die kritisch-denkenden, sachlich überlegenden Versuchspersonen ›erlebten‹ am Ende Seife ›emotional‹ – ganz so, wie die Werbung es ihnen suggerierte ›... zärtlich, erlebnisreich, kameradschaftlich, fröhlich, anregend‹.«[27]

Wie vollbringt die Wissenschaft dieses Wunder, daß sogar kritisch-denkende, sachlich überlegende Versuchspersonen diese Anzeigen als zärtlich, erlebnisreich, kameradschaftlich erleben? Es gibt zwei simple Methoden. Die erste besteht darin, daß die Versuchspersonen Fragebogen ausfüllen müssen, bei denen das Produkt durch jeweils einander entgegengesetzte Attribute beschrieben ist: durch sogenannte Polaritätsprofile. Was die Aussagen solcher Polaritätsprofile so ganz besonders verläßlich macht, ist die Sicherheit, mit der die Täuschungsmanöver entlarvt werden können.[28] Ganz klar: Ein Student, der ankreuzt, er finde HOBA-Seife »traurig«, »langweilig«, »unkollegial«, »unnahbar« und »unfreundlich«, kann und muß von der Auswertung ausgenommen werden, weil er sich respektlos über die Forscher lustig macht.

Das andere immer erfolgreiche Verfahren ist die Bildbeschreibung. Sie ist etwas zeitraubender, reduziert dafür aber drastisch das Risiko respektloser oder indifferenziert-desinteressierter Kommentare. Wichtig bei Tests mit Studenten! Zur Bildbeschreibung nimmt man ein beliebiges Sujet, verbindet es mit einem beliebigen Produktnamen, und jede halbwegs intelligente Versuchsperson weiß, daß sie fortan im Experiment das Produkt mit den Qualitäten des Bildes zu beschreiben hat. Für die Forscher empfiehlt sich dabei, mit dem Namen des Produktes auch dessen Funktion deutlich zu machen: HOBA-Seife, beziehungsweise HOBA-Suppe, beziehungsweise HOBA-Säge, das erspart Forschern und Versuchspersonen gleichermaßen unbrauchbare Assoziationen. Der Herr auf dem Kamel in der Wüste, der bei HOBA-Seife vermutlich zur Assoziation »abenteuerlich« führte, würde bei HOBA-Suppe wahrscheinlich zu der Assoziation »heiß« und »exotisch« führen; bei HOBA-Sägen zu »hart« und »klimabeständig« ... Diese Auswahl wahrscheinlicher Assoziationen zeigt, wie sehr sie vom Produkt abhängig sind: Harte oder klimabeständige Suppe ist nicht so gut, eine exotische Säge nicht so ideal.

Kroeber-Riel benutzt eine Kombination beider Verfahren; ein sogenanntes Semantisches Profil. Konkret wird so verfahren: Ehe die Studenten die Reklame-Dias das erste Mal sahen, muß-

ten sie anhand einer Liste mit vorgegebenen Attributen einschätzen, wie HOBA-Seife wohl ist: wie schaumig, wie duftend, wie zärtlich, wie erregend, wie hygienisch, wie erlebnisreich, wie abenteuerlich, wie kameradschaftlich etc. Dieselbe
Liste wurde ihnen nach mehreren Dia-Vorführungen wieder
vorgelegt – nun hatten die Studenten die Bildbeschreibungen
zu klassifizieren.[29] Kroeber-Riels Methode hat also gegenüber
dem Polaritätsprofil den Vorteil, daß negative Einschätzungen
nicht ausdrücklich gemacht werden müssen, und gegenüber der
Bildbeschreibungsmethode den Vorteil, daß negative Einschätzungen nicht gemacht werden können.
Ins Sensationelle gesteigert werden solche ohnehin sicheren Erfolge dann noch durch die Messung der elektrodermalen Reaktion. Köhne berichtet: »Der Erfolg der Werbung war auch kör-
perlich nachweisbar. Wenn die getesteten Studenten später den
Namen HOBA hörten, lief ihnen auch ohne Bild wie beim Paw-
lowschen Hund ›das Wasser im Mund‹ zusammen. Atemfrequenz, Puls, Hautwiderstand änderten sich entsprechend der
Erregung, und das überdies fast völlig unabhängig davon, ob
die Werbung auch noch produktspezifische (sachliche) Information über die HOBA-Seife vermittelte. Im Gegenteil. Eine
Untergruppe nahm da die sachbezogenen Merkmale der Seife
nach der Werbe-Show noch schlechter wahr: Die emotionale
Konditionierung hatte sie ›dumm‹ gemacht.«[30]
Lassen wir die Frage nach der inhaltlichen Bedeutung der Argumente, die die verdummten Studenten nicht mehr wahrnah-
men, zunächst außer acht.[31] Bleiben wir zunächst bei den Untersuchungsmethoden und damit der Frage, wie solche Beweise
gemacht werden: Man nimmt also die schon durch Befragung
und Dia-Vorführung in HOBA-Werbung geschulten Studenten, schließt sie mit Elektroden an das EDR-Meßgerät an und
zeichnet über einen Polygraphen ihre Reaktionen auf Bild-
oder Wortreize auf. Zwischen den eigentlichen Reizen, hier
dem Schriftzug HOBA-Seife und den diversen Anzeigen-Su-
jets, müssen andere, neutrale Reize exponiert werden, um Ver-
gleichswerte zu erhalten. Wenn bei solchen Experimenten die
Versuchspersonen auch nur ahnen können, um was es eigentlich geht – beim HOBA-Experiment ist es Gewißheit –, dann
hat das zur Folge, daß die Versuchspersonen auch konzentriert
auf den eigentlichen Reiz warten. Jeder, dem die Aufgabe gestellt ist, bewußt auf eine bestimmte Situation oder einen bestimmten Reiz zu warten, ist im Augenblick, in dem das Erwar-
tete eintritt, aufgeregt und wacher. Das heißt: Atemfrequenz,

Pulsschlag und Hautwiderstand etc. ändern sich. Nicht nur die Erregung überhaupt, sogar der Grad der Erregung hängt aber davon ab, wie lange und wie konzentriert man auf den erwarteten Reiz gewartet hat: genauso, wie Wiedersehensfreude proportional zur Dauer der Abwesenheit steigt.

Die Interpretation der Meßwerte führt zurück zum grundsätzlichen Problem. Das absurde Defizit psychophysiologischer Meßverfahren besteht ja darin, daß zuerst mit großem Aufwand versucht wird, alle kognitiven Reaktionen zu eliminieren, daß dann aber die Meßwerte erst aufgrund der Auskünfte der Versuchspersonen über ihre kognitiven Reaktionen beurteilt werden können. In einem Überblick über die internationalen Erfahrungen mit diesen Meßverfahren kommen Watson und Gatchel zum Fazit, daß sämtliche psychophysiologischen Meßverfahren der Werbewirkungsforschung nicht weiterhelfen, »weil die physiologischen Verfahren sich darüber ausschweigen, was die Werbeforscher am meisten bewegt: ob ein input als angenehm oder unangenehm von den Umworbenen erlebt wird«.[32]

Was wohl die Studenten Kroeber-Riels gedacht haben? – Darüber wird nur soviel verraten: Von den 120 Studenten, die am Experiment teilnahmen, blieben lediglich von 63 die Meßwerte verwertbar. 10 Prozent der Teilnehmer sprangen während des Experiments ab, und, so Kroeber-Riel nebenbei: »ca. 40 Prozent der Messungen waren nicht verwertbar«! Seine Erklärung: »Das war vor allem auf die Temperaturspitzen zurückzuführen, denn die Versuche fanden im Hochsommer statt.«[33] – Nach dieser knappen Erklärung für eine Versagerquote von insgesamt fast 50 Prozent fährt Kroeber-Riel mit den Schilderungen seines Manipulationserfolgs fort . . .

Gerade zur Interpretation der verwertbaren Ergebnisse sollte man sich auch einmal in die Lage der Studenten versetzen: Die können sich bestimmt Erlebnisreicheres und Anregenderes vorstellen, als an ein Meßgerät gekoppelt auf Seifenreklame warten zu müssen. Vielleicht ist es gar nicht der Wunsch nach Seife, der sie bei diesem Experiment erregt. Vielleicht ist es die Wut darüber, daß manche Forscher vergessen haben, daß nicht nur Seife eine Persönlichkeit hat.

Experimentelle Beweise II: Aus dem Gefühlsleben einer Versuchsperson

Jedem, der gläubig auf das Etikett ›experimentell bewiesener Manipulationserfolg‹ schaut, kann nur empfohlen werden, selbst an derartigen Experimenten teilzunehmen, um den Einfluß von Versuchssituation und experimentellem Design kennenzulernen. Auch Leute, die nicht an die Manipulationslegenden glauben, können sich trotzdem als überaus geeignete Manipulationsobjekte erweisen: Ich war auch mal Versuchsperson bei einem solchen Experiment am Psychologischen Institut der Freien Universität Berlin. Vorausgeschickt sei, daß es den Berliner Psychologen nicht um Werbewirkungsmessungen ging – wie ich aufgrund der vieldeutigen Vorinformation annahm –, es ging lediglich darum, Meßkurven aufzuzeichnen, um Übungsbeispiele für meßkurvenberechnende Studenten zu haben. Nur erfuhr ich das erst hinterher.

Im Labor, einem künstlich beleuchteten Kellerraum, wurde ich auf einer sehr bequemen Liege plaziert und angewiesen, mich zu entspannen. Nach einer Weile kam eine Forscherin im weißen Kittel und maß meinen Blutdruck. Kabel wurden mit Saugnäpfen an Armen und Händen befestigt. Es tat nicht weh, aber unangenehm war es doch. Hinter meinem Kopf begann ein Gerät zu piepsen. An die Liege gefesselt, konnte ich nicht feststellen, was es war. Vorher hatte ich aber gesehen, daß hinter mir auch ein Fenster war: Im Nebenraum standen weitere Forscher, die die Szene überblickten. Dann wurde alles verdunkelt, ich wieder aufgefordert, mich zu entspannen. – Nun hängen die Situationen, in denen man sich entspannt, nicht unbedingt von der Qualität der Liege ab. Die Liegen beim Zahnarzt sind auch sehr bequem. (Wenn Kroeber-Riel berichtet, sein Labor sei so gemütlich wie ein ganz normales Wohnzimmer und seine Versuchspersonen könnten sich wie zu Hause und ganz unbefangen fühlen, so mag diese Gemütlichkeit für die Möbel des Labors zutreffen, aber wohl kaum für die Situation der Versuchspersonen, die in diesem Wohnzimmer-Labor mit einem Blickrichtungsmeßhelm auf dem Kopf Reklame betrachten müssen.[34]) Ich lag also im Dunkeln, war wütend auf die unangenehme Testsituation, über das hilflose Ausgeliefertsein im Keller des Psychologischen Instituts – wäre ich nicht Studentin dieses Instituts gewesen und damit zumindest ideell der Institutsforschung verpflichtet, wäre ich wieder gegangen. So beschloß ich, wenigstens den Test zu sabotieren, um mich für die versuchspersonenunwürdige Situation zu rächen. Man zeigte mir Dias von Landschaften. Zunächst glaubte ich an Tourismus-Werbung, als aber Werbehinweise ausblieben, schien mir klar, daß es nicht um Tourismus und auch nicht um die Landschaften selbst ging. Ich konzentrierte mich darauf, beim ›eigentlichen‹ Reiz nicht zu reagieren. Aber es kamen noch viele, viele Dias mit viel, viel schöner Natur: Landschaften im Schnee, Flüsse, Mohnblumen, grünende Hügel, Margeriten, Täler, Sommerlandschaften, Parkanlagen, Tulpen, Rosen, Wälder, Vergißmeinnicht, Seen, fallendes Laub, Schwäne auf Seen, Wiesen, dann ein Pornobild. Ein recht harmloses. Meine Reaktion? Wäre ich nicht durch die Meßkabel an die Liege gefesselt gewesen, wäre ich vor Aufregung wahrscheinlich runtergefallen. Als ich hörte, wie laut mein Herz klopfte, regte ich mich noch mehr auf, weil ich mich vor den Leuten im weißen Kittel hinter der Glasscheibe blamiert fühlte.

Daß dies nun das erste pornographische Bild gewesen sei, das ich je gesehen hätte, oder daß ich durch pornographische Bilder besonders intensiv ansprechbar sei, würden mir weder Freunde noch Feinde nachsagen. Die Aufregung entstand aus der Konzentration, mit jedem langweiligen Landschaftsbild wuchs die Erwartung. – In solcher Situation wird selbst der Schriftzug ›HOBA-Seife‹ zur emotionalen Sensation.

Die Praxisrelevanz der Beweise I: Die Wirkung von Sex in der Werbung

Kroeber-Riel käme bei den Ergebnissen aus dem Experiment mit dem pornographischen Bild sicherlich zu andern Schlußfolgerungen. »Erotik verführt zum Kauf«, propagiert er, denn: »Eine Steigerung der Rationalität der Konsum-Entscheidungen hilft dem Konsumenten wenig, wenn er sein Handeln gar nicht willentlich kontrollieren kann, beispielsweise, wenn er durch einen erotischen Appell zu einem Kauf verleitet wird, den er vernünftigerweise nicht tätigen würde. Durch noch so viel Verbraucheraufklärung und Bewußtseinssteigerung läßt sich ein derartiges emotional gesteuertes Kaufverhalten nicht oder nur wenig ändern. Anders ausgedrückt: Der Versuch, den Verbraucher zu einem rationalen, informationsverarbeitenden System zu machen, wird wenig Erfolg haben, weil der Verbraucher weitgehend ein emotionsverarbeitendes System ist und bleiben wird. Die Verbraucherpolitik ist insofern verfehlt.«[35]

Auch ich bin ein »emotionsverarbeitendes System«. Besagt nun meine Reaktion, daß ich Seife, Schuhcreme oder Käse, die mit pornographischen Darstellungen werben, eher kaufe als Seife, Schuhcreme und Käsemarken, die mit einem Landschaftsgemälde auf dem Etikett werben? Bestimmt nicht. – Diese Aussage ist subjektiv. Aber wer wird ihr – bezogen auf sich selbst – widersprechen?

Der Kommunikationsforscher Otto Walter Haseloff hat die Wirkung von Sex in der Werbung erforscht und beurteilt die Wirkung in Abhängigkeit von der gesellschaftlichen Einstellung zur Sexualität und in Abhängigkeit vom je speziellen Produkt. Er stellt fest: »Die aufmerksamkeitsweckende Wirkung von Sexmotiven ist um so größer, je gehemmter, eingeschränkter und frustrierter der Umworbene ist. In dem Grade jedoch, in dem Sexualität von traditionellen Schuldgefühlen und Hemmungen entlastet wird, verliert der Sex in der Werbung an Wirkung.« Und Haseloff schränkt weiter ein: »Es muß ein thematischer Zusammenhang zwischen dem werblichen erotischen Gag und dem Produkt bestehen. Fehlt er, so bewirkt Sex allenfalls eine Provokation, aber keine Umsatzsteigerung.«[36]

Die Praxisrelevanz der Beweise II: Ursachenanalyse mit ungeklärter Wirkung

Kroeber-Riel hat für den Chemiekonzern Henkel zwei Anzeigen für Haushaltsreiniger auf ihre psychobiologische Wirkung geprüft. Die eine Anzeige zeigt eine blonde Fotomodell-Schönheit, die in einer blitzend-gepflegten Wohnzimmerkulisse mit blitzend-gepflegten Fingernägeln einen mit Schmutzflecken dekorierten Lappen vorzeigt. Neben dem Modell steht die Flasche mit dem Haushaltsreiniger, und in der unteren rechten Ecke, neben der Putzmittelflasche, ist der Kopf eines kleinen Mädchens zu sehen, das sich in der spiegelblanken Tischplatte betrachtet.– Die andere Anzeige zeigt ein dunkelhaariges Fotomodell, diesmal im blitzblanken Luxusbadezimmer. Dieses Modell stützt sich entspannt mit einem Ellenbogen auf die Flasche mit dem Reiniger, in der Hand hält sie ebenfalls den Lappen ... – und das sei nun die wirkungsvollere Anzeige »dominiert das Kind die Schlüsselelemente Slogan, Headline, Produktabbildung. Dies konnte mit einer Befragung nicht herausgefunden werden. Erst eine Ursachenanalyse mit Hilfe des Blickaufzeichnungsgeräts brachte dies an den Tag und führte zur modifizierten Anzeige.«[37]

Über die »Ursachenanalyse« – gerne auch «moderne Ursachen-

68

analyse«[38] genannt – werden bedauerlicherweise einige nicht uninteressante Informationen vorenthalten: Es wäre aufschlußreich zu wissen, welche Ursachen welche Wirkungen verursachen sollen, beziehungsweise überhaupt zu erfahren, was Ursache, was Wirkung sein soll.

Natürlich, wenn das »dominante« Kind weg ist, dann bleibt den Hausfrauen nichts anderes übrig, als die Flasche mit dem Haushaltsreiniger ausführlich zu betrachten. Das ist richtig. Genauso ist es in der Laborsituation. Problem erkannt – Ursache eliminiert.

Dennoch bleibt phänomenal, daß das halbverdeckte Gesicht des Kindes, das nur Detail ist und weniger als 5 Prozent der Bildfläche ausmacht, die Anzeige so beherrscht. Die Flasche mit dem Putzmittel ist viel größer als das Kind, Headline und Slogan sind dick und deutlich. Was ist so Besonderes an diesem Kind? Nichts. Aber daß in einer Anzeige überhaupt eine Frau mit Kind abgebildet ist, das ist eine Sensation. Im 8. Kapitel wird auf die Darstellung von Frauen in der Werbung ausführlich eingegangen. Das Kapitel basiert auf der Analyse von einigen hundert, an die Zielgruppe Frauen gerichteten Anzeigen. Vorab nur soviel: Auf keiner der Anzeigen, die Produkte des Haushaltsbereichs bewarben, ist eine Frau zu sehen, die auch nur zufällige Ähnlichkeit mit einer real existierenden Hausfrau aufweist. Selbstverständlich sind auch nirgendwo Kinder zu sehen. In der standardisierten Welt der strahlenden Fotomodelle, die im strahlend weißen Cashmerepullover mit tadellos lackierten Fingernägeln geschickt-ungeschickt den Putzlappen schwenken, um zu demonstrieren, daß sie ja gar nicht wissen, was Hausarbeit ist, da wirkte dieses Kind wie eine Sensation aufs Gemüt der ohnmächtig-niedergefüllten Hausfrauen und Mütter. Interessiert nahmen sie's zur Kenntnis. Nun befand Kroeber-Riel, daß die Frauen nicht das Kind, sondern die Flasche mit dem Putzmittel zu betrachten hätten. Seine Methode bringt die sogenannte wissenschaftliche Garantie, daß sich eine Anzeige nicht mal mehr im kleinsten Detail von der genormten Langeweile abhebt, und garantiert so, daß die Zeitschriftenleser ohne irgendwelche Irritationen, die das Interesse wecken und zum genaueren Hinsehen verlocken könnten, nun auch diese Anzeigenseite ganz spontan – überblättern. Dank der modernen Ursachenanalyse Kroeber-Riels könnte es gelingen, daß Werbung bald überhaupt nicht mehr wahrgenommen wird – was zweifellos den Bedürfnissen vieler moderner Konsumenten sehr entgegenkommt.

Über den Nutzen von Befragungen per Computer

In Saarbrücken sollen auch bei herkömmlichen Befragungen neue Technologien der Forschung weiterhelfen: Um den Interviewer-Einfluß vollkommen auszuschalten, sollen die Interviewer eliminiert – durch Computer ersetzt werden. Der Befragte sieht die Fragen auf einem Bildschirm und soll seine Antworten über eine Tastatur direkt in den Computer eingeben. Kroeber-Riel verspricht methodische Vorteile plus Personaleinsparungen.

Natürlich liegt der Einwand nahe, daß bei der Befragung per Computer anstelle der Interviewer-Effekte Computer-Effekte auftreten könnten. Solche Bedenken weist Kroeber-Riel forsch zurück:

»Selbstverständlich ist dieses Vorgehen nicht für jede Befragung geeignet. Es erfordert voll standardisierte Befragungen mit geschlossenen Antwortvorgaben. Für die meisten Fragestellungen der kommerziellen Marktforschung ist das aber eher ein Vorteil. Falls der Informationswert der Antworten durch solche Antwortvorgaben leidet, ist darin ein Preis für die hocheffiziente Datenerhebung zu sehen. ... Nebenbei gesagt: Wenn von manchen Marktforschern so stark standardisierte Befragungen weitgehend abgelehnt werden, so ist dies letztlich eine Frage der jeweiligen ›Marktforschungsphilosophie‹, die mit unserer sachlichen Problemstellung nichts zu tun hat.«[39]

Was ist die »sachliche Problemstellung« von Befragungen? Doch wohl: aufrichtige und realitätstaugliche Auskünfte zu erhalten. Man darf dieses Problem als »Marktforschungsphilosophie« bezeichnen – aber damit ist es nicht erledigt. Denn die Frage nach der Qualität des erhobenen Datenmaterials ist nun mal Anfang und Ende der Marktforschung. Würde man diese Frage nicht stellen, würde es genügen, die Meinung des Auftraggebers der Forschung per Computer zu multiplizieren.

Kern der Kroeber-Rielschen Philosophie: Mindere Qualität der Daten – dafür aber teurer. Kroeber-Riel: »Der finanzielle und personelle Aufwand ist so groß, daß diese neuen Systeme zunächst nur von großen Markt- und Werbeforschungsinstituten eingesetzt werden können.« – Daß auch der personelle Aufwand so groß ist, überrascht, da Kroeber-Riel doch verspricht, die Interviewer überflüssig zu machen. Anstelle der Interviewer muß er aber Spezialisten beschäftigen, erstens zur Programmierung und zweitens, um den Befragten die Bedienung der Geräte zu erklären und ihnen dabei zu helfen. Kroeber-Riel benötigt »Bildschirmassistenten«.

Bis man aber einem mißtrauischen älteren Herrn die neumodischen Apparate erklärt hat; beigebracht hat, wie die Tastatur am Bildschirm des Computers oder ein Zustimmungs- oder Ablehnungshebel zu handhaben ist; plausibel gemacht hat, warum und wann der Computer die Angaben als falsch zurückweist[40] – in dieser Zeit ist mühelos ein normales Interview durchzuführen.

Mit Sicherheit wird durch all die erforderlichen Unterweisungen vorab die Motivation der Befragten abgebaut. Weil jedes Interview eine recht unpersönliche Kommunikation ist, bekommt aufrichtige Antworten nur, wer mehr als nur ein Verwertungsinteresse an den Meinungen der Befragten zeigt. Eine der Grundregeln der Interviewtechnik ist es deshalb, Interviews so zu gestalten, daß sie die Befragten unterhalten, ihnen gegenüber höflich und aufmerksam sind – selbst dann, wenn der Interviewer nur den Fragebogen mit den standardisierten Fragen abliest. – Als ich für Allensbach Interviews durchführte, war ich immer verblüfft, wie angeregt die Leute Ewigkeiten (aus der Sicht des schlecht bezahlten Interviewers) Fragen beantworten, Karten sortieren und keine Scheu haben, auch recht persönliche Auskünfte zu geben. Und wenn am Schluß die Dauer des Interviews zu beurteilen war, fanden es die meisten in der Länge »gerade richtig«. Dagegen kann ich mir kaum vorstellen, daß viele Leute bereitwillig ihre Parteipräferenz, ihre Kaufwünsche und Einkommensverhältnisse in irgendeinen Computer einspeichern. Alle Erfahrungen sprechen gegen Kroeber-Riels Darstellung, daß der Computer das Mittel sei, um die zunehmende Unwilligkeit der Leute gegen Befragungen abzubauen.[41]

Davon abgesehen: Repräsentativ sind die Ergebnisse von Computer-Befragungen ohnehin nicht – denn eine repräsentative Auswahl der Befragten ist nicht möglich. Denn im Gegensatz zum Interviewer geht der Computer nicht zu den Leuten. Per Computer sind nur jene zu befragen, die dort vorbeikommen, wo der Computer installiert ist.

Manipulation per Computer?

Aus dem sagenumwobenen Amerika kommen natürlich schon Meldungen, daß Konsumenten mit Hilfe fabelhafter Computer manipuliert werden können. Ein Telefoncomputer, der nicht nur die Teilnehmer selbständig anwählt, sondern auch männliche und weibliche Stimmen unterscheiden können soll, der schweigt, wenn der Angerufene spricht, der die Antworten der Angerufenen versteht, das heißt klassifiziert und mit jeweils adäquaten Fragen und Erwiderungen koppeln können soll – kurz: der genau wie ein Mensch agiert und reagiert, betört, so wird berichtet, männliche Fernsprechteilnehmer mit der auf Band gesprochenen Stimme der Ex-Filmdiva und Kosmetikherstellerin Zsa Zsa Gabor. Der Computer schmeichelt dem Angerufenen dann beispielsweise mit dem Kommentar »Du klingst ein bißchen wie einer meiner früheren Ehemänner« und soll so die stimulierte Eitelkeit der Männer in Kaufimpulse ummünzen. – Manipulation per Computer: wieder ein dankbares Thema fürs Feuilleton.[42]

Fazit:
Warum empirische Belege keine Beweise sind

Die Methoden Kroeber-Riels beweisen seine Theorie. Aber die Theorie ist falsch. Eindeutig falsch da, wo sie sich auf naturwissenschaftliche Modelle bezieht, Modelle einer ebenso hoffnungslosen wie antiquierten vordarwinistischen Theorie. Ebenso hoffnungslos ist das Konzept, den emotionalen Gehalt irgendwelcher Bilder auf irgendwelche Produkte übertragen zu können. Derartige Irrtümer werden auch durch das aufwendigste technologische Instrumentarium nicht richtig und die Defizite dadurch nicht geringer.
Wenn die Theorie falsch ist, kann die Empirie nicht richtig sein. Ab und zu gibt es in den Naturwissenschaften Entdeckungen, die der Zufall fleißigen Experimentatoren geschenkt hat. So scheint es jedenfalls bei laienhafter Betrachtung. Aber auch zufällige Entdeckungen müssen erkannt werden. Deshalb ist, was Zufall scheint, in den allermeisten Fällen die systematische Annäherung an die Realisierung einer Theorie. Es gibt keine Empirie ohne Theorie. Und in den Sozialwissenschaften ist diese Interdependenz noch enger: In der Erforschung menschlichen Verhaltens sind die Methoden der Empirie Bestandteil der Theorie. Wer Wahrheit als meßtechnische Frage ausgibt, determiniert bereits die Antworten. Aber: die Objektivität von Meßdaten ist etwas ganz anderes als wissenschaftliche Objektivität.
Der Medienforscher Dieter Prokop glossiert in seinem Essay ›Die Kleinunternehmer von der Sozialforschungsranch‹ (1981)

die Mentalität jener, die versuchen, mittels einer theorielosen Empirie Wahrheit in Zahlen und Meßwerte umzumünzen und zu ihrem Privateigentum zu machen:

»Die professionelle Sozialforschung hat etwas von der Geschäftigkeit jener Marktflecken an sich, wie man sie in den Westernserien für den amerikanischen Mittelwesten als typisch vorgestellt bekommt: Ständig kommt irgendwoher ein Cowboy und protzt narzißtisch mit seiner eingefangenen Rinderherde; ständig werden Versammlungen von Klein- und Großviehbesitzern inszeniert; ständig versucht ein Ranchinhaber den anderen im Saloon mit irgendwelchen Tricks beim Kartenspiel auszustechen oder gibt an der Bar mächtig an; ständig rauchen die Colts bei den Gefechten um die besseren Startchancen; gelegentlich trifft man sich in der Kirche, um die allen gemeinsame Ethik zu beschwören; dazwischen die Sheriffs, die aufpassen, daß die Regeln gegen die Unersättlichen verteidigt werden. ...

Die Praxis der empirischen Sozialforschung, wie sie sich in den Journalen der Profession manifestiert, ist ein verzweifelter Versuch, Wahrheit ständig als Unternehmen freier Konkurrenz kooperativer Kleinbetriebe einzurichten. So hegt jeder Professor seine Herde von Versuchspersonen, hat jeder graduierte Student, der etwas auf sich hält, einige Objekte eingegattert. In den Aufsätzen der professionellen Journale wird die Geschichte dieser Eingatterungen geschrieben. Die jeweils benachbarten Besitzer entsprechender Herden werden respektvoll genannt, und seien deren Ergebnisse auch noch so trivial. Gerade in der Beschränkung, der Parzellierung der Wahrheit aufs beobachtbare Verhalten und Meinen dieser wenigen Versuchstiere, liegt der Konsens der professionellen Forscher. Das Problem ist hierbei nicht, daß jeweils nur sechzig oder auch tausend Personen genügen, um eine Geschichtsschreibung der Meilensteine der Sozialforschung zu ermöglichen. Viele dieser Studien sind ja auch repräsentativ. Es liegt vielmehr in der bornierten Ausschaltung all jener Reflexion, die sich auf die individuellen und gesellschaftlichen Potentiale bezieht.«[43]

Wenn menschliches Verhalten auf Meßwerte dezimiert wird, so steht dahinter das typische Interesse aller Manipulationsforschung: das Bemühen, das rationale Denken zu ignorieren. Ginge es nicht darum, könnte man sich all die Meßverfahren sparen und die Versuchspersonen einfach fragen, wie sie diese und jene Anzeige einschätzen. Langeweile ist ein bewußt erlebtes Gefühl. Nun mag es zwar gelingen, rationales Denken durch komplizierte Verfahren zu sabotieren, das heißt aber keinesfalls, daß man es damit auch außerhalb der Laborsituation unterdrücken kann.

Kroeber-Reil pflegt seine Publikationen mit dem Hinweis zu beschließen, daß er mit seinen Erkenntnissen beiden Seiten – jenen, die wissen wollen, wie man manipuliert, ebenso wie jenen, die wissen wollen, was man dagegen unternehmen kann – zu Diensten steht. Für die Werbewirkungsforschung bleibt aus der Analyse seiner Erkenntnisse das Fazit: Um zu neuen Erkenntnissen über Werbewirkung zu kommen, kann auf den Einsatz neuer Technologien verzichtet werden. Nicht aber auf den Einsatz einer alten Technik: Denken können Computer nicht. Für die Verbraucher bleibt ein Trost: Die einzigen, denen die Manipulationsstrategien Kroeber-Riels schaden können, sind die Unternehmer, die bereit sind, für diese Erkenntnisse Geld auszugeben.

4. Kapitel
Die öffentlichen Verführer

Werbung wird Warenästhetik

Werbung ist das Instrument der Herrschenden zur Unterdrük-
kung der Massen, der Zwang zur Anpassung an das kapitalistische System – Ende der 60er Jahre begann diese Manipulationstheorie die Diskussion um die Werbung zu beherrschen.
Diese Theorie kam nicht aus der Werbung. Sie kam von der
sozialphilosophischen ›Kritischen Theorie‹: Herbert Marcuse,
Max Horkheimer und Theodor W. Adorno gaben die
Impulse.[1]

Die ›Kritische Theorie‹ postulierte mit der sogenannten Zir-
kel-These[2] einen Teufelskreis von Manipulation zum Konsum
und dem Bedürfnis nach Konsum: Die Verheißung des kapitalistischen Systems, alle Wünsche zu erfüllen, bedeute nicht nur
die Vermarktung aller Sehnsüchte, sondern bedeute schlim-
mer noch, daß die Sehnsüchte mit der Vermarktung manipuliert, deformiert werden, schließlich durch künstlich erzeugte
Wünsche ersetzt werden. Die künstlichen Wünsche seien aber
so, daß sie allein durch noch mehr Konsum zu befriedigen
sind. – Dieser Mechanismus mache die Menschen zu hilflosen
Opfern des Systems.

Man muß diese Aussagen vor dem Hintergrund ihrer Zeit verstehen: einer Zeit scheinbar unaufhaltsamer Prosperität, der
Zeit des Wirtschaftswunders, die nicht nur von den Apologe-
ten des kapitalistischen Systems als Überflußgesellschaft gefeiert worden ist. Wohlstand schien Allgemeingut zu werden,
Klassenunterschiede schienen zu schwinden. Diese Überflußgesellschaft wurde von der ›Kritischen Theorie‹ als Konsumgesellschaft entlarvt, als Wegwerfgesellschaft verdammt.

In Wolfgang Fritz Haugs ›Kritik der Warenästhetik‹, erschienen 1971, wurde die Werbung zum Mittelpunkt der Kritik am
Kapitalismus[3]. Haug stilisiert sich als Savonarola des Spätkapitalismus, für ihn ist Werbung »Blendwerk zur Erzeugung
des Scheins«; »Mittel der Verdummung«; programmatisch

seine düstere Vermutung: »Den Leuten scheint das Bewußtsein abgekauft.«[4]

Das Begriffssystem von Wolfgang Fritz Haug

Die ›Kritik der Warenästhetik‹ ist sicherlich nicht zuletzt berühmt geworden, weil Haug eine neue Terminologie zur Kritik der Werbung geschaffen hat. Im Konzept seiner Theorie bedeutet der zentrale Begriff »Warenästhetik«:

»Er bezeichnet einen aus der Warenform der Produkte entsprungenen, vom Tauschwert her funktionell bestimmten Komplex dinglicher Erscheinungen und davon bedingter sinnlicher Subjekt-Objekt-Beziehungen. Die Analyse dieser Beziehungen eröffnet einen Zugang zur subjektiven Seite in der politischen Ökonomie des Kapitalismus, soweit das Subjektive zugleich Resultat und Voraussetzung ihres Funktionierens darstellt. Darin, daß die behandelten Erscheinungen aus dem grundlegenden Funktionszusammenhang der Warenproduktion hergeleitet werden, unterscheidet sich die *Kritik der Warenästhetik* nicht nur von solchen Theorien, die vom Phänomen her unvermittelt das Ganze deuten möchten, sondern auch von Darstellungen, die – in der Regel unabgeleitet – einzelne Erscheinungen aus dem Komplex der Warenästhetik – etwa Werbung oder Design – für sich behandeln; auf diese Weise wird noch nicht einmal die herausgegriffene Einzelerscheinung begriffen.«[5]

Zum Verständnis dieser Definition müssen einige Begriffe der marxistischen Ökonomie erläutert werden. ›Waren‹ sind in der Sprache der marxistischen Ökonomie jene Produkte, die mit der Absicht des Verkaufs hergestellt werden. Kurz: Alles was zu Geld gemacht werden soll, wird zur Ware. Waren werden damit unterschieden von Dingen, die zum eigenen Gebrauch oder für den Tausch gegen andere Dinge gefertigt werden. An dieser Bestimmung ist zweierlei wesentlich: Zum ersten wird damit eine Gesellschaft durch ihre Form der Produktion und Arbeitsorganisation charakterisiert. ›Warenproduzierende Gesellschaft‹ oder ›Warengesellschaft‹ bedeutet eine arbeitsteilige Gesellschaft, in der der einzelne nur einen sehr geringen und speziellen Anteil an der Produktion leistet. Mit ›kapitalistischer Warengesellschaft‹ ist nicht nur eine arbeitsteilige Gesellschaft gemeint, damit wird gesagt, wessen Interessen die Produktion lenken.

Zweitens führt die Unterscheidung von Dingen, die zum eige-

nen Gebrauch, von solchen, die zur Vermarktung hergestellt werden, zur Unterscheidung von ›Gebrauchswert‹ und
›Tauschwert‹. ›Gebrauchswert‹ ist die Beschreibung der Funktion eines Gegenstandes, zu bestimmen durch Kategorien des
Nutzens: Kosten-Nutzen-Verhältnis, Funktionalität, Haltbarkeit, Schönheit etc. ›Tauschwert‹, das ist der Preis, der dafür zu
bezahlen ist. – Die umfassende Analyse, die Haug verspricht,
ist die Analyse dieser Doppelfunktion des Produktes im Kapitalismus.
Vor diesem Hintergrund ist der Begriff Warenästhetik zu kon-
kretisieren. Die Warenästhetik, die die Funktion hat, beim Betrachter den Besitzwunsch zu erwecken, löst, so Haug, einen
Prozeß aus, den er als »Modellierung der Sinnlichkeit« bezeichnet, und er meint damit: »Die Verwandlung der Welt der nütz-
lichen Dinge in Waren entfesselte Triebkräfte und funktionsbe-
stimmte Mittel, die mit der Welt der sinnlichen Dinge die
menschliche Sinnlichkeit um und um modellieren.«[6]
Aus dieser Umformung, die Deformation ist, entsteht dann
eine »Technokratie der Sinnlichkeit« – ein weiterer Neologis-
mus Haugs. »Technokratie der Sinnlichkeit« meint: »Herrschaft über Menschen, ausgeübt auf dem Wege ihrer Faszination durch technisch produzierte künstliche Erscheinungen.
Diese Herrschaft erscheint also nicht unmittelbar, sondern in
der Faszination ästhetischer Gebilde. Faszination meint nichts
anderes, als daß diese ästhetischen Gebilde die Sinnlichkeit von
Menschen gefangenhalten.«[7]
Die Warenästhetik entfesselt Triebkräfte; Technokratie deformiert die Sinnlichkeit – die Verbindung von politischen und
ökonomischen mit psychologischen und psychoanalytischen
Begriffen ist typisch für Haug. Aus dieser Kombination entstehen die zahlreichen Wortschöpfungen.[8] Aber mehr noch: Aus
dieser Kombination entsteht eine neue Theorie – die ›Kritik der
Warenästhetik‹, denn was da terminologisch verknüpft wird,
sind zwei kontroverse Positionen. Die marxistische Gesell-
schaftstheorie einerseits, andererseits psychoanalytische Vorstellungen vom triebgesteuerten Individuum. Diese Gegen-
sätze will Haug durch seine Analyse der gesellschaftlichen
Funktion von Ästhetik verbinden: So wird ihm Ästhetik zum
Herrschaftsinstrument.

Die Mechanismen warenästhetischer Manipulation

»Welches ist nun der geheimnisvolle Mechanismus, der die Käuflichkeit einer Sache in ihrem Gebrauchswert pervertiert und in einen Zusammenhang der Verblendung und verdummenden Abspeisung integriert?«[9] fragt Haug. Die Antwort: Es ist die Verpackung. Haug schildert, was mit der Ware durch die Verpackung geschieht:

»Zunächst bleibt die funktionell bereits abgelöste Gestaltung und Oberfläche, der bereits eigene Produktionsgänge gewidmet werden, mit der Ware verwachsen wie eine Haut. Doch bereitet die funktionelle Differenzierung die wirkliche Ablösung vor, und die schön präparierte Oberfläche der Ware wird zu ihrer Verpackung, die aber nicht wie das bloße Einwickeln als Schutz vor den Gefahren des Transports gedacht ist, sondern als das eigentliche Gesicht, welchselbes statt des Warenleibs der potentielle Käufer zunächst zu sehen bekommt und in die sich die Ware, wie die Tochter des Geisterkönigs in ihr Federkleid, einwickelt und ihre Gestalt verwandelt, um auf den Markt und ihrem Formwechsel entgegenzufliegen. ... Nachdem ihre Oberfläche sich von ihr abgelöst hat und zu ihrer zweiten Oberfläche geworden ist, die in der Regel unvergleichlich perfekter als die erste ist, löst sie sich vollends los, entleibt sich und fliegt als bunter Geist der Ware in alle Welt, zirkuliert drahtlos in jedes Haus, die wirkliche Zirkulation der Ware anbahnend. Niemand ist mehr vor ihren Liebesblicken sicher. Die Realisationsabsicht wirft sie mit der abgezogenen, technisch ungeheuer perfektionierten Erscheinung vielversprechenden Gebrauchswerts nach den Kunden, in deren Brieftaschen – noch – das Äquivalent des so verkleideten Tauschwerts sich befindet.«[10]

Mit solcher Beweisführung (über die Tilman Rexroth in seiner durchaus wohlwollenden Kritik der Haugschen Warenästhetik bemerkt: »sie sieht den Tanzschritten eines barocken Allegorienreigens ähnlicher als einer Argumentationskette«[11]) kommt Haug zu einem wichtigen Punkt seiner Theorie: die Verselbständigung des Tauschwerts. Was bedeutet das? Bei den bekannten Markenartikeln sind die Produkte nicht mehr durch ihren Gebrauchswert, ihre Funktion charakterisiert, sondern durch Namen und Bilder, die nichts mit der Funktion des Produktes zu tun haben. Ein Bär signalisiert Dosenmilch; ein Salamander Schuhe; ein Krokodil Hemden; ein Jaguar Autos; ein Frosch Putzmittel; ›nur die‹ bedeutet Strümpfe; ›das da‹ ist ein

Magazin; ›nimm zwei‹ sind Fruchtbonbons. Obwohl das Markenzeichen nichts über das Produkt sagt, wird es zum Symbol der Eigenschaften des Produktes, und damit löst sich, so Haug, »die Ware vom Warenleib«.[12] Die These von der Verselbständigung des Tauschwerts bezieht sich auf diese Trennung von Markenzeichen (das Markenzeichen umschreibt Haug als »ästhetische Abstraktion der Ware«) und Produkt: »Die ästhetische Abstraktion der Ware löst Sinnlichkeit und Sinn der Sache, die als Tauschwertträger fungiert, von dieser ab und macht sie getrennt verfügbar.«[13]

Anmerkung: Marx betont, daß Tauschwert und Gebrauchswert die zwei Seiten derselben Sache sind. Dennoch hat der Tauschwert keinen Einfluß auf den Gebrauchswert, der Gebrauchswert keinen Einfluß auf den Tauschwert. Der Tauschwert ist durch eine andere Größe definiert: Er ergibt sich aus den Kosten, die zur Herstellung eines Produktes notwendig sind. Ändern sich die Löhne, oder ändern sich die Produktionsverfahren und damit der Arbeitsaufwand, ändert sich entsprechend der Preis des Produkts. Tauschwert ist eine Kategorie mit gesellschaftlicher Dimension, weil darin die gesellschaftlich durchschnittlichen Werte widergespiegelt sind. Gebrauchswert besagt, daß eine Sache eine Funktion hat. Gebrauchswert ist keine moralische Kategorie. Es gibt Dinge, die zwar einen Gebrauchswert, aber keinen Tauschwert haben – dann, wenn eine nützliche Sache allgemein verfügbar ist. (Trinkwasser, das in manchen Gegenden der Welt eines der höchstbezahlten Güter ist, in anderen keinen Marktwert hat, weil es überall frei zur Verfügung steht, ist ein gutes Beispiel dafür, wie der Preis einer Ware abhängt von der Arbeit, die zu ihrer Herstellung oder Beschaffung notwendig ist.) Aber umgekehrt: Dinge, die nur Tauschwert und keinen Gebrauchswert haben, gibt es nicht. Marx: »Endlich kann kein Ding Wert sein, ohne Gebrauchsgegenstand zu sein.«[14] – Nach der Marxschen Analyse ist die von Haug postulierte Verselbständigung des Tauschwerts nicht möglich. –

Haugs These von der Verselbständigung des Tauschwerts bedeutet konkret, daß Konsumenten nur noch das Symbol des Produktes kaufen, nur das Markenzeichen, nur die Verpackung. Nun ist zu Recht zu kritisieren, daß die von der Reklame behauptete bessere Qualität von Markenartikeln, die teuer bezahlt werden muß, doch oft nur der Preis ist für die üppigere Verpackung und den Werbeaufwand. Fast alle großen Hersteller bieten ihr Produkt mehrfach an: einmal als teuren Markenartikel; zur Abdeckung der Billigmärkte als No-name-product, für das keine Werbung gemacht wird und das beträchtlich billiger ist; und es wird oft noch unter anderem Namen, als weniger bekannte und entsprechend billigere Marke, von Versandhäusern offeriert (in Warentest-Zeitschriften findet sich bei Artikeln von Versandhäusern häufig der Hinweis, der Versandhausartikel sei »baugleich«, das heißt identisch, abgesehen von Preis und Verpackung – mit einem Markenartikel). Die Strategien sind diffizil. Persil bleibt Persil, und Persil ist teuer. Persil ist von Henkel, und Henkel stellt nicht nur Persil her. Versucht die Konkurrenz Persil-Käufer durch Billigangebote abzuwerben, dann senkt der Henkel-Konzern nicht den Preis von Persil, sondern bekämpft die Konkurrenz durch Sonderangebote henkeleigener Billigmarken, etwa der Marke Weißer Riese. Persil, die traditionelle Qualitätsmarke, darf nicht billig werden, sonst wird die Qualität unglaubwürdig. – Die Verteuerung der Produkte durch die Werbung ist aber nur der Anfang von Haugs Kritik.

Der Reklamehochglanz erscheint Haug so überwältigend und die Konsumenten davon so geblendet, daß er glaubt, die Leute kauften schließlich nur die leere Verpackung. Seine Erklärung ist die Beschreibung einer magischen »Triebsehnsucht«:

»Der Schein, auf den man hereinfällt, ist wie ein Spiegel, in dem die Sehnsucht sich erblickt und für objektiv hält. Wo den Menschen, wie in der monopolkapitalistischen Gesellschaft, aus der Warenwelt eine Totalität von werbendem und unterhaltendem Schein entgegenkommt, geschieht, bei allem abscheulichem Betrug, etwas Merkwürdiges, in seiner Dynamik viel zu wenig Beachtetes. Es drängen sich nämlich an die Menschen unabsehbare Reihen von Bildern heran, die wie Spiegel sein wollen, einfühlsam, auf den Grund blickend, Geheimnisse an die Oberfläche holend und dort ausbreitend. In diesen Bildern werden den Menschen fortwährend unbefriedigte Seiten ihres Wesens aufgeschlagen. Der Schein dient sich an, als kündigte er die Befriedigung an, er errät einen, liest einem die Wünsche von den Augen ab, bringt sie ans Licht auf der Oberfläche der Ware. Indem der Schein, in dem die Waren einherkommen, die Menschen ausdeutet, versieht er sie mit einer Sprache zur Ausdeutung ihrer selbst und der Welt. Eine andere als die von den Waren gelieferte steht schon bald nicht mehr zur Verfügung. Wie verhält, vor allem wie verändert sich jemand, der beständig mit einer Kollektion von Wunschbildern, die man ihm zuvor abspioniert hat, umdient wird? Wie verändert sich jemand, der fortwährend erhält, was er wünscht – aber es nur als Schein erhält?«[15]

Haugs Sicht der Existenz des Konsumenten im kapitalistischen System ist eine apokalyptische Vision: Die Werbewelt umgaukelt den Konsumenten, bestärkt ihn in unmoralischen Begierden. Er wird »verwöhnt, abgelenkt, abgespeist, bestochen«. Haugs Prophezeiung: »Die vom Kapitalismus Bedienten sind am Ende nur mehr seine bewußtlosen Bediensteten.«[16]

Das Inferno der Konsumgesellschaft

Am Beispiel der Werbung für die Schuhe der Marke ›Hush Puppies‹ – ihr Markenzeichen ist ein Bassethund, hergestellt werden sie von ›Wolverine‹, einem der größten Schuhkonzerne der Welt – entlarvt Haug die totale Manipulation. Sie beginnt schon lange vor dem Schuhkauf, bereits bei der Rohstoffbeschaffung agieren die Konsumenten unfreiwillig im Sinne ihrer Unterdrücker, denn: »Daß dem Konzern die Haut junger Schweine, das Pigskin, das ja nur als ›Abfallprodukt‹ anfällt, nicht ausgeht, dafür sorgt die anhaltende Barbecue-Welle, für die viele amerikanische Jungschweine als Spanferkel ihr Leben lassen müssen.«[17] Über die Wirkung des Markenzeichens berichtet Haug:

»Auf die Frage, wie er zu dem Markenzeichen gekommen sei, hält der Konzern eine Story bereit, die es verdient, festgehalten zu werden als beiläufiges Zeugnis für den Geist des Kapitalismus. Der Verkaufsleiter der Firma sei im Jahr 1958 irgendwo im Süden der Vereinigten Staaten von Amerika zufällig Zeuge geworden, wie ein paar Leute, die Popcorn aßen, ihren bellenden Hunden etwas davon zuwarfen mit den Worten: ›Hush puppies!‹ Es bedeutet dies soviel wie ›still!‹ oder ›gebt Ruhe, Hündchen!‹ …. Bei der Beobachtung der Szene kam dem Verkaufsleiter eine Erleuchtung. Er meinte danach, es wäre für seine Firma profitabel, wenn sie etwas hätte, um eine andere Sorte von bellenden Hunden abzuspeisen. Unter dieser anderen Sorte verstand er das Publikum, die Käuferwelt. In einer ›Verbraucherumfrage‹, das ist eine Befragung von Leuten, die als mögliche Käufer interessieren, habe man sieben Warennamen zur Auswahl gestellt. Dabei habe der Name ›Hush Puppies‹ am wenigsten Stimmen bekommen. Er sei dennoch genommen worden, weil er den Händlern, auf deren Verkaufstätigkeit es der Firma zunächst vor allem ankam, gefallen habe. Man sieht: die ›Verbraucher‹ interessierten die Verkaufsleitung am wenigsten, und der Erfolg gab ihr recht. Die Wertschätzung der Verbraucher konnte umgemodelt werden. Sie wurden abgespeist mit einem Tierzeichen. … Das Profitstreben, das die Menschen wie bellende Hunde abspeist und zum Kuschen bringt, würde unverkleidet nie so viele Freunde auf der Welt haben. Mit dem Tierzeichen gibt es sich das treuherzige und ein wenig tolpatschige Aussehen, um das vernünftige Mißtrauen der Käufer damit abzuspeisen und zum Schweigen zu bringen. – Der unmittelbare und bezweckte Erfolg dieser Markenwerbung bestand in riesigen Profiten und einem rapiden Wachstum des Wolverine-Kapitals. Aber außerdem gab es, als Abfallprodukt sozusagen, noch einen Nebenerfolg. … ›Der Basset wurde in machen Ländern zu einem ausgesprochenen Modehund.‹« [18]

Haugs Folgerung: »Wie hier als Abfallprodukt die Verbreitung einer Hunderasse herausspringt, so bei den Menschen die Züchtung und Verbreitung von Verhaltensweisen.« [19] Das sieht er als Folge des Erfolgs einzelner Marken: »Nicht nur ziehen sie ganze Warengruppen aus andern Branchen nach, sondern sie züchten Verhaltensweisen, strukturieren Wahrnehmungen, Empfindung und Bewertung und modellieren Sprache, Kleidung, Selbstverständnis ebenso wie die Haltung, ja sogar den Leib, vor allem aber das Verhältnis zu ihm. Daher sind die Erfolgsmeldungen der Konzerne, deren Waren für den Massenkonsum bestimmt sind, zugleich Erfolgsmeldungen von der Front einer Modellierung des menschlichen Wesens.« [20]

Die Mechanik des Schreckens ist simpel, doch vollkommen. Das Bild eines netten Hundes genügt, »das vernünftige Mißtrauen der Käufer« zu zerstreuen. Aber warum ist der Käufer nun eigentlich mißtrauisch? Würde er wegen eines Hundebildchens Schuhe kaufen, die nicht passen? Auf derart konkrete Fragen ist bei Haug keine Antwort zu finden.

Seelenverwandtschaften: Haug, Dichter & Co.

Frappant ist die Seelenverwandtschaft zwischen dem Manipulationskritiker Haug und dem Manipulationsstrategen Dichter. Sie treffen sich in der Logik ihrer Beweise: Der Konsument ist Opfer seiner Triebe. Die Triebe werden aktiviert durch magische, den Produkten innewohnende Kräfte. Dichter entdeckte den Sex-Appeal der Produkte, Haug die »Warenseelen«. Diese »Warenseelen« (für Werber zu übersetzen als ›Produktimage‹) sind es nämlich, die die Triebsehnsüchte der Käufer betören. Und sie haben diese perfide Eigenschaft: Obwohl die Warenseelen doch nur durch die Verpackung geschaffene Äußerlichkeit sind, erscheinen sie als Natur der Produkte. Dieser Gedanke – von Haug unter dem Begriff »ästhetische Innovation« ausgeführt – soll näher betrachtet werden. Hier geht es darum, daß manche Produkte länger halten, als den Herstellern angenehm ist. Dann versuchen die Hersteller den Absatz anzukurbeln, indem das Vorhandene per Werbung als unmodern abgetan wird; ein neues Design wird für verbindlich erklärt. Das ist »ästhetische Innovation«.[21] Da die Hersteller ihre eigentlichen Interessen den Verbrauchern kaum schmackhaft machen können, wird die ästhetische Innovation als Prozeß natürlichen Wandels ausgegeben. Diese Methode ist so alltäglich, daß sie schon gar nicht mehr auffällt. Wenn im handelsüblichen Turnus verkündet wird, daß die Röcke kürzer werden, die Muster bunter, die Krawatten breiter, die Küchenmöbel eleganter, dann gibt sich die Argumentation der Werbung naturgesetzlich: Frühling! Die Röcke werden kürzer!; Sommer! Farbe ist Trumpf!; die Krawatten werden breiter, weil die ›neue Generation‹ von Krawatten da ist; Küchenmöbel werden eleganter, weil die 80er, 90er Jahre begonnen haben oder eben jene Epoche, die der Branche als Innovationsturnus vorschwebt. – Haug: »Die ästhetisch differenzierten Warengenerationen lösen einander naturartig ab, wie ein Wetter das andere.«[22]

Die Imitation der Natur ist vor allem Imitation der Sexualität. Von jedem Produkt behauptet die Werbung, es sei ›sexy‹. Haug folgert daraus: »So entlehnen die Waren ihre ästhetische Sprache beim Liebeswerben der Menschen. Dann kehrt das Verhältnis sich um, und die Menschen entlehnen ihren ästhetischen Ausdruck bei den Waren. Das heißt, hier findet eine erste Rückkoppelung statt von der aus Verwertungsmotiven aufreizenden Gebrauchsgestalt auf die Sinnlichkeit der Menschen.«[23] Das Ende dieses Prozesses: »das sexuelle Bedürfnis und sein Befriedigungsangebot werden entspezifiziert«.[24] – Die Sexualität ist deformiert. Der Kreis von Manipulation und rückwirkendem Bedürfnis ist geschlossen.

Dichter spekuliert über die Natur der Produkte, indem er menschliche Attribute auf sie überschreibt. Mit der Begrifflichkeit Haugs definiert, sind seine Motivstrategien der Versuch, den Gebrauchswert eines Produktes mit dem Selbstbild seiner Verwender in Übereinstimmung zu bringen. Haug bringt umgekehrt den Tauschwert der Produkte, wie er sich im Glamour der Reklame spiegelt, mit dem Selbstbild der Verwender in Übereinstimmung. Bei ihm werden die Attribute, die die Werbung den Produkten gibt, zu Attributen der Menschen. Für die Motivforscher sind wir, so Packard: »Trieb- und Zwangshandlungen ausgelieferte Imago-Anbeter«.[25] Haug kommt zum selben Ergebnis.

Wahr ist, daß heute jedes Produkt von sich behauptet, unverzichtbares Requisit des Glücks zu sein. Wahr ist, daß fast jedes Produkt in einer sexuellen Dimension präsentiert wird. Die Hausfrau der Reklamewelt hat ein libidinöses Verhältnis zu ihrem Geschirrspülmittel. Aber wer mag glauben, diese Werbebilder hätten irgend etwas mit dem Alltag, mit dem Bewußtsein der Konsumenten zu tun? Wer fällt auf diesen »schönen« Schein herein? Wer würde in einer ganz normalen Alltagssituation eine ganz normale Hausfrau, die nach dem Vorbild der Werbung die Flasche mit dem Geschirrspülmittel zärtlich-verliebt oder ehrfurchtsvoll-dankbar küßt, für normal halten? – Es ist leicht, in der Alltagssprache und der Sprache privater Emotionalität Analogien zur Werbesprache zu finden. In Heiratsannoncen werden Attribute, die die Waschmittelreklame ihren Pulvern zuschreibt, zu Attributen gesuchter Traumpartner: schmusig, kuschelig, kuschelweich soll die Frau fürs Leben sein. Es ist leicht, solche Einflüsse als Zeichen deformierter Sexualität abzutun. Um so schwieriger ist die Antwort auf die Frage: Was sind die erstrebenswerten Alternativen?

Solange die Alternativen nicht diskutiert werden, treffen sich alle Beweise der Manipulation und Manipulierbarkeit in der Verachtung der Vernunft. So gleicht Haugs manipulierter Konsument bis ins Detail von Holzschuhers »Primitivperson«:

»Unwirkliches für wirklich, ja ganz allgemein den Schein für das Sein zu nehmen – das ist übrigens typisch für die Mentalität des unteren Wesens, der Primitivperson. Darum auch wirkt ein Kompliment unfehlbar; selbst wenn man es durchschaut, ›fühlt‹ man sich geschmeichelt. Darum muß man im Leben – oft bedauerlicherweise – mehr scheinen als sein. Und eben darum wiegt auch bei Werbeobjekten das Äußere, die Aufmachung, die Packung meist mehr als dessen wahrer Wert, der Sachwert. Kurz, man könnte sagen: Was auf die Primitivperson wirkt, ist wirklich!«[26]

Fazit I:
Wahre oder falsche Bedürfnisse?

Überall ist Blendwerk und Verführung. Im Schlafzimmer-De-
sign sieht Haug »die vom kapitalistischen Verwertungsprozeß
modellierte Sinnlichkeit«; alberne Unterwäsche mit aufge-
drucktem Tigermuster dient nach seiner Überzeugung der Vermarktung des Körpers, ist Requisit der Prostitution. Haug entlarvt: »So erscheint das Interesse des Kapitals in Unterho-
sen.«[27]
Aufklärung über die Verhältnisse ist Haugs Ideal. Wüßten die
Leute, welches Interesse hinter dem Styling von Schuhen, Unterwäsche und Schlafzimmern steht, würden sie dagegen immu-
nisiert. – Aber was dann? Würde man freiwillig mit dem Existenzminimum zufrieden sein? Oder wenigstens auf das Über-
flüssige verzichten? Was wäre dann das Notwendige? – Haug
umgeht jede Antwort mit der Klage, daß echte und falsche Bedürfnisse »wahrscheinlich« nicht mehr zu unterscheiden
sind.[28]
Wahrscheinlich mag er die Antwort gar nicht suchen. Denn dabei besteht die Gefahr der Erkenntnis, daß es durchaus rationale Kriterien für den Kauf von Unterwäsche, Schuhen und
Möbeln gibt; dann würde die Konstruktion der totalen Manipulation nicht mehr halten.
Die Lösung, die Haug anbietet, ist der Ausblick auf eine sozialistische Gesellschaft. Haug wurde oft gefragt, wie denn eine
entsprechende Ästhetik aussehe. In seinem Aufsatz ›Gibt es
eine sozialistische Warenästhetik?‹ (1975)[29] verweist er auf die
Aufhebung des Gegensatzes von Tauschwert und Gebrauchswert in einer Gesellschaft, die den Interessengegensatz zwischen
jener Klasse, die den gesellschaftlichen Reichtum schafft, und
jener Klasse, die über ihn verfügt, nicht mehr kennt. Konkrete
Hinweise für die Praxis von Werbern und Designern fehlen.
Sucht man die, Haugs Richtungsangabe folgend, etwa im in der
DDR herausgegebenen ›Handbuch der Werbung‹ (1969), stellt
man fest, daß dort die mageren Erkenntnisse kapitalistischer
Werbetechnik gläubig und kritiklos zur Steuerung des planwirt-
schaftlichen Absatzes nachempfohlen werden.
Über die Verpackungsgestaltung von Kosmetikartikeln
schreibt die in der DDR erscheinende Fachzeitschrift ›neue
werbung‹: »Das vorhandene Bedürfnis der Konsumenten von
Kosmetik, gepflegt zu sein und sich mit Schönem zu umgeben,
ist durch das Erzeugnis mit der Einheit von Inhalt und Verpak-

kung zu erfüllen. Dabei muß davon ausgegangen werden, daß der Anteil der Käufer, die eine hohe Verpackungsqualität erwarten, ständig steigt. Ein wichtiger Teil der Qualität einer Verpackung ist die der Gestaltung, die somit die Qualität des gesamten Erzeugnisses beeinflußt.«[30]

Gibt es dennoch einen Unterschied? Ja. Der fundamentale Unterschied besteht darin, daß die DDR-Werbung nicht den Versuch unternimmt, vorzugaukeln, mit dem Kauf eines Produktes seien Probleme zu lösen, die nichts mit der Funktion des Produktes zu tun haben. In der Werbung dort ist ein Kühlschrank dazu da, um Lebensmittel frisch zu halten; hierzulande dient er vorgeblich dazu, um Ehen zu kitten, vor den Nachbarn zu renommieren, um ein Leben im Luxus zu feiern. Dort kauft man, gemäß der Argumentation der Werbung, die Ware, hier, gemäß der Argumentation der Werbung, das Glück. Dieser Unterschied bedingt eine andere, sachliche Einstellung zur Werbung; Lothar Bisky, Massenkommunikationsforscher und Werbekritiker aus der DDR, schreibt in ›Geheime Verführer – Geschäft mit Shows, Stars, Reklame, Horror, Sex‹ (1980): »Sicher ist es nicht sinnvoll, gegen Werbung schlechthin etwas zu sagen. Eine Werbung, die den Käufer der Ware über die Gebrauchswerteigenschaften der Ware informiert, kann durchaus zweckmäßig sein.«[31]

Die Manipulation durch die Werbung im kapitalistischen System sieht Bisky nicht im Erschaffen von Konsumwünschen, die nötig oder unnötig sein mögen, sondern: »Das Manipulative dieser Werbung besteht darin, daß die Waren Glück und Erfüllung der geheimen Wünsche versprechen, obwohl bereits jede nüchterne Überlegung einem sagen müßte, daß Glück, Sicherheit, Ruhe, Wohlstand – und was die Waren nicht alles versprechen – wohl nicht *nur* von den Waren abhängen.«[32] Der Unterschied in der Kritik an der Werbung: Bisky sieht als Rezipienten der Werbung den rationalen Konsumenten; Haug erblickt willenlose Opfer.

Indem Haug der Werbung so ungeheuerliche Macht über das Bewußtsein zuspricht, verschiebt er den Ansatz zur gesellschaftlichen Veränderung in den privaten Bereich: Wenn Konsum solche Macht ausübt, kann sich, wer Veränderung will, nur durch Nicht-Konsum retten. Die Folge freiwilligen Konsumverzichts im kapitalistischen System ist bekannt: Nach kurzzeitigen Preissenkungen, die dazu dienen, die Lager entsprechend dem neuen Marktvolumen zu reduzieren, werden die Preise erhöht, um den geringeren Absatz zu kompensieren. Daß die arbeitende Bevölkerung ihren Lebensstandard erhöht hat und sich die Lebensbedingungen verbessert haben, ist eine Entwicklung, die nichts von der Naturgesetzlichkeit an sich hat, mit der der Fortschritt propagiert wird. Es ist eine Entwicklung, die die Verheißungen des Kapitalismus einklagt: die Forderungen von Menschen, die sich weigern, allein vom schönen Schein zu leben.

Was will der Konsument? Er will von allem, was er braucht, das Beste. Daran ist nichts Falsches. Denn warum sollte man auf etwas, das man braucht, verzichten, warum das Schlechtere nehmen wollen? (Daß man es dennoch oft tut, hat rationale Gründe: Man kann sich nicht alles leisten, was man braucht, und von dem, was man sich leisten kann, kann man sich nicht immer das Beste leisten. Konsumentscheidungen sind das Abwägen von Prioritäten.)

Ist das Bedürfnis nach Ästhetik ein falsches Bedürfnis? Haug versichert, seine Kritik der Warenästhetik »richtet sich nicht gegen die Verschönerung bestimmter Dinge, ganz im Gegenteil«[33]. Aber diese Versicherung bleibt nur deklamatorisch, denn nirgendwo wird gesagt, welche bestimmten Dinge verschönert werden dürfen, wie die Verschönerung aussehen kann, ohne dem Götzendienst einer kapitalistischen Warenästhetik zu verfallen.[34]

Die These von der Manipulation zum Konsum und dem daraus entstehenden Bedürfnis nach mehr Konsum deklassiert jedes Bedürfnis als oktroyiert und falsch. Die Entdeckung wahrer Bedürfnisse setzt die Erkenntnis voraus, daß nicht nur die Kritiker der Werbung und nicht nur die Manipulationsstrategen zu rationalem Denken fähig sind, sondern auch die Konsumenten.

Manipulation als Betrug der Erfahrung

Trotzdem kann nicht bestritten werden, daß die Verbraucher oft Opfer der Herstellerinteressen werden. Nur, betrogen werden sie nicht durch eine das Unterbewußtsein betörende Ästhetik, sondern durch die Täuschung ihrer Erfahrungen.

Die bekannteste Manipulation ist die Manipulation der Wahrnehmung der Quantität. Kaschiert wird die Menge des Verpackten. Mit doppelten Böden; mit Flaschen und Flacons, die gigantische dekorative Stöpsel und Verschlüsse haben und in entsprechend großen Kartons verpackt werden; mit aufwendigen Abtrennungen einzelner Produktzusätze; mit solchen Machenschaften werden Großpackungen vorgetäuscht. Das Motto »Mehr scheinen als sein« gilt im wortwörtlichen, im materiellen Sinn.

Die andere Art, Erfahrung zu täuschen, ist die Kaschierung von geringer Qualität: Wenn sogenannte Handarbeit maschinell produziert wird; wenn anstelle von verarbeitungsaufwendigen Naturstoffen Kunststoffe verwendet werden; wenn, um Kosten für die Lagerung zu sparen, die bei manchen Naturprodukten notwendigen Reifungsprozesse künstlich beschleunigt werden und statt dessen die durch Lagerung entstehende Qualität durch Farbstoffe, Aromen und sonstige Zusätze vorgetäuscht wird.[35]

Der Prozeß der Produktvergreisung – die künstliche Obsoleszenz – findet nur sekundär durch ästhetische Innovation statt. Die Hersteller belassen es keinesfalls bei der Werbebehauptung »jetzt altmodisch«, um die Leute zum Kauf von Neuem zu zwingen. Die Hersteller halten die Käufer für klüger, sie sorgen dafür, daß die Produkte tatsächlich unbrauchbar werden. Auch das gehört zur eigentlichen Manipulation: Wenn teure Materialien und Grundstoffe durch billige ersetzt werden, die schneller verschleißen; wenn Geräte so konstruiert sind, daß eine Reparatur verschleißanfälliger Teile nicht möglich ist; wenn billige Grundgeräte nur mit überteuerten Spezialzusätzen derselben Firma benutzt werden können.

Recht hat Haug, wenn er feststellt: »Es ist etwas anderes, ein Ding darauf zu befragen: was nützt es? als: ist es verkaufbar?«[36] – Das ist der Gegensatz zwischen Gebrauchswertinteresse und Tauschwertinteresse, der Gegensatz zwischen den Interessen der Käufer und den Interessen der Verkäufer. Die Produzenten können diesen Interessengegensatz nicht ignorieren, sie müssen zumindest Kompromisse anbieten. Verkäuflich ist nur, was dem Käufer nützt, was ihm gefällt. Und das gilt besonders für eine kapitalistische Marktwirtschaft.

Fazit II:
Der Jetzt-in-neuer-Verpackung-Effekt

Die Konsumenten haben sich geändert: Immer mehr Käufer flüchten in schmucklose Großmärkte, in Billig-Supermärkte, die frei von allem sind, was Kaufen angeblich zum Erlebnis macht. Diese selbsternannten Kaufparadiese, die dem Moralisten Haug als perfektes Szenario einer kapitalistischen Dämonenwelt erscheinen, wirken auf die Verbraucher mittlerweile wie heruntergekommene Nepplokale. Der Käufer ignoriert die Lautsprecher, die permanent lärmen, der Kunde sei König und Dienst am Kunden ihr erstes Gebot, der Käufer kennt die Jämmerlichkeit der Wahrheit: Er weiß, daß die Kundentoiletten entweder unzumutbar oder »zur Zeit leider geschlossen« sind; weiß, daß beim Einkauf notwendiges Verpackungsmaterial extra zu bezahlen ist – »Plastiktüten können leider nicht kostenlos abgegeben werden« –, kostenlos bekommt der Kunde aber die Werbeprospekte der Kaufhäuser in unerschöpflicher Menge, die er – kostenlos – Tag für Tag von seinem Briefkasten zu seinem Mülleimer tragen muß. Vor diesem Hintergrund wirken alle Werbesprüche wie die verzweifelten Anstrengungen miserabler Alleinunterhalter.

In den 60er Jahren, als Haug die Kritik der Warenästhetik entwickelte, aus der Beschreibung eines prosperierenden Systems die Wirkung von Werbung per Analogie ableitete – damals, in der Wirtschaftswundereuphorie, fehlten die Gegenbeweise. Die 70er Jahre wurden zum »Jahrzehnt der Desillusionierung«[37]. Den Mechanismus, der die Theorie der Warenästhetik außer Kraft setzt, benannte Rexroth: »Wo die Kaufkraft gesellschaftlich fehlt, kann sie warenästhetisch nicht herbeigezaubert werden.«[38] Die 80er Jahre haben begonnen als Jahrzehnt der Nostalgie. Daß das Neue das Bessere sei, glaubt kaum einer mehr.

»Jetzt in neuer Verpackung« erscheint dennoch Herstellern und Werbern noch immer als Argument, das sich lohnt, hervorgehoben zu werden – bedeutet die neue Verpackung doch hohe Investition, manch teuren Test und viel Hoffnung auf mehr Umsatz. Der Käufer aber begegnet solchen Ankündigungen mit immer größerem Mißtrauen. Welchen Nutzen hat er von der neuen Verpackung? Wahrscheinlich, so deutet er mittlerweile, gar keinen. Wahrscheinlich bedeutet die neue Verpackung für ihn einen höheren Preis oder geringeren Inhalt oder, noch wahrscheinlicher, beides zusammen. Das ist der Jetzt-in-neuer-Verpackung-Effekt. – Diese Anmutung entsteht nicht spontan beim Anblick einer einzelnen neuen Verpackung, eines einzelnen neuen Produktdesigns, sie ist Resultat aller vorhergegangenen Erfahrungen, ist die gesellschaftlich-historische Dimension der Wahrnehmung.

Das Neue, das die Werbung bringt, ist längst nicht mehr das Bessere und Fortschrittliche, sondern ein Element des genrespezifischen Bedeutungsrahmens: Das Attribut »Neu« in der Werbung – sofern es sich nicht auf offenkundige Gebrauchswerteigenschaften bezieht – bedeutet für den Verbraucher einen neuen Versuch, ihn für dumm zu verkaufen.

Die Erfahrungen der Verbraucher strukturieren ihre Vorstellungen von Qualität. Sie sind durch keine Verpackung so geblendet, daß sie den Inhalt nicht mehr wahrnehmen. Was mit den schönen Packungen mit schlechtem oder inadäquat teurem Inhalt geschieht, ist als Schicksal sogenannter Nobel-Getränke bekannt: Weil der Unterschied im Geschmack zu geringfügig ist, um den Preisunterschied zu rechtfertigen, kaufen viele beim zweiten Mal wieder etwas Billigeres – füllen es aber in die schönere Flasche um.

Aber es gibt auch schöne Packungen mit gutem Inhalt. Ein Whisky-Hersteller warb mit dem Slogan: »Wenn Sie glauben, daß man unsern Whisky nur wegen seiner schönen Flasche kauft, versuchen Sie mal, die hier zu verkaufen.« Auf der Anzeige war die Flasche abgebildet. Sie war leer.

5. Kapitel
Werbeanalyse als Hohe Schule
der Deutungskunst[1]

Der Beitrag des Strukturalismus
zur Theorie der Werbewirkung

Es war in den 60er Jahren, als die Werbung für die Kunstgeschichte interessant wurde. »All is pretty«, befand damals
Andy Warhol, der Papst des Pop. Alles war kunstwürdig. In
jenen Jahren, die sich als ›Technisches Zeitalter‹ feierten, erschienen die Produkte industrieller Massenproduktion als besonders zeitgemäße Themen. So wurden die Themen der Werbung zu Themen der Kunst. Zuvor war es umgekehrt gewesen:
Da hatte sich die Werbung an künstlerischen Standards orientiert, hatte versucht, Kunst zu imitieren.[2]
Die neuen Themen der Kunst brauchten eine neue Theorie der
Kunst. Das traditionelle Ideal der Einmaligkeit des Kunst-
werks, das in der Kunstdefinition immer einen zentralen Wert
hatte (ausgenommen da, wo sich Kunst als Handwerk begriff),
war im »Zeitalter seiner technischen Reproduzierbarkeit« ob-
solet geworden.[3]
Warhol demonstrierte kompromißlos das neue Verständnis:
Nicht nur, daß er die Suppendosen des Campbell-Konzerns
ohne jede künstlerische Verfremdung abmalte, er stapelte
auch lediglich die Kartons von Brillo-Topfreinigern und erklärte sie ohne weitere Zutaten und weiteres Zutun zum Kunstwerk.
Die Kunstinterpretation stand vor einer neuen Situation. Das
Dargestellte war unwichtig geworden, wichtig war allein die
Idee dahinter. Die Topfreiniger-Kartons wurden einzig durch
die Erklärung des Künstlers zur Kunst (in der Folge durch ihren
Kontext, dadurch, daß sie nicht im Supermarkt, sondern im
Museum zu sehen waren). Nun hatte die Kunstinterpretation
schon immer versucht, künstlerische Aussagen nicht nur im
Vordergründig-Offensichtlichen, sondern zugleich im Symbol-
gehalt von Farben und Formen aufzuspüren. Dennoch
brauchte die Pop-Art eine neue, ihr gemäße Interpretation,

91

denn die vom Werk losgelöste Bedeutung machte die werkimmanente Betrachtungsweise überflüssig; aus der heutigen Perspektive betrachtet, hat die Pop-Art wahrscheinlich die Interpretation von Kunst mehr verändert als die Kunst selbst.

Ausgehend von der Linguistik, insbesondere der Semiotik – Wissenschaften, die die Bedeutung sprachlicher und nichtsprachlicher Zeichen erforschen –, tat sich nun eine neue Disziplin hervor, die die Bedeutung in und hinter den Dingen zu interpretieren verstand: der Strukturalismus.

Zur gleichen Zeit hatten sich in der Werbung neue Ideen verbreitet. Daß Werbung noch viel mehr und viel bedeutungsvoller sei, als das Sichtbare ahnen läßt, dafür hatten ja Ende der 50er Jahre Packard beziehungsweise seine Storylieferanten Dichter und Vicary den Boden vorbereitet. Nun, da die Kunst die Themen der Werbung übernommen hatte und da es auf das eigentlich Sichtbare nicht mehr ankam, erschien es nur folgerichtig, Werbung wie Kunst zu interpretieren. Da die Werbeleute dazu mangels Ausbildung nicht in der Lage waren, übernahmen auch hier die Strukturalisten die Interpretation. – Später zeigte sich dann, daß die Werbeleute auch nicht in der Lage waren, die Interpretationen der Strukturalisten zu verstehen.[4]

Die Interpretationen der Strukturalisten

Erstaunliches geschieht in der strukturalistischen Analyse von Werbung. Deshalb zuerst ein Beispiel: Hermann K. Ehmers Interpretation einer Schnaps-Anzeige, 1971 erschienen unter dem Titel ›Zur Meta-Sprache der Werbung – Analyse einer Doornkaat-Reklame‹.[5]

Die Doornkaat-Anzeige, die Ehmer analysiert, mutet den unbefangenen Betrachter harmlos an – sie ist von der speziellen Langeweile traditionstümelnder Werbung, die sich ihres hohen Wiedererinnerungswerts rühmt: Im Hintergrund graue Bretter, links zwei gefüllte Bierkrüge mit hochgeklappten Zinndeckeln, rechts vier gefüllte Schnapsgläser. In der Mitte die grüne, kantige Doornkaat-Flasche. Ihr Etikett zeigt unter dem Namenszug ›Doornkaat‹ einen lachenden Trinker mit einem Schnapsglas in der einen Hand und der Doornkaat-Flasche in der andern. Ehmer sieht folgendes:

»Zunächst erfahren wir das ›Für-Dich‹ des Eben-bereitgestellt-Seins, wir erfahren die ›Frische‹ als redundante Nachricht zu der des unmittelbar Naturhaften. Zugleich erleben wir diese Frische als Verschleierung der Tatsache, daß sie ja Produkt der technischen Güterversorgung ist und ohne den Kühlschrank nicht denkbar wäre. – Wir erfahren den Überfluß, der sich in der Multiplikation und Konzentration der vielen Gläser vergegenständlicht, Gläser, die aus einer Flasche gefüllt sind, welche selbst noch nahezu voll ist –: Ist hier von der Unversiegbarkeit der Quelle die Rede? – Der Überfluß ist – als metaphorische ikonische Nachricht – im Überschäumen (Überfließen) des Bierglases enthalten. – Im Ensemble der Getränke erleben wir das Kulinarische, das Abgestimmtsein der Getränke. – Sehen wir die ›altdeutschen‹ Formen der Bierseidel und ihrer Zinndeckel hinzu, so haben wir wieder die Tradition als redundante Mitteilung. – In Kombination mit dem Naturnahen und Quellhaften (denn alles das spielt ja gleichzeitig im gleichen Konzert mit!) und mit der *deutschen* Trinkkultur werden Identifikationen geradezu provoziert; und damit wären wir bereits mitten in der Ideologie. . . .

Ein weiterer Ansatz: Wir sehen ein Stilleben. Das bedeutet zugleich: Wir konnotieren Bildungswissen. Das Volle, Gefüllte, Schwellende und damit Barocke der Bildzeichen läßt uns auf die Bedeutungsachse der ›Kultur‹ einschwenken. In der Komposition birgt sich der traditionelle ästhetische Code. Dieses konventionell Ästhetische ist auffüllbar durch vielfältige Detailbeobachtungen: die Axialsymmetrie, die Zentralperspektive (in dem sich steigernden Drängen zum Mittelpunkt hin, zur Flasche); – die Farben in ihren Kontrastierungen (leuchtend bunt gegen dezentes Grau), die Materialdesignationen und ihr raffiniertes Kontrastverhältnis (altes Holz gegen klares Glas, Stumpfheit gegen glänzende Transparenz), die Brillanz überhaupt; – dann die Realistik bis hin zur ästhetischen Formel des *trompe l'œil* (man möchte die Kondenstropfen abwischen). . . .

Schreiben wir nun die bisher gewonnenen Resultate schlicht nebeneinander: zuletzt ›Das Wahre‹, davor (im ästhetischen Code) ›Das Schöne‹, und zu Beginn (als linguistische Nachricht) ›Das Gute‹ – so haben wir – es war nicht meine Absicht – das kulturelle Selbstverständnis, wie es die Aufschriften unserer Opernhäuser verkünden.«[6]

Nachdem Ehmer soviel Sinn in die Doornkaat-Reklame interpretiert hat, findet er folgerichtig den Betrachter mit einem »in hohem Maße suggestiven Phänomen konfrontiert«.[7] Damit nicht genug. Ehmer verweist auf eine »geniale« Deutung des Strukturalisten Leo Spitzer, der die »geistige Strukturanalogie zwischen einer christlich-religiösen bzw. einer allgemein pro-

testantischen Predigergesinnung einerseits und der Werbege-
sinnung andererseits« entdeckt habe.[8] Ehmer zitiert Spitzer:
»Für die Erklärung der gewaltigen Entwicklung der Werbung,
die heute selbst zu einer Industrie geworden ist, müssen wir
einen zweiten Faktor heranziehen, der ebenfalls mit religiösen
protestantischen Impulsen verwandt ist, nämlich die Predigergesinnung, ... die auf der Überzeugung beruht, daß jeder
Mensch, da er im Besitz des göttlichen Funkens der Vernunft ist
(...), nur lernen müsse, was das Gute sei, um es auch schon
anzunehmen und bis zu der nie endenden Perfektion, die in
seinem Wesen liegt, zu verfolgen. Es besteht kein Zweifel, daß
heute die Werbung in hohem Maße die Rolle des Moralpredi-
gers übernommen hat, der die Vernunft seiner Schüler anspricht und sie auf das Gute hinweist wie Sokrates, im Ver-
trauen darauf, daß dem Menschen das Gute nur gezeigt werden
müsse, damit er es auch tue.«[9]
Mit dieser geistesgeschichtlichen Tour d'horizon, die den Spätkapitalismus, die protestantische Ethik und die Philosophie des
klassischen Altertums unter einen Nenner bringt, kommt Ehmer zum Höhepunkt:
»Nun wird das, was Werbung ihrem Ursprung und Wesen nach
ohnehin ist, in unserer Doornkaat-Werbung in direkte Darstellung gebracht. – Rekapitulieren wir das Gesehene: die Simulta-
neität von individueller Ansprache und Gemeinschaft; – die
axialsymmetrische Anordnung der Bildform: in der Kunstgeschichte stets Adäquanz für feierlichen, sakralen Charakter; –
den Blickpunkt, d. h. den Standort des Beschauers, unmittelbar am Boden, seine Blickrichtung in die Tiefe, von unten nach
oben – eine Quasi-Devotions-, um nicht zu sagen Adorations-
haltung; assoziieren wir nur noch zur Anordnung der Gläser in
ihrem ›barocken‹ Formenbestand die Flucht der Säulen – dann
haben wir den Sakralraum einschließlich der typischen *Via-sa-
cra*-Konzeption!«
Um dies zu beweisen, führt Ehmer die Abbildung des Innen-
raums einer Barockkirche vor Augen: den St.-Georgs-Altar
der Gebrüder Assam. Die Ähnlichkeit mit der Doornkaat-Reklame besteht darin, daß sich auf beiden Abbildungen das zentrale Motiv in der Mitte befindet: der Altar – beziehungsweise
die Flasche. – Die Säulen rechts und links des Altars sind für
Ehmer die Pendants zu den Bierseideln und Schnapsgläsern
rechts und links neben der Doornkaat-Flasche.
Hier werden alle kontextbedingten, genrespezifischen Kriterien der Wahrnehmung ausgeklammert, künstlerische Krite-

rien und funktionale Kriterien ignoriert: Die flache Räumlichkeit der neben- und hintereinander gruppierten Gläser wird als fotografisches Motiv – und das ist die Absicht dieser Darstellung – weiter verflacht; die Absicht der barocken Architektur ist entgegengesetzt: Da wird durch künstlich geschaffene Perspektive Raum imaginiert und wieder aufgelöst – die Deckengemälde mit ihrer gemalten Architektur scheinen vom Himmel durchbrochen, führen den Blick bis ins Unendliche zu den Engeln. Die Überhöhung des Raums ins Irreale ist ein zentrales Thema barocker Kunst, entstanden aus der Absicht, Diesseits und Jenseits zu verbinden; aus der Idee einer weltlichen Religiosität. – Die Realität zeigt die Absurdität der absichtsvollen Analogie von Kirchenraum und Schnapsreklame, die der Interpret Ehmer aufdeckt. In Realität nämlich stehen die Säulen nicht links und rechts neben dem Altar, so wie die Gläser neben der Flasche, sondern ziehen sich als Spalier durch den Kirchenraum. Die Analogie läßt sich erst über das zweidimensionale, perspektivlose Medium Fotografie konstruieren.

Das Etikett der Doornkaat-Flasche mit dem lachenden Trinker läßt sich unschwer in die Interpretation einfügen:

»Dann vermeinen wir auch an bezeichnender Stelle den Prediger zu sehen: Apostel, Wahrer Jakob im Habitus des gesundsoliden Geschäftsmannes, Wirt und Zechkumpan in einer Person – mit dem bezeichnenden Gestus des Anpreisens der wahren Ware. – Das Gesamtetikett aber wird dann, hochaufragend, zum Bild im Bild, zur Ikonostasis im sakralen Raum.« Bewiesen ist damit, so Ehmer: »die *ikonische* Strukturanalogie von christlichem Sakralraum und der Werbeform für ein bekanntes Genußmittel«.

Manipulation als Imitation der Struktur

Die strukturalistische Analyse beschreibt die Bedeutung aller Elemente eines Ganzen. Sie beschreibt weiter die Beziehungen der Bestandteile zueinander. So sollen die Strukturen offengelegt werden. – Eine Methode, die auf den ersten Blick als technische Systemanalyse erscheint. Aber in strukturalistischen Interpretationen geht es nicht um die Beschreibung technischer Funktionszusammenhänge, es geht um die Erklärung gesellschaftlicher, sozialer und künstlerischer Phänomene. Und deshalb ist der Strukturalismus notwendigerweise mehr als eine Methode! Man kann den Strukturalismus – verkürzt – als aus der Methode entstandene Philosophie charakterisieren.

»Die Naturwissenschaft spricht über ihre Ergebnisse, die Sozialwissenschaft über ihre Methoden« – dieser Satz Poincarés ist nur eine Halbwahrheit, sieht man Methoden unabhängig von Theorien. Denn zur Wahl ihrer Methoden braucht jede geistes- und sozialwissenschaftliche Analyse einen philosophischen Hintergrund, der das Erkenntnisinteresse bestimmt, um daran den Wahrheitsgehalt und Gültigkeitsbereich der Ergebnisse überprüfen zu können. Deshalb mußte die strukturalistische Methode, sobald sie den Anspruch erhob, neue Erkenntnisse zu schaffen, mehr sein als nur eine Methode der Analyse: Der Strukturalismus wurde zur Philosophie, indem die Suche nach der Struktur der Dinge erklärt wurde zur Suche nach der Natur der Dinge.

Struktur sei Natur. Mit dieser Prämisse wird die Methode zur Quasi-Naturwissenschaft, inklusive Anspruch auf Wertfreiheit. Eine Manipulation der Struktur ist eine Manipulation der Natur. Weil in Ehmers Beispiel die Doornkaat-Anzeige eine formale – oder strukturelle – Ähnlichkeit zur Fotografie des St.-Georgs-Altars aufweist, gilt sie als Imitation letzterer und als Tarnung ihrer eigenen Struktur. Aus solchen Analogien ergibt sich der Anspruch, »ideologiekritisch« zu sein, denn Ideologie im Sinne des Strukturalismus meint Methoden und Mittel, um die »wahre« Natur der Dinge und des Denkens zu verändern.

In diesem Sinn erklärt Ehmer die Gefahren der Werbung: »Damit werden sogenannte ›Werte‹ ›tiefergehängt‹. Die strukturale Verwandtschaft der Metasprache dieser Werbung mit der sakralen Ordnung in der bildenden Kunst verfälscht nicht nur den Inhalt ihrer eigenen Objektsprache, sondern, indem sich die Sprache einer Struktur bedient, die ihr nicht originär zugehört, die sie sich vielmehr ausborgt, entfremdet sie auch deren ursprüngliche Bedeutungen.«[10] Und:

»Die Verwendung einer sakral-repressiven, weil mit Inhalten christlicher Herrschaftsformen befrachteten Struktur in der Doornkaat-Werbung beweist, daß diese über ihren Schnaps hinaus noch etwas anderes verkaufen will – nämlich die Erhaltung eines Bewußtseins, das – an tradierten Kunstformen entwickelt und geübt – an diesen Strukturen in neuem Gewand seine Bestätigung erfährt.«[11]

Als Wirkungsschema wird auch in der strukturalistischen Manipulationstheorie eine automatische Reaktion, die außerhalb der Kontrolle des Bewußtseins steht, vorausgesetzt. Diese Theorie erlaubt – jedenfalls theoretisch – die Manipulation zu jedem beliebigen Verhalten per Synchronisation, eine Analogie genügt als Auslöser. (Die Motivforscher müssen sich noch mühen, ein Motiv zu finden – zumindest zu benennen.) Wie kommen die Strukturalisten zu ihren Gleichnissen? Triebtheorien legitimieren sich durch Naturgesetze, argumentieren mit ›biologischen Prägungen‹ oder, wenn nicht zu übersehen ist, daß es sich bei den sogenannten Naturgesetzen um kulturelle Phänomene handelt, mit ›anthropologischen Konstanten‹. Der Strukturalismus argumentiert nicht anders: mythische, metaphysische, psychoanalytische Motive werden als konstante, gleichermaßen naturgegebene Denkstrukturen definiert, die in allen Werken der Menschen – entweder als natürliche Struktur oder als imitierte Struktur – wiederzufinden sind.

Hier ist insbesondere auf Roland Barthes, einen der wichtigsten Vertreter des Strukturalismus, hinzuweisen. In seinen ›Mythologies‹, erschienen 1957 (deutsch: Mythen des Alltags), analysiert er die Strukturen der Konsumwelt. Barthes beschreibt auch ein Auto: den damals neuen Citroën DS 19. Ein Meisterwerk strukturalistischer Deutungskunst. Barthes beginnt mit einem Glaubensbekenntnis: »Ich glaube, daß das Auto das genaue Äquivalent der großen gotischen Kathedralen ist.« Seine Beschreibung des Citroën DS (sprich: Déesse): »Der neue Citroën fällt ganz offenkundig insofern vom Himmel, als er sich zunächst als superlativistisches *Objekt* darbietet. Man darf nicht vergessen, daß das Objekt der beste Bote der Übernatur ist: es gibt dem Objekt zugleich eine Vollkommenheit und ein Fehlen des Ursprungs, etwas Abgeschlossenes und etwas Glänzendes, eine Umwandlung des Lebens in Materie (die Materie ist magischer als das Leben) und letztlich: ein Schweigen, das der Ordnung des Wunderbaren angehört. Die ›Déesse‹ hat alle Wesenszüge (wenigstens beginnt das Publikum sie ihr einmütig zuzuschreiben) eines jener Objekte, die aus einer anderen Welt herabgestiegen sind, von denen die Neomanie des 18. Jahrhunderts und die unserer Science-fiction genährt wurden: die Déesse ist zunächst ein neuer Nautilus.« – Die in die Karosserie integrierten Kotflügel erinnern Barthes an die Weltraumschiffe aus fugenlosem Metall, wie sie in Science-fiction-Romanen geschildert sind – aber auch an Christi Gewand, denn das war auch ohne Naht! [12]

Dem gleichen Schema folgend vergleicht Ehmer eine Anzeige für eine Waschmaschine, auf der ein Mädchen im damals modischen Astronauten-Look – weißer Minirock, weiße Stiefel, weiße Sonnenbrille – neben der halboffenen Waschmaschine

97

steht, mit einem gotischen Tafelbild, das den Engel der Auferstehung am Grabe Christi zeigt; denn: der Engel ist ebenfalls weiß gekleidet, und das Grab Christi ist ebenfalls halb geöffnet.[13] – Beweise, die Bildung beweisen.

Von Phallus-Symbolen verführt

Etwas weniger aufwendig als der Rekurs auf menschheitsgeschichtliche Mythologien ist der Rekurs auf sexuelle Motive. Die Vorstellung, Werbung manipuliere durch die Imitation sexueller Motive, ist obendrein im letzten Viertel des 20. Jahrhunderts etwas greifbarer als die einer Manipulation durch die Strukturimitation gotischer Tafelbilder ...

Idealer Hintergrund der strukturalistischen Deutung sexueller Motive: die Psychoanalyse. (Freud hatte ja als erster die Themen klassischer Mythen mit Themen der Sexualität assoziiert.) Neben psychoanalytischer wird an zusätzlicher Literatur über Werbung in strukturalistischen Deutungen jeweils nur ein Werk angeführt – dafür immer dasselbe: Vance Packards ›Geheime Verführer‹. So zweifach abgesichert, daß das Agens der Werbung unbewußter Natur sei, entdecken die Strukturalisten überall ungezügelte Sexualität.

»Jedermann kennt die Vorliebe der Werbung für Phallus- oder Fellatio-Symbolik«, weiß Ehmer und entlarvt als Beispiele: Eine Anzeige für Chiquita-Bananen, die eine Banane in einer durchsichtigen Plastiktüte zeigt (?!); eine Benzin-Werbung, auf der eine Männerhand zu sehen ist, die das Zapfventil des Tankschlauchs wie eine Pistole vor sich hält; eine Anzeige für Intimspray, auf der die Beine einer Frau und ihre rechte Hand, mit der sie die Spraydose hält, zu sehen sind.[14] Bemerkenswert, daß der Interpret Phallus-Symbole nur in größeren Objekten erkennt. Bei kleineren Objekten wie Lippenstiften entdeckt Ehmer »Vagina-Symbolik«.[15]

In ›Mutti, Mutti, er hat überhaupt nicht gebohrt‹, einer Sammlung von Werbeanalysen, von Klein et al. 1971 als Arbeitsmaterial für Lehrer herausgegeben, wird eine Anzeige für Pepsi-Cola analysiert. Zu sehen ist der Mund einer Frau, die aus einer Pepsi-Cola-Flasche trinkt. Slogan der Anzeige: »Komm auf den großen Pepsi-Geschmack. Mehr als nur ein Getränk.« Für den Betrachter bedeute diese Botschaft, so Klein: »Beim Empfänger werden zum Beispiel ganz bestimmte *Assoziationen* ausgelöst, die von der Bewußtseinslage und dem Vorwissen abhängig sind. ... Der Grad des Erkennens ist abhängig davon, inwieweit die Cola-Flasche in ihrer Form bekannt ist oder inwieweit der Leser oralen Liebesverkehr assoziieren kann und will bzw. nur unbewußt das Penissymbol empfindet (z. B. bei Kindern durch vererbte Gestaltbilder der primären Geschlechtsmerkmale).

Das Bild erzeugt weiterhin bestimmte *Gefühle* und *Empfindungen*: Der Leser kann sowohl Durst und den bevorstehenden Genuß des Mädchenmundes empfinden, als auch das sexuelle Symbol mit Sehnsucht erkennen. Gerade aber das Symbol des oralen Liebesverkehrs kann ihn abstoßen und in ihm Ekel auslösen. Deshalb ist für die Werbemanager eine genaue Zielgruppenanalyse entscheidend, um negative Gefühle beim Leser zu vermeiden.«[16]

Die Werbebranche griff die Interpretationen der Strukturalisten begeistert auf und feierte sie als neuen Beweis ihrer Dämonie. Und: Diese Theorie hatte einen einzigartigen Vorteil – die Praktiker wußten, wie man sie in die Praxis umsetzt. Die Deckel von Spraydosen bekamen abgerundete Kuppen, um sich auch begriffsstutzigeren Käuferinnen als Phallus-Symbole anzudienen. (Für die entsprechend aufgeklärten wurde damit jeder Kauf zur unwiderlegbaren Preisgabe sexueller Phantasien.) Ein Eiscreme-Hersteller versuchte damals Eis sogar an Männer als Phallusersatz zu verkaufen: Auf Anzeigen und Plakaten sah man einen jungen Mann auf einem Motorrad. Mit der einen Hand umklammerte er den Lenker des Motorrads, mit der andern ein Schokoladeneis. Die Szene war von oben so fotografiert, daß dieses Eis am Stiel genau zwischen den Schenkeln des jungen Mannes zu sehen war. Der Slogan dazu: »nogger dir einen.« Das war schon ein Höhepunkt.

Fazit I:
Die Moral der Aufklärer

Die Mechanismen strukturalistischer Werbewirkungstheorien sind die alten Mechanismen. Das Credo: Der Konsument ist Opfer seines Unterbewußtseins. So begründet Ehmer die Wirkung der Doornkaat-Anzeige:

»Die praktische Funktion der ganzen Reklame erfüllt sich bisher in der Erinnerung und in der Suggestion; die ästhetische Funktion in der Art und Weise, wie diese geschehen. Alle dargestellten Fakten sind Zeichenträger der Konnotation. Ihr Zweck erfüllt sich im Déjà-vu – jenem (nach Bloch) populärsten metaphysischen Ereignis –, im Wiedererkennen, d. h. in der Bestätigung, der Affirmation des Bestehenden, in der Selbstbestätigung des Beschauers. Werbung funktioniert in unserem Fall eindeutig in der Erfüllung ästhetischer Erwartungen des Spießers. Sie kommt dem Bestreben, jegliche Identitätskrise zu vermeiden, entgegen, sie unterstützt den ›rezent gewordenen Ichzustand‹ von damals (Bloch).«[17]

Dieses Credo wird mit der Kritik an einer triebunterdrückenden Gesellschaft gekoppelt. Klein et al. zur Wirkung der zitierten Pepsi-Cola-Reklame:

»Dieses Pepsi-Cola-Inserat ist ein Paradebeispiel dafür, wie die Werbung versucht, die Sexualität industriekapitalistisch verwertbar zu machen. Verwertbar ist die sexuelle Sinnlichkeit jedoch nur in abstrahierter Form. Deshalb taucht sie zwar in dem Inserat auf, jedoch nur als Schein, um die sexuellen Regungen an die Waren zu binden. Die Macht der Wirtschaft kann es sich leisten, sogar noch mit den Mitteln für ihre Waren zu werben, für die ein Pornographieproduzent abgeurteilt würde. Die Scheinbefriedigung der Sexualität in der BRD der sechziger Jahre muß von daher gesehen werden. Während die realistische Darstellung der Fellatio immerhin menschlichen Kontakt vortäuscht, wird hier die Sinnlichkeit in fetischistischer Form an die Ware gebunden. Die immer noch herrschende Triebunterdrückung durch die Gesellschaft, bei gleichzeitiger Scheinbefreiung, führt zu einer allgemeinen Sexualisierung – Gehirnsinnlichkeit nannte es Max Scheler als Verfassung des Menschen. Die Werbung weiß darum und verstärkt diese Tendenzen in der Hoffnung, so die Sexualität für die Wirtschaft total dienstbar machen zu können.«[18]

Zusätzlich können verhaltenspsychologische Schemata zu Naturgesetzen der Wirkung erhoben werden. Ehmer: »So reagieren wir, weil wir die Farbe ›Rot‹ als Signalfarbe kennen, entsprechend mit Aufmerksamkeit.«[19] Solche Reaktionen mögen vielleicht für Graugänse universal gültig sein – aber man sollte doch auch mal Käufer im Supermarkt beobachten . . .

Anmerkung: Natürlich gibt es Differenzen zwischen den Ansätzen von Strukturalisten, Semiotikern, Semiologen, Linguisten. Auch innerhalb derselben Richtung herrscht keineswegs Einigkeit. Wer versucht, die wissenschaftlichen Flügelkämpfe kurz zu skizzieren, tut immer allen unrecht. Als einziges Fazit – gültig für alle Ansätze – ist festzustellen: Je mehr auf psychoanalytische Theorien Bezug genommen wird, je mehr die Erfahrung der Konsumenten ausgeklammert wird, desto gefährlicher erscheint die Werbung.

Ein Beispiel dafür, wie verschiedene Interpreten um die richtige Einschätzung streiten:

Ruth Römer kommt in ihrer philologisch-linguistischen Untersuchung ›Die Sprache in der Anzeigenwerbung‹ (1968) zur Feststellung, daß die Werbung naive, leicht durchschaubare Lügen verbreite, etwa: »So treffen folgende Behauptungen nicht zu: daß man den Erfolg in einer Aktentasche haben kann (skai-dur) – daß eine neue Nudelepoche angebrochen ist (Birkel).«[20] Dieter Flader, der in seiner linguistisch-psychoanalytischen Arbeit ›Strategien der Werbung‹ (1976) aus Kategorien unbewußter, infantiler Reaktionsmuster die Wirkung von Werbung ableitet, bemängelt an Römers Darstellung von Unwahrheit in der Werbung: »Ohne eine Analyse der *irrationalen Struktur* der werblichen Kommunikation bleibt eine rationale Widerlegung ihrer Behauptungen in einer idealistischen Kritik befangen.«[21] Und Brigitte Hauswaldt-Windmüller wiederum, die in ›Sprachliches Handeln in der Konsumwerbung‹ (1977) politökonomische, pragmatische und ideologiekritische Aspekte analysiert, kann sich Römers Definition von Unwahrheit in der Werbung ebenfalls nicht anschließen; sie kritisiert: »Ideologische Behauptungen lassen sich nicht einfach an der Realität als unwahr nachweisen: um das, was an ihnen Täuschung ist, ins Bewußtsein zu heben, bedarf es der Einsicht, inwieweit in den realen Beziehungen der einzelne in seinen Lebensinteressen getäuscht wird. D. h. zugleich Überwindung von Widerständen, die der Betroffene aufgrund seiner Erfahrungen und ideologischer Sozialisation gegen solche Einsicht entwickelt hat.« Den Slogan: »Leder kleidet nicht nur, es macht einen Typ aus Ihnen« analysiert Hauswaldt-Windmüller ideologiekritisch so: »Diese Behauptung trifft sowohl auf die Unfähigkeit, Identität über eigenes Handeln zu entwickeln, als auch auf die tägliche Erfahrung von verdinglichter Bewertung der eigenen Person.«[22]

Bemerkenswert ist Ruth Römers Kritik an ihren Kritikern, zeigt sie doch eine andere Seite des Problems:

»... ich bin nicht willens, das landesübliche Soll an Sozialkritik zu erbringen, mit dem sich Konformisten ihren Nonkonformismus bescheinigen möchten. Viele Leute fühlen sich heute bei jeder Äußerung über einen Gegenstand zugleich befugt und berufen, ein kleines Weltgericht zu inszenieren. Danach gehen sie zur Tagesordnung über.

... Die Kritik an der Werbung verläuft in typisch deutsch-idealistischen Bahnen, sie ist ein Boxen gegen Schatten, eine Bewältigung der Wirklichkeit im Geiste, im Urteil, wie wir es seit den Junghegelianern kennen. Die meisten Kritiker der Werbung scheinen mit der Welt ganz zufrieden, wenn nur nicht die Werbetexter ihre fatalen Sprüche so laut hinausschrien. Zu jeder Werbung gehören aber zwei, der Werber und der Umworbene, und man sollte sich doch auch den Umworbenen einmal ansehen, dem die Werbung bekanntermaßen nach dem Munde redet. Die Werbung hat das Wertsystem unserer Gesellschaft nicht geschaffen, sie spricht es naiv aus, verstärkt es dadurch zweifellos ständig. Aber sie ist sekundär oder tertiär. Es kommt darauf an, das Primäre zu sehen und womöglich zu ändern.«[23]

Die Kritik der Ideologiekritiker an der Werbung ist nicht falsch. Falsch ist ihre Moral, ihnen geht es um den Beweis der Unmöglichkeit, nicht manipuliert zu werden; allgemein definiert: um ein Problem, für das es keine Lösung gibt. Aus der Diskrepanz von Theorie und Realität entstehen Probleme solcher Art, oder, wie die Kommunikationsforscher Watzlawick, Weakland und Fisch schreiben: »Das zu lösende Problem ist die Überzeugung, daß die Dinge so und so sein *sollten*, und nicht der eigentliche Sachverhalt.«[24] – Das ist das Primäre.

Fazit II:
Vom heimlichen Nutzen strukturalistischer Analysen

Dem Aufklärungsideal der Kritischen Theorie gemäß konnte der Teufelskreis von Manipulation zum Konsum und rückwirkendem Bedürfnis nach Konsum durch das Erkennen der Manipulationsabsicht durchbrochen werden: Um die allgegenwärtige Gefahr zu bannen, wurde Aufklärung über Werbung zum Unterrichtsgegenstand allgemeinbildender Schulen; die Schüler sollen befähigt werden, »jeden Versuch einer Überwältigung und Beherrschung durch Sprache und Sprachliches zu durchschauen und abzuwehren«.[25]

Hinter jeder Analyse menschlichen Verhaltens steht eine Theorie über den Menschen. Die Beschäftigung mit einer Theorie kann vielerlei Ursachen haben – die Popularität strukturalistischer Analysen bei den Lehrern mag sich von selbst, durch ihre Ausbildung ergeben haben –, entscheidend für die persönliche Affinität zu einer Theorie aber ist die Erfahrung, wie weit eine Theorie eigene Probleme aufgreift. In den strukturalistischen Analysen fällt eine wiederkehrende Besonderheit auf: das ist die entschiedene, verachtungsvolle Abgrenzung vom ›Kleinbürgertum‹, eine Abgrenzung von der Mentalität jener, die Angst haben, selbst sozial abzusinken. Bemerkenswert auch: Die, die als Kleinbürgertum abgestempelt werden, erscheinen den Interpreten überaus finanzkräftig. Was sich hier als ideologiekritische Auseinandersetzung von Kultur versus Zivilisation stilisiert, ist der – heimlich thematisierte – Konflikt der Mittelschichten, die zum einen intellektuelle, zum andern finanzielle Potenz als erstes Statuskriterium sehen möchten. Geld und Bildung – früher verfügte das Akademikertum über beide Attribute gleichermaßen. Heute sind sie in der Dimension finanzieller Möglichkeiten von den Aufsteigern, den nicht-akademischen, aber gut verdienenden Angestellten aus Wirtschaft und Industrie überrundet worden. Diese Statusbedrohung wurde deutlich in der konsumzentrierten Aufbauphase der Nachkriegsjahre; die Orientierung am Geld hätte spätestens seit jener Zeit zu Statusverschiebungen geführt. Als Reaktion setzten die wissenschaftlichen Verwalter des klassischen Bürgertums neue Grenzen gegen die neureichen Aufsteiger, stempelten sie als Kleinbürgertum ab. Das ist die gesellschaftspolitische Ideologie, die hinter diesen Analysen steht. Sie zeigt sich sehr typisch bei Barthes, etwa in seiner Darstellung des Publikums der Automobilmesse, das den von den Göttern gesandten Citroën, zu dessen Beschreibung die gesamte klassische und abendländische Mythologie aufgeboten wird, begutachtet:

»Das Blech, die Verbindungsstellen werden berührt, die Polster befühlt, die Sitze ausprobiert, die Türen werden gestreichelt, die Lehnen beklopft. Das Objekt wird vollkommen prostituiert und in Besitz genommen; hervorgegangen aus dem Himmel von Metropolis, wird die ›Déesse‹ binnen einer Viertelstunde mediatisiert und vollzieht in dieser Bannung die Bewegung der kleinbürgerlichen Beförderung.«[26]

Die soziale Situation der Lehrer macht ihre Abgrenzung vom Kleinbürgertum, ihr Bekenntnis zum Bildungsbürgertum verständlich: In ihrem Beruf war noch nie ein bemerkenswerter finanzieller Aufstieg möglich. Gleichzeitig sehen sich viele Lehrer innerhalb der Akademikerschicht auf einem relativ niederen Niveau. Das Gefühl, unter den Werten der eigenen Schicht zu stehen, führt überall zu einem besonders heftigen Bekennertum.

Eine Parallele: Vor dem Ersten Weltkrieg war in den Kreisen des gebildeten Bürgertums die Deutung der Werke Dostojewskis überaus beliebt; die Ursachen dieser Beliebtheit analysierte der Literatursoziologe Leo Löwenthal 1934 in ›Über die

Auffassung Dostejewskis im Vorkriegsdeutschland‹. Das Phänomen war ein anderes, den Strukturalismus gab es noch nicht
– dennoch: Ohne Veränderung ist Löwenthals Analyse der
Dostejewski-Rezeption auf manche strukturalistische Werbe-
deutung übertragbar:

»Die Beliebigkeit in der Auswahl der mythischen Bilder, die
bald christlich, bald heidnisch, bald metaphysisch, dann wieder rein gefühlsmäßig und hymnisch-geformt uns entgegentre-
ten, hat gesellschaftlich gesehen ihren guten Sinn. Sie stellt das
öffentliche Leben und den Umkreis der sozialen Existenz in
einen Zusammenhang, der jede Kritik, jede Klage übersteigt.
Im Genuß von Kunstwerken die Bedingtheit, Bedrängnis,
zweifelhafte soziale Perspektive psychisch zu verdrängen, die
die eigene Klasse und das ihr angehörende Individuum im gesellschaftlichen Gesamtprozeß bezieht, verschleiert gewiß die
Realität. Abgesehen von der Phantasiebefriedigung, die man
sich dadurch leistet, daß man den tieferen Sinn menschlichen
Lebens und Geschehens überhaupt ›versteht‹, ist man aufgehoben in eine umgreifende Einheit, in der andere Gruppen
kein höheres Recht auf Existenz, keine sublimeren Genüsse
erfahren … Immer wieder wird sich zeigen, daß die Ideologie
der Mittelschicht die Tendenz hat, die Verklärung der Wirklichkeit mit Hilfe der Ausschmückung der privaten seelischen
Innenwelt zu leisten. Die Weltgeschichte wird zum Privatmy-
thos des Bürgers. Je weniger er sich in ihr leisten kann, desto
mehr leistet sie ihm in der Form des irrationalen Scheins.«[27]

Rolf Lindner, selbst ideologiekritischer Werbekritiker (›Das
Gefühl von Freiheit und Abenteuer‹; 1977), über die Beliebtheit strukturalistischer Werbedeutungen bei den Lehrern:

»Die Dechiffrierung werblicher Symbole scheint deshalb so
beliebt zu sein, weil sie als Herangehensweise der schichtspezifischen Symbolaffinität der Interpreten entspricht. Zugleich
geschieht dies in einer der sozialen Situation, der Klassenher-
kunft und der besonderen Arbeitstätigkeit der Interpreten
entsprechenden Weise, d. h. die Interpretation der Werbebotschaften spiegelt vornehmlich das Bewußtsein der Interpreten
selbst wider.« Entsprechend gering schätzt Lindner den Erkenntniswert derartiger Interpretationen: »… das zu Interpre-
tierende wird im ersten Schritt in die Werbebotschaft hinein-
interpretiert, um es im zweiten Schritt herausinterpretieren
zu können.«[28]

Wer überzeugt ist von einer geheimnisvollen Wirkung der
Werbung, dem offenbaren die strukturalistischen Interpreten

eine geheimnisvolle Wirkung von Werbung. Den Ungläubigen offenbart sich das Bewußtsein der Interpreten.

Die verselbständigte Methode

Daß der Strukturalismus eine Methode zur Philosophie erhebt, wird am deutlichsten in jenen Analysen, die frei sind vom Beiwerk anderer Theorien. So beispielsweise bei André Heiz in ›Wie argumentiert Werbung‹ (1978). Auch Heiz analysiert eine Alkoholwerbung: eine Anzeige für ›Jägermeister‹.
Beim Slogan »Jägermeister. Einer für alle« weiß Heiz viel zu deuten:
»Daß die Botschaft mit verschiedenen Isotopieebenen spielt und damit dem Leser verschiedene Lektüremöglichkeiten zugesteht, wird hier offensichtlich. Es bleibt nämlich unklar, worauf man eindeutigerweise ›einer‹ und ›alle‹ inhaltlich beziehen soll. Die beiden Indefinitpronomen lassen sich zumindest auf zwei, wenn nicht auf drei Isotopieebenen ansiedeln, die ich mit + *trinkbar* / *vs* / + *menschlich* / umschreiben will. Entweder bezieht man ›einer‹ auf das Getränk (was durch die Kontiguität von ›Jägermeister‹ und ›einer‹ gerechtfertigt ist) oder auf die abgebildete Person. Im ersten Fall will die metonymische Aussage dem Leser klarmachen, daß Jägermeister das Getränk ist, das für alle anderen steht, somit gewissermaßen das alkoholische Getränk schlechthin, das man trinkt. ›Alle‹ würde sich damit auch auf diese Isotopieebene beziehen. ›Alle‹ kann aber durch den Bezug zur dritten linguistischen Einheit, die zwar erheblich kleiner ist und eine andere Schriftrichtung wählt (...), anders verstanden werden [gemeint ist damit der horizontal am Rand der Anzeige vermerkte Name der Werbeagentur; E. H.]. Diese Einheit gibt nämlich an, um die wievielte Person es sich handelt (Wiederholung der lexikalischen Einheit ›alle‹). Man ist also geneigt, das Pronomen ›alle‹ in die Isotopieebene / + *menschlich* / einzuordnen, was die linguistische mit der visuellen Einheit verbindet. Damit bleiben gleichwohl zwei Verständigungsmöglichkeiten für ›einer‹: es meint eben das Getränk oder den abgebildeten Menschen, wobei diese Interpretation für Menschen / + männlich / eher zutrifft als für / + weiblich /. In einem weiteren Sinne kann aber *einer* auch für den einzelnen angegebenen Grund stehen, der stellvertretend für ›alle‹ genannt wird, was eine weitere, verborgene Isotopieebene etablieren würde. Weil sich in der offenen Form der Aussage kaum abschließend feststellen läßt, welche Merkmale als

dominant bezeichnet werden sollen, bleiben verschiedene Varianten des Verstehens.«[29]

Zum Text der Anzeige: »Ich trinke Jägermeister, weil die Pläne für die Betondecken in den Betondecken sind«, aber fällt Heiz nichts ein, seine Sprache versagt, es ergeben sich schon bei einer »approximativen Beschreibung fundamentale Schwierigkeiten metasprachlicher Natur«.[30] Der Interpret kapituliert vor ihnen.

Hier, wie bei vielen Semiotikern (für die die Bezeichnung Grammatiker wohl angemessener wäre), sind die Interpretationen um so länger, je kürzer die interpretierten Texte. Das gilt sogar umgekehrt: je länger die Texte, desto kürzer die Interpretationen. Dieses Phänomen strukturalistischer Kabbalistik ist zu erklären: durch den verbalen und visuellen Kontext und durch den Kontext des Genres lösen sich all die Fragen, die bei der Interpretation von Fragmenten aufwendig diskutiert werden können, von selbst. Festzuhalten bleibt: In dieser Art Analysen wird die Methode zum Selbstzweck, alle Fragen sind nur noch methodischer – oder metasprachlicher – Natur, alle Antworten ebenfalls, falls sie überhaupt gegeben werden können.

Seitdem Werbung ein Thema für Klassenarbeiten und Hausaufgaben geworden ist, hat sich die Interpretation zunehmend den Interessen der Pädagogen angepaßt: Vermittelt wird die Kenntnis von Terminologie, das bringt das Thema in die Form von richtigen oder falschen Antworten, die problemlos benotet werden können. Die Werbung ist dabei nur noch populäres Textmaterial zur Grammatikschulung. Derartige Methoden bewähren sich schon seit Generationen im Schulunterricht. Damit gelang es schon immer, das Interesse an jeglichem Thema auszurotten – und das ist natürlich auch ein Weg, um Jugendliche gegen Versuchungen der Werbung immun zu machen.

6. Kapitel
Exkurs: Von der Unmöglichkeit, nicht manipuliert zu werden

Alle sprechen von der Manipulierbarkeit der Konsumenten. Wer zu behaupten wagt, daß der Mensch noch in seiner Funktion als Konsument ein vernunftbegabtes Wesen bleibt, wird mit Experimenten konfrontiert, die beweisen, wie leichtgläubig die Verbraucher sogar auf die abgedroschensten Reklamesprüche hereinfallen. Die Beweise der Praxis beeindrucken durch ihre Eindeutigkeit. Nun gibt es zwar auf die Frage, wie Werbung manipuliert, eine Fülle widersprüchlicher Antworten, aber keine nur einigermaßen befriedigende Theorie. Warum kann man Manipulation durch Werbung beweisen, aber nicht erklären?

Wenn man ganz von vorn anfängt, stellt sich die Frage, um was es eigentlich geht. Die Frage scheint banal, die Antwort klar: Wer über Werbewirkung spekuliert, erliegt gerne der Gelegenheit, seinen Befürchtungen oder Hoffnungen über die Möglichkeiten der Manipulation Ausdruck zu verleihen. – Es gibt aber eine noch banalere Antwort auf die Frage, um was es in diesen Beweisen geht. Verzichtet man zunächst auf die Wertungen der Beweise und bleibt konkret bei ihren Inhalten, so fällt auf, daß sich diese meistens gleichen: Meistens geht es um Seife!

Nun können die Manipulationsforscher ihre Liebe zur Seife plausibel erklären: Seife wird überwiegend von Frauen eingekauft. Deren »naturgemäß« kaum rationalem Denken zugängliche Psyche erscheint als besonders ergiebiges Terrain, um nach irrationalen Motiven zu schürfen. Man darf diese Liebe darüber hinaus mit der Auftragslage begründen: Seife ist ein werbeintensives Produkt. Da scheint sich das Beispiel allemal von selbst zu ergeben.

Auch im folgenden wird das Beispiel Seife verwendet. Um die Rationalität der Verbraucher zu beweisen.

Was die Werbung aus Seife gemacht hat, schildert Ernest Dichter mit großen Worten: »Alljährlich stecken die großen Hersteller Millionen in die Werbung, um den Verbraucher davon zu überzeugen, daß ihm Liebe und Glück zufliegen werden, wenn er nur die Marke X oder Y kauft. Die Frage, ob sich dieses Versprechen auch halten läßt, ist für den Psychologen bedeutungslos. Ihn interessiert ausschließlich die Tatsache, daß es der Werbung gelungen ist, aus einem so simplen Artikel, wie es die Seife ist, ein Mittel zur Erlangung von Schönheit und Glück zu machen.«[1]

Rekapitulieren wir die in den vorhergegangenen Kapiteln referierten Erkenntnisse über die Motive des Seifenkaufs.

Dichter erforschte, was an Seife unbewußt fasziniert. Er ließ Frauen ein Stück Seife aussuchen, stellte sie damit vor eine Kamera und filmte, was sie machten: Sie rochen an der Seife, sie befühlten die Seife, und sie wogen die Seife in der Hand. Mehr war nicht möglich – Wasser war im Experiment nicht vorgesehen. Dennoch (oder deshalb) erkannte Dichter in ihrer Handhabung der Seife eine »urzeitliche Wertnorm«, er stellte fest: »Überraschenderweise zeigte es sich, daß das Gewicht sich wieder einmal als Hauptfaktor erwies.« Das vermutete Motiv: »Wahrscheinlich ist diese Erscheinung ein Überbleibsel aus der Zeit, als die Frauen ihre Seife selbst sotten.«[2]

Der Konsumentendompteur Werner Kroeber-Riel dagegen erschafft die Kaufmotive selbst. Am Beispiel seiner HOBA-Seife hat er mit einem Experiment den Beweis erbracht, daß er sogar Studenten, die der Werbung kritisch gegenüberstehen, für Seife begeistern kann. Kroeber-Riels Strategie: Emotional muß die Werbung sein, sachliche Informationen schaden nur. Seine Methode: Ein gefälliges Bild genügt – Frauen oder Landschaften beispielsweise; darunter schreibt man den Namen des Produkts – HOBA-Säge oder HOBA-Seife beispielsweise. Man müsse den Leuten die Bilder nur oft genug zeigen, dann seien sie im gewünschten Sinne konditioniert, denn, so Kroeber-Riel: »Selbst eine negative Einstellung und Abwehrhaltung gegenüber der Werbung beeinträchtigt den Konditionierungserfolg nicht. Es ist sogar zu vermuten, daß sich der Konsument, selbst wenn er es willentlich versucht, einer solchen Konditionierung *nicht entziehen* kann.«[3] Kroeber-Riels Tip für Seifenreklame: »zärtlich, erlebnisreich, kameradschaftlich, fröhlich, erregend« soll sie sein.[4]

Von Wolfgang Fritz Haug, Konsumgesellschaftskritiker in der Maske des Lyrikers, wissen wir, daß es der Hochglanz der Verpackung ist, der uns zum Kauf treibt. Für Haug ist die Verpackung »das eigentliche Gesicht, welchselbes statt des Warenleibs der potentielle Käufer zunächst zu sehen bekommt und in die sich die Ware, wie die Tochter des Geisterkönigs in ihr Federkleid, einwickelt und ihre Gestalt verwandelt, um auf den Markt ihrem Formwechsel entgegenzufliegen.«[5]

Und die strukturalistischen Werbedeuter entdeckten, daß ein den Verstand betörender Appeal des Produktes geschaffen wird, indem das Produkt in der Werbung als Phallus-Symbol präsentiert wird oder – falls es an der entsprechenden strukturellen Ähnlichkeit mangelt – mit Vagina-Symbolik.[6]

Ein anderes, offensichtlich sehr erfolgreiches Rezept, um Seife zu verkaufen, hatte William A. Procter, einer der Gründer des Seifenimperiums Procter and Gamble. Die Zeitschrift ›The New Yorker‹ gab die Legende zum besten: Procter begründet den Erfolg des Konzerns mit dem Namen seiner ersten Seife: Sie hieß Ivory-Soap – Elfenbein-Seife. Die Idee zu diesem Namen sei ihm in der Kirche gekommen, verriet Procter, bei einer Predigt zum 45. Psalm, wo es heißt: »All thy garments smell of myrrh and aloes and cassia, out of the ivory-palaces.«[7] Bleibt nur hinzuzufügen, daß Gottes Segen immer noch auf Procters Seifen ruht – heute ist die Aktienmehrheit des Seifenimperiums im Besitz verschiedener protestantischer Kirchen Amerikas.

Gehen wir einmal davon aus, es sei gelungen, eine Seife zu schaffen, die nach all diesen Vorgaben in vollendeter Weise unser Unterbewußtes betört: ein Stück Seife also, das sich, wie Dichter rät, der Form der Hand geschmeidig anpaßt und noch dazu schwer wie Blei ist. Nehmen wir weiter an, alle deutschen Seifenkonsumenten wären schon im Institut von Kroeber-Riel auf den Kauf fröhlicher, kameradschaftlicher, abenteuerlicher Seife konditioniert worden. Geben wir dieser Seife den magischen Namen Elfenbeinseife. Stellen wir uns vor, sie sei in Hochglanzästhetik verpackt und die Verpackung präsentierte ein unbekleidetes Fotomodell, dessen sexuelle Ausstrahlung die Seife selbst zum Sexsymbol macht – gehen wir also aus von einem Optimum an geheimer Betörung, und versuchen wir trotzdem, die Rationalität der Verbraucher zu finden.

Es fällt auf, daß für jene, für die die Rationalität der Verbraucher tabu ist, auch die Funktion der Produkte tabu ist. Gewiß ist bekannt, welche Rolle Funktionalität spielt: Wenn ein Produkt auf den Markt kommt, das seine Funktion nur ungenügend erfüllt, das technisch nicht ausgereift ist, dann verschwindet es schnell wieder. Mangelhafte Funktionserfüllung ist durch keine sonstigen Attribute zu kompensieren. Definitiv läßt sich voraussagen, daß sogar die psychologisch vollkommene Seife keine Marktchance hat – wenn sie nicht wäscht.

Vergegenwärtigt man sich die Funktion, erinnert man sich an den eigentlichen Grund, weshalb Menschen Seife kaufen: Sie fühlen in sich nicht die dumpfe Erinnerung an ihre Ahnfrauen; die Worte aus der Heiligen Schrift klingen kaum einem im Ohr, der im Supermarkt ans Seifenregal tritt; auch die Absicht, kameradschaftlicher und fröhlicher zu werden, ist nicht der verursachende Impuls – die Leute kaufen Seife, um sich damit zu waschen. Das klingt selbstverständlich und banal. Und derart selbstverständliche Banalitäten sind es, die die Manipulateure so gerne zum Beispiel Seife greifen lassen.

Es gibt noch weitere, ebenso banale Gründe, über die man ebenfalls schweigt. Seife ist eines jener Produkte, das zur schlichtesten Grundausstattung des Menschen gehört. Und das sogar in besonderem Maß: Seife ist durch kein anderes Produkt zu substituieren (zwar ist in biblischen Geschichten und Heldensagen zu lesen, daß in grauer Vorzeit mit Asche gewaschen wurde – aber dieses Verfahren ist allenfalls noch Chemikern und Altertumsexperten bekannt). Gleichzeitig ist Seife in ihrer Funktion extrem begrenzt. Das setzt auch ihrer Formgebung enge Grenzen.

Es ist nicht einfach, andere Produkte von solcher Existentialität zu finden: Nähnadeln sind vergleichbar auf ihre Funktion reduziert und durch kein anderes Produkt zu ersetzen. Allerdings gehören sie in unserer arbeitsteiligen Gesellschaft nur bedingt zum Überlebensbedarf. Vielen Leuten (Männern meist) genügt es, andere Leute (Frauen meist) zu kennen, die Nähnadeln haben. Daß man bei Seife nicht auf die Bekanntschaft mit einem Seifenbesitzer verweist, das unterstreicht noch die Existentialität dieses Produkts. Ein modernes Grundbedarfsprodukt ist Treibstoff. Für alle, die ein Kraftfahrzeug besitzen, ist Benzin oder Diesel unabdingbar und durch nichts zu ersetzen – deshalb auch so interessant für Spekulationen über die Frage, was Kunden »eigentlich« wollen. Entsprechend viel Schabernack wird inszeniert: Mal ist das Benzin blau gefärbt, mal sitzt ein Tiger im Tank, die zusätzlichen Wirkstoffe sind wundertätig. Das einzige Hindernis, das sich hier den Manipulationsstrategen in den Weg stellt, ist der Umstand, daß Benzin kaum optische Veränderungen erlaubt. Zwangsläufig wird das Styling auf die Tankstellen ausgedehnt. – Howard Luck Gossage ging in seiner rosaroten Kampagne für Fina-Tankstellen so weit, daß er behauptete, sogar die Luft, die in die Reifen gepumpt würde, sei rosarot gefärbt.[8] (Er ging allerdings nicht so weit zu behaupten, diese Luft sei von besserer Qualität.)

Brot ist zwar durch andere Nahrungsmittel zu ersetzen, dennoch eines der existentiellsten Produkte überhaupt. Erwartungsgemäß hält Kroeber-Riels Institut für Konsum- und Verhaltensforschung auch hier sensationelle Forschungsergebnisse parat: Man färbte für diesen Versuch helles Brot dunkel. Dann fragte man Hausfrauen, die von der Farbmanipulation nichts wußten, welches Brot den höheren Nährwert habe: das helle (ungefärbte) oder das dunkle (gefärbte) Brot? Erwartungsgemäß hielten die Hausfrauen das dunklere Brot für das nährwertreichere. Und Kroeber-Riels Institut feierte wieder mal einen Sieg über die manipulierbaren Konsumenten.[9]

Was bei diesem Experiment getestet wurde, ist die Bekanntheit von Produktmerkmalen und die Qualität der Fälschung dieser Merkmale. – Bruno Paulot führte ein ähnliches Experiment durch – allerdings aus Jux: Er füllte »kleinkörniges Zeugs« von weißer Farbe in einen Salzstreuer und in einen Zuckerstreuer und ließ Versuchspersonen vermuten, was wohl in den beiden Behältnissen sei. Ergebnis: »Die Antworten lauteten ausnahmslos: Salz und Zucker. Durch unsere Frage irritiert, fragen uns die Teilnehmer, ob ihre Vermutung zutrifft. Wir fordern sie auf, es selber herauszufinden. Sie führen daraufhin eine Prise aus dem Salzstreuer oder aus dem Zuckerspender zum Mund und probieren. Einige halten es für eine ›Unverschämtheit‹, andere für eine ›Schweinerei‹. Die meisten erkennen aber, daß es Waschpulver ist.«[10] – Viele der sogenannten wissenschaftlich festgestellten Manipulationserfolge sind nichts anderes als kindische Albernheiten.

Bei Produkten mit existentieller Funktion besteht eine hohe Toleranz gegenüber den untergeordneten Anmutungsqualitäten. Wer Seife geschenkt bekommt, die er selbst nicht kaufen würde, wirft sie trotzdem nicht weg, tauscht sie nicht einmal um und weigert sich auch nicht, sie zu benutzen. Die nahezu unbegrenzte Toleranz gegenüber Seife ist für den Erfolg von Experimenten äußerst wichtig. Viele, die meisten Produkte, sind gefährliche Testobjekte: Da können störrische Versuchspersonen trotz aller schönen Worte und Bilder darauf beharren, das beworbene Produkt nicht zu brauchen, können behaupten, daß es ihnen nicht gefällt, nicht schmeckt, nicht zu ihnen paßt und sowieso unnötig sei. Bei Seife kommt all dies nicht vor.

Bei Seife bleiben als Aspekte irrationaler Entscheidungen nur untergeordnete Qualitäten, die die Wahl zwischen verschiedenen Marken beeinflussen. Aber: rosa Seife wäscht so gut wie weiße, runde so sauber wie ovale und parfümierte so rein wie unparfümierte. Also ist es sinnlos, die Entscheidung für die eine oder andere Qualität rational beziehungsweise irrational zu nennen.

Das einzige Kriterium, das irgendwelche über das Produkt hinausgehenden Konsequenzen für den Verbraucher hat, ist der Preis. Man könnte es demnach als irrational bezeichnen, wenn jemand teure Seife kauft. Kernseife reinigt auch das Gesicht. Ganz so einfach sind die Kriterien für rationales Verhalten aber nicht zu bestimmen. Der Hinweis, es sei ›vernünftiger‹, die Mehrausgaben für eine Luxusseife zu sparen, löst das Problem nur vordergründig. Wofür soll gespart werden? Aber die Frage, wofür und ob man spart, ist nicht nur eine Frage nach Konsumprioritäten, sondern letztlich auch die Frage nach der Einschätzung wirtschaftlicher und politischer Entwicklungen. Sparsamkeit ist kein Synonym für Vernunft – die Universalantwort vieler Werbekritiker wirft ebenso viele Fragen auf, wie sie beantwortet. Wenn eine Frau mit hohem Einkommen teure Seife kauft, ist das nicht irrational. Das entspricht nur ihrem Angemessenheitsstandard. Und eine Frau ohne eigenes Einkommen, die vom geringen Lohn ihres Mannes Geld für teure Seife abzweigt? Ehe ihr Kauf irrational erklärt werden darf, muß bekannt sein, was ihre Alternative zu dieser Mehrausgabe wäre, und die muß in einer realistischen Dimension stehen. Zwar ist der Preisunterschied zwischen einer billigen und einer teuren Seife relativ hoch, absolut handelt es sich aber nur um ein paar Mark – mit billiger Seife läßt sich keine bessere Ausbildung der Kinder finanzieren. Das bedeutet: Wer so bescheidenen Luxus als sinnlose Verschwendung anprangert, verurteilt alles, was über das Existenzminimum hinausgeht. Bei Seife ist Luxus auf den kleinstmöglichen Anspruch reduziert.

Aus der sozialen Tatsache, daß für manche der Kauf einer teuren Seife Luxus ist, andere das Gefühl des Luxus erst beim Kauf einer Drittwohnung auf den Bahamas haben mögen, ergibt sich: Luxus ist nicht definiert durch das Produkt, seine Aufmachung und Ausstattung, sondern Luxus ist definiert durch die persönliche Angemessenheitsnorm eines Konsumenten. – Nur unter diesem Aspekt wird plausibel, daß viele der sogenannten Luxusprodukte gerade von unteren sozialen Schichten konsumiert werden.[11]

Weil der Preis für Seife gering und das Preisspektrum begrenzt ist, lohnen keine zeitraubenden Vergleiche und lange Wege, um das billigste Angebot zu finden – die möglicherweise eingesparten Differenzen stehen in keinem Verhältnis zum Aufwand. Und dieser Umstand, daß das einzige rationale Kriterium der Auswahl bei Seife, ihr Preis nämlich, kaum eine Bedeutung hat, ist ein weiterer wichtiger Aspekt, der die Manipulateure so an Seife fasziniert und ihnen so günstige Arbeitsbedingungen verschafft.

Trotz aller psychologischen Kniffe mußten die Hersteller in den letzten Jahren erkennen, daß die Verbraucher nicht willens sind, für das schönste Seifenbildchen nur meterweit zu laufen. Sie wählen bereitwillig zwischen dem, was sie im Regal vorfinden. Immer mehr entscheidet der Handel, womit sich der Verbraucher wäscht. Deshalb konzentriert sich das Interesse der Seifenhersteller immer mehr auf die Interessen der Händler. Und hier ist alle psychologische Manipulation vergebens: Wenn Handelskonditionen ausgehandelt werden, dann geht es ums Geld.

Bleibt als Fazit: Seife ist das Perpetuum mobile der Manipulationsstrategen. Seife kann man mit beliebigen Sprüchen und Bildern dekorieren, die Leute kaufen sie trotzdem – weil es keine Alternative gibt. Seife ist das beste Beispiel dafür, welche rationalen Faktoren erfüllt sein müssen, ehe unwesentliche Aspekte, die sogenannten irrationalen Motive, überhaupt zur Diskussion stehen. So führen letztlich alle Manipulationslegenden die Manipulationsstrategen ad absurdum, denn irrational sind nicht die Verbraucher, die Seife kaufen, sondern irrational handeln die Hersteller, die ihr Angebot mit Elfenbeinschimmer, mit kameradschaftlichem oder urgeschichtlichem Appeal zu differenzieren versuchen.

Ratschlag an Verbraucher: Egal, was man einem Manipulationsstrategen auf die listige Frage, warum man denn gerade diese Seife kaufe, antwortet, man wird immer der erfolgreichen Manipulation durch die Werbung überführt werden können. Wer sich nicht länger die eigene Manipulierbarkeit vormachen lassen will, sollte die Gegenfrage nach einer ›manipulationsfreien‹ Alternative stellen. Und solange eine vernünftige Antwort noch aussteht, kann man die Erkenntnisse jener Manipulationsstrategen, die sich rühmen, Leute zum Kauf von existentiell notwendigen Dingen zu bringen, gelassen hinnehmen.

7. Kapitel
Was bleibt vom Mythos der Manipulation?

Die Unzulänglichkeit der Theorien

Eines haben alle, die Theorien vom manipulierbaren und manipulierten Menschen vertreten, gemeinsam: Sie berufen sich auf die ›Natur des Menschen‹.

Dabei ist die wissenschaftliche Basis der ›Naturforscher‹ durchaus uneinheitlich: Die Natur des Menschen wird definiert mit Erkenntnissen aus der Psychologie, der Psychoanalyse, der Biologie und der Verhaltensforschung (welche dann als pseudonaturwissenschaftliche Soziologie gilt).[1] Besonders spekulative Theorien über die menschliche Natur werden aus der Kombination diverser Wissenschaftszweige abgeleitet: Die Psychobiologie und der Strukturalismus wurden als derartige Mixturen vorgestellt.

Alle Abhandlungen über die Natur des Menschen haben denselben Mangel: Es gibt keinen wissenschaftlichen Begriff von der Natur des Menschen.[2]

Die Motivforscher, die sich vorwiegend auf ›Die Psychologie‹ berufen, tun so, als ob die Psychologie eine in sich geschlossene Theorie sei. Aber geschlossene Wissenschaftssysteme gibt es heute nicht einmal mehr in den Naturwissenschaften, in den Geistes- und Sozialwissenschaften gab es sie ohnehin nie.[3] Das heißt: Jede psychologische Erkenntnis kann von verschiedenen Ansätzen beurteilt werden – und unterschiedliche Ansätze führen zu unterschiedlichen Erkenntnissen. Es gibt in der Psychologie viele Schulen –, aber es gibt eine ideologische Grenze, die die Psychologie in zwei Lager trennt: Der traditionellen ›Psychologie‹ steht die ›Kritische Psychologie‹ gegenüber. (Die Kritische Psychologie nennt die andere Fraktion ›idealistisch‹, sich selbst auch ›materialistisch‹; die klassische Psychologie demonstriert ihren Alleinvertretungsanspruch durch den Verzicht auf präzisierende Attribute.)[4]

Der Streit um die Natur des Menschen ist gleichzeitig der Streit um die Entstehung von Motiven. Die neue Psychologie bringt neue Antworten: Ihr gelten Motive nicht als Facetten triebhafter Instinkte, hier werden sie als Reaktionen auf die Umwelt begriffen. Motive sind hier rationalen Ursprungs, denn sie führen zu Handlungen, und jede Handlung setzt ein Ziel, eine Einsicht in den Zweck des Handelns und in die Wahl der Mittel voraus.[5] Der vielleicht wichtigste Unterschied: Motive werden in bezug auf die Konsequenzen einer Handlung erklärt; nicht, wie in der klassischen Psychologie impliziert ist, als letzte und damit sich selbst erklärende Ursachen.

Die Frage, welcher Psychologie, welcher Theorie man sich anschließen soll, ist die Frage des Erkenntnisinteresses. Die Tatsache, daß Manipulationsstrategen ausschließlich nach den Ursachen des Handelns fragen, nie nach den Folgen, ergibt sich aus dem eigentlichen Ziel dieser Motivsucher; John Dewey hat es prägnant charakterisiert: »Es ist absurd, danach zu fragen, was einen Menschen dazu bringt zu handeln, um es einmal ganz allgemein zu formulieren. Der Mensch selbst ist ein Handelnder, und dies ist alles, was in dieser Angelegenheit zu sagen ist. Wenn wir jedoch wünschen, daß er in dieser Weise und nicht in einer andern agiert, wenn wir seine Handlungen ... in eine bestimmte Richtung lenken wollen, erst dann stellt sich die Frage nach den Motiven.«[6]

Die theoretischen Antworten auf die Frage nach der Natur des Menschen sind widersprüchlich; in der Praxis der Konsumentenforschung ist die Frage gegenstandslos. Der Mensch ist ein geselliges Wesen; der Konsument ist ein gesellschaftliches Wesen. Wie fragwürdig die Gleichsetzung ist vom »Unbewußten« mit dem »Seelischen«, vom »Emotionalen« mit dem »Irrationalen« schließlich, wurde gezeigt: Die ausführliche Diskussion der mit einem Reiz gekoppelt geglaubten Emotion soll darüber hinwegtäuschen, daß die Erfahrung der Rezipienten, die kognitive Seite ihrer Wahrnehmung, ignoriert wird.

Dabei sollte doch gerade in der Werbung bekannt sein, daß die emotionale Reaktion auf einen Reiz von dessen kognitiver Beurteilung abhängt: Für viele Werbeleidende ist das Vermeiden von Werbung zu einem verinnerlichten Impuls geworden; wenn sie Werbung sehen, blättern sie automatisch um, schalten ab. Ein praxisnahes Beispiel dafür, daß unbewußtes Handeln weder mit angeborenem Verhalten noch mit irrationalem Verhalten gleichgesetzt werden kann.

Der Umgang mit Werbung, Konsumverhalten generell, ist aus Erfahrung gelerntes Verhalten. Mit angeborenen Motiven als Ursachen von Handlungen läßt sich erfahrungsbedingtes Handeln nur tautologisch beschreiben. Will man solches Handeln aber erklären, dann rückt eine andere Frage in den Mittelpunkt: die Frage nach den Konsequenzen einer Handlung für den Handelnden.

Die Korrektur durch die Praxis

Es ist das Bedürfnis nach Ästhetik, das am häufigsten von den Manipulateuren als irrationaler Aspekt der Entscheidung genannt wird. Was sich verschiedene Menschen unter Ästhetik denken, ist verschieden, oft konträr. Daß die Vorstellungen verschieden sind, bedeutet aber nicht, daß sie irrational sind. Das Bedürfnis nach Ästhetik (oder antiquiert benannt: nach Schönheit) ist das Bedürfnis nach Harmonie, nach Ruhe, Klarheit und das Bedürfnis nach Witz. Ästhetik ist Ausdruck von Kultur – und an Konsumkritiker, die die Warenästhetik anprangern, bleibt die Frage zu stellen, ob sie auch das Bedürfnis nach Kultur verdammen wollen?

Die Vielfalt und der Wechsel der Vorstellungen von Ästhetik werden nur verständlich, wenn man dieses Bedürfnis als sozial erlernt begreift. Denn daß die Idee von Ästhetik schillert wie eine Modeerscheinung, liegt nicht an der wankelmütigen Mentalität des Massenmenschen, es liegt an der Summe aller Umstände, die die Gesellschaft beeinflussen.[7] Und das sind so viele, daß es wenig zweckdienlich wäre, sie aufzuzählen.

Dennoch ist Ästhetik sozial eng kontrolliert: Für die Wahl der Farbe von Autopolstern gelten andere Kriterien als für die der Farbe des Autos, für die Wahl der Farbe eines Anzugs andere als für die eines Pyjamas. Je öffentlicher ein Produkt konsumiert wird, desto stärker sind die ästhetischen Restriktionen.

Für die Konsumenten haben im Für und Wider einer Entscheidung soziale Faktoren wie schichtspezifische Angemessenheitsnormen, alters- und geschlechtstypische Normen größere Bedeutung als ästhetische Differenzierungen. Bei der Auswahl eines speziellen Produkts sind Preis, Qualität, Beschaffungsaufwand, also jene Faktoren, die materielle Konsequenzen haben, vorrangig. All jene, die behaupten, die Verbraucher so perfekt verführen zu können, nehmen die Hierarchien sozialer und individueller Konsequenzen nicht zur Kenntnis. Denn die sind durch schöne Worte und ästhetische Bilder nicht zu verändern.

Die Anmaßung, die Käufer beliebig manipulieren zu können, versagt auch, wenn es um notwendigen Konsum geht. Was notwendig ist, kann aber nicht biologisch definiert werden, wie es eine auf Naturgesetze abzielende Argumentation suggeriert. Was notwendig ist, ist durch die gesellschaftliche Entwicklung bestimmt, und der soziale Radius des einzelnen bestimmt seine individuelle Anpassung an diese Entwicklung. – Um im biologischen Sinn zu überleben, braucht der Mensch kein Auto und kein Radio, aber um den Anforderungen der Gesellschaft gerecht zu werden, brauchen viele ein Auto und fast alle ein Radio.

Bei Besitz, der als gesellschaftlich notwendig erachtet wird, bleibt dem Käufer nur die Entscheidung zwischen unterschiedlichen Aufmachungen und unterschiedlichen Ausstattungen. Die zur Wahl stehenden Alternativen haben keine unterschiedlichen Konsequenzen. Und das bedeutet, daß die Entscheidungen selbst nur geringe Folgen haben. Wenn Dinge gekauft werden, die nicht unbedingt notwendig sind, werden derartige Entscheidungen in den meisten Fällen nach dem Prinzip getroffen: »Was beim Fleisch gespart wird, wird beim Fisch zugesetzt.« Denn Luxus ist nicht durch die Attribute der Produkte definiert – so bequem das für die Werber auch wäre –, sondern ebenfalls durch die Bedeutung, die der Käufer seiner Entscheidung beimißt.

Klaus Schreiber hat in seiner umfassenden Studie ›Kaufverhalten der Verbraucher‹ empirisch nachgewiesen, daß die Berücksichtigung der individuellen und sozialen Konsequenzen zu einer ganz neuen Beurteilung des Verbraucherverhaltens führen muß. Für die Kaufentscheidung wesentliche Kriterien wie: Preisbewußtsein, Qualitätsbewußtsein; entscheidungsspezifisches Verhalten (Verhalten bei Gewohnheitskäufen versus Verhalten bei ungewohnten Entscheidungen); Planungsverhalten (langfristige Planung versus spontane Wahl); produktspezifisches Verhalten (Bevorzugung bekannter Marken versus Bevorzugung neuer Marken) – all diese Kriterien können tendenziell ein irrationales Verhalten beweisen – vorausgesetzt, man bewertet diese Kriterien unabhängig von der Bedeutung, die die Kaufentscheidung für den Konsumenten hat. Gewichtet man sie aber nach individuellen und sozialen Konsequenzen, dann sieht das Bild vom Verbraucher ganz anders aus. Denn würde man jede der täglich anfallenden unbedeutenden Konsumentscheidungen jedesmal neu durchdenken, den Markt nach dem günstigsten Angebot absuchen, Qualitäten vergleichen, Informationen über neue Produkte einholen, die verschiedenen Kriterien gegeneinander abwägen – der Kauf einer Tube

Zahnpasta würde zum tagefüllenden Dilemma. So stellt Schreiber fest:
»Ein Zurechtfinden im Markt ist für den einzelnen Konsumenten nur durch Ausbildung von Verhaltensmustern möglich, die auf den Normalfall alltäglicher Situationen automatisch angewandt werden können, ohne das Risiko beträchtlicher Fehlreaktionen heraufzubeschwören. In der Entlastung von der Notwendigkeit täglich neu zu fällender Entscheidungen über vergleichsweise bedeutungslose ökonomische Vorgänge durch Herausbildung von Gewohnheiten und der damit verknüpften Konzentration auf diejenigen Fälle, in denen die Wohlfahrt des Konsumenten aufgrund der Tragweite des zur Entscheidung stehenden ökonomischen Vorgangs wesentlich berührt wird, könnte auch ein im hohen Maße vernünftiges Handeln der Verbraucher erblickt werden.«[8]

Kriterien für Kritiker

Die von Manipulateuren und Manipulationskritikern behaupteten Mechanismen geheimnisvoller Beeinflussung funktionieren nicht. Man könnte argwöhnen, dieses Fazit sei ein naiver Versuch, die Werbung von den Vorwürfen ihrer Kritiker freizusprechen. Das ist falsch. Ohnehin liegt der Werbebranche wenig an solcher Verteidigung: Immer noch wird jeder, der von der Entdeckung eines neuen genialen Manipulationsverfahrens berichten will, von den Absatzstrategen begeistert begrüßt. – Mittlerweile weniger, weil noch tatsächlich Erkenntnisse erwartet würden, mehr, um das Image der Branche zu fördern. Daß das Image der unheimlich-geheimen Verführer gepflegt wird, erstaunt nicht, denn dieses Image verleiht Macht, es legitimiert die Praktiker, rührende Proklamationen ihres ethischen Bewußtseins abzugeben, es erlaubt ihnen zu demonstrieren, mit welch unangreifbarem Verantwortungsbewußtsein sie ihre schwere Aufgabe erfüllen.
Blickt man aber hinter die Fassade dieser angeblich so gefährlichen und verantwortungsschweren Tätigkeit und sucht in der praktischen Arbeit der Werber nach Rezepten, um die Manipulationstheorien in die Praxis umzusetzen, so findet sich von alledem nichts. In der Praxis entpuppt sich der Mythos von den mächtigen Manipulateuren als selbstgestrickte Legende zur Tarnung kleinlicher Gaunereien. Nur zu oft wird unsere Wahrnehmung, unsere Erfahrung mit hohlen Versprechungen, hohlen Verpackungen, unlauteren Vergleichen und andern Mitteln

gleicher Art betrogen. Einmal sind wir alle schon darauf reinge-
fallen. Ein zweites Mal vielleicht auch noch. Aber ein weiteres
Mal sicher nicht mehr. Weil die Werbung dumm ist – von Ausnahmen abgesehen –, heißt das noch lange nicht, daß sie auch
die Käufer für dumm verkaufen kann – von Ausnahmen abgesehen. Die Werbung hängt an der Idee von der großen Manipulation, weil sie hofft, daß dadurch ihre kleinen Betrügereien
unbemerkt bleiben. Weil Manipulation die Täuschung der Erfahrung und Betrug an der bewußten Wahrnehmung ist, sollten
sich zuallererst die Werbekritiker vom Glauben an die heim-
liche Macht der Werbung trennen.
So manche Werbekritiker halten die Verbraucher für noch un-
kritischer, triebhafter, manipulierbarer, schlicht dümmer, als es
selbst der naivste Manipulationsstratege zu hoffen wagt. Es ist
recht aufschlußreich, daß sich Ernest Dichter in seinen Memoi-
ren bei Vance Packard bedankt, der vielen als der größte Ver-
braucherschützer gilt. Dichter erzählt, Packards Anschuldigun-
gen seien für ihn derart geschäftsfördernd gewesen, daß er des
öfteren verdächtigt wurde, mit Packard zusammenzuarbei-
ten.[9]
Wer Werbung kritisiert, sollte konkret werden. Viele Konsumkritiker gebärden sich bei der Einschätzung der alten Werbele-
gende von der unsichtbaren Coca-Cola-Filmeinblendung, als
handle es sich um die neuzeitliche Variante des Sündenfalls mit
all seinen Folgen. Die Menschheit zu Coca-Cola zu verführen:
Verwerflicheres scheint nicht vorstellbar. Gerade hier könnte
man aber die Werbung eigentlich als das geringere Übel sehen –
man stelle sich die Situation in einem Kinofilm vor: Zwischen
Raubüberfall, Vergewaltigung und Totschlag für den Bruchteil
einer Sekunde eine Coca-Cola-Werbung. Und was tut der Zuschauer, der mit all dem konfrontiert wird – der Legende gemäß? Er mordet nicht, begeht keine Verbrechen – er greift zur
Cola-Dose.
Wer über die Manipulation der Werbung redet, sollte sich deshalb vergegenwärtigen: Das Phänomen, daß ein Mensch im
Kino Coca-Cola trinkt, kann noch andere Ursachen haben als
unterbewußt angesprochene Triebe oder ein vom Kapitalismus
deformiertes Bewußtsein. Und wer glaubt, daß ein Mensch,
den die Werbung zum Genuß von Coca-Cola animiert, durch
Werbung noch zu allem anderen zu verführen sei, sollte diese
Vorstellungen zunächst an sich selbst überprüfen.
Konkret werden in der Kritik heißt auch, daß sich die Kritik an
der Werbung nicht in der Attitüde stilisiert, hohe Kultur vor

niederen Einflüssen retten zu wollen. Werbung ist kein Kulturgut, Werbung ist ein Zivilisationsproblem. Die Abwesenheit von Coca-Cola-Reklame signalisiert für den modernen Menschen entweder, daß er die Regionen der Zivilisation verlassen hat, oder aber, daß er sich an einem Ort höherer Kultur befindet. Auch wenn die Medien und formalen Stile klassischer Kultur von der Werbung genutzt oder übernommen werden, so ist doch der Bedeutungskontext der Werbung längst von allem isoliert, was Menschen mit Kultur assoziieren. Werbung eliminiert Kultur. Das war nicht immer so, das ist das heutige Image der Werbung, das sich die Werbung geschaffen hat.

Wer mit moralischer Entrüstung die hilflosen Banalitäten der Werbepraktiker wiederholt, fügt letztlich nur eine neue Strophe an das alte Lied vom unmündigen Verbraucher. Eine Kritik an der Werbung, welche die Theorien der Werbung über den Konsumenten übernimmt, bleibt letztlich nur eine Kritik am Konsumenten, und das ist die beste Bestätigung für die Werbung: der Beifall ihrer Gegner. – Wir sollten unsere Vorstellungen über uns ändern. Das ist der einzige Weg, um die Werbung zu ändern.

Teil II
Die Praxis der Praktiker

Ja, ich fühl mich von der Werbung total verarscht.
Eine Hausfrau

Wenn man die Werbung ansieht,
die angeblich die Frauen ansprechen soll,
also da ist doch klar, daß da Männer nur ihren Frauenhaß
austoben.
Die Werbefritzen haben doch alle das Hirn in der Hose.
Eine Hausfrau

8. Kapitel
Die unsichtbare Diskriminierung der Frauen in der Werbung

Eine Analyse. Vorbemerkung

Die Busen und Pos, die Ganz- und die Halbnackten, die neckischen Eindeutigkeiten und die plumpen Zweideutigkeiten, dieser frauendiskriminierende Sexismus in der Werbung wurde mittlerweile so häufig und so heftig kritisiert, daß sogar der Deutsche Werberat, das Selbstkontrollorgan der Werbewirtschaft, die Werbeagenturen und ihre Auftraggeber dringend ermahnte, »künftig auf allzu Anstößiges zu verzichten«[1]. Nicht plötzlich erwachte Sorge um die Würde der Frauen war Anlaß der Ermahnung, sondern die Angst vor einem Verbot sexistischer Werbung.[2] Der Werberat lieferte denn auch gleich die Legitimation, weiterzumachen wie gehabt: Da sich allgemein in den Medien eine Veränderung der Einstellung zur Sexualität und ihrer Darstellung in Wort und Bild vollzogen habe, bleibe festzuhalten, »daß hier der Werbung keine Vorreiterrolle zukommt, sondern daß sie allenfalls ein Spiegelbild der Gesellschaft sowie ihrer Einstellungen ist und sich in diesem Umfeld bewegt«.[3]

Wenn man an konkreten Beispielen zeigen will, wie die Werbung die Frauen darstellt, dabei auch noch untersuchen will, welche Theorien zur absichtsvollen Aufbereitung einer Werbebotschaft, ihrer visuellen Umsetzung geführt haben, dann braucht man zunächst Auswahlkriterien, um die Flut des Materials zu bewältigen. Die Definition solcher Auswahlkriterien ist das Grundproblem jeder Analyse, je spezieller sie definiert sind, desto eher bestätigen sie eine vorgefaßte Theorie. (So wurde beispielsweise von Vertretern der Werbebranche bewiesen, der Vorwurf des Sexismus gegen die Werbung sei nicht gerechtfertigt, weil nämlich nur ein geringer Teil der Werbung pornographisch sei – der Beweis liegt in diesem Fall in der Definition von Obszönität. Und die, die solche Beweise nicht anerkennen wollen, versucht man mit der Anschuldigung intoleranter Prüderie zum Schweigen zu bringen.) – Die Objektivität formaler Kategorien ist nur scheinbar, wenn die Auswahlkriterien nur die Maßstäbe der Untersuchenden widerspiegeln. Objektivität heißt, daß die Kategorien das Untersuchte widerspiegeln müssen.

Um festzustellen, ob die Werbung tatsächlich »nur« Spiegelbild der Gesellschaft ist, ist festzustellen, was uns die Werbung über das Leben der Frauen vermittelt, über ihre Berufsarbeit, Hausarbeit, Interessen. Und, weil vieles erst aus dem Vergleich zu erkennen ist – hier ganz besonders –, werden im folgenden auch Männerdarstellungen in Anzeigen betrachtet. Werbung mit Frauendarstellungen ist bekanntlich nicht nur an Frauen adressiert, deshalb wird als erstes die Werbung in einer Ausgabe der wichtigsten deutschen Illustrierten analysiert, im ›Stern‹, Heft 19 vom April 1980. Der ›Stern‹ gilt als eher männerorientiertes Blatt, ist aber mit fast vier Millionen Leserinnen pro Ausgabe gleichzeitig eine der großen »Frauenzeitschriften«.[4] Aus derselben Woche wurde auch ein Heft der ›Brigitte‹, der größten deutschen Frauenzeitschrift, untersucht, Nr. 9, 1980.[5] Die Auswahl ist klein, dennoch sind die Ergebnisse der Analyse repräsentativ: Sie sind an jeder beliebigen Illustrierten nachzuvollziehen.

Frauen und Männer in den Anzeigen einer männerorientierten Zeitschrift

Wie also sind die Frauen in den Anzeigen im ›Stern‹ zu sehen?

Da gibt es zwei Luxusgeschöpfe im Tigerkleid mit Orchideen im Haar, die Likör trinken. Eine andere Dame trinkt Magenbitter, weil sie, so der Anzeigentext, morgen heiraten wird. Dabei ist das Leben der Ehefrauen – wie es die Werbung vorführt – doch höchst erstrebenswert: Eine Dame sitzt an fein gedeckter Kaffeetafel, eine im Kaminrock auf dem Teppich, weitere Frauen in häuslicher Atmosphäre sitzen im Schaumbad, duschen, eine nimmt einen Brillantring vom Gatten in Empfang.

Meist aber ist die Frau von heute unterwegs. Man sieht sie im Auto – nur am Steuer, da sitzt natürlich ein Mann; Frauen, die Auto fahren, gibt es in der Werbung nicht. Zweimal ist eine Tennisspielerin zu sehen; zweimal Damen, die sich am Strand entspannen. Eine schlendert über Wiesen, eine über den Trödelmarkt. Eine schmückt die schöne Bergwelt, eine andere eine Opernloge. Eine posiert barbusig als Boxerin, was nicht sehr professionell wirkt; aber ein anderes junges Mädchen, mit lyrischer Sanftmut im Blick, wird ausdrücklich bei der Arbeit vorgestellt – sie nimmt Ballettunterricht.

Soweit die Aktivitäten der Frauen, was tun die Männer? Sie spülen Berge von Geschirr, sie kochen, sie zeigen ihre schwieligen Hände vor. Was sie tun, tun sie professionell: Sie sind Tellerwäscher, Koch, Arbeiter. Die weiteren Herren, die in den Anzeigen im ›Stern‹ präsentiert werden, haben jedoch bedeutend honorigere Berufe: Es werben in diesem Heft ein – jeweils authentischer – Sportpräsident, Rennfahrer, Buchverleger, Schauspieler, Professor. Ganz klar: die Welt der Männer ist die Welt der Arbeit. Nur selten ist sie idealistisch verklärt wie im Klischee des markigen Cowboys. Norm ist der Mann im Streß, der von einem Termin zum anderen hetzt – sieht man ihn im Restaurant, dann handelt es sich betont eindeutig um ein Arbeitsessen. Faszinierend, wie sinnvoll Männer ihre Freizeit nutzen: Im Sportdreß am Heimtrainer telefoniert man nebenbei mit dem Geldberater; ein Segelflieger legitimiert sich nicht nur als Professor für Design, er ist sogar noch Segelflugweltmeister. Ansonsten streichen Männer in ihrer knappen Freizeit die Wände, schneiden die Gartenhecke, informieren sich über den Bau eines Eigenheims, prüfen den Wert ihrer Münzsammlung und spielen mit den Kindern – sie müssen es schließlich tun, die Reklamefrauen haben mit Kindern nichts im Sinn.

Eine Anzeige illustriert das Verhältnis von Mann und Frau in der Werbung vortrefflich: Er, der berühmte Schauspieler, zeigt ein Bündel Geldscheine vor, und sie, seine namenlose Ehefrau, das Foto, das sie vom fleißigen Ehemann gemacht hat. Soweit die Bilder der Werbung im ›Stern‹.

Das Fazit ist eindeutig: Männer arbeiten, Frauen beschäftigen sich.

Ist das ein Abbild der sozialen Realität? Um einer Antwort näherzukommen, einige Daten: 1980 waren 38 Prozent der arbeitenden Bevölkerung Frauen. 21 Prozent der Selbständigen sind Frauen, 86 Prozent der mithelfenden Familienangehörigen sind Frauen, 13 Prozent der Beamten sind Frauen, 52 Prozent der Angestellten sind Frauen, 28 Prozent der Arbeiter sind Frauen.[6] Nur 18 Prozent der Frauen zwischen 15 und 60 Jahren waren nie berufstätig;[7] stellt man in Rechnung, daß sich viele der Jüngeren noch in Ausbildung befinden, reduziert sich der Anteil der Nie-Berufstätigen weiter um rund 10 Prozent.

Bei den Leserinnen des ›Stern‹ ist der Anteil der berufstätigen und der besser ausgebildeten Frauen besonders hoch. Deshalb charakterisiert sich der ›Stern‹ in einer verlagsinternen Publikation als Zeitschrift »vor allem für die jüngeren, in jedem Fall aber die aktiveren Frauen, die z. B. im Berufsleben stehen oder gerade aus dem Berufsleben kommen«. Und 12 Prozent der Leserinnen haben Abitur oder Hochschulabschluß; bei den Lesern sind es 17 Prozent.[8] Kein fundamentaler Unterschied, vielleicht haben es die Werbemacher nur noch nicht gewußt?

Frauen in den Anzeigen einer Frauenzeitschrift

Einige Daten über die Leserinnen der Zeitschrift ›Brigitte‹: 56 Prozent sind berufstätig oder in Berufsausbildung. 34 Prozent haben Mittelschulabschluß, 11 Prozent Abitur oder Hochschulabschluß. 39 Prozent haben Kinder unter 14 Jahren im Haushalt. Und 60 Prozent der ›Brigitte‹-Leserinnen dürfen ein Auto selbst steuern: Sie besitzen einen Führerschein.[9]

Die Inaktiven:
Zuerst fällt auf, daß in ›Brigitte‹ Anzeigen mit Frauen in passiver Haltung und ohne aktivitätssignalisierende Requisiten besonders häufig sind. 31 Frauen sind so »neutral« dargestellt. Dennoch erlaubt ihre Kleidung Rückschlüsse auf ihren Lebensstil, insbesondere auf ihren gesellschaftlichen Status. Fast die Hälfte der neutral-passiven Frauen sind in edle Stoffe, in Seide, Chiffon, Stickereien gehüllt, von Schleifen, Rüschen und Volants umgeben. Auch bei schlichteren Modellen lassen tiefe Dekolletés und kostbarer Schmuck keine Assoziation zu Berufskleidung aufkommen. Mit jener bestechenden Eleganz, die den Garderobevorschriften der Garden-Parties der Queen gemäß ist, werben diese Damen für Kosmetik/Schuhe/Unterwäsche/Parfüm/Damenbinden/Waschpulver.
Die anderen passiven Frauen und Mädchen tragen Freizeitkleidung – und werben für Kosmetik/Schlankheitsmittel/Mode/ein Handarbeitsjournal. Kleidung, die eine Frau auch im Büro tragen kann, tragen nur drei Frauen, und die sind alle auf der selben Anzeige zu sehen (Versandhausmode).
Als stilisierte Frauendarstellungen werden zwei traumverlorene, von Blüten umgebene Mädchen gezeigt; ein Frauenkopf entsteigt einem Wasserfall. Zwei Frauenköpfe und ein Waschpulverpaket sind wie auf einer Spielkarte angeordnet (Parfüm/

Kosmetik/Waschpulver). Von zwei Damen ist nur das schön gefärbte Haar oder sind nur die schön gefärbten Lippen und Fingernägel zu sehen (dafür werben sie auch).

Fünf Frauen sind, soweit das Foto jeweils blicken läßt, unbekleidet. Diese Nacktheit versucht sich artig zu legitimieren – wir sehen Produktanwendung: Eine Dame, als Ganzakt zu sehen, schrubbt mit der umworbenen Massagebürste eifrig den Oberarm; eine liegt unter der Heimsonne. Eine andere trägt, der besseren Produktdarstellung wegen, nichts als eine Strumpfhose. Je eine Nackte führen die Vorteile einer Schönheitsoperation, eines Schlankheitsgerätes, einer Dusche vor Augen. Eine Frau mit ernstem Gesicht, nackt bis zum Bauchnabel (?!), wirbt für Verhütungsmittel.[10]

Die Aktiven:

Sucht man nach Aktivitäten, findet man auch in ›Brigitte‹ die Frauen unterwegs. Am Strand, mit tropischen Drinks in der Hand und Blüten im Haar ist dreimal ein Mädchen zu sehen (Limonade/Likör/Badezusatz). Zwischen den Nymphen auch eine realistisch anmutende Person: Eine dicke, ältere Frau im Bikini sitzt lachend im Liegestuhl. Aber dieses Bild ist als zerfetztes Foto montiert, als abschreckendes ›So-nicht‹-Beispiel und ist eine Anzeige für Schlankheitsmittel. Ein Paar wandelt in Badebekleidung unter Palmen, ein anderes an einem anderen Strand ist wärmer angezogen (Reisejournal/Bekleidung). Eine einsame Dame weilt noch zu später Stunde am Meer und ist entsprechend kostümiert: Sie trägt ein großes Abendkleid (Parfüm).

Damen im Abendkleid begegnen noch oft: Eine schlendert in dramatischer Aufmachung, verfolgt von den erstaunten Blicken eines Mannes in Bürokluft, durch die Einkaufspromenade. Eine läßt sich in einer Luxuslimousine chauffieren; eine im kostbar edlen Spitzenkleid in einem alten Kahn (Parfüm). Eine tanzt partnerlos für Süßstoff. Ebenfalls beim Tanzen und ebenfalls im Abendkleid sind vier Mädchen im Supermarkt zu sehen. Neben den Mädchen ein Herr im schlichten weißen Kittel mit vollbeladenem Einkaufswagen – der Leiter des Supermarktes, in dem es die beworbenen Strumpfhosen zu kaufen gibt.

Wichtige weibliche Beschäftigung ist der Schaufensterbummel: In dezenter Aufmachung oder sportlich lustig sind sechs Frauen bei dieser Aktivität vorgeführt (Badezusätze/Kosmetik/Schlankheitskost). Vier Frauen sitzen im Café (Touristik).

Zwei Paare stehen für Sonnenbrillen beziehungsweise Reisebücher Reklame. Das Reiseführerpaar ist auffallend, weil ungewöhnlich für die Werbung: Beide Partner sind älter als 25 Jahre.

Beim Jogging sieht man drei Frauen, eine davon eine echte Olympia-Sportlerin, und ein Paar (Unterwäsche/Süßstoff/Schlankheitsgerät). Vier Frauen und ein Paar bummeln über Wiesen und Felder (Romane/Kosmetik/Seife). Die Notwendigkeit eines Vitaminpräparats demonstriert eine hochelegante Dame mit Kindern im Boot – die einzige Anzeige im Heft, die eine Frau mit Kindern zeigt!

Häusliches Frauenleben:

Soweit also das Leben draußen – auch in den ›Brigitte‹-Anzeigen hat es ausschließlich Freizeitcharakter, von Arbeitswelt keine Spur. Was tun nun die Frauen zu Hause? Sie trinken Kaffee (Dosenmilch/Süßstoff/Kaffee/Kaffeesurrogat). Eine Kaffeereklame zeigt eine Frau im Gartensessel, in der oberen Ecke der Anzeige ist das Bild eines Kaffeepflückers bei der Arbeit eingeblendet. Zwar ist Kaffeepflücken typische Frauenarbeit, aber wäre eine arbeitende Frau zu sehen, würde wohl die Werbewelt ins Wanken geraten.

So sind die beiden professionell charakterisierten Frauen – die Olympia-Sportlerin und eine ältere Hebamme – je zweimal unprofessionell zu sehen: die Sportlerin zuerst beim Jogging, die Hebamme zuerst schlafend. Dann beide beim Kaffeetrinken.

Würde man aus der Werbung Rückschlüsse auf häusliche Aktivitäten ziehen, wäre eindeutig, daß sich Frauen zu Hause vorwiegend im Badezimmer aufhalten. Bei der Pracht der anzeigenüblichen Badezimmer ist das nur verständlich: Aufwendige Blumenarrangements, goldene Wasserhähne, flauschige Teppiche und Marmorwannen sind Standardausstattung der drei Quadratmeter großen Naßzelle unserer Alltagsrealität. Hier sitzen die Damen im Schaumbad oder lagern im Abendkleid vor der Marmorwanne, räkeln sich auf dem Fellteppich, betrachten sich in Kristallspiegeln (Kosmetik/Badezusatz/Schlankheitsgerät / Schlankheitskost / Unterwäsche / Handtücher).

Eleganz aber auch in den anderen Räumen: Eine noble Dame posiert auf noblem Sofa (Kosmetik). Eine andere sitzt an der rosengeschmückten Frühstückstafel auf der Terrasse eines Schlosses –, offensichtlich die Besitzerin des Anwesens (Kosmetik). Eine ebenfalls festlich gekleidete Frau zündet die Kerzen auf einer ebenso festlichen Kaffeetafel an (Küchengeräte). Als Höhepunkt der Darstellungen häuslicher Welt eine Dame im Bett. Ein Luxusgeschöpf wie aus einem Roman des 19. Jahrhunderts; zu ihrer Charakterisierung gibt es nur den antiquierten Begriff ›Kurtisane‹ – unsere Zeit kennt keine entsprechende Bezeichnung, weil keine Entsprechung in der Realität. Neben ihr auf den seidenen Kissen ruht ein ebenso luxuriöses Katzentier. Hinter dem Bett, vor schweren gerafften Seidenvorhängen, die antike Bronzeplastik eines Götterboten. Weitere aufregende Requisiten auf dem Marmortisch im Vordergrund: Straußenfedern, Spiegel mit goldenem Rahmen, ein Parfümflakon, eine schwarze Perlenkette, ein Revolver und fünf Spielmarken im Gesamtwert von 250 000 Franc (Parfüm).

Und dann gibt es noch eine Anzeige, die echte Alltagssorgen vorführt: Eine zerknittert dreinblickende Dame, die das obligate Reinseidene trägt, hält ein zerknittertes Hemd in der Hand. Der Slogan dazu: »Machen Sie Schluß mit dem lästigen Hemdenbügeln.« Na also, Arbeit – das muß doch nicht sein.

Weibliche Hobbykultur in der Werbung

Wenn die Hobbykultur in der Frauenzeitschrift gemäßigter, billiger ist als im männerorientierten ›Stern‹, liegt das keineswegs an einer Abstimmung auf die sozialen Verhältnisse. Der sagenhafte Aufwand an Kleidung und Schmuck der Vorführerinnen ist von den finanziellen Möglichkeiten der ›Brigitte‹-Leserinnen weit entfernt. Die Beschränkung der Freizeitaktivitäten hat eine andere Ursache: die Abwesenheit von Männern. Wo Männer fehlen, gibt es keine Yachten, keine Golfplätze, nicht einmal Autos.

In dieser ›Brigitte‹-Ausgabe sind nur drei Anzeigen mit der Darstellung eines Mannes: ein Heer im Smoking (Zigaretten), ein Junge in Unterwäsche (Unterwäsche). Und dann der Herr im Anzug mit Aktenkoffer, der sich anschickt, die Tür seines Autos zu öffnen (die einzige Anzeige für Autos in diesem Heft). Das Auto ist ein Kleinwagen, ein typisches Frauenauto, aber dieses Thema – noch dazu unter dem Slogan »Vernunft hat Aufwind« – ist in der Werbung für Frauen eben tabu. Die Herren Marketing-Strategen mögen selbst nachschlagen, wie viele Frauen nicht nur Auto fahren, sondern auch ihren Wagen selbst finanzieren.

Fazit: Weibliche Aktivität ist in der Werbung erst dann erlaubt, wenn Männer ins Bild kommen oder die Aktivität auf Männer bezogen werden kann. Frauen sind nur als Begleitpersonal zugelassen. »Trotz mancher Einschränkungen – und mit der Schwächung der patriarchalischen Tradition sind deren mehr und mehr geworden – gilt noch immer die allgemeine Regel, daß eine Frau nur im Interesse ihres Herrn konsumieren darf«, Thorstein Veblen machte diese Feststellung – im Jahre 1899.[11]

Die Wirklichkeit der Hausarbeit ...

Die Frauen der Reklamewelt haben keinen Beruf, keine Kinder, viel Geld und viel, viel Zeit. In ihrer Studie ›Die Wirklichkeit der Hausfrau‹ recherchierte Helge Pross 1975, daß lediglich 5 Prozent der Hausfrauen keine Kinder zu versorgen haben. Und das sind vor allem ältere Frauen. Fragt man Hausfrauen, wie sie ihre Zeit verbringen, behaupten sie, mit Kochen, Backen, Waschen, Bügeln, Nähen, Abspülen, Putzen, Einkaufen so beschäftigt zu sein, daß ihnen überhaupt keine Freizeit bleibe. Die Untersuchung von Pross ergab folgende Durchschnittszeiten pro Woche: Es entfallen auf die Herstellung von Mahlzeiten 15 Stunden; Betten machen, Aufräumen und tägliches Säubern der Wohnung 13 Stunden; Geschirrspülen und Aufräumen der Küche 8,5 Stunden; gründliches Wohnungsputzen 6,5 Stunden; Einkaufen 3 Stunden; Waschen 2,5 Stunden; Bügeln 2 Stunden. Das sind 50,5 Stunden. Die Arbeit der Hausfrau besteht aber nicht nur aus der Versorgung des Haushaltes. Zuerst kommen die Kinder. Zwei Kinder hat die deutsche Hausfrau im Durchschnitt, also einen Vier-Personen-Haushalt zu versorgen. Und sie macht das alleine. Das bedeutet, daß ihr Alltag durch die Kinder determiniert ist, durch Kindergarten und Schulunterrichtszeiten. Die Kinder beanspruchen wöchentlich rund 21 Stunden Arbeitszeit. Da manche Arbeiten parallel gemacht werden können (zum Beispiel Bügeln und bei den Schularbeiten helfen), reduziert sich die Gesamtarbeitszeit der Hausfrau auf nur (!) 60 Stunden.[12]
Von diesen Frauen, es sind in der Bundesrepublik rund 10 Millionen, war in den Anzeigen bisher nichts zu sehen.
Und bei den Anzeigen, auf denen Frauen zu sehen waren, ist der typische Haushaltskonsum, sind die Lebensmittel, die Putzmittel, die Haushaltsgeräte nur am Rande vertreten. Das untersuchte ›Brigitte‹-Heft enthält aber viele Anzeigen für diese Produkte. Nur geschieht hier etwas Merkwürdiges – geradezu Magisches ...

... und die Hausarbeit in der Werbung

Siebenmal sind gedeckte Tische mit Blumensträußen, noblem Porzellan oder goldenen Tellern und gestickten Servietten zu sehen. Das ist der Rahmen für die üppig und liebevoll dekorierten Eiscremes, Desserts, den Käse. Selbst eine schlichte Brotscheibe ist mit fein gerillten Butterflöckchen veredelt. Sechsmal ist aufwendig angerichteter Salat zu sehen, über den nicht sichtbare Hände Salatsauce gießen. Gläser füllen sich mit Wein. Auch eine Möbelanzeige zeigt die gedeckte Kaffeetafel, aber niemand ist zu sehen. Wo sind die Frauen?

Stehen sie etwa den ganzen Tag in der Küche? Eine Anzeige, die den Blick auf die ganze Küche freigibt, zeigt Gemüse im Spülbecken, einen Korb mit gewaschenen Kartoffeln, auf der Arbeitsplatte liegt ein benutztes Mixgerät, der Mülleimer ist geöffnet ... Aber wer das Gemüse wäscht, wer den Abfall beseitigt, bleibt Geheimnis. Die gleiche Situation überall: Geöffnete Geschirrspülmaschine, Töpfe mit dampfendem Braten, daneben liegen noch die Topflappen – und alles ist menschenleer.

Nur eine doppelseitige Anzeige, die auf einer Seite einen geöffneten Backofen und darin Bleche mit Kuchen zeigt, weist indirekt auf eine Frau. Sie zündet auf der anderen Seite der Anzeige die Kerzen auf der Kaffeetafel an. Aber eine Hausfrau, die selbst backt, ist diese elegante Dame des Hauses kaum. Sie läßt backen. Aber von wem? Eine Anzeige für Fisch gibt auf die Frage ebenfalls keine Antwort, aber wenigstens einen Hinweis auf den Verbleib der Hausfrau: Auf einer wie üblich üppig dekorierten Tafel stehen Schüsseln mit ebenso üppig dekoriertem Fisch. Neben einem der Teller liegt ein Foto: Es zeigt eine Frau im Bikini am Strand ...

Wer macht denn nun die Hausarbeit? Auf diese Frage gibt die Werbung zwei Antworten: Da wird beispielsweise auf der Anzeige für einen Staubsauger demonstriert, wie Kuchenkrümel vom Tisch und Staub vom Regal entfernt werden können. Bedient wird das Gerät von Männerhand. Und im vorliegenden Heft erscheint als im Haushalt tätige Person noch ein gezeichneter Koch. Aber die Darstellungen von männlicher Hausarbeit sind dezent.[13] Sie sollen nicht überbewertet werden. Die Werbemacher mögen den Männern nicht die Hausarbeit aufbürden. Die eigentliche Botschaft der Werbung ist diese: Hausfrauen, die arbeiten, sind selbst schuld. Sie kaufen die falschen Produkte. Denn die richtigen, die dargestellten Produkte, machen alles allein.

Es ist erstaunlich, wie viele Haushaltsgeräte in der Reklame durch die Luft schweben und dabei eifrig ohne menschliches Zutun bügeln, schneiden und rühren. Im Text zu einem Gerät, das ganz allein Schinken schneiden kann, ist in Klammern verschämt angemerkt, daß die Kindersicherung »nicht nur Kinderhände« schütze. – Wessen Hände aber sonst noch, wagt man nicht zu sagen. Und der Slogan dazu: »Wie schön, daß Sie jetzt nur noch einen Finger zu rühren brauchen, um ganze Handarbeit zu leisten.« – Nur ein Finger, da ist die Hausfrau wirklich überflüssig.

Sobald eine schmutzige Suppentasse ins Bild kommt, ein verschmiertes Mixgerät, Nähutensilien oder nur eine Staubsaugertüte zu sehen ist – wo immer von Arbeit gesprochen wird, da sind die Frauen ganz schnell von der Bildfläche verschwunden. Also spült das Geschirrspülmittel »selbsttätig«, erfordert die Zubereitung des Desserts keine Arbeit, sondern »nur wenige Minuten«, das lästige Staubsaugen übernimmt eine lustige Comic-Figur, und wer »wäscht alles auch im Handwaschbecken«? Die Hausfrau etwa? Nein, das Waschpulver natürlich.

Soweit die Darstellungen des modernen Frauenlebens in der Werbung.[14] Eine Widerspiegelung der Gesellschaft ist nirgendwo sichtbar geworden. Vielmehr bemüht sich die Werbung nach Kräften, die Realität zu verschleiern.

Die Wirkung frauendiskriminierender Werbung

Die Diskussion um die Wirkung solcher Werbung beginnt beim Stichwort ›Eskapismus‹. Die meisten Werber (alle, die solche Anzeigen konzipieren) behaupten, daß diese Bilder des schönen Scheins die Frauen ansprechen, weil Frauen eigentlich gar nicht in der Realität leben wollten, sondern in einer Welt der Träume, eben in jener Werbewelt. Und immer wieder wird gemunkelt, daß hinter diesen Bildern von müßigen Frauen und den merkwürdigen Szenarien menschenleerer Haushalte jene geheimnisvollen Manipulationskonzepte stehen, die die Werber allemal wie des Kaisers neue Kleider verkaufen. Denn sie geben zwar bereitwillig zu, daß das, was man sieht, unbestritten einfältig, langweilig ist, aber – es hat schon fast naturgesetzlichen Charakter – wer solche Darstellungen zu kritisieren wagt oder sich auch nur wundert, gehört niemals selbst zur Zielgruppe. Statt dessen wird jeder Kritiker jedesmal darauf verwiesen, daß Tests einwandfrei bewiesen hätten, daß gerade diese Dame mit gerade dieser Seidenbluse bei der angepeilten Zielgruppe einen wahnsinnig starken Identifikationswert, Wiedererinnerungswert oder sonstige raffinierte Werte habe. Leider müssen all diese Tests ihrer ungeheueren Brisanz wegen streng geheim bleiben.

Die Tests sind geheim (auf ihre Machart komme ich noch zurück), die Ergebnisse jedoch öffentlich. Was spricht dagegen? Zuerst die Realität der Verbraucher. Natürlich will jede Frau so schön, so reich, so elegant sein wie die Reklame-Damen. Das soll nicht bestritten werden. Aber jede Frau weiß auch, daß sie es durch den Kauf eines Reklamebildes nicht wird. Es besteht schon ein Unterschied zwischen der Kenntnis eines allgemein wünschenswerten gesellschaftlichen Status und dem Vergessen der eigenen Realität. Oder glauben die Eskapismus-Gläubigen wirklich, daß sich all die Sekretärinnen, die Verkäuferinnen, die Textilarbeiterinnen, die Zimmermädchen und Putzfrauen, die Lehrerinnen, die Bank- und Versicherungskauffrauen, die Krankenschwestern insgeheim als Jet-set-routinierte Großgrundbesitzerinnen von Uralt-Adel imaginieren und darüber ihre realen Lebensverhältnisse vergessen? Und glauben sie, daß alle Mütter ihre Kinder insgeheim weit weg wünschen, weil Kinder in der Werbung nicht vorkommen?

Der andere Einwand gegen diese Art von Werbung ist die Erfahrung der Werbepraxis. Trotz enormer, jährlich wachsender Etats wird die Werbung immer wirkungsloser. In einer internen Jubiläumsschrift von Troost Campbell-Ewald, einer der größten deutschen Werbeagenturen, zitiert Geschäftsführer Jürgen Stöhr Ergebnisse einer internationalen Studie über Wirkung von Werbung bei Frauen.[15] Untersucht wurde die Wahrnehmung von Werbung aus 16 Produktgruppen, festgestellt wurde: »In den meisten der 16 untersuchten Produktgruppen sind 55 % bis 70 % der Werbekampagnen austauschbar. Oder nur 30 % bis 45 % sind wirksam im Sinne der Ziele.« Das heißt, ein Großteil der Werbung wird überhaupt nicht wahrgenommen (und man kann bei diesen Zahlen annehmen, daß sie für die Werbung noch schmeichelhaft sind). Stöhr gibt das Versagen der Werbung offen zu: »Die Verbraucher haben gute Gründe, von Werbung verärgert und gelangweilt zu sein. Und dabei geht es keinesfalls um zementierte Vorurteile. Die Werbung selbst läßt nichts unversucht, das Unbehagen der Verbraucher ständig zu nähren; auch das spielen uns Untersuchungen immer wieder zurück.«

Stöhr deutet an, wo die Schuldigen zu finden sind; er fragt: »Können es sich die Unternehmen und Werbeagenturen in Zukunft leisten, die Forschung als Alibi zu betrachten und Forschungsergebnisse als Brücke zwischen Selbstgefälligkeit und Selbstbestätigung zu akzeptieren, wohl wissend, daß dadurch allzu oft jede schöpferische Initiative im Keim erstickt wird?«

Die Forschungsfeindlichkeit der Werbung ist für Branchenfremde kaum vorstellbar und unerklärlich. Auf allen Gebieten wird geforscht, um neue Ideen, neue Lösungen zu finden, ist Forschung Synonym für Kreativität. Allein in der Werbung, da soll es anders sein, da gilt das Motto »Tests killen Kreativität« oder, kreativ formuliert, »Trotz toller Texter testen Tester Texte tot«.[16] Die Klage, Forschungsergebnisse seien »Brücke zwischen Selbstgefälligkeit und Selbstbestätigung«, ist aufschlußreich. Diese »Forschungsergebnisse« sind nämlich eine elegante Umschreibung für die werbetypische (psychologisch verbrämte) Massenverachtung und die Überzeugung, selbst zur Elite – jedenfalls der des guten Geschmacks – zu gehören; das zu beweisen ist das wahre Ziel der sogenannten Forschung. Die Argumentation ist simpel: Was vielen gefällt, kann nicht gut sein, weil nur wenige einen guten Geschmack haben. Anzeigen, die getestet werden, werden am Kriterium der Mehrheit gemessen, und deshalb wird zwangsläufig der durchschnittliche Massengeschmack gekürt. Auf dieser Basis weiß der Werber, was er zu tun hat, wenn ein Test droht: Er produziert Massengeschmack. Wie der aussieht, weiß jeder. Man muß nur eine Illustrierte aufschlagen.

Dieses Denkschema, kombiniert mit konservativer Frauenverachtung, bringt die sattsam bekannten Resultate. Wie die Tests selbst aussehen? Man zeigt testenden Frauen beispielsweise fünf Damen in fünf verschiedenfarbigen Seidenblusen und fragt, welche der Damen am sympathischsten wirke. Oder etwas umfassender: Man zeigt fünf Damen in fünf verschiedenfarbenen Seidenblusen mit fünf verschiedenen Haarfarben und fragt, mit welcher man sich am ehesten identifizieren möge. Oder, wenn der Test sehr aufwendig sein darf: Fünf Damen in fünf verschiedenfarbenen Seidenblusen mit fünf verschiedenen Haarfarben, die fünf verschiedenen Männern zu Füßen lagern ... Exakt bis auf zwei Stellen hinter dem Komma ist dann bewiesen, daß beispielsweise 43,85 Prozent der Testfrauen das dunkelhaarige Fotomodell mit der rosaroten Bluse, die den blonden Herrn ergeben anhimmelt, als sympathisch-weiblich wahrnehmen. Und das wollte man ja wissen. Eine Anzeige mit der Darstellung einer berufstätigen Frau oder die Sensation einer Frau am Steuer, die freilich wird auf ihren Werbewirkungswert erst gar nicht getestet. Das liegt nicht an den Forschern – für die Werber ist eine solche Anzeige unvorstellbar.

Stöhrs Kritik an der langweiligen Werbung ist ein Plädoyer für mehr kreative Freiheit der Werbemacher. Aber die Kampagnen von beispielhaft ungezügelter Kreativität, die in dieser Broschüre dann vorgeführt werden, zeigen wahrhaftig nichts Neues. Sowohl bei Berufsarbeit wie bei der Hausarbeit sind auch hier nur Männer zu sehen, die Damen sind wie üblich nur in der Freizeit beschäftigt. Sehr schön ist eine Anzeige von Troost Campbell-Ewald zum Thema Jugendkriminalität – sechs junge Männer zeigen Requisiten ihrer Aktivitäten vor: ein Moped, einen Fußball, eine Gitarre, einen Motorrad-Helm, einen Judo-Anzug und ein Mädchen. Wie die anderen Requisiten ist auch das Mädchen ihrem Besitzer zu Füßen gelagert, dem Jungen, der »mit ihr geht«, wie der Text erläutert. Zwischen den Jungs sind auch zwei Mädchen, Freundinnen, zu sehen. Sie haben – außer sich selbst – nichts vorzuweisen. Das heftige Bemühen um Originalität hat bei Troost Campbell-Ewald sogar dazu geführt, daß eine echte Mutter mit ihren Babys in einer Anzeigenkampagne vorgestellt wird. Dieses sensationelle Ereignis bedarf aber auch einer sensationellen Legitimation: Die gepflegte Frau L. aus N. hat Vierlinge! Obwohl sie, laut Anzeigentext, viermal so gut sein muß wie andere Mütter, kann sie dank der XY-Windel nachts ruhig schlafen. Das schaffen andere Mütter nicht einmal bei einem Baby … Soweit die Beiträge der Kreativen.

Statt über die Forschung zu jammern, die angeblich nur dem Massengeschmack Vorschub leistet, wäre es sinnvoller, die Werber würden einmal ihre eigenen Vorstellungen überprüfen. Kein Test kann die Realitätstauglichkeit der Rezipienten erweisen, wenn die Realität von vornherein ausgeklammert wird. Der Marktforschungsberater Peter Landgrebe über das Wissen der Werbemacher: »Es wird soviel über Werbung gequatscht, aber in Wirklichkeit wissen die doch gar nicht, was sie tun.«[17] Sie wollen es auch gar nicht wissen, die Angst der Werber vor Werbeerfolgskontrollen ist panisch, ihr bequemer Mythos steht auf dem Spiel. Denn: Eine Erfolgskontrolle, das wäre die Frage nach der Akzeptanz der Verbraucher.

Fazit für Werbekritiker

Eine Kritik an den Frauendarstellungen der Werbung, die sich auf Kritik am Sexismus dieser Werbung beschränkt, greift zu kurz. Frauen werden nicht nur als Sexobjekte abgestempelt, sie werden als neue Klasse fauler, verschwendungssüchtiger Müßiggängerinnen diskriminiert. Diese Diskriminierung ist unsichtbar, sie zeigt sich da, wo Frauen nicht zu sehen sind, denn die Botschaft der Werbung an die Frauen heißt: Frauen haben im Beruf nichts zu suchen und zu Hause nichts zu tun.

Was ist dagegen zu unternehmen? Natürlich ist es richtig, solche Werbung zu kritisieren.[18] Aber die Werbekritiker sollten auch die Tatsache der zunehmenden Ineffizienz solcher Werbung in die Diskussion bringen. Ihr Glaube an das Absichtsvoll-Ausgeklügelte der Werbung ist verständlich – Milliarden Werbemark können nicht irren, denken sie und suchen unermüdlich weiter nach den Manipulationstricks –, aber dieser Glaube ist gefährlich. Beispielsweise sieht Inge Sollwedel in ihrer Kritik an der frauendiskriminierenden Werbung hinter der standardisierten Langeweile »systematische Methoden« und erklärt sich die Wirkung so:

»Hausfrauen, die häufig abgekapselt von der Außenwelt leben, empfinden die kollektive Geringschätzung als individuelle Mißachtung. Deshalb benutzen sie gerne Repräsentationsartikel, die gesellschaftlich als Leistungsausdruck gelten. Die flotten Karrierefrauen der Illustriertenwerbung wenden sich daher weit mehr an die Zielgruppe Hausfrauen als an die tatsächlich erwerbstätige Frau. Während diese mit der Doppelbelastung meist deutlich erfährt, mit welchen Opfern Sozialprestige erkauft wird, soll für Familienmütter der Statusneid als kräftiges Zugpferd dienen. Außerdem gilt immer noch die alte Regel: Nur ausgeruhte Frauen kaufen viel.«[19]

Es klingt zwar plausibel – nur benötigt man zum Kauf prestigeträchtiger Repräsentationsartikel erst in zweiter Linie ein ausgeruhtes Gemüt. Zuerst braucht man Geld, über das man allein und frei verfügen kann. Das gerade aber ist bei Familienfrauen knapp. Das Ärgerliche an solcher Werbekritik ist, daß sie auf Kosten der Frauen geht. Man tut so, als kauften die (andern) Frauen aus Langeweile und Verschwendungssucht in beliebigem Überfluß und seien jederzeit bereit, alles, was über den realen Bedarf hinausgeht, wegzuwerfen, um es bei der nächsten Versuchung für teures Geld neu anzuschaffen. Solche Werbekritik hat wenig Sinn, weil sie nur die Verachtung der Konsumenten, die die Grundlage des Denkens der Werbung ist, verstärkt.

Es hat auch wenig Sinn, wenn Frauen jammern, daß ihr Selbstbild durch diese Werbung beleidigt würde. Wenn solche Argumente eine Resonanz haben, dann ohnehin die falsche: Frauen sind keine hilflosen Opfer, die den Gesetzgeber um Schutz vor der Waschmittelreklame anflehen müssen. Viel effektiver ist es, Produkte mit frauendiskriminierender Werbung zu diskriminieren. Unternehmer sind äußerst hellhörig, wenn der Absatz stagniert. Nie sind sie einsichtsvoller als beim Anblick sinkender Umsatzkurven. Fraueninitiativen rufen schon seit langem zum Boykott von Produkten mit sexistischer Werbung auf. Man kann noch mehr tun. Beispielsweise von Firmen mit entsprechender Werbung Gratisprospekte anfordern. Warum? Diese Werbemittel kosten die Unternehmen viel Geld (und das Porto für die Bestellung bezahlen sie auch). Auf der jedem Prospekt beiliegenden Antwortkarte (für die das Unternehmen wiederum das Porto bezahlt) kann man dann der Firma mitteilen, daß man Produkte mit sexistischer Werbung grundsätzlich nicht kauft. Fraueninitiativen haben so schon manchen Unternehmer zur Änderung seiner Werbung »motiviert«.[20]

Frauen können solche Werbung nicht abschaffen, indem sie in ihrer Kritik mühsam Argumente für diese Werbung suchen – sogar noch dazuerfinden, es genügt ein Gegenargument: die Weigerung, Produkte mit frauendiskriminierender Werbung zu kaufen.

Fazit für Werbepraktiker

Auf die Frage, welche Theorien und Erkenntnisse über Werbewirkung nun wirklich hinter diesen Anzeigen stehen, läßt sich eine Antwort in zwei Worten geben: überhaupt keine. Das Hochglanzpapier der Werbung spiegelt nichts wider als die Vorurteile der Männer, die solche Werbung machen. Das Werbefachblatt ›W & V‹ veröffentlicht in jeder Ausgabe ein Beispiel sexistischer Werbung, ohne Kommentar, einzig aus dem Grund, weil die Leser dieser Zeitschrift, die Werber, diese Pinups persönlich schätzen. Von den spektakulären Manipulationstricks ganz zu schweigen – hinter all diesen Anzeigen steht nicht einmal eine durchdachte Kommunikationsstrategie. Das ist eine harte Kritik, aber sie ist durchaus berechtigt. An wen diese

Kritik speziell zu richten ist, ist auch eindeutig. Denn der beliebte Einwand, frauendiskriminierende Werbung würde ja auch von Frauen gemacht, ist nur eine ironische Aufhebung der Trennung von Hand- und Kopfarbeit. Zwar gibt es viele Frauen, die in der Werbung arbeiten, teils sogar »verantwortlicher«, kaum aber in entscheidungsbefugter Position. Im Jahrbuch der Gesellschaft Werbeagenturen (GWA), in dem Geschäftsführer und leitende Mitarbeiter der Agenturen genannt werden, tauchen Frauen nur dann auf, wenn auch die Leitung der Buchhaltung zu den gehobenen Positionen gerechnet wird.[21] Die Männer also sollten sich fragen, wie sie darauf reagieren würden, wenn ihre Arbeit als unnötig bezeichnet wird. Wer glaubt schon, durch eine Anzeige, auf der eine Gattin froh verkündet, dank des XY-Gerätes habe ihr Mann nun gar nichts mehr zu arbeiten und könne den ganzen Tag vertrödeln, sei irgendein Mann zum Kauf zu motivieren – bedeutet doch Zustimmung zu diesem Werbeversprechen das Eingeständnis der eigenen Nutzlosigkeit.

Analysiert man Werbung nicht anhand einzelner Anzeigen (wie es auch in den Tests gemacht wird), sondern in ihrer Gesamtheit, so merkt man, wie wenig man davon bei normaler Betrachtung tatsächlich zur Kenntnis nimmt. Und das ist auch gut so. Denn so ärgerlich wie die borniert Darstellungen der Frauen ist die unendliche Langeweile, die diese Werbung auf jeder zweiten Zeitschriftenseite verbreitet. Für mehrere Analysen[22] habe ich Hunderte von Anzeigen gelesen, keine hat mich amüsiert, keine fasziniert. Das waren auch Anzeigen für Produkte, die ich selbst kaufe – zweifellos trotz der Werbung, denn die war mir zuvor nie aufgefallen.
Der Werbepapst Rosser Reeves sagt über solche Werbung, die Produktinformation durch die Bilder schöner Frauen ersetzt, daß ihr Erfolg nicht in der Umsatzsteigerung des beworbenen Produktes bestehe, sondern in der Steigerung des Marktwertes der abgebildeten Fotomodelle.[23]
Für die Konsumenten läßt solche Werbung nur eine Schlußfolgerung zu: Wenn sich ein Produkt trotz einer Werbung, die nicht zur Kenntnis genommen wird, verkauft, oder sogar trotz einer Werbung, die allgemein abgelehnt wird, dann muß das Produkt sehr gut sein.
In Werbetests sollte man einmal diese Fragen stellen: Haben Sie schon mal eine Anzeige gesehen, die Sie amüsiert hat? Waren Sie jemals von Werbung fasziniert? Und wann – falls über-

haupt jemals – haben Sie sich mit den Personen oder der Botschaft einer Werbung identifiziert? Die Antworten wären ein erster Schritt zur Effektivierung der Werbung.

Der zweite Schritt: Eine zielgruppengerechte Ansprache ist nur möglich, wenn die Realität der Verbraucher(innen) zur Kenntnis genommen wird. Jeder Werber träumt davon, der Verbraucher möge sich mit dem von ihm beworbenen Produkt identifizieren. Um dieses Ziel zu erreichen, wird in den Agenturen ständig diskutiert, ob es der Werbekonzeption förderlich sei, wenn sich die Werbemacher selbst mit dem Produkt identifizieren. Die meisten sind dieser Meinung. Die Forderung jedoch, daß sich die Werbemacher mit der Zielgruppe identifizieren sollen, hört man nie. Dies aber ist unabdingbare Voraussetzung, um glaubwürdige – und das heißt effektive – Werbung zu machen. Eine Voraussetzung, die zudem in der Praxis einfach zu realisieren wäre, freilich aber an die Grenzen des möglichen Bewußtseins bei den Werbemachern stößt: Würden in den Agenturen anstelle all der Ludwig Müllers, die immer so genau wissen, was Lieschen Müller insgeheim will, mal die Agentur-Frauen selbst zu ernstgenommenem (!) Wort kommen, würde Werbung für Frauen also von Frauen gemacht ... aber hat es Sinn, in utopische Spekulationen zu flüchten?

Ein Beispiel dafür, wie man Werbung auch anders machen kann, gab 1980 der japanische Autokonzern Honda. Die größte amerikanische Frauenorganisation (NOW) lobte diese Anzeige als vorbildlich.[24] Zweiseitige Anzeigen waren links überschrieben: »Warum ein Mann einen Honda kauft.« Rechts hieß es: »Warum eine Frau einen Honda kauft.« Links und rechts waren 15 gleiche Argumente aufgeführt.

Teil III
Die Theorien der Praktiker

Früher hatten die Unternehmer Mut,
heute haben sie Marktforschung.
Neueres Sprichwort

9. Kapitel
Die Zielgruppentypologien

Die Differenzierung der Konsumenten

»*Ich bin* Kathleen.
Ich mag Autorennen. Runde Badewannen. Alles aus Seide.
Verrückte Sonnenbrillen. Lange Haare.
Ich mag nicht Nudistenclubs. Allein verreisen. Hausmanns-
kost. Trimmpfade.
Ich esse Französisch. Spanisch. Italienisch. Zu wenig kalorien-
bewußt.
Ich trinke Cuba Libre Sekt (schon mal vormittags). Nie Was-
ser.
Ich höre Frank Sinatra. Gerry Rafferty. Neil Diamond.
Ich nehme Für mein Haar Wellaflex Fön-Lotion und für die fer-
tige Frisur Wellaflex Fön-Haarspray.«

»Name: Hans G.
Alter: 35 Jahre
Hobby: Moderne Kunst und Jugendstil-Möbel
Lieblingsbuch: ›Herr der Ringe‹ von J. R. R. Tolkien
Lieblingsmusik: Reggae, Franz Liszt
Leidenschaft: Tennis auf Rasenplätzen spielen
Abneigung: Ampeln, die auf Rot stehen, Pauschaltourismus
Schwäche: Die Tennis-Rückhand
Traum: Einmal an der Ost-Afrika-Safari-Rallye teilnehmen
Motto: Lachen befreit
Cigarette: John Player Special.«

– Solche Werbung ist Zielgruppen-Werbung. So soll ganz ge-
zielt ein ganz bestimmter Konsumententyp umworben werden
– jene Leute, die sich in diesen Beschreibungen wiedererkennen oder gerne wiedererkennen würden. Praktiker, die auf der
Höhe der Zeit sind, reden nicht mehr von »den Massen«, sie
denken in »Zielgruppen«. In Hannelore Krollpfeiffers Roman
›Die Zielgruppe oder der alternative Lippenstift‹ sinniert eine

Werbefrau: »Zielgruppe. Die Zielgruppen. Irgendwie klingts immer nach Abschießen, oder? Ich habs mit vielen Zielgruppen zu tun gehabt in den zehn Jahren bei der Agentur, oje, was das alles für Zielgruppen waren. Die progressiven Hausfrauen zwischen 29 und 49 (...), die schicken Berufstätigen, die Schulkinder (...), die konservativen Hausfrauen zwischen 29 und 49, die unternehmungslustigen weiblichen und männlichen Senioren, die Katzenbesitzer, die Zierfischhalter, die Gebißträger, die Bausparer, die Leichtraucher. Manchmal seh ich jemanden auf der Straße und denke, welche Zielgruppe bist du? Gehörst du zu den fortschrittlichen Büstenhalter-Trägerinnen oder zur Zielgruppe der Wochenend-Hobby-Bäckerinnen?«[1]

Die Arbeit des Werbers beginnt bei der Definition der Zielgruppe, denn das ist die Antwort auf die Frage, wer das Produkt kaufen soll. Dann wird gefragt, wo die angepeilten Käufer am wahrscheinlichsten Werbung sehen: Gehen diese Leute oft ins Kino, sehen sie Fernsehwerbung, welche Zeitschriften lesen sie? Solche Überlegungen führen zur zielgruppenspezifischen Mediaplanung. Natürlich wird auch zielgruppengerecht getextet und gestaltet. (Wer das Werk eines Werbers zu kritisieren wagt, bekommt daher unweigerlich zu hören, daß er selbst nicht zur Zielgruppe gehöre – damit ist nicht nur jede Kritik entkräftet, dieser Verweis soll bedeuten, daß das Mißfallen des Kritikers als Qualitätsbeweis zu werten sei. Insider kritisieren deshalb nur im Namen »unserer Zielgruppe«.)

Das Denken in Zielgruppen entstand aus der Erfahrung, daß nicht alle Käufer dasselbe kaufen wollen. Diese Erfahrung kam mit der Fülle des Angebots, dem Wandel vom Verkäufermarkt zum Käufermarkt in der Nachkriegszeit. Die Werbung wurde gezwungen zu erkennen, daß die Masse der Verbraucher keine homogene Masse war. Die Differenzierung der Masse in Zielgruppen, das ist der erste Schritt, um auf individuelle Wünsche der Konsumenten einzugehen.

Nun hatte ja schon die Motivforschung den Anspruch erhoben, die individuellen Wünsche der Konsumenten entdeckt zu haben. Der schlimme Makel der Motivuntersuchungen – aus der Sicht der Absatzstrategen – ist jedoch, daß die Motivforschung die Ergebnisse ihrer Untersuchungen nicht quantifizieren kann. Denn einerseits, theoretisch, sehen die Motivforscher hinter den Wünschen der Konsumenten universale Strukturen, die sich bei jedem finden sollen und folglich keine Differenzierung zulassen; andererseits, praktisch, bringen die Untersuchungen eine Vielfalt individueller Verhaltensweisen zutage und damit die Gefahr, daß ein Einzelfall zur Käuferkategorie stilisiert und überschätzt wird. Repräsentative Daten über die Verteilung von Einstellungen, exakte Informationen über die Potentiale spezieller Märkte zu liefern, das versprach ein neuer Ansatz: die Zielgruppentypologie.

Zielgruppentypologien verzichten explizit auf jede Theorie über Ursachen des Verbraucherverhaltens, sie wollen die Frage nach den unterschiedlichen Präferenzen rein empirisch beantworten. Dies erfordert allerdings einen Aufwand an Forschung, den eine einzelne Werbeagentur nicht bezahlen kann. Die großen Zeitschriftenverlage übernahmen diese ausgabenintensive Aufgabe – als Serviceleistung für die Werbeagenturen, denn durch deren Anzeigen sind die Zeitschriften zum nicht geringen Teil finanziert. Mittlerweile werden von allen großen Verlagen Zielgruppentypologien ausgearbeitet, immer wieder aktualisiert und kostenlos an die Agenturen abgegeben. Aus dem Verlag Gruner + Jahr gibt es die ›Frauentypologie‹; von der Verlagsgruppe Bauer den ›Markenkompaß‹; von Burda die ›Typologie der Wünsche‹; von Springer die Reihe ›Märkte‹, um nur einige zu nennen. Hervorzuheben ist die Allensbacher Werbeträger-Analyse, ›AWA‹; sie erscheint jährlich, ist verlagsunabhängig und daher im Gegensatz zu den andern Typologien nicht kostenlos.

Alle Typologien enthalten umfangreiches Material über die Kauf-, Konsum- und Mediengewohnheiten der Bevölkerung. Ein Beispiel: Die 1980 erschienene ›Typologie der Wünsche‹, ein Werk der Burda GmbH, liefert Daten über den Kauf diverser Marken alkoholfreier Getränke bis zu Bestellungen bei diversen Versandhäusern, Daten über die Ausgaben für Wohnen und Einrichten, Urlaubsreisen, Haarpflege, Selbstmedikation, Knabbergebäck, Krafträder, Kosmetik ... Diese Typologie basiert auf über 8000 Interviews und der Auswertung fast ebensovieler Haushaltsbücher, die von Teilnehmern der Untersuchung geführt wurden. Die Konsumdaten werden in unzähligen Tabellen mit soziodemografischen Daten korreliert: mit Alter; Schulabschluß; der familiären Stellung; der beruflichen Stellung; dem Einkommen des Hauptverdieners; dem Haushaltseinkommen; der Anzahl der Verdiener im Haushalt; der Zahl der Kinder im Haushalt; der Größe des Wohnortes; dem Bundesland, in dem der Befragte wohnt; dem Nielsengebiet[2] und so weiter. Zusätzlich wird unterschieden zwischen männlichen und weiblichen Käufern; Käufern mit eigenem und ohne eigenes Einkommen; Haushaltsvorständen und Haushaltsführenden.

Zielgruppentypologien sollen nicht nur analysieren, was für spezielle Käufergruppen wichtig ist, sie sollen darüber hinaus dem Werber das Material liefern, um bei den Konsumenten individuelle Wünsche und Interessen anzusprechen und so eine positive Einstellung zum beworbenen Produkt zu schaffen. Deshalb werden zur Beschreibung der Konsumenten auch psychologische Kriterien integriert. Eine Auswahl aus den 22 Statements, mit denen in der Burda-Typologie 1980 »Persönliche Lebensansprüche« erfaßt werden:

– Attraktiv aussehen
– Modisch gekleidet sein
– Sich ständig fit halten
– Viel mit der Familie gemeinsam unternehmen
– Wertvolle Dinge besitzen
– Sich mehrere Hobbys leisten
– Einen gut sortierten Weinvorrat besitzen
– Einen großen Bekannten- und Freundeskreis haben
– Gäste stilvoll bewirten
– Mit modernen Haushaltsgeräten ausgestattet sein
– Im Urlaub in fremde Länder reisen
– Sie mindestens einmal im Jahr gründlich untersuchen lassen
– Versicherungen gegen alle Risiken abschließen
– Ein schönes Auto haben
– Nach Herzenslust schlemmen

Diese »persönlichen Lebensansprüche« wurden mit 16 »Einstellungen und Verhaltensweisen« – auch diese konsumrelevant – verbunden, zum Beispiel:
– Bei Einkäufen gebe ich meinen Bekannten häufig Tips und Anregungen
– Wenn man bekannte Markenartikel kauft, kann man sicher sein, daß man gute Qualität bekommt
– Ich gebe häufig mehr Geld aus, als ich mir eigentlich vorgenommen habe
– Ich würde mich selbst als Genießer bezeichnen
– Wenn ich einmal eine Marke gefunden habe, die mir zusagt, bleibe ich auch lange dabei
– Ich stehe neuen Dingen eher etwas abwartend gegenüber
– Ich bin auch bei Produkten des täglichen Lebens sehr anspruchsvoll
– Durch Werbung bin ich schon oft auf nützliche Produkte hingewiesen worden

- Werbung ist notwendig, weil man sonst in der Vielfalt der Angebote überhaupt keinen Überblick mehr hätte
- Manchmal macht es richtig Spaß, Anzeigen in Zeitschriften zu betrachten

Weiter wurden die Konsumdaten der Befragten mit ihrem Medienverhalten kombiniert, ausgewiesen werden 42 Zeitschriftentitel und 8 TV-Programme.
Die schwindelerregende Datenfülle läßt keinen Zweifel: Zielgruppentypologien sind eine Erfindung der Computer-Ära.

Die solide Hausfrau alten Stils und der genügsame Sonderling

Es gibt heute verschiedene Ansatzpunkte der Zielgruppentypologien – die ersten begannen beim Konsumenten: Man bildete Gruppen von Personen mit gleichen demografischen, sozialen und psychologischen Merkmalen (sogenannte Cluster) und untersuchte ihr Konsumverhalten.
Die erste ›Frauentypologie‹, 1973 von der Zeitschrift ›Brigitte‹ des Verlags Gruner + Jahr herausgegeben, unterteilte die Frauen zwischen 14 und 49 Jahren in folgende Typen (mit dem in Klammern angegebenen Anteil an der weiblichen Bevölkerung):
Rückständige, anspruchslose Frau (12%)
Solide Hausfrau alten Stils (19%)
Schicke Berufstätige (10%)
Geltungsbedürftige »Möchtegern«-Dame (12%)
Gepflegte, unausgefüllte Frau (14%)
Improvisierfreudiger Mode-Twen (9%)
Intelligente, aktive Frau (14%)
Unauffällige, passive Jugendliche (11%)

Die »Solide Hausfrau alten Stils« etwa ist durch diese Merkmale charakterisiert: zwischen 35 und 49 Jahre alt; verheiratet; hat Kinder; ist nicht berufstätige Hausfrau; katholisch; lebt auf dem Land; Volksschulabschluß ohne Lehre; niederes Haushalts-Netto-Einkommen. Ihre Persönlichkeit wird so beschrieben: »Bei diesen Frauen dreht sich alles nur um Haushalt und Haushaltsfragen. Das konservative Moment darin wird überdeckt durch die positive Zentrierung auf die Rolle der Hausfrau im Rahmen der Familie. Frauen dieses Typs halten sich für besonders häuslich, ordnungs- und sauberkeitsliebend. Die Hausarbeit macht ihnen Spaß, sie kochen gerne, und sie bekennen mit Stolz, gute Hausfrauen zu sein. Was Konsum allgemein anbelangt, so geben sie sich Mühe, ›vernünftig‹ einzukaufen: vorsichtig, abwartend, kein Risiko eingehend und auf einen ›guten Kauf‹ bedacht. An Kleidungsstücken kaufen sie natürlich Kittel und Schürzen sehr viel häufiger als andere, während sie zum Beispiel Hosen kaum tragen. Und von den kosmetischen Mitteln benutzen sie in der Regel nur Handcreme und Haarfestiger; sie wollen sich nicht ›schön‹ machen, sondern im Grunde nur ›anständig‹ aussehen.«

Dagegen ist der Typ »Gepflegte, unausgefüllte Frau« etwas jünger, mit einer etwas besseren Ausbildung, und die gepflegten, unausgefüllten Frauen wohnen überwiegend in Großstädten. Zu ihrer Persönlichkeitsstruktur wird festgestellt: »Dieser Typ ist demnach ein alles in allem ›durchschnittlicher‹, mehr oder weniger ›unauffälliger‹ Frauen-Typ. Was diese Gruppe jedoch etwas vom Durchschnitt abhebt, ist zum einen der relativ hohe Medikamenten-Verbrauch, wobei die Einnahme von Medikamenten jeder Art über der Norm liegt, und zum anderen eine relativ intensive Verwendung von kosmetischen Mitteln, namentlich derjenigen, die eine pflegende Funktion haben. Und schließlich ist für diese Frauen ebenfalls charakteristisch, daß sie eher zu Passivität und Introversion neigen und daß sie kein sonderlich stabiles Selbstvertrauen haben.«

Die »Schicke Berufstätige« ist zwischen 14 und 29 Jahre alt, ledig, hat Mittelschul- oder Fachhochschulabschluß, ist voll berufstätig, wohnt in der Großstadt und lebt in Familien mit einem hohen Haushalts-Netto-Einkommen. Sie ist: »Der Typ der lebensfrohen und konsumfreudigen, mode- und kosmetikbewußten, sehr progressiven ›jungen‹ Frau. Sie verfügt über reichliches Taschengeld, raucht, fährt häufig mit dem Auto und unternimmt viele Reisen, auch mit dem Flugzeug. Zur Werbung steht sie positiv; sie kann sich an besonders viele Anzeigen erinnern. Sie ist für alle Dinge aufgeschlossen, besonders für das, was neu ist, und handelt im allgemeinen spontan. Sie ist unternehmungslustig, geht gern aus; sie hat viele Bekannte, mit denen sie oft zusammen ist. Ihre Einstellung zu Fragen der Ehe bzw. Partnerschaft und zum Beruf ist progressiv; sie möchte die Frau gleichberechtigt neben dem Mann sehen. Hausarbeit ist in ihren Augen Zeitverschwendung; sie sieht darin auch keinerlei Erfüllung für eine Frau. In ihrer Wohnung stellt sie gern die Möbel um; sie plädiert auch dafür, sich in gewissen Abständen wieder neu einzurichten.«

Eine Auswahl aus der Vielzahl von Statements, die den Charakterisierungen dieser Typologie zugrunde liegen:
- Ich lege Wert darauf, von allen Sachen nur das wirklich Beste zu kaufen
- In meiner freien Zeit bin ich am liebsten für mich allein
- Es macht Spaß, sich im Spiegel anzusehen
- Ich würde gern berufliche Aufgaben übernehmen, die mich voll und ganz beanspruchen
- Haushalt und Familie können eine Frau nicht ausfüllen
- Ich finde, eine Frau sollte unberührt in die Ehe gehen
- Man muß sich schon danach richten, was modern ist, wenn man heutzutage überhaupt Anerkennung finden will
- Mit fremden Menschen komme ich nur schwer ins Gespräch
- Eine Frau kann nur mit Kindern wirklich glücklich sein
- In der Haushaltsführung kann mir keiner etwas vormachen
- Eine geschmackvoll eingerichtete Wohnung muß etwas Gediegenes und Solides ausstrahlen
- Ich gehe gern aus, ich unternehme gern etwas
- Ich lege sehr großen Wert darauf, gut auszusehen
- Man vertrödelt zu viel kostbare Zeit mit Hausarbeit
- Im allgemeinen achte ich bei Einkäufen mehr auf den Preis und weniger auf die Marke
- Ich achte sehr auf Qualität und kaufe nur die solidesten und dauerhaftesten Dinge
- In der Ehe ist die Frau Partner mit gleichen Pflichten wie der Mann
- Ich lege größten Wert darauf, daß immer alles piekesauber und ordentlich ist

In der Frauentypologie von 1973 wurden die Frauen auch entsprechend ihren Einstellungen zu vier Konsumbereichen – Haushalt, Mode, Kosmetik, Wohnen – differenziert und typisiert. Es gibt die Kosmetik-Typen: Kosmetik-Muffel (18%), Handcreme-Typ (25%), Schönheitsexpertin (16%), Progressiver Kosmetik-Typ (10%), Schmink-Typ (13%), Hautpflege-Typ (18%). Die Wohn-Typen: Wohnungsmuffel (24%), Möbelumsteller (19%), Möbel-fürs-Leben-Typ (23%), Anspruchsvoller Wohn-Typ (16%), Biedere Heimwerkerin (18%). Die auf Konsum bezogenen Charakterisierungen verweisen auf die Persönlichkeitstypen (wenngleich in den Konsumzielgruppen meist mehrere Persönlichkeitstypen vertreten sind); so rekrutiert sich der Kosmetik-Typ »Schönheitsexpertin« größtenteils aus den Reihen der »Schicken Berufstätigen« und ist folgendermaßen geschildert: »Sämtliche kosmetischen Mittel, selbst die extremsten, werden von Frauen dieses Typs wesentlich häufiger verwendet als vom Durchschnitt der Frauen. Bei diesen Frauen handelt es sich also nicht um einen Typ, der spezifische Kosmetika bevorzugt, sondern um eine Gruppe, die von der gesamten Angebotspalette Gebrauch macht ... Es sind Frauen, die besonders aufgeschlossen sind und zugleich großen Wert auf gutes und gepflegtes Aussehen legen. Es bedeutet ihnen viel, sich schön zu machen und zu gefallen. Sie fühlen sich jung, modern, erfolgreich und wissen, was in Mode ist. Sie sind aufgeschlossen für neue Marken und Artikel und haben eine positive Einstellung zur Werbung.«

Die »Solide Hausfrau alten Stils« stellt das größte Kontingent des »Handcreme-Typs«: »Dieser zahlenmäßig größte Kosmetik-Typ ist durch vergleichsweise häufige Verwendung von Haarspray/Haarfestiger/Handcreme und durch einen leicht überdurchschnittlichen Verbrauch von Deodorant und Parfüm gekennzeichnet. Alle anderen Kosmetika werden relativ wenig genutzt. Eine ausgesprochene Abneigung besteht gegenüber der Verwendung von Wimperntusche/Eyeliner/Lidstrich/Lidschatten.«

Bei den Wohntypen gehören junge Berufstätige mit höherer Schulbildung meist zum Typ »Möbelumsteller«: »Hier wird ein Typ charakterisiert, der selbst im Wohnen ›mobil‹ ist. Diese Frauen wollen ihre Wohnung immer wieder anders sehen. Möbel sind in den Augen dieser Frauen Konsumgüter, die man wie andere nach einer gewissen Zeit satt hat. Wechsel, Veränderung von Zeit zu Zeit, ist das Grundmotiv, das auf verschiedenste Weise realisiert werden kann: Sei es durch bloßes Umstellen von Möbeln, sei es durch Erwerb einzelner neuer Möbelstücke oder gar durch vollständig neues Einrichten.«

Ihr Gegenpol: die »Solide Hausfrau alten Stils« wird hier zum »Möbel-fürs-Leben-Typ«: »Es handelt sich hier um einen Wohn-Typ, der ausgesprochen konservativ ist. Frauen dieses Typs sind für Änderungen in der Wohnung nicht zu haben. Sie halten an der ›soliden‹ Einrichtung fest, die sie einmal erworben haben. Sich einmal neu einzurichten, geschweige denn, sich moderne Möbel zu kaufen, ziehen sie nicht in Betracht ... Häuslichkeit, Ordnungsliebe, Sauberkeit, Sparsamkeit und Genügsamkeit – das sind die Eigenschaften, die diesen Typ besonders charakterisieren. Man führt ein geruhsames Leben, man ist zufrieden.«

Was gibt es für Männertypen? In der »Typologie der Wünsche«, 1976 vom Burda-Verlag herausgegeben, gibt es diese (in Klammern ihr Anteil an der männlichen Bevölkerung): [3]

Zurückhaltender Konservativer (21,4%)
Ängstlicher Kleinbürger (19,3%)
Engagierter Realist (15,5%)
Verunsicherter Jungakademiker (13,4%)
Dynamische Fachkraft (12,6%)
Grundsolider Familienvater (8,9%)
Offenherziger Lebenskünstler (5,0%)
Genügsamer Sonderling (3,8%). [3]

Der mit 21,4 Prozent häufigste Männertyp, der »Zurückhaltende Konservative« hat diese Eigenschaften: »Die Personen dieses Typs bevorzugen eine zurückhaltende konservative Lebensweise. Sie prägt den starken Familiensinn ebenso wie ihre Einstellung zum Beruf. Sie vertreten eine bewußt traditionsgeleitete Leistungsmoral. Die Kombination einer eher introvertierten Grundhaltung und eines überdurchschnittlich geäußerten Interesses an Politik und sozialkritischen Problemen zeigt, daß sie allgemeine Entwicklungen durchaus wachsam, aber distanziert verfolgen. Personen, die so zurückhaltend und in sich gefestigt sind, äußern ihre Bedürfnisse, Ziele und Wünsche nur ungern, schon gar nicht Prestige- und Anerkennungswünsche. Daher ist auch ihre Konsumorientierung weit unterdurchschnittlich ausgeprägt. Die Mediennutzung ist von durchschnittlicher Intensität. Im Vordergrund des Interesses stehen – wohl aufgrund der familienbezogenen Lebensausrichtung – Frauen- und Wohnzeitschriften. Erst dann folgen kritische Zeitschriften und aktuelle Illustrierte. Am vergleichsweise ungünstigsten schneiden die unterhaltenden Wochenzeitschriften ab. Eher katholisch, stehen sie politisch häufig rechts.«
Die zweitgrößte Gruppe, die »Ängstlichen Kleinbürger«: »Die in diesem Typ vertretene Personengruppe zeigt überall dort stärkere Verhaltensausprägungen, wo es um eine überwiegend passive Lebensweise geht. Neuen Entwicklungen und Veränderungen in ihrer Umwelt – z. B. neuen Kontakten, Reisen in fremde Länder oder allgemein-menschlichen Problemstellungen und Ansprüchen weichen sie aus, indem sie sich an bewährten Normen und an ihrem gewohnten Lebensstil festhalten. Sie haben nur gering ausgeprägte Interessen, Ziele und Wünsche. In ihrer Freizeit sehen sie am liebsten fern oder ruhen aus. Sie bleiben in der Familie. Sie schenken allenfalls noch ihrem eige-

nen Gesundheitszustand eine gewisse Beachtung. Durch ein
stärkeres Interesse an Fürstenhäusern und Horoskopen versuchen sie, mangelnde Antriebe wettzumachen. Sie können so
durch Miterleben einer Traumwelt ihren eingeschränkten inneren Erlebnisraum aufwerten und passiv erweitern. Zugleich erfahren sie eine Bestätigung ihrer fatalistischen Neigungen.
Konsuminteressen, Mediennutzung und auch politische Interessen sind – wie alle übrigen Interessen – nur unterdurchschnittlich ausgeprägt. Hinsichtlich der Mediennutzung stehen – entsprechend dem passiven Lebensstil – Programmzeitschriften im
Vordergrund. Befragt zur politischen Einstellung, verweigern
sie überdurchschnittlich häufig die Antwort. ... Sie sind überwiegend katholisch und leben meist in ländlichen Gemeinden
bis 20 000 Einwohner. Trotz eines unterdurchschnittlichen Einkommens können sie sich überdurchschnittlich häufig zur
Gruppe der Haus- und Gartenbesitzer zählen.«
Den geringsten Anteil an der männlichen Bevölkerung haben
die »Genügsamen Sonderlinge«: »Sie sind überdurchschnittlich
in den Altersgruppen von 20 bis 29 oder von 60 und mehr Jahren zu finden. Auch im höheren Alter besteht noch ein über-
proportionaler Anteil von Ledigen oder von Verwitweten und
Geschiedenen. So wundert es nicht, daß die Familie im Leben
dieses Typs keine Rolle spielt. Er ist immer Einzelgänger gewesen oder durch die Verhältnisse leicht dazu geworden. Bezeich-
nenderweise ist auch der Anteil der Religionslosen stark erhöht. Die Vertreter dieses Typs leben in Großstädten mit über
500 000 Einwohnern, ganz überwiegend in West-Berlin. Eine
solche Umwelt verstärkt natürlich ihre Isolation – unabhängig
davon, ob sie dort immer gelebt haben oder diese Umwelt erst
aufgesucht haben. Der Wunsch nach Erweiterung des Erlebnis-
raums durch kritische Aufgeschlossenheit ist bei ihnen stark
ausgeprägt. Darüber hinaus äußern sie wenig Interessen und
Wünsche. Allenfalls der Wunsch nach Kontakt ist stärker ausgeprägt. ...«
Auffallend und erstaunlich an den Beschreibungen des »Zu-
rückhaltenden Konservativen« und des »Ängstlichen Kleinbür-
gers« ist die Neigung dieser Männer zu Frauenzeitschriften und
zur Regenbogenpresse. Natürlich gibt es Männer, die
Frauenzeitschriften lesen –, etwas plausibler wird die hier ausgewiesene Häufigkeit dieser Männer allerdings durch den Umstand, daß dieses Persönlichkeitsmerkmal »Burda-typisch« ist.
Es darf vermutet werden, daß die Charakterisierungen dieser
Typologie Ergebnisse der speziellen Problemoperationalisie-

rung der Typologie sind, daß das den Befragten vorgegebene Interessenspektrum an den Burda-Publikationen ausgerichtet ist – und das sind überwiegend Zeitschriften für Frauen.

Das Problem des individuellen Individuums

Die Beschreibungen der Typologien zeigen zum Teil ein recht anschauliches Bild von den Konsumenten, aber sie bleiben oft auch nichtssagend. Ohne eine Darstellung des sozialen Hintergrundes der Konsumententypen bleiben die Beschreibungen abstrakt, ohne die Gewichtung der sozialen Dimensionen unrealistisch. (Wie etwa beim »Genügsamen Sonderling«, der entweder 20 bis 29 Jahre alt sein soll oder älter als 60 Jahre!)[4]
Daß sich die Typologien der Konsumenten bei den Praktikern nicht durchgesetzt haben, hat jedoch einen andern Grund: Es wurde bemängelt, daß die Persönlichkeitstypologien nur sehr indirekt Aufschluß über Konsumgewohnheiten geben. Man stellte fest, daß Menschen mit gleichen Persönlichkeitsmerkmalen nicht zwangsläufig dasselbe konsumieren. Aber man stellte auch fest, daß unterschiedliche Persönlichkeitstypen dennoch dieselben Produkte bevorzugen können. Die größte Enttäuschung war die Erfahrung, daß sich die Leute zudem noch in unterschiedlichen Konsumbereichen unterschiedlich verhalten. Es gibt Käufergruppen, die bei der Wohnungseinrichtung Wert auf höchste Qualität legen, die Lebensmittel aber im Billig-Supermarkt kaufen; manche haben eine Luxusküchenausstattung, aber nur ein bescheidenes Auto. Das sind Phänomene, denen Marketing-Experten und Werbeleute hilflos gegenüberstehen, wenn sie Werbung für ein neues Produkt, dessen Konsumenten noch nicht bekannt sind, zu konzipieren haben.[5] Ein Beispiel zur Illustration praxisrelevanter Probleme: Angenommen ein Männertyp ist mit diesen soziodemografischen und psychologischen Merkmalen zu beschreiben: Mittleres Alter; Neigung zur Realitätsflucht; unverheiratet; geringes Einkommen; zieht das Bewährte dem Neuen vor; auf der Suche nach sozialem Kontakt; Fernsehmuffel; ausgeprägte traditionelle Orientierung; sparsam; sportlich; wohnt auf dem Land. Im Konsumverhalten dieser Männer mag bezeichnend sein: Drehen Zigaretten selbst oder sind Nichtraucher; an Mode desinteressiert; rasieren sich naß; trinken häufig Wein. – Für den Werber stellt sich bei dieser Beschreibung die Frage, wie hoch die Chance ist, sein Produkt an Männer dieses Typs zu verkaufen. Kaufen sie beispielsweise:

a) tiefgefrorene Kartoffelpuffer; b) ein Feinwaschmittel; c) ein Surfbrett; d) Schwarzwälder Bauernmettwurst; e) Herrenparfüm; f) kalifornischen Wein; g) einen Mähdrescher; h) eine Stereoanlage?

Wer glaubt, er könne auf diese Fragen eine mit hoher Sicherheit richtige Antwort geben, irrt. Denn die aufgezählten Merkmale sind zwangsläufig unvollständig. Beurteilungen geben zunächst lediglich Aufschluß darüber, welche Merkmale für die eigene Einschätzung ausschlaggebend sind. Man sollte nachdenken, wie sich jeweils die Beurteilung ändern würde, wäre dieser Männertyp charakterisiert als: verheiratet; Motorradfahrer; Pfeifenraucher; mit sehr hohem Einkommen; was wäre, enthielte die Beschreibung zusätzlich das Merkmal ›Hochschulabschluß‹?

Immer wenn sich durch die Veränderung eines Merkmals zur Beschreibung eines Käufertyps die Wahrscheinlichkeit für den Kauf eines bestimmten Produktes ändert, dann muß die Typologie um eine Facette erweitert werden. Theoretisch lassen sich endlos viele Zielgruppen unterscheiden – für die Praxis sind diese Unterscheidungen aber nur sinnvoll, wenn geklärt ist, welche Merkmale bei einem ausreichend großen Anteil der Bevölkerung kaufentscheidend sind. Kennt man jedoch die Merkmale, die das Verhalten bestimmen, dann sind alle anderen Kategorien zur Differenzierung der Konsumenten überflüssig. Kennt man sie nicht, dann bieten diese Typologien mit ihrer Vielzahl von Variablen keine Entscheidungshilfe, denn je mehr die Zielgruppe differenziert wird, desto kleiner wird sie auch – jeder zusätzliche Faktor, der zur Erklärung herangezogen wird, verringert die potentielle Zielgruppe um all jene Personen, die diesem Faktor nicht entsprechen. Verständlich, daß die Strategen der Massenmärkte an diesem Differenzierungsverfahren keine Freude hatten.

Als Kuriosum war eine Anzeige für eine hochdifferenzierte Zielgruppe im Spiegel wiedergegeben:
VEGETARISCHE CHRISTEN
Herzlich willkommen zum Kirchentag in Hamburg!
Es erwartet Sie die
VEGETARISCHE GASTSTÄTTE
über den Alsterarkaden
MIT SPEZIELLEM KIRCHENTAGS-TELLER![6]

Die Differenzierung der Produkte:
Riegelfans und Salzstangler

Das Interesse der Praktiker hat einen anderen Typ von Typologien durchgesetzt. Hier beginnt der Zielgruppenstratege beim Angebot des Marktes und untersucht, wie sich die Käufer unterschiedlicher Marken einer Produktgattung nach ihren soziodemografischen und psychologischen Charakteristika unterscheiden. Damit wird der Versuch einer Erklärung des Konsumentenverhaltens ersetzt durch dessen Beschreibung.

Als entsprechende Weiterentwicklung der Zielgruppentypologien bietet die Burda-Typologie von 1976 statt der Differenzierung der Einstellungen zum Konsum die Differenzierung nach dem Konsum spezieller Produkte. Über Schokolade beispielsweise ist da zu erfahren: 66,2 % der Bevölkerung essen Schokolade. 17,6 % der Schokoladenesser essen Bitter-/Halbbitterschokolade ohne Zutaten. 4 % essen Schokolade mit flüssiger Füllung. 89,5 % der Schokoladenesser sind 14 bis 19 Jahre alt, 44,8 % älter als 60 Jahre. Schokolade mit weichen Zutaten essen 13,8 % der 14- bis 19jährigen und 10,4 % der über 60jährigen. 38,8 % der Schokoladenesser, die eine weiterführende Schule besucht haben, essen Schokolade mit festen, knackigen Zutaten. 29,3 % jener Schokoladenesser, die nur Volksschulabschluß haben, essen Vollmilchschokolade ohne Zutaten. 19 % der Konsumenten von Schokolade mit flüssiger Füllung sind verwitwet oder geschieden. – Das läßt sich endlos fortsetzen: 1,3 % der Schokoladenesser essen sie mehrmals täglich. 60,7 % aller Männer essen Schokolade: 24,5 % davon 2- bis 3mal pro Woche. Nur 20,2 % der Frauen, die Schokolade essen, fallen in diese Kategorie der Konsumhäufigkeit. Von den Frauen, die Schokolade essen, tun es 27,6 % einmal pro Woche. Von den Männern 22,6 % einmal wöchentlich. 4,9 % aller Leute, die in Ortschaften unter 5000 Einwohnern leben, essen Schokolade mit flüssiger Füllung, aber nur 3,1 % jener, die in Städten mit mehr als 500000 Einwohnern leben, essen flüssig gefüllte Schokolade. 17,1 % der Personen aus Familien mit einem Haushaltseinkommen von 1500 bis 2000 DM essen Bitter-/Halbbitterschokolade ohne Zutaten ...

All diese Daten wurden auch noch den Persönlichkeitstypen zugeordnet: Bei den zuvor genannten Männertypen fanden sich die meisten Schokoladenesser beim Typ »Verunsicherter Jungakademiker«. Von ihnen essen 6,6 % mehrmals täglich Schokolade. Auffallend mag dabei sein, daß 53,4 % der »Verunsicherten Jungakademiker« Schokolade mit festen, knackigen Zutaten essen und nur 2,9 % Sorten mit weichen Zutaten. Auch der »Ängstliche Kleinbürger« schätzt die Schokolade mit den knackigen Zutaten am meisten. Dagegen mag es verwundern, daß gerade der Typ »Dynamische Fachkraft« am häufigsten (11,9 %) zur Schokolade mit weichen Zutaten greift . . .

In den Typologien dieses Ansatzes war nun alles über die Konsumgewohnheiten verschiedener Bevölkerungsgruppen zu erfahren. Aber sie waren der Werbebranche noch zu stark am Konsumenten orientiert. Der nächste Schritt bestand darin, die Konsumenten nach dem Verbrauch spezieller Marken zu klassifizieren. Die wiederum weiterentwickelte Burda-Typologie von 1980 lobt ihre entsprechende Verbesserung: »Neu in der ›Typologie der Wünsche 1980‹ ist die Methode zur Erhebung der Marktdaten. In zahlreichen Marktanalysen muß immer wieder festgestellt werden, daß die Angaben der Befragten zu Marken, bedingt durch Verwechslung von Marken, durch Erinnerungsfehler oder das Durchschlagen von Marktführer-Effekten unscharf bzw. ungenau sind. Diese Untersuchung ist daher der Forderung nach absoluter Markennähe gefolgt.«[7] – Man erreichte die »absolute Markennähe«, indem man den Befragten Fotos der Produkte vorlegte.

– Das waren allein bei Schokolade Abbildungen von 13 Marken Tafelschokolade, 14 Marken Riegelschokolade und 18 sonstigen Marken-Schokoladenprodukten.

Auch die Typologie von 1980 erfaßt Einstellungen und Verhaltensweisen zur psychologischen Differenzierung.[8] Aber die erfaßten Einstellungen sind nur Einstellungen zu Konsum und zur Werbung; die Verhaltensweisen betreffen nur Kaufverhalten; die sogenannten »persönlichen Lebensansprüche« sind Konsumziele. So ist nur folgerichtig, daß in dieser Typologie darauf verzichtet wurde, Persönlichkeitstypen zu schildern, Individualität ist in Konsumdaten aufgelöst.[9]

In Band 13 der Typologie, der ausschließlich Zahlen über Schokolade und Süßwaren darstellt, ist über die »persönlichen Lebensansprüche« und die »Einstellung und Verhaltensweisen« von Schokoladenessern zu erfahren: Am häufigsten haben jene Personen Riegelschokolade im Haushalt vorrätig, die das Statement »ein schönes Auto haben« als persönlichen Lebensanspruch bejahen (36,2 %). Am wenigsten häufig fällt die Vorratshaltung von Riegelschokolade mit dem Lebensanspruch »Sich mindestens einmal im Jahr gründlich untersuchen lassen« zusammen (31,5 %). Unter der Kategorie »Einstellungen und

156

Verhaltensweisen« zeigt sich, daß Riegelschokolade am häufigsten bei jenen vorrätig ist, die die Einstellung haben: »Wenn etwas Neues auf den Markt kommt, probier ich es meistens aus« (36,8%). Am seltensten bei Personen, die von sich sagen: »Ich stehe neuen Dingen eher etwas abwartend gegenüber« (28,9%). Pralinenmischungen kaufen am häufigsten jene, denen »Gäste stilvoll bewirten« persönlicher Lebensanspruch ist (24,2%), aber am seltensten die, die als Lebensanspruch »Einen gut sortierten Weinvorrat besitzen« vorziehen (19,6%). – All diese Daten können noch nach Markenpräferenzen differenziert ausgewiesen werden. Nur lohnt es nicht sonderlich, über den Aussagewert dieser Zahlenkolonnen zu spekulieren und sich etwa zu fragen, ob denn nun die Gäste ausschließlich Pralinenmischung serviert bekommen oder ob die Besitzer gut sortierter Weinvorräte mit ihrem Wein nicht auch Gäste stilvoll bewirten ... Die Unterschiede der prozentual ausgewiesenen Zustimmung sind selbst beim Vergleich der höchsten und niedrigsten Werte minimal.

Was also tun mit den Zahlenkolonnen? – Wer einen Computer hat, kann daraus eine »Nascher-Typologie« berechnen. Hier hat sich die Verlagsgruppe Bauer verdient gemacht. Ein von ihr in Auftrag gegebenes Zahlenwerk kreiert eine neue Gesellschaft von Schokoladenessern, die die Bevölkerung der Bundesrepublik so klassifiziert:[10]

Riegelfan (7,2%)
Schokokäufer (2,3%)
Tafelschokolist (6,6%)
Knabberer (5,8%)
Nußknacker (5,6%)
Plätzchenfreund (9,9%)
Salzstangler (6,4%)
Sonntagsnascher (56,3%)[11]

Zur Charakteristik der ›Riegelfans‹ wird mitgeteilt: Meist zwischen 14 und 19 Jahre alt; ledig; in Ausbildung; mehr Frauen als Männer; nicht berufstätige Hausfrauen; Haushalts-Netto-Einkommen 3000 DM und höher. Riegelfans gehen häufiger als der Durchschnitt der Bevölkerung ins Tanzlokal, zum Stammtisch und zu Sportveranstaltungen. Sie lesen mit überdurchschnittlicher Häufigkeit die Zeitschriften: ›Frau im Spiegel‹, ›Playboy‹, ›Schöner Wohnen‹, ›Bild und Funk‹, ›Freizeit-Revue‹, ›Bravo‹, ›Kicker-Sport-Magazin‹.

Um hinter solchen Mosaiksteinchen real existierende Personen auszumachen, braucht es weniger soziologisches Know-how als Kenntnisse über die typologieüblichen Gewichtungskriterien. »Riegelfans« sind überwiegend Jugendliche. Das Auftreten jener Merkmale, die nicht ins Bild der Jugendlichen passen, ist durch den Umstand verursacht, daß Riegelesser in vielen Fällen nicht mit Riegelkäufern identisch sind. Einfache Erklärung: Die Mütter kaufen die Riegel, die Kinder essen die Riegel.

Bei den ›Salzstanglern‹ ist die Identifikation schon schwieriger. Diese Nascher sind durchschnittlich älter als die Riegelfans; eher männlich; häufig verheiratet; meist nicht mehr in Ausbildung; aber auch selten bereits Rentner; es sind oft Facharbeiter und sonstige Arbeiter; das Haushalts-Netto-Einkommen liegt häufig in der Kategorie bis 1500 DM; durch spezielle Aktivitäten sind Salzstangler kaum zu charakterisieren: Sie beschäftigen sich etwas häufiger als andere Nascher mit dem Auto oder Motorrad, geben leicht überdurchschnittlich oft Partys und gehen leicht überdurchschnittlich oft ins Tanzlokal – aber nicht so oft wie die Riegelfans. Die Einstellung, »Hauptsache das Essen schmeckt, Kalorien spielen keine Rolle«, findet bei ihnen häufiger als beim Durchschnitt der Bevölkerung Zustimmung. Sie sind häufiger als der Rest der Bevölkerung Leser der Zeitschriften: ›Gong‹, ›Bella‹, ›Capital‹.

Auch hier könnte man zu dem schwierigen Unternehmen ansetzen, den ›Salzstangler‹ sozial zu identifizieren, herauszufinden, wer denn nun die Leute sind, die Salzstangen essen. Auch das lohnt den Aufwand nicht.

Die Frage nach dem Warum, die von der Beschreibung zur Erklärung führt, kann auf dem Niveau von Salzstangen-Konsum nicht gestellt werden. Fragen nach den Ursachen des Konsumentenverhaltens sind erst in größerem Zusammenhang sinnvoll. Dann erst, wenn die Persönlichkeit des Konsumenten nicht als Warenkorb, sondern als Persönlichkeit eines gesellschaftlich handelnden Individuums begriffen wird.

So komplexe Fragen aber sind der Werbung zu ineffektiv. Zu wenig praxisrelevant. Sie würden anstelle von Zahlenspielereien Forschung erfordern. Und man argwöhnt zu Recht, daß eine ernstzunehmende Forschung die soziale Unwirklichkeit der Produkttypologien, die bis auf die Stelle hinter dem Komma ihre Marketingrelevanz demonstrieren, in der sozialen Wirklichkeit auflösen würde.

Die Praxisrelevanz der Typologien für die Werbung

Die praktische Werbearbeit beruht auf zwei schlichten Tatsachen. Erstens: Werbung braucht – wie jede Kommunikation – ein Medium der Übermittlung. Zweitens: Jede Werbung kann nur bei jenen Leuten wirken, die mit dieser Werbung irgendwie in Kontakt kommen. Eine Werbekampagne besteht zum Beispiel aus Zeitschriftenanzeigen: Die Kampagne hat dann automatisch die Leser dieser Zeitschrift als Zielgruppe. Nun lesen verschiedene Leute verschiedene Zeitschriften und unterscheiden sich auch sonst in ihrem Medienverhalten. Man geht in der Praxis davon aus, daß es genügt, die soziale und psychologische Struktur der Rezipienten der verfügbaren Medien zu kennen, um genügend über die Zielgruppen zu wissen. Das Praktische dabei ist, daß die Größe der Zielgruppe durch die Größe des Rezipientenkreises der ausgewählten Medien garantiert ist. Unter diesen Voraussetzungen hat die Zielgruppenanalyse der Werbung nichts mit Sozialforschung, nichts mit einer Analyse des Konsumverhaltens und seiner Ursachen zu tun. Zielgruppenanalysen für die Praxis sind Beschreibungen des Medienpublikums. Zielgruppentypologien sind Medientypologien – zumindest sind sie das heute geworden.
Die Praxisrelevanz der neuen Zielgruppenanalysen läßt sich im Fachjargon unter dem Begriff »Minimierung von Streuverlusten« subsumieren. Nur die wenigsten Werbeetats sind unerschöpflich, das Geld reicht nicht, um die gesamte Bevölkerung mit Werbung zu bombardieren oder, wie es jetzt fachmännisch genannt wird, zu »penetrieren«. (Eine Anmerkung zum Begriff »Penetration«: Aus dem Wunschdenken der Werber entstand eine Sprachverirrung, man hält den Begriff »Penetration« für eine modische Variante des Begriffs »Penetranz«. Früher diskutierten Werbeleute die Frage: »Variation oder Penetranz?« – was konkret die Überlegung bedeutet, ob eine Werbekampagne mit immer neuen Sujets oder eine Kampagne, die stur immer dasselbe repetitiert, effektiver sei. Es ist bezeichnend für die Werbung, daß man, statt dieser Frage durch Forschung nachzugehen, die Terminologie geändert hat. Heute fragt man forsch: »Variation oder Penetration?«, das klingt nicht nur schwungvoller, das wird auch allen Wünschen gerecht, indem – wenigstens sprachlich – das Aufdringliche der Werbung verdrängt und nur die Möglichkeit des durchdringenden Erfolges übriggelassen wird – wenigstens sprachlich.) Unter finanziellen Aspekten ist es also nicht möglich, nach dem Gießkannen-Prin-

zip alle zu umwerben – unter anderm auch die Zielgruppe. Die Medienauswahl ist um so wichtiger, je differenzierter die angepeilte Zielgruppe ist; sie ist umgekehrt relativ unwichtig, wenn ein disparates Massenpublikum angesprochen werden soll. (Wer Werbung für Milch macht, findet unter den Rezipienten aller Medien viele Milchtrinker. Wer eine Melkmaschine verkaufen will, sucht nach Zeitungen, Zeitschriften und anderen Werbeträgern, die speziell von jenen Kreisen der Bevölkerung zur Kenntnis genommen werden, die die Absicht haben könnten, eine Melkmaschine zu kaufen.)

Ausgehend vom Produkt läßt sich zusammenfassen: Je differenzierter der Bedarf ist, den das umworbene Produkt deckt, desto differenzierter die Zielgruppe und desto differenzierter das Medium. Der eminent praxisrelevante Hintergrund dieser Tatsache: Je differenzierter der Bedarf, desto kleiner der Markt und desto geringer die (absolute) Höhe des Werbeetats.

Die Anpassung der Zielgruppentypologien an die Wünsche der Praxis läßt sich an der Entwicklung der Gruner + Jahr-Frauentypologien gut nachvollziehen. Bei der ersten Typologie standen die Frauen im Vordergrund. Bei der folgenden sogenannte »Marketing-Zielgruppen«. Das heißt, statt »Wer?« fragte man nun »Was?«, statt »Warum?« fragte man »Wie oft?«, »Wieviel?«. In der nächsten Typologie ging es vor allem um die Frage »Von welcher Marke?«. Die Frauentypologie 4 ist schließlich eine Medientypologie. Neu und symptomatisch für die Entwicklung der Typologien ist daran, daß sie bei den Medien beginnt. Auch dieser Ansatz konnte den Anspruch erheben, von enormer Bedeutung für die Praxis zu sein, versprach er doch zu klären, ob Werbung in unterschiedlichen Medien unterschiedlich wirkt. Roswitha Kolus-Darius von Gruner + Jahr über die Nachteile der alten Typologien und damit implizit über die Vorteile der neuen: »Während auf der einen Seite das Instrumentarium zur Definition von Marketing-Zielgruppen bis hin zur Segmentierung im Markenbereich verfeinert wurde, blieb der wesentliche Tatbestand, daß Medien und Personen unterschiedlich geeignet sind, Werbebotschaften zu kommunizieren und zu verbreiten, fast unberücksichtigt.«[12]

Es ist wenig sinnvoll (dies wurde in den vorhergegangenen Kapiteln mehrfach dokumentiert), Forschungsergebnisse zu referieren, ohne sich zuvor das Interesse der Forschung zu vergegenwärtigen. Zielgruppentypologien werden für Werbeleute gemacht – aber nicht von Werbeleuten. Um zu erkennen, welches Interesse hinter den Zielgruppentypologien steht, ist die Frage zu stellen, warum die Verlage keine Kosten scheuen und aufwendige Untersuchungen durchführen lassen, um die Werbung kostenlos mit Zahlen zu beliefern. Die Antwort spricht für sich: In den Zielgruppentypologien der Verlage geht es um die Existenzgrundlage der Medien – um die Verteilung des Werbegeldes.

Die Praxisrelevanz der Typologien für die Verlage

Zeitungen und Zeitschriften finanzieren sich größtenteils aus Werbeeinnahmen. Ein Beispiel: Die verbreitete Auflage der großen Illustrierten ›Stern‹ belief sich 1980 auf rund 1,8 Millionen Exemplare. Das Heft kostete 3 DM. 1980 hatte der ›Stern‹ im Jahresdurchschnitt 270 Seiten pro Ausgabe. Davon waren im Durchschnitt 120 Seiten Werbung.[13] Das sind rund 45 Prozent, und das ist für die großen Illustrierten ein normales Verhältnis von Anzeigen zu redaktionellem Teil. Henri Nannen, Herausgeber des ›Stern‹, schrieb anläßlich der Erhöhung des Verkaufspreises im Februar 1980: »Natürlich: Da gibt es die Inserate, die dem Verlag Geld bringen. Aber gäbe es die nicht, dann würde der ›Stern‹ bei gleichem Umfang am Kiosk nicht 3,00 Mark, sondern etwa 8,40 Mark kosten.«[14]

Das Fachblatt ›Media Perspektiven‹ recherchierte 1980 die Netto-Umsätze von 254 Tageszeitungen. Die Untersuchung zeigte, daß 68 Prozent der Umsätze Werbeeinnahmen sind.[15] Von diesem Finanzierungsverhältnis kann man heute generell bei Zeitschriften und Zeitungen ausgehen: Ein Drittel der Finanzierung bringt der Verkauf, zwei Drittel kommen durch Werbung. Die absolute Höhe der Finanzierung läßt sich wiederum aus den Anzeigenpreisen erahnen – 1980 kostete im ›Stern‹ eine einseitige schwarz-weiße Anzeige 44 000 DM, eine vierfarbige 80 000 DM.[16]

Für Branchenfremde noch einige Zahlen. Zu berücksichtigen ist, daß sich die Anzeigenpreise hauptsächlich nach der Auflagenhöhe richten – es ist natürlich teurer, eine Anzeige einemillionmal zu drucken, zu heften und zu verschicken, als nur einige tausendmal. In einer Zeitschrift wie ›psychologie heute‹ mit einer verbreiteten Auflage von 73 000 Exemplaren kostete 1980 eine ganzseitige schwarz-weiße Anzeige 3800 DM, eine vierfarbige 6000 DM. Aber obwohl ›psychologie heute‹ im Durchschnitt einen Heftumfang von nur 88 Seiten hat und sehr viel bescheidener als der ›Stern‹ aufgemacht ist, kostet das

Heft 5 DM. Das liegt daran, daß der Anteil der Werbung in ›psychologie heute‹ bedeutend geringer als im ›Stern‹ ist. Die auflagenstärkste Zeitschrift in der Bundesrepublik ist die ›Hör Zu‹ mit einer Auflage von rund 4 Millionen. Da kostet eine schwarz-weiße Anzeige pro Seite 65 000 DM, eine bunte rund 110 000 DM. In ›BILD‹, Auflage 4,9 Millionen, gelesen von über 11 Millionen Menschen täglich, kostet eine ganzseitige schwarz-weiße Anzeige 224 000 DM. Und seit einigen Jahren sind in ›BILD‹ auch farbige Anzeigen möglich – eine Seite für 353 000 DM![17]

Die quantitativen Qualitäten der Medien

Der Kampf der Presse um die Anzeigenetats der Werbung ist ein Dschungelkrieg. Mit vielerlei Argumenten wird den Werbeagenturen von den konkurrierenden Verlagen vorgerechnet, daß Anzeigen in ihren Publikationen den größten Nutzen brächten. In der Tat wird die Entscheidung für ein bestimmtes Medium durch mehrere Umstände kompliziert. Bleiben wir beim Beispiel Zeitschriften: Werbung in Zeitschriften mit einer kleinen Auflage ist billiger als in solchen mit einer hohen Auflage. Zum Preis einer Farbseite im ›Stern‹ kann man (unter Berücksichtigung der Mengenrabatte) 15 Farbseiten in ›psychologie heute‹ kaufen. Aber: Bezogen auf die Auflagenhöhe sind die kleinen Zeitschriften verhältnismäßig teuer. Eine Ausgabe des ›Stern‹ hat mehr Käufer als 15 Ausgaben von ›psychologie heute‹ zusammen. Das muß natürlich bei der Kalkulation berücksichtigt werden. In den Anzeigen-Preislisten wird deshalb das Verhältnis von Anzeigenpreis zur Auflagenhöhe als ›Tausenderpreis‹ ausgewiesen, das heißt, der Anzeigenpreis wird auf je tausend Hefte umgerechnet.
Zeitschriften mit kleiner Auflage, das sind Fach- und Spezialzeitschriften, und die haben gute Argumente, ihren höheren Tausenderpreis zu rechtfertigen. Ihr Publikum ist ein Fachpublikum, hier findet der Werber die Interessenten für sehr spezialisierte Bedarfe. Viele solcher Zeitschriften sind ausschließlich durch Werbung finanziert – es sind dies vor allem jene Publikationen, die kostenlos an die Leser abgegeben werden, das Interesse der Verlage besteht darin, die Auflage und damit die Anzeigenpreise hochzuhalten. Die echten Fach- und Spezialzeitschriften haben eine besondere Bedeutung für ihre Leser. Sie sind Büchern vergleichbar – auch im Preis –, sie werden gesammelt und immer wieder mal zur Hand genommen. Dagegen werden

Publikumzeitschriften (z. B. ›Hör Zu‹) weggeworfen, sobald sie nicht mehr aktuell sind. Ein weiteres Argument für die Fachzeitschriften ist, daß sie fast immer von mehreren Personen gelesen werden. Das gilt insbesondere für berufsbezogene Publikationen, die in Betrieben kursieren.

Die Auflagenhöhe einer Zeitung oder Zeitschrift ist nicht mit der Anzahl der Leser identisch. Auch die Illustrierten werden jeweils von mehreren Personen, teilweise von der ganzen Familie gelesen; viele Illustrierte werden in Lesezirkeln geführt. Die Anzahl der Personen, die jeweils eine Ausgabe lesen, ist eine weitere wichtige Größe der Medienwirkung, um die von den Verlagen gefeilscht wird. Ihre Praxisrelevanz ist daraus zu ersehen, daß sie sich in Mark und Pfennig ausrechnen läßt. Diese Größe heißt ›Tausend-Leserpreis‹.

Weil es möglichst billig sein soll, je tausend Leser mit Werbung zu erreichen, sind die verlagseigenen Angaben über die Anzahl der Leser pro Nummer oft Angabe. (Tatsächlich sind die Reichweiten-Werte nicht einfach zu ermitteln. Denn das Gedächtnis trügt manchmal beträchtlich, um so mehr, wenn es um Unwichtiges geht. »Erst kürzlich habe ich diese Zeitschrift gelesen«, meinen viele Befragte bei Reichweiten-Untersuchungen, aber nicht selten liegt »kürzlich« schon Monate, sogar Jahre zurück.) Das Institut für Demoskopie Allensbach, das unabhängig von der Werbewirtschaft und von Verlagen Reichweiten untersucht, ermittelte 1980 für den ›Stern‹ 5,4 Leser pro Nummer, für ›psychologie heute‹ fast 11 Leser pro Nummer.[18] – Das Beispiel zeigt, daß sich in der Dimension des Tausend-Leser-Preises die Kosten-Nutzen-Hierarchien wieder verändern.

Und damit beginnen für die Media-Experten wieder neue Berechnungen. Bei wiederholten Anzeigen im gleichen Medium (zum Beispiel 15 Anzeigen in ›psychologie heute‹) ist die Zahl der Werbekontakte nicht mit der Anzahl der angesprochenen Personen identisch. Jede Zeitschrift hat ja immer auch ein festes Publikum, allen voran die Abonnenten. Man kommt hier zur Frage, ob es sinnvoller ist, dieselben Leute öfters zu umwerben, oder statt dessen effektiver, wenn man möglichst viele je einmal erreicht. – Die Diskussion dieses und der zuvor angeschnittenen Probleme ist heute zu einer Geheimwissenschaft geraten, in der sich die Mediaexperten der verschiedenen Verlage erbitterte Computerduelle liefern.

So mag es tröstlich sein, daß sich der typische Werbepraktiker darum ohnehin nicht viel schert. Günter Stein schreibt in ›Enthüllungen aus dem Land der Riesenwaschkraft‹ (1978) über die

Kriterien der Medienwahl bei den Praktikern und die Kriterien der Medienwahl bei den Praktikern und die Kriterien der Medienwahl bei den Verlags-Computern: »Diese Computer sind natürlich grundsätzlich objektiv, und deshalb läßt sich wenig dagegen sagen, daß beispielsweise der Burda-Computer meist die ›Bunte‹ empfiehlt, während das Rechengehirn des Springer Verlages sich lieber für die ›Hör Zu‹ entscheidet. Das ist deshalb entschuldbar, weil es viele Kriterien gibt, sich für die eine Zeitschrift und gegen die andere zu entscheiden. Die einen setzen auf Reichweite, die anderen bevorzugen dagegen eine größere Kontakthäufigkeit. Das heißt auf Deutsch: die einen wollen, daß eine Anzeige von möglichst vielen Leuten überblättert wird, die andern vertreten die These, es könnten auch weniger sein, wenn diese dafür die Anzeige häufiger überblättern. Dabei ist das ganze Media-Problem nur eine unnötig aufgeblasene Angelegenheit. Die Wahrheit sieht nämlich so aus, daß sowohl Texter wie Grafiker ihre ganze Überzeugungskraft einsetzen, daß die Anzeige im ›Spiegel‹ erscheint. Und zwar einfach deshalb, weil das ›Spiegel‹-Format sehr gut in die Klarsichthüllen der Belegmappe paßt.«[19] – Sicherlich ist das zuletzt genannte Argument eine witzige Übertreibung Steins, aber viel profunder sind die Auswahlkriterien nur selten. Gern verfährt man nach dem Schema: Werbung für Produkte, die man selbst benutzt oder selbst gerne besitzen würde, kommt in Zeitungen und Zeitschriften, die man selbst liest (oder vorgibt zu lesen). Werbung für alles andere kommt in die andern Blätter – es sei denn, der Werbemacher ist entzückt von der Gestaltung seiner Anzeige, dann möchte er natürlich, daß das Werk auch von Bekannten und Kollegen bewundert wird, und entscheidet sich wiederum für die von der eigenen Zielgruppe bevorzugten Publikationen.

Das Medium, das eigentlich immer allen Wünschen und Ansprüchen gerecht wird, ist das Werbefernsehen – das liebste Medium vieler Werber – und damit die bedrohlichste Konkurrenz der Verlage. Das Werbefernsehen kann mit eindrucksvollen Zahlen renommieren: Nach den Berechnungen der ›Media-Analyse‹ von 1980 sitzen durchschnittlich fast 13 Millionen Menschen vor den Bildschirmen, wenn die Werbung läuft. Je näher die Tagesschau rückt, desto mehr werden es, die Spitzenwerte liegen bei 38 Millionen Zuschauern![20]

Ein Spot von 30 Sekunden Dauer kostet im ZDF 45 000 DM und wird durchschnittlich von 4,2 Millionen Zuschauern gesehen.[21] Dieses günstige Verhältnis wird allerdings durch die hohen Produktionskosten gemindert; wie stark, das hängt davon

ab, wie oft derselbe Spot eingesetzt wird. Als untere Kosten-
grenze für die Produktion eines Werbespots waren 1980 mindestens 50000 DM zu veranschlagen.[22] – Für das Fernsehen
spricht auch seine optimale Breitenwirkung. Innerhalb eines
Monats erreicht das Werbefernsehen zwei Drittel aller Bundesbürger ab 14 Jahren.[23]

Verständlich, daß der Praktiker nur ein Argument gegen das
Fernsehen kennt: Durch die limitierten Werbezeiten der öffentlich-rechtlichen Rundfunk- und Fernsehanstalten sind die Wer-
betermine der Sender für Monate, teilweise sogar für Jahre aus-
gebucht. Ein interessanter Nebenaspekt: Aufgrund der limitierten Werbezeiten würde bei den öffentlich-rechtlichen An-
stalten ein totaler Verzicht auf Werbung weniger drastische
Preiserhöhungen als bei den Zeitungen und Zeitschriften bedeuten. Nach Berechnungen der ARD (auf Basis der Daten
von 1979) müßten bei Wegfall aller Werbeeinnahmen die Ge-
bühren von monatlich 13 DM auf monatlich 18,14 DM erhöht
werden.[24]

Die qualitativen Qualitäten der Medien

Im qualitativen Vergleich der Medien werden physiologische
und psychologische Aspekte diskutiert, Qualitäten, die nicht in
Preiskategorien zu klassifizieren sind. Beispielsweise ist es nach
den Erkenntnissen der Lerntheorie effektiver, eine Botschaft
visuell statt auditiv zu vermitteln; optimal ist die Verbindung
beider Wahrnehmungsweisen: hören und sehen – Fernsehen.
Es gibt jedoch auch lerntheoretische Argumente gegen das
Fernsehen. Bei komplizierten Sachverhalten ist es für die Rezipienten günstiger, wenn sie die Wahrnehmungzeit selbst bestimmen können, ein Bild so lange betrachten, einen Text so oft
lesen können, wie zum Verständnis individuell notwendig ist.
Man kann weiter gegen das Fernsehen einwenden, daß das Publikum genau dann, wenn die Werbung läuft, nicht sehr enga-
giert zusieht: viele sind beim Abendessen, machen Schularbeiten, erledigen im Haushalt Anfallendes und unterhalten sich
über völlig andere Dinge. Leser sind dagegen meist intensiver
bei der Sache.
So kann man alle Medien unter verschiedenen Aspekten vergleichen: Der Brief einer Direktwerbeaktion wirkt persönlicher als die Massenabfertigung der Fernsehwerbung. Für die
Rundfunkwerbung läßt sich anführen, daß die Hörer wenigstens mit halbem Ohr eigentlich immer hinhören, wenn das Ra-

dio läuft; auch bietet der Rundfunk ein breiteres Spektrum an Sendezeiten für Werbung als das Fernsehen. Wichtig ist auch die Einstellung zu den diversen Medien. Beispielsweise wurde erwiesen, daß das Fernsehen als glaubwürdiger gilt als der Hörfunk, der Hörfunk glaubwürdiger als Tageszeitungen, als am wenigsten glaubwürdig werden Illustrierte eingeschätzt. Problematisch an solchen Ergebnissen ist jedoch, daß es sich dabei um veränderliche Einstellungen handelt[25], vor allem jedoch sind diese Ergebnisse nur in abstrakter Pauschalität gültig, im konkreten Einzelfall kann die Einschätzung des Publikums ganz anders sein.

Im konkreten Fall ist die qualitative Qualität eines Mediums eine intellektuelle Kategorie. Jedes Medium hat ein Image. Besonders ausgeprägt ist es bei Zeitungen und Zeitschriften: Es gibt konservative Blätter, progressive, betuliche, kritische, altbackene, junge, solche mit hohem politischen, pädagogischen oder wissenschaftlichen Anspruch und solche, die nur unterhalten wollen ... Auf diese Konnexionen beziehen sich die Kreativen und andere Zweifler in der Argumentation gegen die vorgeblich objektiven Zahlen aus den Verlagscomputern. Diese Argumente sind auch richtig, wenngleich sie immer unterbewertet werden, eben weil sie nicht mit Zahlen zu belegen sind. Das Image einer Zeitschrift, das »redaktionelle Umfeld« der Werbung (»redaktionelles Umfeld« nennen die Werber jenen Teil der Zeitschriften, deretwegen die Zeitschriften gekauft und gelesen werden) ist der Kontext, in dem sich die Werbung behaupten muß und durch den sie zusätzlich interpretiert wird.[26] – Ein Buch, für das in einer anspruchsvollen Fachzeitschrift geworben wird, erscheint den Lesern der Anzeige als anspruchsvolles Fachbuch. Dasselbe Buch, in einer populären Unterhaltungszeitschrift angeboten, bekommt die Anmutung von populärer Unterhaltungsliteratur. Jede Anmutung spricht jeweils spezielle Lesergruppen an, schreckt andere ab. Andere Umfeldwirkungen: Eine törichte Anzeige wirkt in einer progressiven Zeitschrift noch törichter. Oder: Das Defilee von Werbemädchen im Teenie-Alter wirkt in Zeitschriften, die überwiegend von Frauen über vierzig gelesen werden, besonders deplaziert.

Das Für und Wider des Medienvergleichs ist endlos. Jede Diskussion führt dennoch zum selben Resultat: Je mehr Einflüsse berücksichtigt werden, desto fragwürdiger werden alle Behauptungen von Ursache-Wirkungs-Kausalität, desto naiver wirken alle Patentrezepte.

Fazit:
Die Konstruktion des idealen Konsumenten

Jedes von der Werbung finanziell abhängige Medium müht
sich, den Werbemachern optimale Zielgruppen zu präsentieren. (So versteht sich schon von selbst, daß jene Frauen, die in
den Frauentypologien der Zeitschrift ›Brigitte‹ als »Kosmetik-
verächterinnen« oder als »Wohnmuffel« charakterisiert werden, nicht zum Leserpublikum der ›Brigitte‹ zählen. In gewisser
Weise stimmt dies auch mit der Realität überein: Es ist plausibel, daß eine Zeitschrift, deren zentrales Thema Mode ist,
kaum von Frauen gekauft wird, die an Mode desinteressiert
sind.) Die optimale Zielgruppe steht der Werbung aufgeschlossen und positiv gegenüber. Zeitgenossen, die der Werbung kritisch oder gar ablehnend gegenüberstehen, gibt es nicht –
glaubt man den Typologien. Die Ursache dieses Phänomens
sind die Statements, mit denen in den Typologien die Einstellung zur Werbung ermittelt wird. Beispielsweise dieses:
»Manchmal macht es richtig Spaß, Anzeigen in Zeitschriften zu
betrachten«[27] – natürlich kann dies von den Befragten verneint
werden, aber damit reduziert sich lediglich die Zahl derer, die
Anzeigen mit »richtigem Spaß« betrachten. Daß sich die Wer-
befreunde nicht allzu sehr reduzieren, wird vermieden, indem
dieses Statement vorsichtshalber mit der Einschränkung
»manchmal« angeboten wird. Ohnehin sind die meisten Menschen in Interviews konziliant, kaum einer hat Lust, sich mit
dem Interviewer zu streiten (zumal der Interviewer dann darauf
verweist, daß er ja nur den Fragebogen vorzulesen und ansonsten mit der Sache nichts zu tun hat), Bekehrungen und Zuge-
ständnisse sind in Marktforschungsinterviews überaus leicht zu
erreichen, aber die Bekehrungen sind nur Lippenbekenntnisse,
so schnell gegeben wie vergessen.[28]
Statt den Befragten Lobhudeleien die Werbung abzunötigen,
wären kritische Statements der Werbung förderlicher, beispielsweise: »Der größte Teil der Werbung ist langweilig«; »Mit
den in der Werbung dargestellten Personen kann ich mich nicht
identifizieren«; »Wenn Zeitschriften ohne Werbung teurer
sind, dann würde ich lieber mehr Geld dafür ausgeben«; »Werbung, die Dinge verspricht, die sie nicht halten kann, sollte verboten werden« – aber natürlich sollen solche Meinungen den
Werbeleuten nicht präsentiert werden. Die Verlage wollen den
Agenturen nicht mit Zielgruppen kommen, die von Werbung
gelangweilt sind, die dafür bezahlen würden, vor Werbung ver-

schont zu bleiben. Nein, natürlich nicht. Die Verlage präsentieren den Agenturen den Beweis, daß ihre Leser kaufen, wofür auch immer in ihren Publikationen geworben wird, wie auch immer die Werbung aussehen mag. Das sorgfältige Aussparen von allem, was die Werbebranche stören könnte, das ist die gravierende Verzerrung in den Konsumentenbildern der Zielgruppentypologien: Sie konstruieren den idealen Konsumenten.

Gleichzeitig wird die Werbung mehr und mehr zur Hüterin einer heilen Illustriertenwelt. Störendes wird nicht nur aus den Zielgruppentypologien eliminiert, sondern auch aus den Medien selbst. Kritisches über Werbung darf nur in brancheninternen Fachzeitschriften gesagt werden, ist für Publikumszeitschriften tabu. Jeder Redakteur beschwört mittlerweile bei der leisesten Kritik an der Werbung die Formel der Unterwerfung: »Wir müssen an unsere Anzeigenkunden denken!« Wo die Selbstzensur der Verlage nicht funktioniert, kommt die Werbung mit massiven Sanktionen: Als das Satire-Blatt ›pardon‹ als Parodie auf die Jägermeister-Reklame eine Anzeige brachte, auf der ein Kind Jägermeister trinkt, und dazu den Slogan kreierte: »Ich trinke Jägermeister, weil mein Dealer im Knast sitzt«[29], da verklagte Firmeninhaber Mast die Satiriker auf eine Million Schadensersatz. Die ›pardon‹-Redaktion wurde in erster Instanz von der Pressekammer des Landesgerichts Hamburg zu 500 000 DM Schadensersatz verurteilt. Das Urteil löste eine Welle von Protesten aus, vor allem bei jenen, die die Jägermeister-Sprüche für witzig gehalten hatten – Mast trat vor der Revisionsverhandlung von seiner Klage zurück. Als vor einigen Jahren im ›ZEIT-magazin‹ neben einem Bericht über die Hungerkatastrophe in Biafra eine Sekt-Anzeige plaziert worden war, sahen die Sekt-Werber von weiteren Anzeigen im ›ZEIT-magazin‹ ab – das redaktionelle Umfeld war ihnen zu riskant geworden. Solche Pressionen sind keine Ausnahmefälle, wenngleich sie nur in Ausnahmefällen bekannt werden.

Durch die Zielgruppentypologien ist diese Entwicklung nicht entstanden, nur beschleunigt worden. Diese Entwicklung ist in hohem Grad gefährlich: Wenn Zeitungen und Zeitschriften ganz zum redaktionellen Umfeld der Werbung abgesunken sind, wird es für die Leser kein Verlust sein, ganz auf sie zu verzichten.

10. Kapitel
Erkenntnisse der
Massenkommunikationsforschung

Medienallmacht und Medienohnmacht

In der Geschichte der Massenkommunikationsforschung verlief die Einschätzung der Medienwirkung völlig kontrovers.

Nach dem Ersten Weltkrieg, als die Kriegspropaganda aufgedeckt worden war, hielt man die Zeitungen – die einzigen Massenmedien jener Zeit – für mächtige und höchst gefährliche Instanzen. In den USA wurde geglaubt, die Zeitungen mit ihrer Propaganda hätten das Land in den Krieg gehetzt.[1]
Dann bekam die Presse Konkurrenz. 1920 begannen in den USA regelmäßige Rundfunksendungen, schon in den 30er Jahren war das Radio zum größten Medium geworden.[2] Man begann die Wirkungen von Zeitungen mit der Wirkung des Rundfunks zu vergleichen.[3]
Als 1932 Roosevelt in den Präsidentschaftswahlen siegte, obwohl die Presse mehrheitlich gegen ihn votierte, war der Glaube an die Macht der Zeitungen erschüttert. Um so faszinierender erschien die Wirkung des Rundfunks, nachdem am Abend des 30. Oktober 1938 das Hörspiel von Orson Welles' ›Wars of the Worlds‹ gesendet worden war. – Dieses Hörspiel begann mit einem Wetterbericht, es folgte die Übertragung eines Konzerts, das jedoch durch merkwürdige Sendestörungen unterbrochen wurde, dann plötzlich abgebrochen wurde mit der Meldung, feindliche Wesen vom Mars seien in den Vereinigten Staaten gelandet. Reporter und Augenzeugen berichteten über die Landung, Wissenschaftler aus der ganzen Welt kommentierten das Ereignis, Militärexperten gaben Befehle für die Evakuierung der Bevölkerung. – Hunderttausende fielen auf die Tricks von Orson Welles herein, hielten das Hörspiel für eine echte Reportage und flohen in zielloser Panik.[4]
Dem Einfluß des Radios wurde später auch Roosevelts Popularität zugeschrieben. Roosevelts angenehme Radiostimme, seine »Golden Voice«, war berühmt. Von 1941 bis 1945 sprach

der Präsident in seiner Sendung ›Fireside-Chats‹ zur Nation und vermittelte den Zuhörern den Eindruck privater Plaudereien am Kamin.

Die Zeit des Glaubens an die Medienallmacht ist jene Zeit, zu der es eine Medienwirkungsforschung im eigentlichen Sinn noch gar nicht gab. Medien wurden zunächst nur in ihrer Funktion begriffen, als Instrumente, um in einer ständig unübersichtlicher werdenden Gesellschaft Informationen zu verbreiten. Fritz Eberhard schrieb über diese Funktion des Radios: »Die große Reichweite von Rundfunksendungen schafft für den Politiker Verhältnisse, die denen griechischer Redner auf der Agora ähneln, eine Ansprache aller Staatsbürger erlauben.«[5] In der ersten Zeit, als man sich mit den Medien beschäftigte, war man fasziniert von den technischen Möglichkeiten und dachte nicht daran, zwischen Informationsübermittlung und Wirkung zu unterscheiden. Die Absichten der Kommunikatoren und die Reaktionen beim Publikum schienen identisch.

Dann begann man, die Wirkung der Medien auf das Publikum systematisch zu untersuchen. 1944 erschien eine Studie, deren Ergebnisse noch heute zu den Grundlagen der Kommunikationstheorie zählen: ›The People's Choice‹ (deutsch: ›Wahlen und Wähler‹) von Paul F. Lazarsfeld, Bernard Berelson und Hazel Gaudet. Diese Forscher hatten 1940 im Regierungsauftrag in Erie County in Ohio den Einfluß der Massenmedien bei den Präsidentschaftswahlen untersucht. Untersucht wurden Presse und Rundfunk. (Regelmäßige Fernsehsendungen in den USA gibt es erst seit 1939, und das Fernsehen setzte sich viel langsamer als der Rundfunk durch: 1948 gab es in den USA nur eine halbe Million Geräte. In Deutschland gab es während des Zweiten Weltkriegs ca. 500 Fernsehempfänger. Für die Mehrheit der bundesrepublikanischen Bevölkerung begann das Fernsehen erst 1954, als das Deutsche Fernsehen gegründet wurde.[6]) – Zentraler Befund von ›The People's Choice‹: Massenmedien können Einstellungen nicht verändern. Massenmedien können lediglich bereits bestehende Einstellungen verstärken.

Lazarsfeld, Berelson und Gaudet fanden heraus, daß die Wähler hauptsächlich jene Wahlpropaganda zur Kenntnis nahmen, die ihren schon vorher vertretenen Standpunkt unterstützten. Das Interesse an den Meinungen Andersdenkender war gering, Botschaften mit kontroversen Informationen wurden sogar bewußt gemieden – die Wähler lasen vorwiegend jene Zeitungen, die dem eigenen politischen Lager verbunden waren. Wurden dennoch Botschaften mit störendem Inhalt wahrgenommen, so stellten Lazarsfeld et al. fest, wurden sie so uminterpretiert, daß sie die bestehende Einstellung sogar noch bestärkten. (Dieses Verhalten kann jeder an sich selbst beobachten: Vertritt eine gegnerische Partei in einem Punkt die eigene Position, wertet man die Übereinstimmung als Bestätigung der Richtigkeit und Überzeugungskraft der eigenen Argumente; ist der Gegner anderer Meinung, sieht man sich in der Notwendigkeit der Kontroverse bestätigt.) Es wurde weiter festgestellt, daß Informationen, die nicht ins eigene Einstellungssystem zu integrieren waren, rasch wieder vergessen wurden.

Nachdem die Forscher zum überraschenden Resultat gekommen waren, daß Presse und Rundfunk »nur unbeachtlichen Einfluß« auf die Wahlentscheidungen ausübten, erkundigten sie sich in einer späteren Befragung bei jenen, die während des Wahlkampfes ihre Meinung geändert hatten, was sie denn dazu veranlaßt habe. Sie bekamen zur Antwort: »Andere Leute.«

Ändert ein Wähler tatsächlich seine politische Präferenz, so wurde in der Erie-County-Studie festgestellt, so entscheiden sich diese Wechsler kaum aus politischem Kalkül, sondern ihren Bezugsgruppen zuliebe: um mit der Familie, Freunden, Nachbarn und Kollegen als politisch Gleichgesinnter weiterhin in Frieden zu leben oder um sich als gesellschaftlicher Aufsteiger dem angestrebten sozialen Status politisch anzugleichen.[7]

»Die Wiederentdeckung der Leute« wurde später als das wichtigste Ergebnis dieser Studie bezeichnet.[8] Das Resümee: »Der persönliche Einfluß war offenbar unter den die Entscheidung bestimmenden Kräften die weitaus wichtigste.«[9] Die Angst, den Medien hilflos ausgeliefert zu sein, war mit ›The People's Choice‹ als unbegründet bewiesen worden.

Die Entdeckung der Meinungsführer

Als die Massenmedien machtlos geworden waren, mußte die Frage, wie Meinungen entstehen, neu gestellt werden. In den Unterlagen der Befragungen von Erie County wurde nach den »anderen Leuten« gesucht. Dabei stellte man fest, daß als Ratgeber immer wieder dieselben Leute genannt worden waren, die offenkundig einen »unverhältnismäßig großen Einfluß auf die Wahlüberlegungen ausübten«.[10] Überraschend war, daß diese Personen nicht identisch waren mit jenen, die traditionell als politisch einflußreich gelten – es waren nicht die Politiker. Es waren Leute aus allen Berufen, aus allen gesellschaftlichen Gruppen. Als »Opinion-leader« bezeichnete man die Einflußreichen; deutsch: »Meinungsführer«. (In der Werbung benutzt man aber selbstverständlich den amerikanischen Begriff.)

Über die Konsequenzen, die sich aus der Entdeckung der Meinungsführer für die Forschung ergaben, schrieben später Katz und Lazarsfeld: »Die nächste Frage ergab sich von selbst: wer oder was beeinflußte die Einflußreichen? Hier traten wieder die Massenmedien in Erscheinung. Die Meinungsführer berichteten nämlich viel häufiger als die andern, daß sie von diesen beeinflußt waren. Als man diese Ergebnisse zusammenfaßte, kristallisierte sich ein neuer Gedanke heraus: die Vorstellung von einer zweistufigen Kommunikation. Der Grundgedanke war dabei der, daß Gedanken durch Radio oder Druckwerke an die Meinungsführer übertragen und von ihnen den weniger aktiven Bevölkerungsteilen vermittelt werden.«[11]

Diese Vorstellung von einer ›zweistufigen Kommunikation‹ wurde 1945 in einer weiteren der heute klassisch genannten Kommunikationsstudien untersucht und bestätigt. Durchgeführt wurde diese Studie in Decatur im amerikanischen Bundesstaat Illinois, deshalb auch ›Decatur-Studie‹ genannt. Die Forscher: Elihu Katz und Paul F. Lazarsfeld. Erschienen ist diese Studie, bedingt durch ungünstige Verhältnisse der Nachkriegszeit, aber auch bedingt durch die Notwendigkeit, neue Erkenntnisse aufzuarbeiten[12], erst 1955 unter dem Titel: ›Personal Influence. The Part by People Played in the Flow of Mass Communication‹ (›Persönlicher Einfluß und Meinungsbildung‹).

›Personal Influence‹ ist eine Studie, die die Interessen der Wissenschaft in ausgezeichneter Weise mit den Interessen der Werbung verband – und Anmerkungen ist zu entnehmen, daß die Studie durch einen Auftraggeber aus dem Konsumgüterbereich mitfinanziert wurde.[13] Beginnend bei dem Ergebnis der Erie-County-Studie, daß Meinungsführer auf allen sozialen Ebenen zu finden sind, suchte man eine für die soziale Struktur repräsentative Auswahl von Frauen in Decatur und untersuchte, wer sie beeinflußte. Vier Bereiche des täglichen Lebens wurden untersucht: der Einkauf für den Haushalt; Modefragen mit besonderer Berücksichtigung von Kleidung, Kosmetika und Schönheitsbehandlungen; der Kinobesuch; die Meinungsbildung über Ereignisse der Lokalpolitik.[14]

Die Untersuchung bestätigte das Konzept des zweistufigen Kommunikationsprozesses (auch hier bevorzugt man in der

Werbung den amerikanischen Begriff »Two-step-flow-of-communication«) und erwies dessen Universalität: Meinungsführer
gab es nicht nur für politische Fragen, Meinungsführer gab es
auch im Konsumbereich. Der Kommunikationsforscher Heinz
Otto Luthe schrieb, Katz und Lazarsfeld komme mit dieser Studie das Verdienst zu, »den Weg der Kommunikationsforschung
in die Richtung einer Wirtschaftssoziologie und hier speziell einer Konsumsoziologie gelenkt zu haben«.[15]

Charakteristika der Meinungsführer

Es war nun möglich, die Meinungsführer genauer zu beschreiben. Ihre wichtigsten Kennzeichen: Es sind besonders engagierte Rezipienten der Massenmedien, sie haben besonders viel
Kontakt mit anderen Leuten. Das Verhalten der Meinungsführer ist jedoch nicht als persönliche Disposition zu erklären, sondern als soziale Funktion. Wer um Rat gefragt wird, weiß mehr
als andere, zumindest wird dies unterstellt. Das heißt, daß sich
Meinungsführer durch einen höheren Wissensstand legitimieren müssen. Sie erreichen ihn sowohl durch die Massenmedien,
wobei deren unpersönliche Informationen in besonderer Weise
als objektive Ratschläge und gesichertes Wissen erscheinen –
wie auch durch den persönlichen Austausch, Ratsuchende stellen ja nicht nur Fragen, sie vermitteln gleichzeitig Informationen, schaffen ein expertengemäßes Problemverständnis und erweitern so den Wissensstand des Meinungsführers. Dies ist der
kommunikative Aspekt der Meinungsführerschaft.
Ebenso wichtig ist der soziale Aspekt der Meinungsführerschaft. Das erste soziale Charakteristikum, das sich herauskri-
stallisierte, war, daß sich Meinungsführer von ihren ›Gefolgs-
leuten‹ durch eine bessere Schulbildung beziehungsweise eine
bessere Ausbildung unterscheiden.[16] Meinungsführer haben
außerdem einen höheren sozio-ökonomischen Status als ihre
Gefolgsleute. Auch dies ist zweifach plausibel – höhere Schulbildung und bessere Ausbildung bedeuten in der Regel höheres
Einkommen beziehungsweise steigt mit dem Einkommen das
Ansehen.
Meinungsführer stehen Neuerungen besonders aufgeschlossen
gegenüber. Erwiesen wurde die Innovationsfreude der Meinungsführer zuerst durch agrarsoziologische Studien.[17] Für die
Kommunikationswissenschaft waren agrarsoziologische Studien besonders interessant, weil die persönliche Kommunikation im ländlichen Lebensraum wichtiger ist als in den Groß-

städten und dort die sozialen Verflechtungen überschaubarer sind. Meist geht es in diesen Studien um die Anschaffung von neuartigen Landmaschinen und um die Einführung von neuem Saatgut. Um Investitionen also, die großen finanziellen Aufwand bedeuten. Das zeigt, daß auch Innovationsfreude keine von sozialen Bedingungen unabhängige Eigenschaft ist, erfordert sie doch eine Risikobereitschaft, die sich nur die besser situierten Meinungsführer leisten können. Die ärmeren Gefolgsleute brauchen die Meinungsführer nicht nur, wie Katz erklärte, um ihre Entscheidungen zu »legitimieren«[18], sie brauche sie vor allem, um die Gewißheit zu haben, die Folgen solcher Innovationen finanzieren zu können.

In den heutigen Zielgruppentypologien finden sich immer viele Angaben über die Einstellungen der Leser gegenüber neuen Produkten. Dies geschieht mit Seitenblick auf das Meinungsführer-Modell: Die Zeitschriften wollen bei den Anzeigenkunden damit werben, daß sie viele Meinungsführer unter ihren Lesern haben, was besagen soll, daß Werbung in ihrer Zeitschrift durch persönliche Kommunikation besonders intensiv verbreitet sei. Die Innovationsbereitschaft der Meinungsführer ist für die Werbung auch deshalb ein so wichtiges Charakteristikum, weil speziell im Bereich der Konsumgüter der soziale Hintergrund der Innovationsbereitschaft keine Rolle mehr spielt, wie die Typologien belegen. Innovationsfreude und damit Meinungsführerschaft soll im Konsumgüterbereich allein psychologisch bedingt sein.[19] Wie ist das zu erklären? In vielen Konsumstudien, in Zielgruppentypologien generell, wird die Innovationsbereitschaft unabhängig von den damit verbundenen Konsequenzen diskutiert. Claus Eurichs Kritik an den Schlußfolgerungen, die Melvin DeFleur aus den Meinungsführer-Studien zieht, ist in diesem Sinne gemeint und übertragbar:

»Das übersieht DeFleur, wenn er die Entscheidung eines Farmers zur Übernahme eines bestimmten Produktes in seinen landwirtschaftlichen Betrieb mit der Kaufentscheidung einer Hausfrau für eine bestimmte Seifensorte gleichsetzt und damit beide Vorgänge auf ihre letzte allgemeine Gemeinsamkeit reduziert, nämlich den Vermittlungsvorgang, die Zurkenntnisbringung einer Innovation und einer sich daraus ergebenden Entscheidung (sofern man bei einer Seifensorte oder ähnlichen Konsumartikeln überhaupt von einer Innovation sprechen kann, handelt es sich hierbei doch normalerweise schlicht um das Auftreten eines in seiner prinzipiellen Funktionalität bereits bekannten Gegenstandes in nur wie immer gearteter ande-

rer Form). Beide im Bereich der Absatzwirtschaft beheimateten Vorgänge trennt zudem eine in keinem Verhältnis stehende materielle Ebene.«[20]
Echte Innovationen sind auch bei alltäglichen Konsumartikeln ein Risiko. Das Unbekannte schmeckt vielleicht nicht, das Neue funktioniert vielleicht nicht. Probieren setzt die Bereitschaft zur Fehlinvestition voraus, und die muß man sich erst leisten können. Das Phänomen, daß sich allein im Konsumbereich eine vom sozio-ökonomischen Status unabhängige Innovationsbereitschaft nachweisen läßt, erklärt sich daraus, daß das meiste, was die Werbung als Neuheit deklariert, nicht innovativ ist, nur anders. Im Konsumbereich hat die Werbung den Begriff der Innovation neu definiert und den Mut zum Risiko ersetzt durch das Kalkül mit modischer Angepaßtheit, kindischer Neugier und einer unverbindlichen Wegwerf-Mentalität.

Wie Werbung wirkt,
wenn Massenmedien wirkungslos sind

Die These vom zweistufigen Kommunikationsprozeß, dem Two-step-flow-of-communication, die im Prozeß der Meinungsbildung die Massenmedien für wirkungslos erklärte und alle Macht den Meinungsführern zusprach, hat, so Luthe, »einen in den Sozialwissenschaften nie dagewesenen Siegeszug durch die Gelehrtenstuben und Forschungsinstitute aller Herren Länder angetreten«.[21] Nicht zuletzt sicherlich deshalb, weil sie das Ideal einer von den Besten des Volkes getragenen Meinungsbildung propagierte, den unpersönlichen Herrschaftsapparat Massenmedium durch die volkstümliche Elite der Meinungsführer demokratisierte.
Nun spricht der heutige Stand der Wirkungsforschung gegen das Konzept des Two-step-flow, nicht aber gegen das Meinungsführer-Konzept. Mittlerweile haben Studien über die Verbreitung von Nachrichten aus den Massenmedien ergeben, daß bei Ereignissen mit hohem Aufmerksamkeitswert die Informationen nicht durch Meinungsführer weitergegeben werden, sondern die Masse der Rezipienten direkt erreicht. Der persönliche Meinungsaustausch mit andern findet erst danach statt. – Dieser direkte, einstufige Informationsfluß massenmedialer Kommunikation wurde in Studien über den Start des ersten amerikanischen Satelliten und über Eisenhowers Herzattacke erwiesen.[22] Es ist wahrscheinlich, daß diese neueren Er-

gebnisse die Verbreitung der Massenmedien, insbesondere des Fernsehens widerspiegeln. – Die These von den wirkungslosen Massenmedien wurde deshalb dahingehend modifiziert, daß die Wirkung der Medien mit ihrer primären Funktion identisch sei, nämlich mit der Übertragung von Informationen.

Die Persuasion, die Interpretation und Bewertung der Informationen, diese Funktion blieb aber weiterhin den Meinungsführern vorbehalten.

Die Differenzierung zwischen dem Konzept des zweistufigen Kommunikationsprozesses und dem Meinungsführer-Konzept ist die Unterscheidung von Information und Persuasion. Eine Unterscheidung, die in den klassischen Kommunikationsstudien fehlt, dort wurden Information und Wirkung als gleichgerichtet und identisch vorausgesetzt. Die Konsequenz der Werbung aus diesen Erkenntnissen: Die Meinungsführer wurden zum zentralen Ansatzpunkt aller Werbestrategien.[23]

Bestechend an diesem Ansatz ist, daß seine Richtigkeit permanent bestätigt wird – zumindest in den Werbetests. Noelle-Neumann schreibt: »Jeder Marktforscher macht die Erfahrung, daß ihm im Interview auf die Frage: ›Wie sind Sie auf diese Marke gekommen?‹ meistens geantwortet wird: ›Durch persönliche Empfehlung.‹«[24] Und das Meinungsführer-Konzept ist für die Werbung eine ideale Theorie, weil die Charakteristika des Meinungsführers die Charakteristika des idealen Konsumenten sind: Meinungsführer sind besonders engagierte Rezipienten der Massenmedien – sie nehmen demnach besonders viel Werbung zur Kenntnis; sie kommunizieren besonders viel mit andern und geben ihr Wissen weiter – also auch die Werbebotschaften; sie sind die ersten, die neue Produkte ausprobieren; sie können sich dank ihres gehobenen ökonomischen Niveaus mehr als andere leisten. Greve und Müller zum Meinungsführer-Denken in der Werbung: »Ein großer Teil der Marketing- und Werbeliteratur, der zum ›Opinion Leader‹-Konzept Stellung nimmt, ist noch heute von der Vorstellung beherrscht, daß das einzige Problem die Identifikation von ›Opinion Leaders‹ sei. Hat man sie erst einmal ermittelt, so glauben viele Autoren, kann eine Werbekampagne kaum noch fehlschlagen.«[25]

Daß es für Fragen der Säuglingspflege andere Meinungsführer gibt als für Fragen zur Finanzierung eines Eigenheimes, ist Common sense. In der Werbewelt allerdings gibt es den Meinungsführer als standardisierte Personifizierung. Es ist der

Herr mittleren Alters im nadelgestreiften Anzug, der Manager. Der Grund dieser standardisierten Personifizierung: Der typische Werber idealisiert sich als geheimer Verführer mit Managergehalt; der typische Auftraggeber ist ein Manager, der sich als geborenen Führer sieht. In der Optik des erfolgreichen Businessman stilisieren die Werbemacher sich und ihre Auftraggeber zu idealen Meinungsführern. Derart konzipierte Kampagnen sind effektiv und erfolgreich: effektiv, weil sie den Werbemachern Überlegungen zur zielgruppengerechten Werbegestaltung ersparen; erfolgreich, weil diese Kampagnen viel Anklang bei den Auftraggebern finden – sie sind schließlich die eigentliche Zielgruppe. So also kommt es, daß in den Fernsehspots für das Waschpulver Persil ein Herr mittleren Alters im dunklen Anzug den sehr verehrten Damen und lieben Hausfrauen erklärt, wie man Wäsche wäscht. Die Zeitschrift ›Absatzwirtschaft‹ zitierte die Reaktion einer Hausfrau auf diesen Waschpulver-Meinungsführer: »Den Persil-Mann möchte ich immer mit seinem Stuhl umkippen.«[26]

Theorien der Wirkung: mehr Antworten als Fragen

Der Umschwung von den Theorien der Medienallmacht zu den Theorien der Medienohnmacht kennzeichnet nicht allein eine Etappe wissenschaftlicher Erkenntnis. Die Erkenntnisse der Wissenschaft hatten sich auch geändert, weil sich das Erkenntnisinteresse geändert hatte. Das wiederum hatte ökonomische Gründe: Das kapitalistische Wirtschaftssystem hatte sich rasant entwickelt, es gab eine immer größer werdende Zahl sich immer ähnlicher werdender Produkte; die Konkurrenz der Anbieter machte den Kunden zum König. Deshalb stand das Publikum in der zweiten Phase der Wirkungsforschung so plötzlich im Mittelpunkt des Interesses.[27]

Waren die Medien zuerst unter dem Aspekt der Aufrechterhaltung des Status quo in einer übersichtlicher werdenden Gesellschaft analysiert worden, so war nun das Interesse an ihrer Wirkung das Interesse an Veränderung. Damit änderten sich auch die Aufgabengebiete der Wirkungsforschung. Die früheren Studien hatten sich überwiegend mit Fragen zur Wirkung politischer Propaganda befaßt – nach dem Zweiten Weltkrieg ging es um die Wirkung von Werbung.

Es ist etwas anderes, jemanden für eine andere politische Partei zu gewinnen, als jemanden zur Wahl einer neuen Marke eines altbekannten Produkts zu überreden. Die Veränderung politi-

scher Präferenzen bedeutet eine inhaltliche Entscheidung, der
Kauf einer anderen Produktmarke ist nur eine formale Variation.

Und in diesen Bereichen marginaler Einstellungen, das heißt
von Einstellungen, die Verhaltensänderungen ohne Konsequenzen betreffen beziehungsweise Verhaltensweisen, deren
Alternativen dieselben Konsequenzen haben – da haben die
Massenmedien Einfluß. Das klärt den Widerspruch zwischen
der kommunikationswissenschaftlichen Erkenntnis, daß Massenmedien wirkungslos sind, wenn es um Einstellungsänderungen geht, und der Tatsache andererseits, daß die Werbung in
den Massenmedien immer neue Märkte zu schaffen vermag.

Die neuen Fragen der Wirkungsforschung waren dementsprechend an formalen Kriterien ausgerichtet. Die Fragen waren
nun: Ist emotionale Werbung effektiver als Werbung, die die
rationalen Aspekte der Kaufentscheidung hervorhebt? Ist un-
terhaltende Werbung effektiver oder nüchtern-sachliche? Ist es
besser, nur Argumente, die für die gewünschte Entscheidung
sprechen, zu nennen, oder wirkungsvoller, wenn auch Gegen-
argumente diskutiert werden? Effektiver, wenn die Kaufauffor-
derung am Anfang oder am Ende des Kommuniqués steht? Soll
man die Werbebotschaft variieren oder immer dasselbe wieder-
holen? Sollte der Kommunikator eine angesehene berühmte
Persönlichkeit sein, oder wirken unbekannte Allerweltstypen
glaubwürdiger? Ist es möglich, die Konsumenten durch furchteinflößende Appelle zum Kauf zu zwingen? Was ist das optimale Verhältnis von Bild und Text? Je mehr Werbeträger zur
Verfügung standen, desto mehr wurde die Qualität der unterschiedlichen Medien diskutiert. Die Frage nach der Wirkung
unterschwelliger Werbung kam auf. Die Motivforschung wurde
Mode und brachte neue Aspekte der Wirkung und neue Fragen: Will das Publikum ein Waschmittel, das weißer, reiner,
porentiefer oder glücklicher wäscht?
Was weiß man heute über den Einfluß derartiger Faktoren? –
Dokumentationen der Untersuchungen über die Wirkungen
der unterschiedlichen formalen Gestaltungen von Kommuniqués finden sich in vielen Werken der Massenkommunikationsforschung. Noelle-Neumann, die davon ausgeht, daß sich die
Frage nach der Wirkung der Massenmedien nicht pauschal,
sondern nur zerlegt in spezielle Fragen beantworten läßt,[28]
kommt nach Übersicht der Ergebnisse zu speziellen Fragen
zum Fazit: »Insgesamt dürfte bei dieser Abhandlung über die

178

Wirkung der Massenmedien klar geworden sein, daß wir uns auf einem noch unfertigen Gebiet der Forschung befinden.«[29] Dröge, Weißenborn und Haft sprechen von »der Unmöglichkeit, hierzu etwas Generelles zu sagen«[30]; Dröge beklagt »die Hungersnot der Massenkommunikationsforschung«[31]; Bisky, der ebenfalls eine Fülle von Experimenten analysiert, konstatiert »einen Wirrwarr der Ergebnisse, Theorien, Konzeptionen usw.«.[32]

Das Problem besteht darin, daß es auf jede Frage, die in der Wirkungsforschung gestellt wurde, mindestens zwei Antworten gibt. Beispielsweise wurde festgestellt, daß eine Darstellung der Interessen nur einer Seite weniger überzeugend wirkt als eine Argumentation, die das Für und Wider eines Problems zeigt. Aber es wurde auch festgestellt, daß eine zweiseitige Argumentation nur bei den gebildeteren Rezipienten effektiv ist, bei den weniger gebildeten sei eine einseitige Problemdarstellung günstiger.[33] Andererseits kann aber die einseitige Argumentation wiederum zu einem »Bumerang-Effekt« führen, das heißt, die Leute halten das Gegenteil von dem, was ihnen erzählt wird, für wahr.[34]

Aus dem Werbealltag gibt es zu allen Ergebnissen der Kommunikationsforschung eine Fülle von Beispielen, mit denen sich die Ergebnisse sowohl beweisen wie widerlegen lassen. Coca-Cola beispielsweise hat seit Jahrzehnten eine nur unwesentlich veränderte Werbung mit konstantem Slogan, den man als emotionale und einseitige Argumentation klassifizieren kann, und ist eines der erfolgreichsten Unternehmen der Welt. IBM verzichtet in der Werbung auf Slogans, jede Anzeige ist anders, die Argumentation als zweiseitig und rational zu klassifizieren, und IBM ist eines der erfolgreichsten Unternehmen der Welt. Ernest Dichter bringt in seiner ›Strategie im Reich der Wünsche‹ ein interessantes Beispiel dafür, wie sich ein scheinbar bewährter Grundsatz der Werbewirkung als wirkungslos erwies. Jener Grundsatz, daß sich Verbraucher als Konsumvorbild rangmäßig überlegene Menschen wählen. Dichter berichtet: »Wir arbeiteten im Auftrag einer Kaugummi-Firma. In der Werbung trat gelegentlich eine Dame der Gesellschaft, Lady M., auf, deren Art, Kaugummi zu kauen, nachgeahmt werden sollte. Eines Tages aber wurde diese Dame wegen eines ungedeckten Schecks vor Gericht gestellt. Die Werbeagentur der Herstellerfirma machte sich Sorgen, welche Auswirkungen dieser Fauxpas der Aristokratin möglicherweise haben würde. Wir führten einige Interviews durch und entdeckten zu unserer Überraschung, daß die Überzeugungskraft der Aussagen von Lady M. gestiegen war. Mit anderen Worten, die Verbraucher schenkten ihr mehr Glauben als vorher. Warum nur? Die Erklärung war relativ einfach und sehr menschlich. Viele der Befragten hatten schon irgendwann einmal Schecks mit ›kleinen Schönheitsfehlern‹ ausgestellt. Lady M. war für den Durchschnittsverbraucher wirklicher, bescheidener und menschlicher geworden. Sie war zu einer der Ihren geworden. Es war viel wahrscheinlicher, daß jemand, der einen ungedeckten Scheck ausstellte, auch Kaugummi kaute.«[35]

1950 umschrieb Bernard Berelson den damaligen Erkenntnisstand der Wirkungsforschung sehr vorsichtig so: »Bestimmte Aussagen zu bestimmten Themen, die die Aufmerksamkeit eines bestimmten Publikums unter bestimmten Bedingungen erreichen, haben bestimmte Wirkungen.«[36] Genaueres weiß man bis heute nicht. Im Gegenteil, übergreifende Aussagen werden weniger denn je gewagt, denn immer noch fehlt eine übergreifende Theorie, in die die vorhandenen Ergebnisse und Hypothesen integriert und auf ihre Allgemeingültigkeit überprüft werden könnten. »Who says what to whom in which channel with what effect?«[37] – deutsch: »Wer sagt was zu wem durch welches Medium mit welchem Effekt?«, diese berühmte Frage von Harold D. Lasswell steht am Anfang vieler Abhandlungen zur Wirkungsforschung, und die Lasswell-Formel hängt als Wandspruch in vielen Agenturen – je nach Firmenimage nobel in Messing graviert oder rustikal in Blech gestanzt. Aber: welchen Effekt es hat, wenn jemand etwas zu jemandem sagt, und welche Rolle dabei das Medium spielt, das weiß man nicht. Die Formel Lasswells ist nur ein System geblieben, um die widersprüchlichen Aussagen wenigstens zu ordnen.
Die Wirkungen aller formalen Kriterien der Botschaften sind so fragwürdig, daß letztlich nur das Resümee Berelsons und Steiners empirisch gültig blieb: »Die Wirkung der Massenmedien wird mehr durch die Eigenschaften des Publikums als durch den Inhalt der Medien bestimmt.«[38]
Das besagt, daß dieselbe Botschaft bei verschiedenen Personen ganz unterschiedliche Wirkungen haben kann. Die verschiedenen Wirkungen hängen ab von den Charakteristika der Adressaten: von ihren Wertnormen, ihren bisherigen Problemeinschätzungen, vom sozialen Status, der Intelligenz, dem Alter, Geschlecht etc. Aber auch psychische Befindlichkeiten spielen eine Rolle. Und das bedeutet, daß dieselbe Botschaft beim sel-

ben Rezipienten unterschiedliche Reaktionen hervorrufen kann, je nachdem, in welcher Stimmung er sich gerade befindet.

Übersetzt man dies in den Kontext der Realität, so wird deutlich, mit welchen Inhalten sich Wirkungsforschung befaßt: Es ist das Schicksal speziell der an kommerziellen Interessen ausgerichteten Forschung, Kommuniqués zu analysieren, die bedeutungslos sind. – Die Reaktion auf die Botschaft, daß Kanarienvogelfutter jetzt nicht nur mit rosaroten, sondern auch mit blauen Wunderkörnern im Handel ist, mag tatsächlich beliebig sein. Bei freudiger Laune kann diese Neuigkeit auch von Personen, die keinen Kanarienvogel besitzen, begeistert begrüßt werden. Dagegen ist mit Sicherheit anzunehmen, daß die Reaktion auf die Mitteilung, der eigene Arbeitsplatz sei wegrationalisiert worden, nicht nur von momentanen Stimmungen, sondern auch von demografischen Charakteristika weitgehend unabhängig ist. Die empirisch erwiesene Wirkungslosigkeit der Massenmedien ist zum größten Teil auf die Inhaltsleere der untersuchten Botschaften zurückzuführen.

Das Elend der Wirkungsforschung ist noch in weiterem Sinn durch die Abhängigkeit von kommerziellen Interessen verursacht. Wenn die Urfrage gestellt wird, welchen Effekt eine Botschaft hat, dann ist allein ein Effekt im Sinne des Kommunikators gemeint. Ein positiver Effekt ist erreicht, wenn der Angesprochene den Wünschen des Kommunikators gemäß handelt; ein negativer Effekt liegt vor, wenn er es nicht tut. Eine andere Art von Effekt schließen die Werbewirkungsforscher von ihren Betrachtungen aus: den Effekt im Sinne des Rezipienten. Welche Folgen hat es für ihn, wenn er der Botschaft entsprechend handelt?

Ergebnisse über Wirkungen sind nicht unabhängig vom Thema, an dem sie erwiesen wurden, zu verallgemeinern. Strategien, die erfolgreich sind, um Menschen zur Wahl einer anderen Zahnpastamarke zu überreden, versagen bei Problemen mit weitreichenden Konsequenzen. – Das ist der Kern der Erkenntnis, daß Faktoren der Wirkung jeweils nur in bezug auf die Prädispositionen des Rezipienten zu werten sind. Dennoch, weil nur das Interesse der Verkäufer zählt, für die der gewünschte Effekt immer derselbe ist, werden in der Wirkungsforschung Erkenntnisse aus ganz unterschiedlichen Problembereichen nebeneinandergestellt. Diese Gleichsetzung ist auch bei Werbekritikern üblich; sie argumentieren, daß in einer Zeit, in der politische und kommerzielle Werbung einander immer ähnlicher werden und auch staatliche Kampagnen um den populären Ton des Kommerz bemüht sind, eine Differenzierung unnötig geworden sei.[39] Damit ignorieren auch die Werbekritiker den Rezipienten.

Das kommerzielle Interesse beschränkt die Wirkungsforschung auf die Analyse isolierter Kommuniqués, die Erkenntnisse bleiben notwendigerweise partikulär. Dies und die Ignoranz der Bedeutung der Kommunikationsinhalte für die Rezipienten führen dazu, daß Einstellungen als starre Einheiten gesehen werden, die unabhängig voneinander bestehen. Aber das Bewußtsein ist kein chaotischer Haufen von gleichwertigen Einstellungen zu Kaugummi, Kindererziehung und Kernkraftwerken. Es gibt eine Hierarchie in der Bedeutung der Einstellungen, die über ihre Stabilität entscheidet. Sie orientiert sich an den mit einer Entscheidung verbundenen Konsequenzen. Daraus läßt sich ableiten, warum es einfach ist, Leute zu einer andern Kaugummimarke zu überreden, aber höchst schwierig, veränderte Einstellungen in der Kindererziehung zu erreichen.

Würde die Frage: »Was bedeutet der gewünschte Effekt für den Rezipienten?« im Mittelpunkt der Wirkungsforschung stehen, dann sähe wohl vieles recht anders aus. Mit der Common-sense-Hypothese, daß die Wirkung einer Botschaft primär von der Bedeutung abhängt, die die Botschaft für den Rezipienten hat, sind viele der Widersprüche von Ergebnissen der Wirkungsforschung und Widersprüche der praktischen Erfahrungen aufzulösen. Drei Beispiele dazu.

1. Das Versagen der Theorie der kognitiven Dissonanz

Leon Festingers ›Theorie der kognitiven Dissonanz‹ (›A Theory of Cognitive Dissonance‹; 1957) wurde in der Werbung populär, weil sie, bezogen auf das Kaufverhalten, die These von der einstellungsverstärkenden Wirkung der Massenmedien zu bestätigen schien. – Festinger untersuchte das Verhalten von Autokäufern, und er stellte fest, daß Autokäufer nach dem Kauf, nachdem sie sich bereits für einen Wagen entschieden hatten, dann die Werbung für das gewählte Modell besonders interessiert und intensiv studierten. Die Theorie der kognitiven Dissonanz ist eine Zusammenfassung der These, daß Massenmedien keine Einstellungen verändern, sondern nur bestehende Einstellungen verstärken können, und der These von der selektiven Wahrnehmung, die besagt, daß vor allem solche Inhalte wahrgenommen werden, die bereits bekannt sind. In Festingers Theorie und in seiner Terminologie erfolgt die Informationsaufnahme, um kognitive Dissonanz abzuwehren und eine kognitive Konsonanz herzustellen; also um Zweifel zu verdrängen und sich in seiner Entscheidung zu bestätigen.

Die Theorie der kognitiven Dissonanz ist in ihrer Gültigkeit vom Bedeutungsniveau ihres Untersuchungsthemas abhängig. Das Verhalten beim Autokauf ist nicht allgemeingültig. Kein Kaugummikäufer informiert sich nachträglich, um seine Entscheidung zu rechtfertigen. Schmeckt ihm das Zeug nicht, kauft er das nächste Mal eine andere Marke oder läßt es ganz. Hier sind höchstens eine Handvoll Faktoren zu berücksichtigen (Preis, Geschmack, Verfügbarkeit). Je schwerwiegender die Konsequenzen einer Entscheidung sind, desto komplexer ist auch das Problem. Bei Alternativen mit unterschiedlichen Konsequenzen müssen unendlich viele Faktoren berücksichtigt werden. – Etwa bei der Entscheidung, ob ein Ehepaar für ein Eigenheim sparen soll oder für die Ausbildung der Kinder; diese Entscheidung erfordert den Vergleich unterschiedlicher finanzieller Aufwendungen, den Vergleich nicht vergleichbarer Nutzen, die Abstimmung auf die Meinung der Umwelt, die familiäre Tradition etc. Das von Festinger zum universalen Prinzip erhobene nachträgliche Informationsverhalten zur Reduzierung kognitiver Dissonanz kann ausbleiben, wenn eine Entscheidung irreversibel ist – wenn nichts mehr zu ändern ist, ist es besser, nicht mehr wissen zu wollen, ob der Entschluß nicht doch falsch war. Außerdem: Wenn Informationen für den Empfänger nützlich und wichtig erscheinen, werden sie beachtet, sogar dann, wenn sie der eigenen Einstellung zuwiderlaufen.[40] Auch in diesem Fall wird der Mechanismus der Theorie der kognitiven Dissonanz außer Kraft gesetzt.

2. Das Versagen des Sleeper-Effekts

Carl Hovland und Walter Weiss erbrachten 1951 den Nachweis, daß die Quelle einer Information schon nach kurzer Zeit wieder vergessen wird.[41] Dieses Phänomen wurde als Sleeper-effect bezeichnet (deutsch: Sleeper-Effekt). Es ist von Bedeutung, weil die Quelle einer Information mehr ist als nur die Herkunftsbezeichnung. Sie bürgt auch für die Glaubwürdigkeit der Information oder läßt umgekehrt Zweifel an deren Seriosität aufkommen. Die These des Sleeper-Effekts basiert auf einem Experiment mit amerikanischen Studenten, die die Glaubwürdigkeit eines Zeitungsartikels zu beurteilen hatten, in welchem prognostiziert wurde, daß es bald möglich sei, mit Atomkraft angetriebene U-Boote zu bauen. Einer Gruppe von Studenten wurde als Quelle der Information der berühmte amerikanische Physiker Robert Oppenheimer genannt, einer andern Gruppe die sowjetische Zeitung ›Prawda‹. Die Meldung wurde zunächst von jenen Studenten für glaubwürdiger gehalten, denen man den amerikanischen Experten als Informanten genannt hatte. Aber nach einigen Wochen, als man den Einschätzungstest mit den Studenten wiederholte, schienen sie die Quelle vergessen zu haben beziehungsweise erschien dann beiden Studentengruppen die Information in gleichem Grad glaubhaft. (Man nennt deshalb den Sleeper-effect im deutschen auch ›Spätzünder-Effekt‹.) Weil damit der Nachweis erbracht schien, daß feindliche Propaganda schon nach kurzer Zeit im Bewußtsein nivelliert und integriert wird, löste das Ergebnis dieses Experiments damals, in der Ära des kalten Krieges, beträchtliche Unruhe aus. Zur Einschätzung dieser Studie muß man sich vergegenwärtigen, daß 1951, als das Experiment durchgeführt wurde, beide Weltmächte bereits Atomwaffen besaßen. Daß eine Nation nun zusätzlich U-Boote mit Atomkraft betreibe, war keine sensationelle Nachricht. Und die Personen, die an diesem Experiment teilnahmen, waren Psychologiestudenten und davon kaum persönlich betroffen. Marinesoldaten hätten der Quelle der Nachricht gewiß nachhaltigeres Interesse entgegengebracht. Biskys Kritik an den Laborexperimenten zur Überredungskommunikation generell trifft auf dieses Experiment in vollem Umfang zu: »Das Kriterium für die Haltbarkeit einer theoretischen Konzeption wird nicht in der gesellschaftlichen Praxis gesucht. Es ist die Frage, ob die Literatur zur Überredungskommunikation nicht mehr Aufschlüsse über psychische Prozesse bei amerikanischen Studenten gibt als über ›soziale Beeinflussung‹ schlechthin.«[42]

Die Frage, ob und unter welchen Bedingungen die Quelle einer Nachricht vergessen wird, ist ohne experimentellen Aufwand zu beantworten, berücksichtigt man die Bedeutung einer Botschaft für den Rezipienten. Bei existentiellen Informationen weiß jeder noch nach Jahrzehnten die Quelle, bei Pseudo-Informationen nicht einmal mehr nach Sekunden.[43]

3. Irrationale Sachlichkeit und rationale Emotionalität

Eine Propaganda-Aktion, deren phänomenaler Erfolg oft als Beweis der unberechenbaren Wirkung der Massenmedien zitiert wird, ist in diesem Zusammenhang ein weiteres interessantes Beispiel. Während des Zweiten Weltkriegs wurde die amerikanische Bevölkerung, mit dem Argument Geld abzuschöpfen und die Inflation zu stoppen, kontinuierlich aufgefordert, Kriegsanleihen zu kaufen. Ohne nennenswerten Erfolg. Dann machte Kate Smith, ein damals äußerst populärer Radiostar, am 21. September 1943 eine Sendung, um den Verkauf der Obligationen anzukurbeln. Sie argumentierte anders: »Bonds will save lives«; »Buy a bond and bring the boys back« – Wer Kriegsanleihen kauft, rettet das Leben unserer Soldaten, die irgendwo in der Fremde kämpfen; Kauft Kriegsanleihen, um den Krieg zu beenden; so beschwor Smith ihre Hörer und bat sie telefonisch, bei ihr Obligationen zu zeichnen. Immer wieder gab sie den aktuellen Stand der Aktion bekannt. Es war eine Open-end-Sendung, es wurde ein Radio-Marathon. Kate Smith redete bis zur totalen Erschöpfung auf ihr Publikum ein, 17 Stunden lang. Am Ende der Sendung hatte sie mehr verkauft, als alle andern Aktionen zuvor erbracht hatten: Ihre Hörer hatten in diesen 17 Stunden für 39 Millionen Dollar Kriegsobligationen gezeichnet.[44]

Von den Wirkungsforschern wird dieser sensationelle Erfolg unterschiedlich erklärt. Noelle-Neumann diskutiert die Kate-Smith-Aktion im Kontext der Frage, ob rationale oder emotionelle Argumente wirksamer sind.[45] Lazarsfeld und Merton sehen das idealisierte Image des Stars als Ursache des Erfolgs[46], auch Eberhard bezieht sich auf die persönliche Glaubwürdigkeit von Kate Smith.[47] Dies sind Erklärungen, die sich auf formale Aspekte der Kommunikation beziehen und sie aus der Sicht des Kommunikators bewerten. Aus der Sicht des Publikums bekommen diese Erklärungen jedoch oft eine andere Bedeutung. Natürlich ist das Argument, Kriegsanleihen zu zeichnen, um die Inflation zu stoppen, rational, um den Sachverhalt zu erklären. Aber es ist irrational, bezogen auf die Situation der Menschen: Denn jene, die von der Inflation hart betroffen waren, die hatten kein Geld für Kriegsanleihen übrig; jene, denen die Inflation nicht schadete, hatten keinen Grund, etwas dagegen zu unternehmen. Das Argument von Kate Smith, Kriegsanleihen zu zeichnen, um Söhne und Väter aus dem Krieg zurückzubringen, das war zwar sachlich falsch, aber richtig in der Beschreibung der Wünsche des Publikums.

Fazit:
Die Ursachen des Elends

Die Bedeutung einer Botschaft für den Rezipienten ist der Faktor, der die Wirkung jeder Kommunikation determiniert. Beurteilt man massenmediale Botschaften unter diesem Aspekt, ist eine einstellungsändernde und verhaltensbeeinflussende Wirkung der Medien um so wahrscheinlicher und stärker, je positivere Effekte der Rezipient durch ein verändertes Verhalten erwarten kann. Unter dieser Voraussetzung ist die Wirkung um so größer, je risikoloser und einfacher eine Einstellungs- oder Verhaltensänderung erscheint; je nebensächlichere Bereiche des Verhaltens davon berührt werden; je kürzer der Zeitraum ist, für den das veränderte Verhalten Gültigkeit haben soll.

Stellt man den Rezipienten in den Mittelpunkt der Forschung, wird deutlich, daß die Fragestellung zur Analyse von Verhalten desto umfassender sein muß, je schwerwiegender, komplexer und irreversibler die Folgen einer Entscheidung sind.[48] Dann wird deutlich, daß im Kaufentscheidungsprozeß nicht das Produkt meinungsrelevant ist, sondern die erwarteten Folgen des Kaufs. Dabei ist zu beachten, daß die erwarteten Konsequenzen nur nachgeordnet vom Produkt determiniert sind, auch hier spielen soziale Einflüsse die entscheidende Rolle. Für Konsumenten beispielsweise, die modische Aufmachung schätzen, bedeutet die Akzeptanz eines neuen Modetrends eine Entscheidung von kurzfristiger Konsequenz. Sie wissen, daß sie sich heute so und morgen anders kleiden. Sogenannte Modemuffel verbinden derartige Entscheidungen aber mit ganz andern Zeitintervallen. Diejenigen, die jahrelang überlegt haben, ob sie nun auch Miniröcke tragen oder besser doch nicht, werden, wenn sie erst einmal zu einem Entschluß gekommen sind, auch wieder Jahre brauchen, bis sie sich von diesem Trend trennen. Aber: Zufall ist es nicht, daß Menschen, die Mode zu ignorieren scheinen, zum allergrößten Teil aus den sozial schwächeren Schichten kommen. Ihre finanziell begrenzten Möglichkeiten limitieren auch ihre Möglichkeiten neuer Entscheidungen. Ihre Entscheidungen dauern länger, weil ihre Entscheidungen für längere Zeiträume gültig bleiben. Deshalb ist auch die Dauer des Entscheidungsprozesses ein wichtiger Indikator für die Bedeutung, die einer Entscheidung beigemessen wird.
Viele Werbekommuniqués versprechen den Konsumenten, durch den Kauf ihrer Produkte sei einfach und risikolos ein po-

sitiver Effekt erreicht. Der entscheidende Unterschied, der diese Kommuniqués bedeutungslos und damit wirkungslos macht, ist jedoch, daß es in diesen Aussagen nicht um Einstellungsänderungen geht, gefordert wird nur die Variation bekannter, bewährter Verhaltensweisen. Positiv ist der versprochene Effekt nur für den Verkäufer, für den Konsumenten bleibt alles beim alten.

Für die Erforschung massenmedialer Kommunikation bleibt als Fazit: Um endlich zu übergreifenden und allgemeingültigen Aussagen zu kommen, muß die Frage: »Wer sagt was zu wem mit welchem Effekt?« ergänzt werden. Ergänzt werden durch die Frage: »Was bedeutet der gewünschte Effekt für den Rezipienten?«

11. Kapitel
Von der Natur des Menschen
zur Natur des Konsumenten

Der Kampf ums Haushalts-Netto-Einkommen

Was ist dem Werbepraktiker praxisrelevant? Was will er über die Konsumenten wissen? Welche Daten aus den Zielgruppentypologien interessieren ihn? Das beste Indiz für das Denken der Werber sind die Argumente, mit denen die Verlage bei den Werbern um Anzeigenaufträge werben. Die Verlage bieten zwei Arten von Argumenten. Eine Art bezieht sich auf die Qualitäten der Medien: Anzeigenkosten, Tausend-Leser-Preis, Zeitschriften-Image etc. Davon war bereits die Rede. Die andere Art der Argumente bezieht sich auf die Qualitäten des Publikums. Dabei ist ein Argument so zentral, daß alle weiteren Qualitäten der Konsumenten nebensächlich werden. Eines will der Werber vor allem wissen, nämlich: Wieviel Geld haben die Leute? Weiß er das, interessiert ihn alles andere nicht mehr. »Je mehr Geld die Leute haben, desto mehr können sie kaufen«, das ist sein Prinzip. Folglich bemühen sich die Verlage, den Werbern zu versichern, daß ihre Leser besonders viel auszugeben haben. Das Schlüsselwort heißt ›Haushalts-Netto-Einkommen‹.

Was ist darunter zu verstehen? In vielen Familien verdienen beide Ehepartner, oder ältere Kinder arbeiten schon, wohnen aber noch bei den Eltern; nicht selten sind zusätzliche Einkünfte vorhanden aus Vermietung, Kapitalanlagen, Rentenzahlungen etc. Alle Einnahmen addiert ergeben das Haushaltseinkommen beziehungsweise nach Abzug von Steuern das Haushalts-Netto-Einkommen.

Der ›Stamm‹, ein kontinuierlich aktualisiertes Nachschlagewerk, informiert die Werbestrategen über Anzeigenpreise und Konditionen, und hier werben natürlich auch die Verlage um Anzeigen in ihren Publikationen, werben mit dem Haushalts-Netto-Einkommen ihres Publikums. Einige Beispiele: Die Leser der Zeitschrift ›Spielen und Lernen‹ haben ein »hohes Haushalts-Netto-Einkommen«, sie sind »überrepräsentiert« in den Einkommensgruppen »2000 DM« und »2500 DM und mehr«.[1] Ihre Konkurrenz, die Zeitschrift ›Leben und Erziehen‹, hält dagegen, daß 37 Prozent ihrer Leser »in Haushalten mit einem Nettoeinkommen von über 3000 DM leben«.[2] Die Testzeitschrift ›DM‹ wiederum ist stolz darauf, daß von ihren 1,4 Millionen Lesern 1,2 Millionen Leser über ein »Haushaltsnettoeinkommen von über 2000 DM« verfügen.[3] Sogar typische Unterschichtsblätter können mit den Finanzen ihrer Leserschaft renommieren, auch die Zeitschriften ›Neue Welt‹, ›Frau aktuell‹ und ›Echo der Frau‹ haben »überdurchschnittlich viele Leserinnen in der Haushaltsnettoeinkommensgruppe von 2000 DM und mehr«.[4]

Was angesichts der Zahlenkolonnen der Zielgruppen-Typologien so schwierig erscheint – nämlich eine Zielgruppe zu definieren –, ist nur für den Theoretiker ein Problem. Der echte Praktiker weiß (aus Überzeugung) mit dem Haushaltseinkommen alles erfaßt zu haben, was wichtig ist: Konsumpotentiale ebenso wie das soziale Niveau der Zielgruppe und deren Lebensstil. Was sonst noch eine Rolle spielen mag, ergibt sich für den Praktiker von selbst.

Ein Beispiel eines solchen Denkvorgangs: Der Vermouth-Konzern Cinzano wollte 1973 sein Angebot diversifizieren und eine neue Sektmarke auf dem deutschen Markt lancieren. Marktstrategen hatten bemerkt, daß hierzulande alle namhaften Sektmarken zur Geschmackskategorie »trockener Sekt« gehörten. Marktforscher fanden heraus, daß Sekt mit lieblicher Geschmacksnote eine gute Chance hätte. Um die Werbung für den neuen Sekt zu konzipieren, mußte man die Zielgruppe definieren. Zunächst, stellte man wohl fest, gibt es zwei unabdingbare Voraussetzungen: Erstens, es müssen Leute sein, die lieblichen Sekt mögen, und zweitens müssen es Leute sein, die genügend Geld haben, um den Sekt bezahlen zu können. Da Alkoholika mit süßem Geschmack traditionell als Damengetränke gelten, wußte man gleich eine weitere Charakterisierung der Zielgruppe. Behauptet man, lieblicher Sekt sei etwas ganz Neues, dann ergibt sich die Definition, daß die angepeilten Konsumenten Neuheiten gegenüber aufgeschlossen sein müßten, ebenfalls wieder von selbst. Die Zielgruppe für den neuen Sekt ›Cinzano Asti Spumante‹ beschrieb der Product-Manager Joachim Niederworok demzufolge so: »Untersuchungsergebnissen folgend wurde dies ein Produkt für jüngere aufgeschlossene Konsumenten, vor allem Frauen, die den lieblichen Geschmack bevorzugen, mit einem monatlichen Haushalts-Nettoeinkommen von 3000 DM und mehr.«[5]

›Cinzano Asti Spumante‹ wurde ein großer Erfolg. Der Product-Manager verriet 1980 auch die Werbekonzeption: »Die beiden Produkt-Komponenten ›Lieblichkeit‹ und ›Hochwertigkeit‹, die als Basiselemente der gesamten Kommunikation dienen sollten, mußten optisch umgesetzt werden. Sowohl dem Konsumenten als auch den Handelspartnern sollte spontan deutlich werden, daß es sich bei Cinzano Asti Spumante um ein ungewöhnliches Produkt handelt, das nicht einfach in die lange Reihe der bereits erhältlichen Sekt-Marken eingeordnet werden konnte.«[6]

Das Resultat dieser Strategie war eine Kampagne, die auf rosa Untergrund ein verliebtes Paar zeigt, das weibliche Fotomodell etwa 18, das männliche etwa 19 Jahre alt. Als verkaufsträchtige Slogans hatte man für die jüngeren, aufgeschlossenen Konsumenten kreiert: »Ein sonniger Genuß für zwei«; »Zärtlichkeit ist seine Stunde«; »Ein Geschenk der Liebe« etc. Dazu das Resümee des Product-Managers: »Nicht nur das Produkt, auch die Werbung war ›ganz anders‹.« Hier darf dahingestellt bleiben, was an dieser Werbung ganz anders sein mag. Standard jedenfalls ist die Definition der Zielgruppe, deren einzig konkrete Angabe über den Konsumenten die Höhe des Haushalts-Netto-Einkommens ist. Was steht hinter der Festlegung dieser Kategorie? Zuerst die Überlegung, daß Sektkäufer mehr Geld haben müssen, als zur Deckung des existentiellen Bedarfs notwendig ist. Das ist natürlich ein richtiger Ansatz. Die Frage, die dieser Überlegung eigentlich folgen muß, ist die, wieviel Geld man benötigt, um den existentiellen Bedarf zu decken. Wüßte man das, könnte man die Zielgruppe so definieren: Alle, die lieblichen Sekt mögen und 10 Mark übrig haben –, denn 10 Mark kostete die Flasche Cinzano Asti Spumante 1980 durchschnittlich im Einzelhandel.

Gegen diese Definition bleibt natürlich einzuwenden, daß nicht alle aufgeschlossenen Menschen, die 10 Mark übrig haben, diese für Sekt ausgeben. Manche würden statt dessen vielleicht eine Flasche Nagellack kaufen oder eine besonders gute Autopolitur. Es gibt so viel Erstrebenswertes. Was die Leute kaufen würden, wenn sie nur 10 Mark übrig haben, ist natürlich schwierig zu entscheiden. Also entschied man sich bei Cinzano für Konsumenten, von denen anzunehmen ist, daß sie mehr Geld übrig haben, beziehungsweise wird das per Definition vorausgesetzt. Das ist das gängige Prinzip. Einleuchtend und einfach.

Zweierlei ist daran falsch: erstens die Theorie, zweitens die Methoden.

Einkommen und Lebensstil

Die Höhe des Haushaltseinkommens potenziert die Sicherheit, daß sich die Konsumenten dies und jenes leisten könnten – ob sie es tatsächlich tun, ist aber nicht finanziell, sondern sozial determiniert. Das heißt nicht, daß Geld keine Rolle spielt. Das heißt, daß das Haushaltseinkommen kein Indikator für Konsumverhalten ist.

Zur Zeit des Wirtschaftswunders war das Schlagwort von der »nivellierten Mittelstandsgesellschaft« populär gewesen. Hinter diesem von Helmut Schelsky 1965 geprägten Begriff steht die These, daß in der heutigen Gesellschaft Klassenschranken und Statusunterschiede mehr und mehr verschwinden würden, weil die wechselseitige Abhängigkeit von Einkommen und Ausbildung, von beruflichem und gesellschaftlichem Status abgenommen habe.[7] So gebe es einerseits mehr und mehr Menschen mit hoher Bildung und geringem Einkommen – als Beweis wird auf die aktuelle Tendenz zu einem akademischen Proletariat verwiesen – und andererseits mehr und mehr Menschen mit geringer Schulbildung, aber beträchtlichem Einkommen und entsprechendem Ansehen – der »verbürgerlichte Arbeiter«[8] ist hier das Standardbeispiel.

Die These von der nivellierten Mittelstandsgesellschaft hat mittlerweile an Popularität verloren, es wurde offenkundig, daß sich nur in einem Punkt von einer tendenziellen Nivellierung sozialer Unterschiede sprechen läßt: nur in bezug auf das Haushaltseinkommen. Nimmt man den Haushalt eines Arbeiters, kalkuliert ein, daß die Ehefrau ebenfalls berufstätig ist oder auch nur ›mitverdient‹, berücksichtigt weiter, daß die Kinder wahrscheinlich keine lange Ausbildung absolvieren und früh zum Haushaltseinkommen beitragen – und vergleicht mit dem Haushaltseinkommen dieser Familie das eines Akademikerhaushalts: Nur der Mann verdient, die Ehefrau hat zwar auch einen qualifizierten Beruf, hat aber die Berufstätigkeit aufgegeben, um sich standesgemäß ganz der Erziehung der Kinder zu widmen –, für sie ist eine Rückkehr in den Beruf, wenn die Kinder größer sind, oft nicht möglich, da ihre beruflichen Qualifikationen veraltet sind, und eine unqualifizierte Arbeit anzunehmen, etwa wie eine Arbeiterfrau als Putzfrau Geld zu verdienen, das verbieten sowohl der Status des Ehemannes wie die eigenen Ansprüche. Wenn man außerdem bedenkt, daß Akademikerkinder meist auch studieren, also keinen Beitrag zum Haushaltseinkommen leisten, und dann noch eine gewisse Nivellierung der Einkommen durch die Steuerprogression berücksichtigt, dann hat man die Voraussetzungen, unter denen man behaupten kann, daß sich Klassen- oder Schichtunterschiede nivelliert hätten. Das Beispiel zeigt, wo die Unterschiede liegen: Das Einkommen verschiedener sozialer Gruppen mag sich angenähert haben, ihre Lebensstile nicht.

Wenn in einer Familie mehrere so viel verdienen wie in einer andern Familie einer allein, bedeutet das typischerweise, daß der Alleinverdiener beruflich besser gestellt ist und einen höheren sozialen Status hat als der Hauptverdiener der andern Familie. Vom Einkommen des Hauptverdieners sind Rückschlüsse auf seine Position in der Berufshierarchie, den sozialen Status und den Lebensstil der Familie möglich, da Einkommen und Beruf in recht engem Zusammenhang stehen. Dieser Zusammenhang verweist auf die eigentliche Ursache: In unserer Gesellschaft ist der soziale Status, die Schichtzugehörigkeit vorrangig durch den Beruf festgelegt.[9] So wäre es am sinnvollsten und einfachsten, das soziale Niveau von Zielgruppen über den Beruf des Haushaltsvorstandes zu definieren. Tatsächlich zeigt eine Differenzierung der Konsumenten nach Berufsgruppen am deutlichsten spezifische Konsumstile und soziale Angemessenheitsnormen.[10]

Aber wie die Leute Geld verdienen, interessiert die Werber nicht. Nur möglichst viel soll es sein. Und da das Haushaltseinkommen die Dimension ist, die die höchsten Summen ausweist, wollen die Werber das Haushaltseinkommen. Nicht nur die Verlage haben sich diesem Denken angepaßt, auch unabhängige Analysen müssen dem folgen, um nicht von den Werbern als unbrauchbar deklassiert zu werden. Noelle-Neumann schreibt zum Stichwort »Haushaltseinkommen« in der Allensbacher Werbeträger-Analyse: »Wir vertreten – aufgrund von statistischem Beweismaterial und auch gestützt auf Veröffentlichungen in der Fachliteratur – die Auffassung, daß die Auskünfte über das Hauptverdienereinkommen sehr oft den besseren Indikator für die sozio-ökonomische Lage eines Haushalts darstellen. Der Ausweis der Daten für verschiedene Kategorien des Haushaltseinkommens erfolgt einzig aus dem Grund, Vergleiche mit andern Untersuchungen zu erleichtern.«[11]

Wer verdient wieviel?

Das Haushalts-Netto-Einkommen wurde 1980 in den für die Werbung publizierten Zahlensammlungen, so auch in der ›Media-Analyse‹, meist in folgenden Kategorien klassifiziert:

> unter 1000 DM
1000 DM–1500 DM
1500 DM–2000 DM
2000 DM–2500 DM
2500 DM–3000 DM
3000 DM und mehr[12]

Nun kann man lange darüber streiten, wie sich der Unterschied zwischen einem Haushalts-Netto-Einkommen von 2500 DM und von 3000 DM auf die Lebensweise einer Familie auswirken mag. Wer Beispiele anführt, sollte zuerst überlegen, was er damit beweisen will – denn auf der Ebene des Haushaltseinkommens ist jeder Beweis möglich. Die Differenzen von 500 DM ergeben keine durchschnittlichen Konsequenzen, die an einem durchschnittlichen konkreten Mehr oder Weniger ablesbar sind. Der Realismus dieser Kategorien ist nur scheinbar.

Wie verteilen sich die Haushalte in der Bundesrepublik prozentual auf die Haushalts-Netto-Einkommenskategorien der Media-Analyse? Von den Haushalten in der Bundesrepublik haben 1979 als Haushalts-Netto-Einkommen:

 5 % unter 1000 DM
11 % 1000 DM–1500 DM
18 % 1500 DM–2000 DM
21 % 2000 DM–2500 DM
14 % 2500 DM–3000 DM
30 % 3000 DM und mehr[13]

Da die Angaben in den verschiedenen Publikationen ohnehin leicht voneinander abweichen, wurden zugunsten der Übersichtlichkeit (aber auch um nicht den Eindruck aufkommen zu lassen, die Zuverlässigkeit der Angaben sei an den hinter dem Komma ausgewiesenen Ziffern zu messen) alle Prozentangaben auf ganze Prozentpunkte gerundet. Angaben über die Bevölkerung in absoluten Zahlen sind auf Millionen gerundet. Die Summen addieren sich deshalb nicht in allen Fällen auf 100 Prozent und die Bevölkerungsanteile nicht immer auf 46 Millionen (ungerundet: 45,8 Millionen). Berechnungsgrundlage der Statistiken sind alle Personen ab 14 Jahre. Die Anzahl der privaten Haushalte betrug im Erhebungszeitraum rund 24 Millionen.[14]

Bei den prozentualen Verteilungen der Kategorien in der ›Media-Analyse‹ fällt auf, daß die Gruppe mit dem Haushaltseinkommen von ›3000 DM und mehr‹ die mit Abstand größte Gruppe ist. So ist es leicht für die Verlage zu beweisen, daß der größte Teil ihrer Leserschaft zur höchsten Haushalts-Netto-Einkommensgruppe zählt. Fast ein Drittel der Bevölkerung gehörte ohnehin dazu. Manche Typologien weisen 2000 DM als höchste Kategorie aus und erheben so gleich zwei Drittel (65%) der Bundesbürger zur Einkommenselite. Dafür werden dann die unteren Kategorien noch stärker differenziert. Der Sinn solcher Differenzierungen ist eine optische Täuschung.

Was in den Typologien als höchste Einkommensgruppe gefeiert wird, ist in Realität nur Durchschnitt. Das Statistische Bundesamt, das seine Klassifikationen des Haushalts-Netto-Einkommens an Ecklöhnen und Gehältern repräsentativer Berufszweige ausrichtet und den Durchschnitt der sonstigen Einnahmen kontinuierlich der allgemeinen Entwicklung anpaßt, weist für 1979 folgende Klassifikationen und Prozentanteile aus:

        unter 600 DM haben 4%
    600 DM–1200 DM haben 18%
  1200 DM–1800 DM haben 25%
  1800 DM–2500 DM haben 23%
  2500 DM–3000 DM haben 11%
  3000 DM–4000 DM haben 12%
  4000 DM–5000 DM haben 4%
  5000 DM und mehr haben 3%[15]

Die Verschiebung der Haushalts-Netto-Einkommenskategorien in der Werbepraxis ist jedoch nicht der entscheidende Fehler. Der entscheidende Fehler ist der Glaube, daß den einzelnen um so mehr Geld zur Verfügung steht, je höher das Haushaltseinkommen ist. Denn die drei unteren Einkommenskategorien, die Haushalte mit einem Netto-Einkommen bis zu 1800 DM, das sind zu 55 Prozent Ein-Personen-Haushalte. Oder anders herum: In nur knapp 20 Prozent der Haushalte mit einem Einkommen bis zu 1800 DM leben drei oder mehr Personen. Die Haushalte mit einem

Einkommen von über 2500 DM bestehen dagegen zu 67 Prozent aus mindestens drei Personen.[16]

Die soziale Struktur der Spitzenverdiener

Korreliert man die Daten, die die Lebenszusammenhänge der Konsumenten beschreiben, mit dem Haushalts-Netto-Einkommen, dann wird die Unzulänglichkeit dieser Dimension noch offenkundiger. Die ›Media-Analyse‹ weist folgende Berufskategorien und ihre Anteile an der Bevölkerung aus:

 2 % Inhaber und Leiter von Unternehmen, Freie Berufe
12 % kleine und mittlere Selbständige, Landwirte
 7 % leitende Angestellte und Beamte
39 % sonstige Angestellte und Beamte, nie berufstätig gewesene Personen[17]
25 % Facharbeiter
16 % sonstige Arbeiter

Die Größe der Berufsgruppen in absoluten Zahlen:
 1 Million   Inhaber und Leiter von Unternehmen, Freie Berufe
 5 Millionen kleine und mittlere Selbständige, Landwirte
 3 Millionen leitende Angestellte und Beamte
18 Millionen sonstige Angestellte und Beamte, nie berufstätige Personen
11 Millionen Facharbeiter
 7 Millionen sonstige Arbeiter

Die Differenzierung nach Schulbildung ergibt der ›Media-Analyse‹ entsprechend diese prozentuale Verteilung:
28 % Volksschüler ohne Lehre
37 % Volksschüler mit Lehre
25 % Absolventen weiterführender Schulen ohne Abitur
10 % Abiturienten, Universitätsabsolventen

Das sind in absolute Zahlen umgerechnet:
13 Millionen Volksschüler ohne Lehre
17 Millionen Volksschüler mit Lehre
11 Millionen Absolventen weiterführender Schulen ohne Abitur
 4 Millionen Abiturienten, Universitätsabsolventen

Die Spitzenverdiener, die Gruppe mit dem Haushalts-Netto-Einkommen ›3000 DM und mehr‹, verteilen sich auf die Bildungsgruppen prozentual so:
17 % Volksschüler ohne Lehre
33 % Volksschüler mit Lehre
33 % Absolventen weiterführender Schulen ohne Abitur
17 % Abiturienten, Universitätsabsolventen

Prozentual betrachtet sind also die höheren Bildungsstufen in der höchsten Einkommenskategorie überrepräsentiert. Berechnet man allerdings die Anteile nicht prozentual, sondern absolut – und das muß man tun, denn nicht die prozentuale Zusammensetzung einer Zielgruppe ist wichtig, entscheidend ist ihre Größe –, dann stimmt dieses Bild nicht mehr. Die Personen in der Kategorie Haushalts-Netto-Einkommen ›3000 DM und mehr‹ setzen sich nämlich zusammen aus:
2 Millionen Volksschülern ohne Lehre
5 Millionen Volksschülern mit Lehre
5 Millionen Absolventen weiterführender Schulen ohne Abitur
2 Millionen Abiturienten, Universitätsabsolventen

Auf der Basis von prozentualen Anteilen ist die soziale Wahrheit, daß Beruf und Einkommen in engem Zusammenhang stehen, noch zu erkennen: Je höher der Berufsstatus, desto höher das Haushaltseinkommen. Dabei ist zu beachten – das ist eine ebenfalls erwiesene empirische Tatsache –, daß in Berufskategorien dieser Art, die mehr über die arbeitsrechtliche Stellung als über die Berufe aussagen, ›Leitende Angestellte und Beamte‹ höher angesiedelt sind als ›Inhaber und Leiter von Unternehmen, Selbständige‹. Denn die als höchste ausgewiesene Kategorie ›Inhaber und Leiter von Unternehmen, Selbständige‹ ist äußerst heterogen: Sie umfaßt Kiosk-, Kneipen- und Konzernbesitzer. Und die Kiosk- und Kneipenbesitzer sind gegenüber den Konzernbesitzern weit in der Überzahl. (In der ›Media-Analyse‹ ist die Diskrepanz zwischen Leitenden Angestellten und Unternehmern und Selbständigen gering im Vergleich zu andern Typologien, weil hier kleine und mittlere Selbständige separat angeführt sind. In andern Typologien geschieht das nicht, und dementsprechend deutlich ist der Vorsprung, den die Leitenden Angestellten in Schulbildung und Einkommen vor den Selbständigen haben.[18]) Zur Haushalts-Netto-Einkommenskategorie ›3000 DM und mehr‹ gehören von den Berufsgruppen jeweils:

61 % der Inhaber und Leiter von Unternehmen und Angehöriger freier Berufe
51 % der kleinen und mittleren Selbständigen und der Landwirte
65 % der leitenden Angestellten und Beamten
27 % der sonstigen Angestellten und Beamten und der Nie-Berufstätigen
22 % der Facharbeiter
14 % der sonstigen Arbeiter

Die Frage des Werbers: »Wie sieht meine Zielgruppe aus, was sind das für Leute?« läßt sich aber nicht mit prozentualen Anteilen an irgendwelchen Kategorien beantworten. Die absolute Größe der sich daraus ergebenden eigenen Zielgruppe ist entscheidend, nur dann weiß man, ob die Zielgruppe überhaupt groß genug ist, um den Werbeaufwand zu rechtfertigen. Nur dann weiß man, wie viele Leute von jeder Gruppe konkret zur eigenen Zielgruppe gehören. Und hier verändert sich das Bild von den Spitzenverdienern wieder. Der zahlenmäßige Anteil der Berufsgruppen an der Haushalts-Netto-Einkommenskategorie ›3000 DM und mehr‹:

0,4 Millionen Inhaber und Leiter von Unternehmen, freie Berufe
3 Millionen kleine und mittlere Selbständige
2 Millionen leitende Angestellte und Beamte
5 Millionen sonstige Angestellte und Beamte, Nie-Berufstätige
3 Millionen Facharbeiter
1 Million sonstige Arbeiter

Die Realität sieht also so aus: In der Gruppe der Höchstverdiener sind die Inhaber und Leiter von Unternehmen und die Freiberufler mit nur 400 000 Personen die weitaus kleinste Gruppe. Rechnet man Facharbeiter und sonstige Arbeiter zusammen, kommen auf einen Unternehmer acht Arbeiter. Bezogen auf die Bildungsgruppen sind in der höchsten Haushalts-Netto-Einkommenskategorie ebenso viele Abiturienten und Universitätsabsolventen wie Volksschüler ohne Lehre.
Das bedeutet schlicht, daß die Gruppe der Haushaltseinkommen-Spitzenverdiener keinen typischen Konsumstil hat. Das bedeutet, daß Zielgruppendefinitionen, die auf Haushaltseinkommen basieren, keinerlei Wert für die Werbekonzeption haben. Man kann keine Anzeige so gestalten, daß sie zu 3 Prozent

Unternehmer, zu 28 Prozent Arbeiter und zu 14 Prozent Leitende Angestellte jeweils individuell und zielgruppenadäquat anspricht. Es ist unmöglich, Anzeigen zu gestalten, die dem Niveau von Volksschülern ohne Lehre und von Abiturienten und Universitätsabsolventen zu je 14 Prozent entsprechen und in den verbleibenden Teilen der Anzeige den verbleibenden Bildungsgruppen.

Ein Kreativer, der die Differenzierung nach Haushaltseinkommenskategorien ernst nimmt, ist kein Kreativer. Er muß es allen recht machen, und das übliche Ergebnis ist, daß er es keinem recht macht. (Ebenso gut wie das Haushaltseinkommen könnte man zur Differenzierung der Konsumenten ihre Haarfarbe verwenden. Die Korrelation mit sozialen Faktoren dürfte bei der Haarfarbe sogar noch deutlicher sein. Bedenke man doch, daß ältere Menschen häufiger graue Haare haben als junge; junge häufiger als alte Menschen blond sind; Ausländer häufiger als Bundesbürger schwarze Haare haben; Frauen häufiger als Männer rote Haare haben; und Männer häufiger als Frauen gar keine Haare haben ... Das Haarfarbenmodell hat außerdem den wesentlichen Vorteil, daß es den Kreativen wenigstens eine konkrete Vorstellung von der Zielgruppe vermittelt.)

Nun braucht ja jede Werbung ein Medium der Übermittlung. Und durch die Medien homogenisieren sich die chaotischen Zielgruppen wieder. Denn die Leute wählen ihre Lektüre nicht entsprechend ihrem Haushaltseinkommen, sondern entsprechend ihren Interessen. Die Medien homogenisieren die Zielgruppen, indem sie sie drastisch reduzieren. Und weil es nichts nützt, Konsumenten anzusprechen, die zwar viel verdienen, aber mit der Botschaft oder konkret: mit dem umworbenen Produkt nichts anfangen können, ist das Kriterium Haushaltseinkommen auch für die Mediaplanung belanglos. In Anbetracht der sozialen Heterogenität der Haushaltseinkommens-Zielgruppen ist eine Mediaplanung, die sich an diesem Kriterium orientiert, nicht mehr als eine Verteilung des Etats nach dem Zufallsprinzip.

Fazit:
Die nivellierte Konsumgesellschaft

Konsumgier ist das Motiv, das nach den Vorstellungen der Haushaltseinkommens-Strategen die Konsumenten steuert. Weil sie davon ausgehen, daß jeder alles haben will, soweit nur das Geld reicht, erschöpfen sich ihre Strategien im Bemühen, jede Einkommensgruppe mit der ihnen dafür angemessen erscheinenden Preisgruppe eines jeden Artikels zu kombinieren. Die Ansprache sämtlicher Zielgruppen reduziert sich für sie auf zwei Argumente: Verbraucher mit wenig Geld kaufen jeweils die billigere Variante – sie scheinen nach den Vorgaben der Werber nur an Quantität interessiert; jenen, die über mehr Geld verfügen, wird unterstellt, daß von allem nur das Teuerste für sie angemessen sei – ihnen werden das Prestige und die Qualität der gehobenen Preisklassen als Argumente genannt. Aber für den Konsumenten sind diese Alternativen unrealitsch, und die aus diesem Denken abgeleiteten Argumente treffen allenfalls zufällig auf die Interessen der Konsumenten, so wie die Zielgruppenbeschreibungen der Werber allenfalls zufällig mit real existierenden Personen übereinstimmen.

Als Fazit zum Erkenntniswert der Methode bleibt: Wer Zielgruppen durch das Haushaltseinkommen definiert, verwendet ein Kriterium, das Unterschiede der Konsumorientierung nicht differenziert, sondern verschwinden läßt.
Als Fazit zum Erkenntniswert der Theorie bleibt: Die Fixierung der Werber auf das Haushaltseinkommen der Konsumenten verrät viel über das Denken der Werber. Wenig über das Denken der Konsumenten.

12. Kapitel
Die Vorstellungen vom Verbraucher und ihre Beweismethoden

Irrationalisten und Ökonomisten.
Qualitative und quantitative Methoden

›Irrationalisten‹ kann man jene nennen, die das Verhalten der Verbraucher mit unbewußten, angeborenen Reaktionen erklären; ›Ökonomisten‹ jene, die es durch die finanziellen Möglichkeiten determiniert sehen. Jede Theorie hat ihre Methoden. In der Werbewirkungsforschung kann man den psychologisch ausgerichteten Irrationalisten die qualitativen Methoden der empirischen Sozialforschung zuordnen, den wirtschaftswissenschaftlich orientierten Ökonomisten die quantitativen Methoden. Diese Zuordnung gilt allerdings nicht als bürokratisches Abstecken wissenschaftlicher Zuständigkeitsbereiche – wenngleich sie oft so verstanden wird –, diese Zuordnung ist die methodische Entsprechung theoretischer Grundlagen.[1] Das Erkenntnisinteresse und Erkenntnispotential einer Theorie konkretisiert sich an den für sie typischen Methoden. Worin unterscheiden sich qualitative und quantitative Methoden?

Die reinste Form einer qualitativen Untersuchung ist das an der psychoanalytischen Therapie orientierte Tiefeninterview. Das ist ein exploratives Gespräch, bei dem auf eine Planung der Fragestellungen, der Antwortvorgaben und der Frageabfolgen verzichtet wird. Der Interviewer hat die Aufgabe, sich in den Befragten einzufühlen, dessen Problemdarstellungen und Assoziationen zum Thema aufzugreifen. Jedes Interview ist so individuell wie jeder Befragte.

Quantitative Untersuchungen werden mit Meinungsumfragen assoziiert. Der Befragte füllt einen Fragebogen aus, oder der Interviewer liest ihm die Fragen vor. Alle Fragen, alle Antworten und die Fragefolge sind in einer rein quantitativen Befragung vorgeschrieben. Ziel ist es, jeden gleich zu befragen und individuelle Unterschiede schematisch zu klassifizieren. In der Fachsprache heißt diese Form des Interviews auch ›standardi-

sierte‹ Befragung; die andere entsprechend ›nicht-standardisierte‹ Befragung.[2]
Die Charakterisierung der Methoden als ›qualitativ‹ beziehungsweise ›quantitativ‹ ist populär, aber irreführend[3]. Viele
laienhafte Beurteilungen folgen nämlich einesteils dem Motto:
»Qualität ist besser als Quantität«, anderteils halten häufig die
Strategen der Massenmärkte nach ihrer Devise: »Die Masse
macht's« quantitative Methoden von vornherein für die ge-
eigneteren. Diese Schemata sind für die Beurteilung sozialwis-
senschaftlicher Methoden ungeeignet.

Unter methodischen Aspekten sind als Vor- und Nachteile qualitativer und quantitativer Methoden zu nennen:
Qualitative Studien sind ausführlicher, sie gehen mehr auf die
Befragten ein. Das ist ihr großer Vorteil. Ihr Nachteil ist, daß
deshalb qualitative Untersuchungen – bezogen auf die Anzahl
der Befragten – viel teurer sind als quantitative Befragungen.
Das Kostenverhältnis liegt bei 1 : 20 bis 1 : 50. Konkret wirkt
sich das so aus, daß bei qualitativen Studien zwanzig bis achtzig
Personen befragt werden – je ausführlicher die Befragung, desto weniger –, für eine klassische Repräsentativ-Umfrage werden zweitausend Personen befragt.
Wo quantitative Interviews die Befragten in das starre Schema
des Fragebogens zwängen, haben sie bei offenen qualitativen
Interviews die Möglichkeit, über alles, was ihnen einfällt, zu
plaudern. Dabei können von den Befragten wichtige Informationen kommen, die Anstöße für neue Hypothesen geben. In
qualitativen Befragungen ist es außerdem eher möglich, über
Themen zu sprechen, die den Befragten eigentlich unangenehm sind, über die sie sich kaum in der bürokratischen Manier
standardisierter Befragungen äußern würden. Die Offenheit
der Befragten nimmt zu mit der Offenheit des Interviews.
Die Ausführlichkeit qualitativer Befragungen ist aber nicht nur
der Vorteil der Methode, sie ist gleichzeitig auch ihr Nachteil –
ganz besonders in Untersuchungen zur Werbewirkung. Wer
stundenlang über ein Produkt reden muß oder reden darf (gute
qualitative Interviews sind oft ein Vergnügen für die Befragten), dem fällt dann auch viel Marginales ein. Das bedeutet: Je
umfangreicher eine Exploration ist, desto höher ist der Anteil
irrelevanter Aussagen. Die Bedeutung eines Themas, das
schon dadurch, daß es Thema einer Befragung ist, aufgewertet
wird, wird um so mehr überschätzt, je länger die Befragten darüber reden. Und diese Überschätzung wird von den Forschern

zwangsläufig noch forciert, sie werden ja dafür bezahlt, »alles« zu erfahren.[4]

Als problematisch an qualitativen Interwies gilt insbesondere die Interpretation der Aussagen der Befragten. Es wurde bereits an verschiedenen Beispielen gezeigt, wie stark Ergebnisse abhängen von den Vorstellungen, die der Forscher von den Konsumenten im allgemeinen und dem jeweiligen Problem im besonderen hat. Zusätzlich ist die Interpretation in qualitativen Interviews nicht nur ein Problem der Auswertung – interpretiert wird schon während des Interviews: Bei Antworten, die einer vorgefaßten Meinung des Fragers entgegenkommen, wird nachgehakt. Durch solches gezieltes Nachfragen wird der Einfluß des Interviewers auf den Befragten oft unkontrollierbar und ist nicht mehr von den Meinungen des Befragten zu isolieren.[5] – Um diese Einflüsse zu vermeiden oder wenigstens zu mindern, sollen unstrukturierte Interviews nicht vom Forscher selbst, sondern von unabhängigen Interviewern durchgeführt werden. Darüber hinaus wird gefordert, daß jeder Interviewer nur einige wenige Interviews durchführt, um nicht im Verlauf der Gespräche zum Experten zu werden.

Natürlich sind diese methodentechnischen Forderungen nicht in jedem Fall zu realisieren, sie sind auch nicht immer sinnvoll. Manchmal ist es durchaus notwendig, daß der Interviewer als Experte auftritt. Beispielsweise in sogenannten »harten Befragungen«, eine Technik, die vor allem angewandt wird bei Themen, die tabuisiert sind. (Der Kinsey-Report, die berühmte Studie über das sexuelle Verhalten der Amerikaner, die zwischen 1938 und 1947 durchgeführt wurde, ist eine Untersuchung mit teilweise harter Befragungstechnik.[6] Alfred C. Kinsey und seine Mitarbeiter fragten Männer zum Beispiel nicht: »Haben Sie schon mal eine Frau vergewaltigt?«, sondern fragten: »Wie oft haben Sie schon eine Frau vergewaltigt?« – Natürlich sind solche unterstellenden Fragen nicht unproblematisch, und diverse Ergebnisse des Kinsey-Reports wurden später wegen dieser Methode, mit der sie erhoben wurden, angezweifelt.)

Die Interpretation qualitativer Befragungen wirft eine Fülle von Problemen auf. Zwar gibt es viele technische Lösungsvorschläge, die auf eine Objektivierung der Interpretation abzielen, im Grunde genommen sind die Probleme aber nicht methodisch lösbar. Sie sind auch nicht durch die Wahl anderer, also quantitativer Verfahren zu umgehen. Für Forscher, die Verhalten oder spezielle Verhaltensaspekte als instinktive Veranlagungen interpretieren, verbietet es sich von selbst, solches Verhalten durch die standardisierten Fragen quantitativer Interviews zu untersuchen. Das würde nämlich bedeuten, daß man den Menschen eben doch zugesteht, über ihr unbewußtes Verhalten zu reflektieren. Und wenn Forscher davon ausgehen, daß sich das Wesentliche im kleinen Detail manifestiert oder hinter vorgeschobenen Rationalisierungen liegt, dann muß es allein ihrem Gespür überlassen bleiben, die Bedeutsamkeit der Aussagen zu gewichten. Otto Walter Haseloff bemerkt zum Problem der Interpretation von Motivstudien und anderen qualitativen Untersuchungen: »Nicht zufällig spricht die Psychoanalyse hier von ›Deutung‹.«[7]

So haben, theoretisch bedingt, unterschiedliche Untersuchungsmethoden unterschiedliche Untersuchungsthemen. Wie im Kapitel über die Motivforschung gezeigt wurde, geht es bei qualitativen Untersuchungen häufig um die Exploration sexueller Assoziationen. Und darüber spricht man auch heute noch ungern. Generell sind nur sehr wenige Menschen bereit oder überhaupt fähig, ihre Gefühle einem festgefügten Frageschema anzupassen. Wenn es um solche Themen geht, ist ein vollstandardisiertes Interview unmöglich, schon ein nur teilstrukturierter Fragebogen immer problematisch. (Die Verwendung eines Fragebogens ist wiederum ein wesentlicher Kritikpunkt an einer bekannten Studie über das sexuelle Verhalten der Amerikanerinnen, dem Hite-Report von Shere Hite.[8] Der Fragebogen garantierte zwar den Befragten Anonymität und damit der Forscherin wahrheitsgetreue Angaben, aber er führte indirekt zu einer speziellen Auswahl der Frauen: Jene, die den immens umfangreichen Fragebogen ausfüllten – viele, so berichtet Hite, haben eine Woche und länger daran geschrieben –, waren anders als die Frauen, die den Fragebogen nicht beantworteten. Die Frauen, die sich an der Untersuchung beteiligten, waren überdurchschnittlich gut gebildet, gehörten überwiegend der jüngeren Generation an, wohnten meist in Großstädten. Sie vereinten alle Faktoren, die mit sexueller Aufgeklärtheit korrespondieren. Entsprechend turbulent war das Bild, das der Hite-Report von der sexuellen Freiheit der Amerikanerinnen zeichnete. Und obwohl über dreitausend Frauen an der Untersuchung teilnahmen, war sie dennoch nicht repräsentativ für die Amerikanerinnen, weil die Auswahl der Frauen nach soziodemografischen Merkmalen nicht repräsentativ war.)

Anknüpfend an die Defizite qualitativer Verfahren heben die

Anhänger quantitativer Studien vor allem zwei Vorteile ihrer Methode hervor: die Objektivität und Repräsentativität ihrer Daten. Beide Argumente sind nur methodentechnisch richtig. Eine Untersuchung ist methodisch objektiv, wenn allen Befragten die gleichen Fragen gestellt und die gleichen Antworten vorgegeben wurden. Dennoch sind quantitative Studien nicht objektiver als qualitative. Nur das Datenmaterial, die Zahlen sind objektiv, aber eine objektive Quantifizierung individueller Verhaltensweisen und gesellschaftlicher Tatbestände gibt es nicht.

Werden qualitative Interviews durch den Einfluß des Interviewers oft zu missionarischen Gesprächen, in denen der Befragte zum Bekehrten, das heißt sukzessive zum vom Forscher erwünschten Erkenntnisziel geleitet wird, so sind in quantitativen Interviews die vorgegebenen Fragen und ihre vorgegebene Abfolge oft programmierten Lernschritten vergleichbar. Der Unterschied besteht lediglich darin, daß die Problemsicht des Forschers bereits im Fragebogen festgeschrieben ist. Daß danach die Interviewsituation und die Auswertung wieder »objektiv« sind, ändert gar nichts mehr, denn in den standardisierten Interviews hat der Befragte keine Möglichkeit, sich von den Vorgaben des Fragebogens zu befreien. Seine einzige Chance ist die Antwortverweigerung oder die Flucht in die Antwortkategorie »Weiß nicht«. Deshalb sind standardisierte Interviews mit vielen Antwortverweigerungen und Weiß-nicht-Antworten nur mit größter Vorsicht als Ergebnis für das, was sie vorgeben auszuwerten, zu bewerten.

Die demografische Repräsentativität ist in der Praxis eine beliebte Tarnung mangelhafter oder gänzlich fehlender Hypothesen. Inhaltliche Probleme des Untersuchungsthemas werden ignoriert, statt dessen beherrschen statistische Formalismen die Diskussion.[9] Mit dieser Verschiebung entgeht man mit Erfolg der Anstrengung, über das Forschungsthema nachzudenken. Es genügt, die eigenen Urteile und Vorurteile in Frageform zu bringen. – Das Ergebnis ist dann die repräsentative Wiedergabe der eigenen Meinung. Das ist aber nicht der Methode anzulasten.

Wie problematisch die Auswahl der Merkmale zur Definition einer Zielgruppe ist, wurde in vorangehenden Kapiteln gezeigt. Irrtümlicherweise glauben nun viele Werbepraktiker, bei einer Repräsentativumfrage seien derartige Überlegungen überflüssig, da genüge es, die Befragten nach dem statistischen Durchschnitt zu gewichten. Das genügt nicht, weil sich die Repräsentativität auf die Zielgruppe beziehen muß, nicht pauschal auf die gesamte Bevölkerung. Deshalb müssen auch bei repräsentativen Untersuchungen vorab jene Faktoren, die die Zielgruppe charakterisieren sollen, festgelegt sein. Und nicht nur die Wahl der Merkmale, auch ihre Ausprägung, ihre Klassifikation, muß vorab überlegt sein. Und das heißt: Um eine Zielgruppe untersuchen zu können, muß man sie zuerst exakt definieren. Nur dann ist es möglich, Aussagen darüber zu machen, welche Charakteristika tatsächlich typisch sind für eine Verwendergruppe und welche lediglich den gesellschaftlichen Durchschnitt widerspiegeln.[10] Theoretisch könnte man zwar unendlich viele Daten bei unendlich vielen Personen erheben und auswerten und sich damit vorangehende Festlegungen ersparen, aber – abgesehen davon, daß sich die meisten Menschen weigern, endlose Fragebogen auszufüllen – eine derartige Untersuchung wäre ebenso unbezahlbar wie eine qualitative Untersuchung bei einem repräsentativen Bevölkerungsquerschnitt. – Je weniger exakt eine Zielgruppe definiert ist, desto mehr Personen werden befragt, die nicht zur Zielgruppe gehören. Deshalb sind Umfragen, die repräsentativ für die Bevölkerung sind, nicht automatisch auch repräsentativ für die angepeilte Zielgruppe. Es kann sein, daß der Anteil der Zielgruppe an der Bevölkerung so gering ist, daß die in der Untersuchung erfaßten Fälle zu wenige sind, um Verallgemeinerungen zuzulassen oder gesetzmäßige Zusammenhänge problemrelevanter Merkmale zu erkennen.

Die Theorie-Praxis-Kontroverse

Da jede Theorie die für sie typischen Methoden hat, spiegelt jede Methode die ihr immanente Theorie wider. Diese Aussage scheint, bezogen auf die quantitativen Untersuchungen der Werbewirkungsforschung, fragwürdig, denn gerade diese Studien gelten bei den Werbepraktikern als theorielose Datensammlungen. Da der typische Werbepraktiker Theorie und Praxis als feindliche Fronten sieht, will er (wenn schon Forschung sein muß) quantitative Daten ohne Theorie, Zahlen pur. Aber es gibt keine Forschungsergebnisse ohne Theorie. Reinhold Bergler stellt das Problem unreflektierter Theorien in ›Werbung als Untersuchungsgegenstand der empirischen Sozialforschung‹ (1980) eindringlich dar: »Es gibt keine Untersuchung, keine Fragestellung ohne eine implizite oder explizit formulierte Theorie. Annahmen und Erwartungen sind nicht

nur Symptome intelligenten Verhaltens, sondern Bedingungs-faktoren alltäglicher wie wissenschaftlicher Fragestellungen und Suchstrategien. Schon eine explorative Leitstudie, die in Verbindung mit einem – weil noch nicht anders möglich – vage umschriebenen Thema durchgeführt wird, beinhaltet bereits unausgesprochen ganz bestimmte Annahmen. Dies gilt z. B. auch für die zahlreichen und wissenschaftlich in keiner Weise relevanten Untersuchungen über die Einstellung zur Werbung. Theoretische Annahmen können in gleicher Weise naiv wie wissenschaftlich begründet sein. Empirische Sozialforschung und damit auch Marktforschung, die sich solcher Zusammenhänge nicht bewußt wird und auch in ihren Forschungsberichten nicht reflektiert, verdient den Namen Forschung nicht. Die so abgefragten und gesammelten Daten sind weder von wissenschaftlicher noch von praktisch anwendungstechnischer Relevanz.«[11]
Wenn Bergler feststellt, daß vieles von dem, was in der Werbung Forschungsergebnis genannt wird, den Namen Forschung nicht verdient, ist dem nur hinzuzufügen, daß vieles von dem, was von der Werbung als Forschung in Auftrag gegeben wird, keineswegs Forschung sein darf. Die Bevorzugung quantitativer Verfahren, die mit Objektivität und Repräsentativität der Daten begründet wird, ohne daß jedoch ein Erkenntnisinteresse und ein Erkenntnisziel überhaupt formuliert werden, ist nur dadurch zu erklären, daß solche Forschung keine andere Funktion hat, als die Meinung ihres Auftraggebers zu bestätigen. Forschung ist üblicherweise ein Prozeß, um Problemlösungen zu finden – lediglich in der Werbung wird geforscht, wenn die Problemlösungen bereits vorliegen. Durch solche Forschungsvorhaben und finanziell knapp gehaltene Mittel wird Marktforschung zum Alibi ihrer Auftraggeber. Deren Interesse besteht lediglich darin, Zweifler von der Richtigkeit des bisherigen Tuns und Denkens zu überzeugen. Und dafür gibt es kaum ein besseres Mittel als eine repräsentative Wiedergabe der eigenen Meinung. Der Auftraggeber weiß, daß er bei quantitativen Studien mehr für sein Geld bekommt … mehr Befragte, die seiner Meinung zustimmen.
Umfragen, die der Zentralausschuß der Werbewirtschaft (ZAW) über die Einstellung der Bevölkerung zur Werbung vorlegt, demonstrieren dies beispielhaft. Unter dem Stichwort ›Absolute Mehrheit pro Werbung‹ war in der ZAW-Meldung Nr. 5 von 1982 zu erfahren:
»Die Werbewirtschaft hat zwar mit Vorurteilen in bezug auf bestimmte Produktbereiche sowie auf gesellschaftspolitische Pro-

bleme zu kämpfen. Ihr Image in der Bevölkerung ist aber repräsentativ betrachtet positiv. Dies belegt auch die jüngste Untersuchung über die Einstellung der Konsumenten zu diesem Marketinginstrument. Danach ist über die Hälfte der Bevölkerung über 14 Jahren in der Bundesrepublik der Auffassung, daß Werbung ›hilfreich für den Verbraucher‹ ist (53 Prozent oder 24,4 Millionen Bürger), ›nützliche Hinweise über neue Produkte gibt‹ (59 Prozent, 26,9 Millionen Bürger) und ›meist recht unterhaltsam‹ ist ... In die Studie einbezogen waren 7202 Personen der Bevölkerung ab 14 Jahren in Privathaushalten der Bundesrepublik einschließlich Berlin (West).« Kommentar des ZAW zu dieser von der Verlagsgruppe Bauer in Auftrag gegebenen Studie: »Diese Daten reihen sich in die Erkenntnisse früherer Studien ein. Die Bürger der Bundesrepublik haben danach eine stabile positive bis neutrale Einstellung zur Werbung. Die deutsche Werbewirtschaft muß sich aber mit zahlreichen Vorurteilen auseinandersetzen – vorgetragen von einer Minderheit, der es immer wieder über die Massenmedien gelingt, den Eindruck einer Mehrheitsmeinung zu vermitteln.«

Typisch für Propaganda-Repräsentativität ist die Exaktheit der Zahlen und die Ungenauigkeit der Inhalte. Was waren die alternativen Meinungen, die den 7202 Personen vorgelegt wurden? War die Alternative zum Statement »Werbung ist hilfreich für den Verbraucher« das Statement »eigentlich kann ich auf Werbung verzichten«? Oder war die Alternative »Werbung ist *äußerst* hilfreich für den Verbraucher«?

Die in der Werbepraxis immer wieder heftig diskutierte Frage, ob quantitativ oder qualitativ geforscht werden soll, ist kein Streit um die Methoden, es ist der Streit um die Erkenntnisse. Für seriöse Marktforschungsinstitute ist die Kombination beider Methoden ohnehin selbstverständlich. Sie führen vor jeder quantitativen Untersuchung qualitative Vorstudien durch – sogenannte Pilot-Studien, die den Zweck haben, sämtliche Probleme des Forschungsthemas zu erkennen, dominierende Aspekte zu isolieren, Ursache-Wirkungs-Verhältnisse zu prüfen, unbestätigte Vorurteile zu eliminieren. Qualitative Vorstudien haben die Funktion, die Forschungshypothesen zu reflektieren. Denn allein die Qualität der Forschungshypothesen bestimmt die Qualität einer Untersuchung, gleichgültig, mit welcher Methode sie durchgeführt wird, denn davon hängt es ab, ob die Untersuchungsergebnisse mit der Realität übereinstimmen. So werden methodische Probleme wieder zu theoretischen Problemen.

Die Relevanz der praxisrelevanten Forschungsergebnisse

Die Praktiker jammern seit je über die fehlende Praxisrelevanz wissenschaftlicher Wirkungsforschung. Es sei alles nur Theorie. Wenn jemand auf die Stichworte »Theorie« und »Forschung« mit der Zwanghaftigkeit einer Kuckucksuhr mit dem Kommentar reagiert: »nicht praxisrelevant ... nicht praxisrelevant«, und dies als vernichtendes Urteil verstanden wissen will, dann handelt es sich um einen Praktiker der Werbung.

Die Ablehnung der Forschung gibt es in zwei Ausprägungen. Eine Minderheit der Werber lehnt Forschung als nicht praxisrelevant ab, akzeptiert jedoch praxisrelevante Ausnahmen. Der Rest, die große Mehrheit der Werber, lehnt sämtliche Forschung als nicht praxisrelevante Theorie ab.

Folglich ist Forschung jener Posten in der Planung und Konzeption der Werbestrategien, an dem zuerst gespart wird. Karl-Friedrich Holm, Herausgeber der Marktforscher-Zeitschrift ›Interview und Analyse‹, berechnete für 1980 ein Verhältnis zwischen Werbeumsätzen und den Ausgaben für Werbewirkungsforschung von 100:2. Unter Bezug auf den berühmten Satz: »Die Hälfte des Geldes, das für Werbung ausgegeben wird, ist zum Fenster hinausgeworfen – unklar ist nur, welche Hälfte es ist«, konstatiert Holm: »Ein bescheidener Beitrag, um festzustellen, welche Hälfte der Werbeausgaben zum Fenster rausgeschmissen wird.«[12] (Holm legt seinen Berechnungen den von ZAW bekanntgegebenen Umsatz zugrunde – 1980 waren es 11,4 Milliarden –, berücksichtigt man jedoch, daß der ZAW nur einen Teil der Werbeumsätze ermittelt, sieht das Verhältnis für die Forschung noch beträchtlich ungünstiger aus.[13])

Jene, die wenigstens einen Teil der Forschung für praxisrelevant halten, finden sich vor allem in den oberen Hierarchierängen der Werbeagenturen. Diese Position wird insbesondere von jenen vertreten, die die Befugnis haben, ihre eigene Meinung durch repräsentative Umfragen bestätigen zu lassen.

Die andere Position, die jegliche Forschung ablehnt, ist die der mittleren und unteren Hierarchieebenen der Agenturen und die Position der kleinen Selbständigen. Um ihre extreme Forschungsfeindlichkeit zu verstehen, muß man sich vergegenwärtigen, daß, verglichen mit allen anderen Wirtschafts- und Dienstleistungsbranchen, in der Werbung ein extrem hoher Anteil von Personen ohne entsprechende Ausbildung beschäftigt ist. Dennoch verdienen diese Leute viel Geld, oft sogar sehr viel. Eine alte Weisheit: Wer viel verdienen will und nichts gelernt hat, muß in die Werbung gehen.

Der Werbepraktiker Günter Stein schreibt über den Ausbildungsweg der Macher: »Die meisten Texter sind ehemalige Chemigrafen, Reprofotografen und Schriftsetzer. Der Rest besteht aus verkannten Dichtern.«[14] Die verkannten Dichter, ihrer literarischen Ambitionen wegen die unbeliebtesten, so Stein, kommen aus den unterschiedlichsten Berufen; er zitiert einen Agentur-Chef: »Wir hatten hier schon einen Testpiloten und einen ehemaligen Schmied.«[15] Stein selbst war vor seinem Eintritt in die Werbung Fahrstuhlführer, machte Abrechnungen in einem Reisebüro, nahm Schauspielunterricht. Das ist in der Werbung keineswegs ein ungewöhnlicher Werdegang, der als Defizit empfunden würde, im Gegenteil, das ist eher die Regel. Die ganz berühmten Werbemacher sind keine Ausnahmen: Jerry Della Femina war Laufbursche bei der New York Times, ehe er zur Werbung kam.[16] Rooser Reeves war Reporter.[17] Howard Luck Gossage, gelernter Marineflieger und Berufsoffizier, verkündet stolz: »Ich kam letzten Endes deshalb zur Werbung, weil ich kein anderes Handwerk beherrsche.«[18] David Ogilvy rennomiert mit seiner hervorragenden Ausbildung als Koch.[19]

Der typische Praktiker hat über Werbung nur eines gelernt: daß es über Werbung nichts zu lernen gibt. Die Annahme, durch Forschung könne der Wissensstand erweitert werden, konfrontiert ihn mit der Vorstellung, daß es überhaupt ein Wissen geben könnte. Diese Vorstellung ist für ihn eine existentielle Bedrohung, daher auch die Praktikerregel: »Forschung lähmt Kreativität.« Das abwehrende Gejammer der Praktiker hat dazu geführt, daß Theoretiker, die Werbewirkung systematisch untersuchen wollen, sich zuerst bei den Praktikern zu entschuldigen haben. Erich M. Ruczinski und Karl Suthoff, die in ›Die Bedeutung des Modell-Denkens für die Werbung‹ (1979) die dringende Notwendigkeit einer werbewissenschaftlichen Theoriebildung darlegen, schreiben über die zu erwartende Resonanz ihrer Forderung bei den Werbepraktikern: »Wir haben natürlich keinen Zweifel daran, daß ein großer Teil der sogenannten Werbepraktiker – vielleicht der größte – unserer Auffassung nicht zustimmen wird.«[20]

Was – abgesehen von der Bestätigungsfunktion der Alibiforschung – bleibt für den Praktiker relevante Forschung? Eine interne Broschüre der Agentur Heumann, Ogilvy & Mather, die neuen Mitarbeitern das erforderliche Wissen für die prakti-

sche Werbearbeit vermitteln soll, ist aufschlußreich, denn Heumann, Ogilvy & Mather ist eine internationale Großagentur, sie gehört zu Ogilvy & Mather International, das ist die viertgrößte Agentur-Gruppe der Welt, allein in der Bundesrepublik belief sich 1979 ihr Umsatz auf 173,1 Millionen Mark.[21] ›Wie man Werbung macht, die verkauft‹ hieß diese Broschüre 1974; die Neuauflage von 1979 trägt den optimistischen Titel: ›Wie man Werbung macht, die mehr einbringt, als sie kostet‹. In 35 kurzen Paragraphen (36 in der Neuauflage) ist alles zusammengefaßt, was es in der Praxis zu wissen gilt. Heumann, Ogilvy & Mather, so wird in beiden Ausgaben betont, ist eine Agentur, die mit »fortschrittlichen Methoden der Forschung arbeitet«, und dies sogar »zunehmend«.[22] Der Fortschritt der Forschung läßt sich demnach am Vergleich der Ausgaben von 1974 und 1979 nachvollziehen. Da hat sich offenbar wenig geändert: In der älteren Ausgabe wird berichtet, daß eine (nicht spezifizierte) Untersuchung erwiesen habe, daß Musikuntermalung bei Fernsehwerbung die Erinnerung beeinträchtigt.[23] Dieser Passus ist in der Neuauflage nicht mehr enthalten. Als weiterhin gültige Forschungsergebnisse blieben diese:
– »Es ist besser, die Neuheit eines Produktes herauszustellen, sofern es tatsächlich Neuheitswert hat.«
– »Werbung, die glaubwürdig ist beziehungsweise von glaubwürdigen Personen präsentiert wird, ist erfolgreicher.«
– »Produkte, die bei der Lösung eines Problems helfen, sind erfolgreicher.«[24]
Was diese Ergebnisse konkret besagen, wird an ihren Alternativen deutlich. Sie besagen, daß sich nützliche und sinnvolle Produkte besser verkaufen als solche, die zu nichts nutze sind; sie besagen, daß sich Tatsachen besser verkaufen als leere Versprechungen.
Dann gibt es noch ein Forschungsergebnis mit einer sehr konkreten Aussage. Es bezieht sich auf eine (ebenfalls nicht spezifizierte) Untersuchung über die optimale Anzahl der Worte in einer Schlagzeile: – »Headlines von zehn und mehr Worten verkauften mehr Ware als kurze Headlines. Headlines mit acht bis zehn Worten erzielen nach dieser Untersuchung die höchsten Recall-Werte. In der Versandhauswerbung bringen Headlines, die sechs bis zehn Worte enthalten, die höchsten Couponrückläufe.«[25]
Dies ist ein Forschungsergebnis, wie es die Werbung liebt: Mit der Anzahl der Worte ist alles erklärt – Erinnerungswert, Couponrücklauf, Verkaufserfolg! Wehe dem Texter, der es wagt,

dem Chef einen Slogan für eine Versandhausanzeige mit weniger als sechs oder mehr als zehn Worten zu präsentieren!

Ein Ergebnis ist in der Ausgabe von 1979 neu und bemerkenswert: – »Wir haben mehr Erfolg bei Anzeigen gemessen, die im redaktionellen Stil gestaltet sind, als bei solchen, die nach Werbung aussehen.«[26]

Was heißt das? Das heißt, daß jede Information, jedes Argument, jede Illustration an Wirkung verliert, sobald offenkundig wird, daß es sich um Werbung handelt. Oder umgekehrt: *Keine Botschaft ist wirkungsloser als eine Werbebotschaft!*

Dies war das Kompendium des Wissens der Werber, herausgegeben von einer der größten Agenturen der Welt. Die wenigen Forschungsergebnisse liefern entweder Banalitäten oder sind (wie im Fall der optimalen Anzahl der Worte pro Headline) unerklärliche Geheimnisse, das typische Flair methodischer Artefakte. Warum dem so sei, wie empirisch erwiesen, darauf weiß man keine Antwort.

So müssen nicht die Theoretiker die Praxisrelevanz ihrer Forschung legitimieren, die Praktiker müssen begreifen, daß ihre Erkenntnisse überhaupt keine Relevanz haben, solange sie keine Theorie haben. Die prägnante Formel des Werbewissenschaftlers Werner Gaede: »Es gibt nichts Praktischeres als eine gute Theorie.«[27]

Fazit:
Praxis ohne Theorie ist Ideologie

Der Praktiker, der alle Theorie ablehnt, handelt auch nicht theorielos. Auch er hat Vorstellungen über die Wirkungsweise von Werbung. Nur nennt der Praktiker seine Theorie »Erfahrung«. Dagegen wäre nichts einzuwenden, wären die Erfahrungen so vielfältig und das daraus gewonnene Wissen so sicher, daß die Erfahrungen der Praxis die Empirie der Forschung überflüssig machen würden. Das ist aber nicht der Fall. Die unbedachte Theorie der Praktiker selektiert aus der unbegrenzten Anzahl möglicher Erfahrungen jene, die ihrer vorgefaßten Meinung entsprechen. Die theorielose Theorie ist zumeist eine naiv-populäre Spekuliererei über die Mentalität des Massenmenschen. In den Verkaufsinszenierungen der Werber für ihre Auftraggeber, den sogenannten Präsentationen, wird diese Theorie zum besten gegeben. Typischerweise beginnen Präsentationen mit bedeutungsvollen Worten über die Natur des Menschen, welche gerne durch Maslows Motivationspyramide versinnbildlicht werden; des weiteren erscheint die Natur des Konsumenten als Kategorie der Haushalts-Netto-Einkommenstabellen. Aber nicht nur in diesen Modellen manifestiert sich die Theorie der Praktiker.

Die Theorie manifestiert sich real in der Umsetzung. Hans-Joachim Hoffmann hat in seiner ›Werbepsychologie‹ (1972) die speziellen Vorlieben der Praktiker typologisiert und untersucht, welche Vorstellungen vom Konsumenten als »latente Anthropologien« dahinterstecken. Die wichtigsten:

»Gibt ein Werbefachmann häufig der *abbildungszentrierten* Anzeigengestaltung den Vorzug, so signalisiert dies folgende latente Anthropologie: Der Verbraucher wird von ihm als ein Mensch gedacht, der weniger an dem jeweiligen Produkt und seinem Zweck interessiert sei als an der Befriedigung persönlicher Anliegen motivationaler Art. Er wird in seinen irrationalen Ansprüchen und Wünschen überschätzt. Deshalb wird angenommen, daß er sich mit dem Produkt allein nicht zufriedengibt. So muß die Werbung dem Produkt mehr Befriedigungsmöglichkeiten anheften.

Mit der *produktzentrierten* Gestaltung überschätzt der Werber das Interesse an seinem Produkt und die Habgier des Konsumenten. Die meisten Menschen sagen an der richtigen Stelle ›nein‹ und verzichten ohne besondere innere Schwierigkeiten – welch gewaltiger Erfolg müßte andernfalls der Werbung beschieden sein ...

Die Vorliebe für eine *farbzentrierte* Gestaltung der Anzeige spekuliert auf eine emotionalisierende, suggestive Wirkung von Farben. Der Werbegestalter erwartet, daß Menschen vor allem an ihren unreflektierten Gefühlsbedürfnissen verführbar seien.

Die einseitige Bevorzugung der *anbieterzentrierten* Anzeigengestaltung zeigt, daß der Gestalter den Wunsch, sich führen zu lassen, beim Konsumenten überschätzt. Es gehört vermutlich eine autoritäre Haltung dazu, um den Verbraucher für derart unselbständig zu halten.

Die *vorbildzentrierte* Anzeigengestaltung rechnet mit einer ähnlichen Wirkung wie beim vorangegangenen Faktor. Hinzu kommt aber, daß eine Art Nachahmungstrieb für real gehalten wird, und vor allem, daß sich der Werbende mit der Vorbildüberlegung selbst als den überlegenen Verführer deuten kann.«[28]

Praktiker rühmen sich manchmal, einstmals auch Theoretiker gewesen zu sein, aber aufgrund ihrer Erfahrungen von der Theorie abgekommen zu sein. Das bedeutet aber nicht, daß sie vorher eine Theorie hatten und nun keine mehr, das bedeutet vielmehr, daß sie vorher *mehr als nur eine* Erklärungsmöglichkeit der Wirkung von Werbung in Betracht gezogen haben, also mindestens zwei Theorien hatten, aber jetzt nur noch eine Erklärungsmöglichkeit gelten lassen wollen. Damit entlarvt sich die theorielose Theorie der Praktiker als Ideologie. Reinhold Bergler dazu:

»Es ist der nicht zu unterschätzende Vorteil aller Ideologien, daß sie gleichsam für alle Lebenslagen, also alle Reizsituationen, die überhaupt auftreten können, Erklärungen, Bewertungen und Belehrungen zur Verfügung haben. Eine gläubig akzeptierte Ideologie läßt den Benutzer dieser Ideologie niemals im Stich. Die Widersprüchlichkeit und wechselseitige Abhängigkeit der Realität lösen sich ideologisch immer auf. Die Wirklichkeit ist niemals im Experiment abbildbar, in der Ideologie ist sie aber nach Ursache und Wirkung fein säuberlich geordnet.«[29]

Die Erfahrung der Praktiker ist unwiderlegbar, weil ihre unreflektierte Theorie eine Ideologie ist. Ein Praktiker, der nicht weiß, nach welchen Kriterien er aus den theoretisch möglichen Erfahrungen seine praktischen Erfahrungen auswählt, weiß auch nicht, warum die von ihm gewählten Kriterien die besseren sind – seine Auswahlprinzipien sind Vorurteile und Aberglaube.

Teil IV
Alternative Ansätze

Es ist allerdings eine bekannte Tatsache,
daß kein Mensch Werbung liest.
Die Menschen lesen, was sie interessiert.
Manchmal ist's eine Anzeige.
Gossage

You can't bore people into buying your product.
Ogilvy

13. Kapitel
Vom demonstrativen Konsum
zur demonstrativen Vernunft

Eine soziologische Analyse von Konsumorientierungen

Der Konsument als gesellschaftlich handelndes Wesen ist für
die Werbung unbekanntes Terrain. Was Verbraucherforschung
genannt wird, ist meist nur Verbrauchsforschung. Denn nicht
dem Verbraucher gilt das Forschungsinteresse, sondern dem
Produkt des Auftraggebers der Forschung. Einstellungen des
Konsumenten werden nur in bezug auf das Produkt wahrgenommen, was nicht dazu paßt, wird eliminiert. Interessen, die
nicht in Konsum umzusetzen sind, existieren nicht.
Stärker als die Wertorientierungen aller andern Lebensberei-
che sind Konsumorientierungen gesellschaftlichen Veränderungen unterworfen. Die Werbemacher können solche Veränderungen nicht prognostizieren, sie können sie oft nicht einmal
erkennen, weil sie die Konsumenten nicht kennen.

Am Beispiel eines Konsumententyps, der in der Werbung allge-
genwärtig ist – der Konsument, der den Besitz auffälliger Statussymbole demonstriert –, und am Beispiel eines Konsumententyps, der im öffentlichen Bewußtsein eine Hauptrolle spielt
– der Konsumgegner –, soll gezeigt werden, wie Einstellungen
durch eben jene sozialen Lebenszusammenhänge geprägt sind,
die die Werbung ignoriert. Es soll analysiert werden, welche
traditionellen Ideale und welche neuen gesellschaftlichen Entwicklungen Konsumorientierungen prägen. Freilich ist eine
solche Analyse bedeutend komplexer, als es Verbrauchsanaly-
sen sind, und daher sind die Ergebnisse keine prozentualen
Verteilungen der Käufer auf diese und jene Produktgruppen.
Das Ergebnis ist ein Ansatz, um die Konsumenten kennenzulernen.

Der kaschierte Konsum der Oberschicht

Studien, die das Verhalten der Konsumenten als soziale Interaktion im gesellschaftlichen Kontext analysieren, sind rar. Eine
der wenigen klassischen Analysen dieser Art – die dafür um so
nachhaltigere Wirkung hatte – ist Thorstein Veblens ›Theory of
the Leisure Class‹, geschrieben 1899 (deutsch: Theorie der feinen Leute).
Veblen beschrieb das Konsumverhalten der reichen Leute zur
Zeit der Jahrhundertwende und charakterisierte die damalige
Geldaristokratie durch demonstrativen Müßiggang (conspicuous leisure), demonstrative Verschwendung (conspicuous
waste) und demonstrativen Konsum (conspicuous consumption). Aber nicht Müßiggang, Verschwendung und Konsum
sind die Kennzeichen der Reichen. Entscheidend ist der demonstrative Charakter dieser Kennzeichen, denn erst dadurch
werden sie öffentlich, erst dadurch gesellschaftlich bedeutsam.
Nicht zu arbeiten, kein Geld zu verdienen, ist kein demonstrativer Müßiggang, weil Nichtstun an sich keinen gesellschaftlichen
Rahmen hat. Demonstrativer Müßiggang bedeutet die Notwendigkeit, Beschäftigungen nachzugehen, die keinerlei finanziellen Nutzen haben (auch nicht indirekt), nur so ist öffentlich
zu beweisen, daß man es nicht nötig hat, sich um seine Finanzen
zu kümmern. Veblen:
»Die Kriterien einer müßig verbrachten Zeit sind daher im allgemeinen ›nicht-materielle‹ Güter. Derartige Beweise sind zum
Beispiel quasi-gelehrte und quasi-künstlerische Werke sowie
die Kenntnis von Erscheinungen und Vorfällen, die nicht unmittelbar zur Förderung des Lebens beitragen. Dazu gehört unter anderem in unseren Tagen die Kenntnis toter Sprachen oder
der okkulten Wissenschaften, eine fehlerfreie Orthographie,
die Beherrschung von Grammatik und Versmaßen, die Haus-
musik und andere häusliche Künste, Mode, Möbel und Reisen,
Spiele, Sport, Hunde- und Pferdezucht. Bei all diesen Kennt-
nissen und Fertigkeiten mag das Motiv ursprünglich ein ganz
anderes gewesen sein als der Wunsch zu zeigen, daß man seine
Zeit nicht für produktive Arbeit verwendet; doch hätten sie sich
nicht vorzüglich als Beweise einer unproduktiven Zeitvergeu-
dung geeignet, so wäre es ihnen wohl kaum gelungen, ihre Bedeutung als konventionelle Beschäftigungen der vornehmen
Klasse zu bewahren.«[1]
Im gleichen Sinn stellt Veblen fest, daß die Oberschicht ihr Sozialprestige nicht lediglich durch Besitz bewahren kann – der

Besitz muß der Umwelt zur Kenntnis gebracht werden: durch demonstrative Verschwendung und demonstrativen Konsum. »Um Ansehen zu erwerben und zu erhalten, genügt es nicht, Reichtum oder Macht zu besitzen. Beide müssen sie auch in Erscheinung treten, denn Hochachtung wird erst ihrem Erscheinen gezollt.«[2]

Die Leisure Class ist das Phänomen einer untergegangenen Epoche, nach dem Ersten Weltkrieg gab es sie nicht mehr. Veblens boshafte Beschreibung der Oberschicht der Jahrhundertwende ist jedoch nicht nur von historischem Interesse. Der Begriff des demonstrativen Konsums hat die Zeit überdauert. Für die Werbung scheint er wichtiger denn je. Der allgemeine Lebensstandard ist kontinuierlich gestiegen, immer mehr Menschen können sich immer mehr leisten, und die Werbemacher meinen, daß damit der demonstrative Konsum immer wichtiger wird. Symptomatisch diese Behauptung: »Hätte man die Kühlschränke vor der Haustür stehen, würden die Leute jährlich ein neues Modell kaufen.«

Aber nicht nur der Lebensstandard, die Gesellschaft überhaupt hat sich geändert. Jene Kreise, die sich heute am ehesten noch im großen Stil durch Statussymbole profilieren, das sind die Prominenten: die Stars vom Film und entsprechenden Metiers. Die zählen jedoch nicht zur traditionellen Oberschicht.[3] Dazu gehört nicht, wer sein Vermögen selbst verdient hat, dazu gehören nur jene, die das Vermögen ererbt haben. Das ist keine nur formale Differenzierung. Das erworbene Vermögen der Prominenten macht im allgemeinen nur einen Bruchteil des Vermögens der traditionellen Oberschicht aus. Bernt Engelmann zählt in seiner Analyse ›Das Reich zerfiel, die Reichen blieben‹ (1972) 500 Familien der Bundesrepublik zu den Oberen Zehntausend – die sie damit im wortwörtlichen Sinn auch sind.[4] Der prozentuale Anteil der alten Oberschicht in der Bundesrepublik wird in verschiedenen Untersuchungen zwischen 0,001 Prozent bis 0,006 Prozent veranschlagt.[5]

Der Konsumstil der echten Oberschicht ist nicht mehr der Stil des demonstrativen Konsums. Aus neueren Untersuchungen ist bekannt, daß für die Oberschicht ein Stil typisch ist, der alles Auffällige, alle Angeberei sorgfältig meidet. Karl Martin Bolte resümiert Ergebnisse von Studien über das Modeverhalten: »In Oberschichten hat sich allgemein auch in puncto Mode eine ›Tendenz zur Unauffälligkeit‹ durchgesetzt, mit ›careful lack of ostentation‹. Es scheint, daß sich ihre Mitglieder gerade an einer betonten Einfachheit erkennen, die allerdings in der Regel keineswegs billig ist. So bleibt also auch hier eine Besonderheit, aber ihr Typisches besteht darin, daß sie anderen Schichten kaum auffällt und nur für den Eingeweihten identifizierbar ist.«[6] Der Unterschied: Die Prominenz präsentiert sich im Pelzmantel, die Großen dieser Welt zeigen sich in schlichten Stoffmänteln.

John Herzog von Bedford illustriert in seinem ›Book of Snobs‹ diesen Konsumstil vortrefflich. Der Herzog empfiehlt, neue Anzüge (daß es sich um Anzüge der besten britischen Schneider handelt, versteht sich von selbst) erst zwei Jahre lang vom Kammerdiener auftragen zu lassen. So nämlich läßt sich die Peinlichkeit vermeiden, in einem neuen Anzug gesehen zu werden, was mißgünstige Menschen zu der Nachrede veranlassen könnte, man hätte es nötig, in neuen Anzügen gesehen zu werden.[7]

Das Vermeiden von Protzerei gilt natürlich nicht nur für die Kleidung. Ernest Dichter berichtet in seiner ›Psychologie des Autokaufs‹ davon, daß die ganz reichen Leute nicht die ganz teuren Wagen kaufen. »Hier liegt die Demonstration im Verbergen, man sagt sich: ›Ich bin so reich oder so gesichert, daß ich mich um nichts mehr zu bekümmern brauche.‹ Sollte sich diese Gruppe noch aus jemandes Meinung etwas machen, bewiese sie ihren absoluten Reichtum nicht hundertprozentig.«[8]

Die gegensätzlichen Konsumorientierungen von Bildungsbürgern und Aufsteigern

Aber es gibt noch andere Menschen, die Wert darauf legen, nicht als Prahlhanse des Konsums aufzutreten. Diese Gruppe ist bedeutend größer als die alte Oberschicht und wird, im Gegensatz zu dieser, immer größer. Viele verstehen sich heute als kritische Konsumenten und sehen in den schönen Reklamebildern nichts als die Absicht der Manipulation. Die Werbung ist zum Sündenbock der Gesellschaft geworden. Konsumgegnerschaft zum weltanschaulichen Aushängeschild.

Dennoch haben die, die Werbung und Marketing machen, bisher auf diese neue Mentalität allenfalls höhnisch reagiert. Denn sie ist bisher nicht als Konsumverzicht real und damit gefährlich geworden. Man kann, so glaubt man, unbeeindruckt im alten Stil weiterwerben.

Daß sich aber bisher die Ablehnung der Konsumgesellschaft lediglich im Verbalradikalismus bemerkbar macht, liegt auch in der Natur der Sache: Die Kritiker der Konsumgesellschaft können nicht mit Konsumverzicht reagieren, denn der größte Teil des Konsums ist zwar substituierbar in bezug auf die Bedürfnisse, die damit erfüllt werden, aber die Bedürfnisse sind nicht ersatzlos zu streichen. Das existentiell Notwendige ist ja nicht biologisch zu definieren, es geht um das Überleben im gesellschaftlichen Sinn. Fürs biologische Überleben braucht der Mensch nicht einmal Seife. Deshalb werden nach wie vor auch jene, die jegliche Werbung ersatzlos streichen wollen, Kaugummi, Klaviere, Kofferradios und auch Kaviar kaufen wollen. Konsumgegnerschaft heißt nicht Nicht-Konsum. Die Negation des Negativen genügt nicht. Was dann?

Betrachten wir zunächst einmal die Gruppen, die am engagiertesten den Konsumterror anklagen. Das sind natürlich auch Studenten, aber nicht nur sie. Wer meint, Konsumgegner seien die, die es sich nicht leisten könnten zu konsumieren und ihre Not zur Tugend erheben wollen, der irrt.

Es ist bekannt, daß eine kritische Einstellung zum Konsum, kritisches Informations- und Auswahlverhalten am ausgeprägtesten bei jenen zu finden ist, die eine gehobene Schulbildung absolviert haben.[9] Bekannt aus Medientypologien ist, daß Verbraucherzeitschriften am häufigsten von jenen gelesen werden, die zur höchsten Einkommensgruppe gehören; das Abonnement von Warentestzeitschriften ist in den USA schon ein Statussymbol.[10] In privaten Haushalten werden Haushaltsbücher am häufigsten von jenen geführt, die es am wenigsten nötig haben zu sparen.[11]

Gehobene Schulbildung und gehobenes Einkommen sind die hervorstechenden Merkmale der Konsumgegner.[12] Ein krasser Widerspruch, so scheint es, der durch das Merkmal gehobene Schulbildung nur unzureichend erklärt werden kann, durch das Merkmal gehobenes Einkommen überhaupt nicht. Um die Einstellung dieser Verbraucher zu verstehen, muß zuerst ihr soziales Bezugssystem verstanden werden. Das aber ist (wie bereits ausgeführt wurde), durch das Merkmal Schulbildung nur unzureichend und durch das Merkmal Einkommen überhaupt nicht zu erklären. Die Definition sozialer Bezugssysteme ist im gesellschaftlichen Kontext die Definition sozialer Schichtung. Das heißt der Auswahl jener Kriterien, die allgemein als Zeichen eines bestimmten Status erkannt und anerkannt werden. Schulbildung und Einkommen sind zwar Statuskriterien, aber keine Statusdefinition. Jemand, der 3000 Mark brutto monatlich verdient, kann jeden möglichen Schulabschluß haben, und seine Berufsposition kann durch das Einkommen nicht definiert werden. Nimmt man das Kriterium Schulbildung zum Ausgangspunkt, ist festzustellen, daß ein Volksschüler mit Lehre theoretisch jede beliebige Summe verdienen kann, und sein Schulabschluß erlaubt auch keine Zuordnung zu einer Berufsposition.

Das Kriterium, das sich heute am besten zur Statusdefinition und Statusdifferenzierung eignet, ist der Beruf. Darin sind sich die Schichtungstheoretiker einig. Freilich nicht solche Berufsklassifikationen, wie sie in den Zielgruppentypologien und Marktforschungstests verwendet werden, bei denen lediglich zwischen Arbeitern, Angestellten, Beamten und einer Kategorie, in der Selbständige und freie Berufe zusammengefaßt sind, unterschieden wird. Solche Klassifikationen sind keine Berufsklassifikationen, sondern Klassifikationen der arbeitsrechtlichen Stellung. Vermutlich haben diese Kategorien nur für Krankenkassen einen Aussagewert.

Gerhard Kleining und Harriet Moore haben von 1960 bis 1968 ein berufszentriertes Schichtungsmodell entwickelt, in welchem Berufe nach ihrem sozialen Prestige klassifiziert und in deutlich voneinander zu unterscheidenden Berufsschichten differenziert wurden.[13] Dabei zeigte sich, daß einzelne Kriterien für verschiedene Schichten zwar gleichermaßen zutreffen, aber durch jeweils weitere schichttypische Merkmale eine andere Bedeutung bekommen. Dies spielt eine besondere Rolle für die Analyse des Konsumverhaltens jener Verbraucher, die der Werbung liebste Zielgruppe sind. Denn es gibt zwei Arten von gut situierten Konsumenten. Sie sind genau zu unterscheiden, denn sie trennt nur ein formales Kriterium: Universitätsbildung. Deshalb unterscheiden Kleining und Moore in ihrem insgesamt neun Schichten umfassenden Modell[14] eine »Obere Mittelschicht« – das sind die Akademiker –, und eine nicht-akademische »Mittlere Mittelschicht«.

Noch unter einem andern Aspekt sind diese beiden Schichten interessant: Der typische Konsumkritiker und Werbegegner ist der oberen Mittelschicht zuzuordnen, der typische Werbepraktiker der mittleren Mittelschicht.

Die kritischen Konsumenten und die Symbole demonstrativer Vernunft

Die Analyse der Lebenswelt der Konsumenten ist der Schlüssel zu ihren Einstellungen. So läßt sich eine Orientierung nachvollziehen, die als Gegensatz zum »Demonstrativen Konsum« hier unter dem Begriff »Demonstrative Vernunft« aufgezeigt wird. Dabei sollen die Ursachen analysiert werden, warum bei gleichem Einkommen die einen zum demonstrativen Konsum neigen, die andern zur demonstrativen Vernunft. Denn die unterschiedlichen Orientierungen sind keine beliebigen Geschmacksfragen und keine Zufälligkeiten.

Betrachten wir also die nicht gerade reiche, aber traditionell gut situierte Akademikerschicht, diejenige Gruppe von Konsumenten, die zwar einige Mittel, aber wenig Motivation zum demonstrativen Konsum hat. Akademiker waren in ihrer Selbstdefinition schon immer sehr viel stärker an Bildung als am Einkommen orientiert.[15] Das ist leicht erklärlich: Bisher war ein Universitätsabschluß ohnehin identisch mit gehobenem Einkommen. Bildung war für Akademiker das Merkmal, mit dem sie sich innerhalb der höheren Schichten zusätzlich profilierten, sich von den Neureichen oder Nur-Reichen absetzten.

Konsumorientierungen offenbaren sich nicht nur in dem, was man kauft, sondern deutlicher noch in dem, was man nicht kauft. Eine Faustregel: Wenn zwei Autobesitzer das gleiche Einkommen, aber ein unterschiedliches Bildungsniveau haben, fährt derjenige mit der höheren Bildung den kleineren Wagen. Bedenkt man, daß Akademiker die meisten Urlaubsreisen machen, mag diese Tatsache erstaunen, doch: Reisen bildet, vom Autofahren wird dergleichen nicht behauptet. Finanziell ist die Anschaffung eines Rolls-Royce für jeden niedergelassenen Arzt vollkommen im Rahmen seiner Möglichkeiten. Aber sein sozialer Status erlaubt ihm nicht, in einem solchen Wagen vorzufahren. Irgendwie würde man ihn dann für einen schlechten Arzt halten. Jeder kann auf Anhieb Automarken und Typen nennen, deren Preis zwar weit über dem des eigenen Wagens liegt, in denen man dennoch um keinen Preis gesehen werden möchte. Für so manchen gilt heute ein Mercedes als das Auto für Metzgermeister und Schrotthändler und ein Porsche als Auto für Technokraten mit Midlife-crisis-Appeal.

Nicht nur beim Auto, jede Statusdemonstration durch Konsum nach ›außen‹ ist beim Bildungsbürgertum verpönt. Wenn man Aufwand treibt, dann nach ›innen‹ und mit Understatement. Nicht alle Welt soll beeindruckt werden, sondern die Gruppe, an der man sich orientiert. Die anderen beeindruckt man durch Nichtbeachtung. »Nach außen bescheiden, aber im Hintergrund Geld, das ist mein Prinzip«, diese Einstellung, die in den Umfragen des Instituts für Demoskopie Allensbach zur Diskussion gestellt wurde, wurde am häufigsten von jenen bejaht, die Geld haben. Dem Statement »Wer Erfolg im Leben hat, sollte es auch zeigen, denn wenn andere sehen, was man hat, respektieren sie einen«, dem stimmten vor allem Menschen aus unteren sozialen Schichten zu.[16]

Die Orientierung nach innen bedeutet, daß Investitionen bevorzugt werden, die nach außen unsichtbar bleiben und deren Wert nur Insidern bekannt ist. So wird etwa für die Wohnungseinrichtung viel Geld ausgegeben. In einer Studie der Prognose AG Basel wird festgestellt: »Die Wohnungseinrichtung ist heute eines der wichtigsten Kriterien – nach Freundeskreis und Kindererziehung, vor Kleidung und Freizeitgestaltung –, um sich von anderen abzuheben.«[17] Bevorzugt wird in der Einrichtung ein Stil, der in erster Linie durch Schlichtheit, durch Weglassen aller pompösen Dekorationen zu charakterisieren ist. Und solches Design ist mehr als nur eine Frage des individuellen Geschmacks. Sein wichtigstes Merkmal ist, daß es ein Vielfaches dessen, was der Augenschein vermuten läßt, gekostet hat. Aber: Das sieht man eben nicht, das weiß man.

Auch bei der Kleidung ist man bemüht, alle Angeberei zu vermeiden. Galt es einst als fein, auf Krawatten, Tüchern und Taschen den Namen des Herstellers als Symbol des Preises zur Schau zu stellen, gilt es heute (wo es nahezu unmöglich geworden ist, eines dieser Accessoires zu finden, das nicht über und über mit dem Herstellersignet plakatiert ist) bei gehobenen Käuferschichten als peinlich, mit derartigen Reklameträgern gesehen zu werden. Wenn Attribute des Luxus zur Massenkultur werden, wird der Verzicht auf diese Attribute zum Statussymbol. – Die teuren Sporthemden der Firma Lacoste tragen ein Krokodil als Markenzeichen. Das Krokodil wurde berühmt und plagiiert. Es wurde zum Massenartikel. Die Folge: »In feinen Kreisen geht der Ehrgeiz schon wieder dahin, ein Hemd ohne Krokodil zu besitzen. Vor allem Golfspieler versuchen verbissen, das mit feinen Nylonfäden fest aufgenähte Stick-Emblem abzutrennen. Die Mühe lohnt kaum. Denn unter dem Bauch des Krokodils kommt ein roter Punkt zutage, der sämtlichen Entfernungsversuchen standhält. Er markiert die Stelle, an der das Krokodil aufgenäht wird, wenn das Hemd durch sämtliche Kontrollstellen gegangen ist.«[18]

Die Modekultur der Studenten, die vorgibt, keine Mode zu sein, zeigt dieselbe Orientierung. Trotz einer fast zwanghaften Uniformität, die Werbemacher so gerne als Beispiel der Modeanfälligkeit noch der kritischsten Konsumenten zitieren, ist es dennoch keine Mode, die die Werbemacher tatsächlich als Erfolg ihres Tun reklamieren können. Denn egal ob Parkas, Lammfellmäntel, Second-Hand-Kleider, Palästinensertücher, Lederjacken – das gemeinsame Merkmal sämtlicher Accessoires dieser Kultur ist das Fehlen kommerzieller Markenzeichen. Das bedeutet nicht, das den Studenten kommerzielle Markenzeichen gleichgültig sind, nein, sie wählen sorgfältig das aus, was erst gar nicht mit Markenzeichen gefertigt wird. Das indische Baumwollhemd ist nicht gut, weil es ein aufgedrucktes oder eingesticktes Symbol hat, das vorgeblich die Qualität dokumentiert – es ist gut, weil es dieses Symbol nicht hat. Jeans mit dem Etikett »Echt Marke X« sind keine echten Jeans. Die Jeans der Marke X werden erst dann zu echten Jeans, wenn sie so abgetragen sind, daß das Etikett nicht mehr zu entziffern ist. Das Geschwätz der Werber über die Qualität der Marken: »Kaufen Sie Marke X, denn nur Marke X ist wirklich Marke X«, interessiert die Studenten längst nicht mehr. Diese Parolen verstärken nur die Wut, solche Werbung beim Kauf gezwungenermaßen mitzufinanzieren. Ihre Kriterien für Qualität sind die Qualitäten des Produktes: »Reine Wolle«, »Reine Seide«, »Echt Lammfell«; ihr Kriterium für Preiswürdigkeit ist die Abwesenheit von Werbung. Ihre Modekultur ist tatsächlich eine Gegenkultur der Werbung geworden. Ein Symbol demonstrativer Vernunft.

Eines der beliebtesten Statusattribute der akademischen Mittelschicht ist die überdimensionale Bücherwand – Eigenheimbesitzer erklären oft sogar ein Zimmer zur Bibliothek. Unter dem Aspekt des Verhältnisses von finanziellem Aufwand und tatsächlicher Nutzung könnte der Bücherfetischismus bei den meisten wohl durchaus in die Kategorie des demonstrativen Konsums fallen: Bei den heutigen Bücherpreisen kostet die komplette Füllung der obligaten Teak- oder Palisanderholzregalwand mindestens 50 000 DM, auch 100 000 DM sind ein nur durchschnittlicher Wert. (Das Regal selbst kostet nur einen Bruchteil davon. Vielleicht sieht man deshalb in den riesigen Regalen, die die Möbelindustrie in ihren Werbebroschüren als Standardeinrichtung anpreist, im Durchschnitt kaum mehr als ein Dutzend Bücher als Garniervorschlag.) Aber über den Verdacht finanzieller Protzerei sind die Bibliotheksbesitzer erhaben, eher taucht schon der Verdacht intellektueller Protzerei auf.

Das Bildungsbürgertum demonstriert nicht materiellen, sondern geistigen Besitz.[19] Dies ist die eine, die traditionelle Komponente der Wertorientierung der Akademikerschicht. Aber die allein genügt heute nicht mehr. Der gesellschaftliche Wandel hat auch vor dem Bildungsbürgertum nicht haltgemacht.

Über den Besitz käuflicher Statussymbole ist für die akademische Mittelschicht eine soziale Differenzierung kaum mehr möglich, denn die Angehörigen der nicht-akademischen Mittelschicht verfügen über ein ebenso hohes, oft sogar höheres Einkommen. Sozial bedrohlich für das Bildungsbürgertum war auch die Verlagerung der gesellschaftlichen Wertschätzung vom klassisch-humanistischen Ideal einer umfassenden Bildung zum naturwissenschaftlich-technischen Expertentum. Der sogenannte Sputnik-Schock war der Anfang; das Selbstbild des traditionsorientierten Gelehrten verlor zunehmend an Attraktivität. Zur Wahrung der gesellschaftlichen Akzeptanz mußte das Image modernisiert werden. Zur Abgrenzung von den nicht-akademischen Aufsteigern mußten dazu eigene neue Wege gefunden werden.

Das eklatanteste Beispiel vielleicht für die Felder des Konsums, die sich diese Schicht in den letzten Jahren erschlossen hat, ist ihr neues Interesse an technologischer Entwicklung. Jene Kreise, die sich in den 60er Jahren mit oft noch hochgespielter Unkenntnis von der Technik und vom naturwissenschaftlichen Denken distanzierten[20], sie sind heute stolz darauf, die Daten ihrer Hi-Fi-Türme bis ins Detail erläutern zu können. Wohl das Aufwendigste, was an neuer Technologie in den letzten Jahren für den Privatbedarf zu haben war, sind die neuen Heizungssysteme: Sonnenkollektoren und Wärmepumpen. Und aus den hier beschriebenen Kreisen, aus dem Bildungsbürgertum, rekrutieren sich die Konsumpioniere dieser Technologien. Hier läßt sich ausgezeichnet nachvollziehen, wie demonstrative Vernunft als Statusattribut eingesetzt wird.

Das Battelle-Institut in Frankfurt untersuchte 1979 das Interessenpotential für die damals noch kaum erprobten Wärmepumpen mit einer Serie von gruppendynamischen Interviews.[21] Die in der interdisziplinären Studie von Technikern vertretene These war, daß das neue System zuerst von sogenannten technischen Spinnern aufgegriffen würde. Diese These bestätigte sich nicht. An technischen Spielereien interessierte Bastler waren zwar unverbindlich interessiert, aber nicht motiviert. Die Konsumpioniere, jene, die bereits eine Wärmepumpe oder Sonnenkollektoren installiert hatten, das waren Leute, deren Ansprüche und Erwartungen ganz anderer Art waren. Für sie waren die neuen Technologien Symbole demonstrativer Vernunft.

Warum? Die neuen Systeme weisen ihre Besitzer als umweltbewußte Menschen aus, die gegen Energieverknappung vorsorgen und auf die Energieverteuerung aktiv reagieren. – Das gilt für die weithin sichtbaren Sonnenkollektoren auf dem Dach des Eigenheims ganz besonders. Dennoch braucht sich kein Wärmepumpenbesitzer wegen sozialromantischer Anwandlungen, die ihn zu der teuren Investition getrieben hätten, Vorhaltungen machen zu lassen. Er kann auf seine Vernunft, das heißt auf die Subvention seiner Anlage durch staatliche Fördergelder, verweisen, und das tut er gerne und oft. Im übrigen kann er sich an Berechnungen, wann sich durch die eingesparten Energiekosten der Eigeneinsatz amortisiert haben wird, erfreuen. Das Bewußtsein, Technologiepionier mit gesellschaftlichem Verantwortungsbewußtsein zu sein, gibt es zu alledem als Gratiszugabe. Welche beträchtlichen Achtungserfolge man in Bekanntenkreis und Nachbarschaft mit solchem vernunftorientierten Verhalten erzielen kann, darauf wiesen die Wärmepumpenbesitzer immer wieder hin. Hier haben wir also eine Schicht, die damit prahlt, wie vernünftig geplant und wie intelligent ihre Investitionen sind. »So was hat ein Arbeiter nie«, sagte ein Staatsanwalt stolz und bezog sich damit nicht auf die Kosten der Investition, sondern auf den intelligenten Einsatz seines Geldes.

Auch der moderne Bildungsbürger betont das Klassische, Solide. (So findet man bei Akademikern auch eher echte Antiquitäten als neue Stilmöbel.) Modernität allein der Neuheit wegen hat keinen Reiz für sie. Aber Modernität wird akzeptiert, wenn sie die Möglichkeit der Tradition birgt. Wo andere mehrere billige und jeweils aktuellere Anschaffungen bevorzugen, investieren sie in Haltbarkeit und Zeitlosigkeit und nehmen dafür lange Amortisationszeiträume in Kauf.[22] Diese Haltung korrespondiert mit einer elementaren Sozialisationserfahrung von Akademikern, die mit dem Begriff »aufgeschobene Bedürfnisbefriedigung« charakterisiert wird. Damit ist gemeint, daß die Gratifikationen der Akademikerlaufbahn erst relativ spät erreicht werden. Das gilt ganz besonders für die finanziellen Gratifikationen: Andere, die eine kürzere Ausbildung haben, verdienen viel früher schon und können sich viel früher schon mehr leisten.

Der Glaube an den demonstrativen Konsum
als Selbstbestätigung des Werbepraktikers

Die These von der demonstrativen Vernunft als Konsumorientierung zeigt auch, daß es zu simplifizierend gedacht ist, die Bereitschaft zu aufwendigen Investitionen nur in Abhängigkeit vom Einkommen zu sehen. Nicht nur simplifizierend, falsch ist die damit verbundene Annahme, daß alles, was für Geld zu haben ist, jedem Konsumenten gleichermaßen erstrebenswert sei. Dahinter versteckt sich der alte Traum aller Produzenten, ihr Produkt möge von aller Welt begehrt werden. Wie realitätsfern das ist, muß nicht diskutiert werden.

Heute sind es ganz andere Gruppen als früher, die sich durch Konsum selbst darstellen wollen. Heute wollen die Aufsteiger den demonstrativen Konsum, die, die es finanziell bereits geschafft haben, deren Image aber noch nicht so solide ist wie das Bankkonto. Um zu zeigen, was sie erreicht haben, betonen sie das Teure, Neue, Modische.

Nimmt man Aufsteiger und Bildungsbürger als einander entgegengesetzte Haltungen, lassen sich ihre Wertorientierungen so charakterisieren: Den Bildungsbürgern geht es nicht um den Aufstieg – diese Möglichkeit besteht für sie nicht –, ihnen geht es um die Erhaltung und Bewahrung des Bestehenden. Sie orientieren sich eher an der Vergangenheit. Die Aufsteiger dagegen betonen das »Hier-und-jetzt«. Der Unterschied der Orientierung des demonstrativen Konsums und der Orientierung der demonstrativen Vernunft: Die einen geben ihr Geld aus, die anderen legen es an.

Die Werbung scheint vergessen zu haben, daß nicht alle, die zu den höheren Einkommensgruppen zählen, Aufsteiger sind. Manche gehörten schon immer dazu. Für die Werbeleute aber sind die neuen kritischen Konsumenten, die Gegner des demonstrativen Konsums, einfach nur Studenten, auf deren Ansichten die Werbeleute sowieso verzichten, weil die Kaufkraft der Studenten zu gering erscheint. Plötzlich aber, zu dem Zeitpunkt, an dem aus dem Studenten ein gut verdienender Akademiker wird, wird für die Werbemacher das häßliche Entlein zum phantastischen Schwan. Entlein und Schwan haben zwar unterschiedliche finanzielle Möglichkeiten, aber nicht zweierlei Identitäten. Das Statusselbstbild ist nicht identisch mit Einkommen und verändert sich nicht parallel dazu. Das Statusselbstbild orientiert sich am eigenen sozialen Hintergrund (immer noch kommen die meisten Studenten selbst aus Akademikerfamilien), nicht an von Werbern erfundenen Vorbildern. Nur die wenigsten werden vom Geld, das sie verdienen, so geblendet, daß sie alles, was ihnen vorgesetzt wird, kritiklos konsumieren. Die Überbewertung des Einkommens und die gleichzeitige Vernachlässigung sozialer und kultureller Werthaltungen sind die eigentliche Ursache dafür, daß die Konsumententypologien der Werbung nur unvollständige und schemenhafte Zerrbilder zeigen.[23]

Je klüger die Konsumenten werden, desto kritischer werden sie. Das gesellschaftliche Ausbildungsniveau steigt permanent; die Zahl der Studenten hat sich zwischen 1960 und 1980 verdreifacht. Es wird sich lohnen, über die These von der ›Demonstrativen Vernunft‹ weiter nachzudenken.

Es würde sich auch lohnen, kritisch darüber nachzudenken, warum in der Werbung der demonstrative Konsum so betont wird, warum viele Werbeleute Geltungsstreben für das wichtigste Konsummotiv halten. – Wahrscheinlich liegt es daran, daß die, die in der Werbung arbeiten, selbst zur Aufsteigerschicht gehören. Befangen in ihrem schichtspezifischen Wertsystem, können sie sich nicht vorstellen, daß andere Leute andere Werte haben. Die Erfahrung, auf die sich die Werbepraktiker berufen, ist lediglich die Erfahrung, die sie mit sich selbst gemacht haben.

14. Kapitel
Die Absicht der Werbung ist ihre Wirkung

Das Genre ist die Botschaft

Die Kultur jeder Gesellschaft hat Konventionen, um Ereignisse, Verhaltensweisen, Informationen zu interpretieren.
Angenommen, eine Hausfrau sitzt vor dem Fernsehapparat, ihr Ehemann kommt dazu, fragt, um was es in der laufenden Sendung geht. Sie könnte ihn zum Beispiel so informieren: Die Leute, die da an der Kaffeetafel sitzen, feiern Verlobung. Die nun glückliche Braut hatte bis vor kurzem keine Freude am Leben mehr, sie wollte sogar die Verlobung absagen – ihr Kaffee hatte nämlich nicht das richtige Aroma. Ihre künftige Schwiegermutter riet ihr, doch XY-Kaffee zu kaufen. Die Braut hat diesen Rat befolgt, und nun loben die Gäste den Kaffee begeistert, und der Bräutigam blickt stolz auf Braut und Kaffeetasse, und die Schwiegermutter ist froh, daß ihr Sohn keine Frau heiratet, die sich die Ratschläge der Schwiegermutter verbietet, und die Braut gelobt, künftig nur noch XY-Kaffee zu kaufen, und immer zuerst ihre Schwiegermutter um Rat zu fragen ... Auf die Frage nach dem Inhalt der Botschaft wäre dies eine sachliche Auskunft. Eine ebenso sachliche Auskunft – und die weitaus wahrscheinlichere – ist die Identifikation der Bedeutung der Botschaft, nämlich die Auskunft: »Werbung.« Auch diese Auskunft ist umfassend und bedarf keiner weiteren Erläuterung.
Alle Botschaften werden einem Bedeutungskontext zugeordnet.[1] Das ist notwendig, um Wesentliches vom Unwesentlichen, Ernstgemeintes von Nicht-Ernstzunehmendem unterscheiden zu können. Der Kontext, in dem eine Botschaft vermittelt wird, sagt meist mehr über die Bedeutung aus als die Botschaft an sich. Deshalb können formal identische Botschaften sehr unterschiedliche Reaktionen hervorrufen: Wenn ein Sprecher in der Tagesschau mitteilt, es sei gelungen, einen Duftstoff mit hypnotischer Wirkung zu entwickeln, so wird diese Nachricht von den Zuschauern anders bewertet als die-

selbe Nachricht mit demselben Sprecher im Kontext der Werbung für ein neues Parfüm.

Die berühmte Aussage Berelsons, daß die Wirkung der Massenmedien mehr durch die Eigenschaften des Publikums als durch den Inhalt der Medien bestimmt wird,[2] bekommt so einen neuen, zusätzlichen Sinn. Jede Botschaft wird zweifach wahrgenommen, einmal ihrem Inhalt entsprechend, zuerst jedoch ihrem Kontext entsprechend. Das heißt: Die Wirkung von Werbung hängt ab von der Bewertung eines speziellen Werbekommuniqués, zuerst jedoch von der Bewertung der Werbung generell.

Der Kontext strukturiert die Erwartungen des Publikums über die Bedeutung der Botschaft, dechiffriert deren eigentlichen Sinngehalt und markiert die Absichten des Kommunikators. Bei den Massenmedien unterscheidet das Publikum vor allem zwischen Botschaften, die zum Zweck der Information übermittelt werden – sogenannten Nachrichten –, und Botschaften, die andere Absichten verfolgen, nämlich: Unterhaltung, politische Propaganda und Werbung.

Die Bedeutungskontexte sind eher als die Inhalte der Botschaften zu dechiffrieren, das ist zum einen situationsbedingt (man weiß, was wann gesendet wird), vor allem aber führt jeder Kontext immer auch zu einer spezifischen Darstellungsform. In der Malerei wird eine Darstellung, die das Dargestellte nicht als authentische Dokumentation verstanden wissen will, sondern als Beispiel für einen Kontext definiert, Genremalerei genannt. Analog zu dieser Differenzierung nach den Absichten des Kommunikators werden hier die Kontexte massenmedialer Botschaften als »Genres« charakterisiert.

Werbung ist ein sehr exakt zu definierendes Genre: definiert durch die Medien der Übermittlung, die Themen, den Stil. In der Interpretation der speziellen Botschaften mögen Zweifel bleiben – Ist das angepriesene Produkt tatsächlich so gut? Sind die Argumente glaubwürdig? –, das Genre ist von unzweifelhafter Eindeutigkeit.

Die dem Genre gemäße Reaktion auf Botschaften ist beim erwachsenen Menschen verinnerlicht. So verinnerlicht, daß sie paradoxerweise nur noch bewußt erlebt wird, wenn man in Ausnahmefällen nicht genrespezifisch reagiert hat. Beispielsweise wenn man einen vermeintlichen Illustriertenbeitrag liest und dann durch die wiederholte Nennung eines Markennamens mißtrauisch wird. Entdeckt man dann am oberen Rand das Wort »Anzeige«, ist die Bewertung des Gelesenen völlig verändert. »Ach so, Reklame« ist der Aha-Effekt der Transformation des Genres. Plötzlich ist alles nicht mehr wahr, das Interesse erloschen.

Die Eigengesetzlichkeit der Interpretation des Genres Werbung gilt auch umgekehrt: Wenn politische Propaganda und öffentliche Aufklärungskampagnen wie kommerzielle Werbung dargeboten werden, werden sie bewertet wie Werbung. »Erdgas wirbt jetzt auch mit Titten«, schrieb Peter Rühmkorf in einem Gedicht. – Die Angleichung seriöser Informationen an den Stil heutiger Werbung ist eine Bedeutungsumwertung, exakter: Bedeutungsabwertung. – Als mit einer staatlich finanzierten Kampagne dafür geworben wurde, beim Autofahren den Sicherheitsgurt anzulegen, und dieser Appell mit einer Frau visualisiert wurde, die nichts trug außer einem Sicherheitsgurt, da hatte diese Werbung zwar einen ziemlich hohen Aufmerksamkeitswert, viele Autofahrer erinnerten sich an die nackte Frau mit dem Gurt. Nur, das zeigte die Diskussion dieser Kampagne in den Medien, wurde dieser Appell von keinem Autofahrer ernstgenommen, viele wußten nicht einmal, was der Zweck dieser Plakate war. Die Verblüffung darüber, daß sogar wichtige Appelle staatlicher Stellen im Stil kommerzieller Werbung verbreitet werden, brachte damals einen Song hervor, der von den Rundfunkanstalten nun gerne gespielt wird, wenn es um das Thema Sicherheit im Verkehr geht. Titel des Songs: »Wer kennt die Frau, die nichts anhat als den Gurt?« Aufschlußreich ist der Refrain: »Fast ein Jahr hat es gedauert, bis ich checkte, daß die Gurte nicht verdecken, sondern schützen, worauf's ankommt.«

All dies bedeutet eins: *Die Wirkung des Genres Werbung ist die Negation ihrer Aussagen.*

Das unfreiwillige Publikum

Das Publikum der Werbung unterscheidet sich vom Publikum aller anderen Genres grundsätzlich durch eine Eigenschaft oder Emotion: Das Publikum der Werbung ist immer ein unfreiwilliges Publikum.

Niemand kauft eine Illustrierte der Werbung wegen. Niemand schaltet sein Fernsehgerät ein, um Werbung zu sehen. Werbung wird nur erzwungenermaßen in Kauf genommen.[3] Deshalb ist die begehrteste Zeit der Fernsehwerbung die Zeit kurz vor der Tagesschau, die begehrteste Anzeigenplazierung die Rückseite der Illustrierten (insbesondere bei jenen Zeitschriften, deren Titelbilder von prüden oder mit sonstigen Skrupeln behafteten Menschen nur ungern offen herumgetragen werden).

Eine Ausnahme davon, ein freiwilliges Publikum, sind lediglich die Werber selbst und die Teilnehmer an Werbetests. In beiden Fällen jedoch verschiebt sich das Genre. Werber nehmen Werbung anders wahr als das Publikum, für das die Werbung gemacht wird. Ihre professionelle Wahrnehmung ist das Interesse an einer *Dokumentation*, nicht-professionelle Rezipienten nehmen Werbung als *Demonstration* wahr.[4] Eine Demonstration ist eine Vorführung zum Zweck des Lernens oder Überzeugens; die Dokumentation ist eine Vorführung zum Zweck der Beweisführung, zur Darstellung einer Methode, um zu zeigen, wie es gemacht wird. Deshalb finden Werber häufig ganz andere Werbung interessant als das Werbepublikum und das Publikum oft ganz andere Werbung als die Werbemacher. Die Kriterien sind unterschiedlich; vor allem sind sie nicht übertragbar.

Auch in Werbetests, insbesondere in Labortests, wird die Bedeutung des Genres verändert. Auch hier ist das Publikum freiwillig. Die Testpersonen agieren im Dienst der Wissenschaft (insbesondere die Studenten) oder als Repräsentanten ihrer Bezugsgruppen, oder aber sie erwarten materielle Belohnungen. Testsituation und Kaufsituation – die Konsequenzen sind nicht vergleichbar. Das ist auch der Grund dafür, warum die Ergebnisse von Werbetests in der Realität so oft nicht mehr gültig sind.

Berücksichtigt man die genrespezifische Bedeutung einer Botschaft, dann verschiebt sich der Schwerpunkt der Frage nach der Werbewirkung. Statt zu fragen, welche Elemente eines speziellen Kommuniqués glaubwürdig wirken, ist zuerst zu fragen, unter welchen generellen Bedingungen eine Botschaft glaubwürdig ist.

Die Lasswell-Formel »Wer sagt was zu wem mit welchem Effekt?« muß, um die Bedeutung der Botschaft zu spezifizieren, um die Frage ergänzt werden: »Was bedeutet der beabsichtigte Effekt für den Angesprochenen?« Die Antwort klassifiziert die nachgeordnete Bedeutung der Botschaft an sich ... Ihre übergeordnete Bedeutung, die Bedeutung der präkommunikativen Erwartungen, ist durch das Genre zu charakterisieren; durch die Frage: »Was ist die Absicht der Botschaft?«

Das bedeutet: Weil Kommunikation genrespezifisch wirkt, muß ihre Wirkung genrespezifisch untersucht werden. Ergebnisse über die Wirkung und Wirkungsweise massenmedialer Botschaften, die andere Absichten als Werbung verfolgen, können nicht als Wirkungsmechanismen auf die Werbung übertragen werden. Die Reaktionen eines freiwilligen Publikums sind nicht identisch mit den Reaktionen eines unfreiwilligen Publikums.

Die Veränderung der Erfahrung ist die Veränderung der Wirkung

Die Beurteilungen der Genres sind verinnerlicht, aber sie sind gelernt, nicht angeboren. Kleinkinder bis zum Vorschulalter können Genres noch nicht differenzieren.[5] Sie warnen im Kindertheater mit Gebrüll das Kasperle vorm lauernden Bösewicht; halten Karnevalsprinzen für den Bundeskanzler; sie glauben auch der Werbung, daß Papi und Mutti sich scheiden lassen, wenn Mutti nicht den richtigen Weichspüler für Papis Socken verwendet. Spätestens jedoch, wenn Kinder alt genug sind, um lesen und schreiben zu lernen, sind sie klug genug, um die Argumente der Werbung als unglaubwürdig und läppisch zu durchschauen.

Der Werbemacher und Werbekritiker Gossage erzählt dazu eine hübsche Anekdote: »Als ich kürzlich mit meinem siebenjährigen Sohn unterwegs war, sahen wir ein Werbeplakat für Benzin, auf dem zwei Kaninchen wehmütig einem Auto nachblickten und das größere Kaninchen sagte: ›Es hilft nichts, mein Sohn, gegen die Methylkraft kommst du nicht an.‹ Ich fragte meinen Jungen, was er dazu meine, ob er das glaube, was in der Anzeige stand. Natürlich glaubte er es – ›Sieh mal, Vati, kein Kaninchen ist schneller als irgendein Auto, was da auch für Benzin drin ist.‹«[6]

Daß die Bewertung des Genres gelernt ist, bedeutet auch, daß sie veränderbar ist. Der genrespezifische Rahmen der Wahrnehmung erklärt das Defizit psychologischer Wirkungstheorien unter einem weiteren Aspekt: Psychologische Theorien über die Wirkung der Massenmedien und die Wirkung der Werbung sind statisch. Sie ignorieren, daß die Leute sich permanent ändern. Sie lernen nicht nur aus individuellen Erfahrungen, sondern auch aus dem Bewußtsein des gesellschaftlich Möglichen. Würde heute Orson Welles' Hörspiel ›Die Invasion vom Mars‹ gesendet, würde trotz aller inzenatorischen Tricks niemand mehr in Panik geraten. Alle psychologischen Theorien solcher

Medienwirkungen sind nur einmal gültig. Nur beim erstenmal – beim zweitenmal bleiben die analysierten Wirkungen aus.

Als es in den 70er Jahren Mode wurde, Schauspieler im Publikum zu plazieren, die dann plötzlich während des Stücks mitspielten und als engagierter oder protestierender Zuschauer vermeintlich das Stück störten, da versuchten jedesmal echte Zuschauer den unechten Unruhestifter zum Schweigen zu bringen. Wenn dann im weiteren Verlauf des Stücks klar wurde, daß die Störung ein inszenatorischer Trick war, waren die aufgeregten Theatergänger jedesmal blamiert: Sie hatten falsch reagiert, hatten gezeigt, daß sie die Konventionen des Genres nicht kannten. Solche Erfahrungen sprechen sich herum. Heute reagiert das Publikum sogar auf massive Störungen sehr zurückhaltend, der Gag ist bekannt und wirkungslos geworden. – Vergleicht man die durchschnittliche Häufigkeit, mit der Menschen ins Theater gehen, mit der durchschnittlichen Häufigkeit der Werbekontakte, dann wird deutlich, wie rasant solche Lernprozesse ablaufen. Deshalb erfordert die Analyse von Wirkungen die permanente Analyse der Erfahrungen des Publikums. Die Wirkung von gestern ist die Langeweile von heute.

Weil heute die Wirkung von Werbung in der Negation ihrer Botschaften besteht, versuchen gewitzte Werber Werbung so zu tarnen, daß sie nicht als Werbung zu erkennen ist. Zum Beispiel durch Anzeigen, die die redaktionellen Beiträge einer Zeitschrift in Layout und Typografie kopieren. In der Fernsehwerbung treten Personen auf, die den offiziellen Nachrichtensprechern ähnlich sehen und den Stil der Nachrichten imitieren. Werbeleute glauben meist, solche Werbung wirke durch ihren sachlichen Stil. Die Sachlichkeit ist jedoch nur von untergeordneter Bedeutung, denn im Vergleich zu Anzeigen, die zwar sachlich gestaltet, aber eindeutig als Werbung zu erkennen sind, haben Anzeigen im redaktionellen Stil einen bedeutend höheren Aufmerksamkeitswert. Tatsächlich beruht ihre Wirkung auf der Imitation eines anderen Genres. Deshalb auch rät David Ogilvy das verhängnisvolle Wort »Anzeige«, das viele Redaktionen zur Kennzeichnung von Werbung im redaktionellen Stil vorschreiben, mit möglichst kleinen, möglichst unleserlichen Schrifttypen, möglichst im Negativdruck zu bringen und, statt wie üblich am rechten oberen Rand der Anzeige, links unten zu placieren.

Zwar ist der Aufmerksamkeitswert getarnter Werbung höher, damit steigert sich jedoch nicht automatisch die Wirkung. Die Täuschung des Publikums ist nur von kurzer Dauer, schließlich muß die Verkaufsabsicht enthüllt werden. Die Entdeckung der Täuschung verursacht Frustration, das Mißtrauen gegenüber der Werbung wächst.

Die rationalen Kriterien der Konsumenten

Die Bewertung der Werbung ist die Bewertung der Absichten der Werbemacher. Das Ziel »Verkaufen« erklärt die heutige Ablehnung der Werbung nur unzureichend und einseitig, es erklärt nicht, warum die Werbung so in Verruf geraten ist. Kaufen und Verkaufen sind moralisch sanktionierte Handlungen, in der kapitalistischen Welt ohnehin, kein noch so moralisierender Werbegegner macht der Werbung diesen Vorwurf. Die Ablehnung richtet sich gegen die Art und Weise, wie verkauft wird. Gegen die Absicht, die Leute für dumm zu verkaufen. Das ist das Unmoralische an der Werbung.

Die Werbung vermittelt ihr menschenunwürdiges Konsumentenbild direkt und indirekt. Die Absicht, die Leute für dumm zu verkaufen, manifestiert sich direkt darin, wie die Werbung den Konsumenten darstellt, in den Eigenschaften, die sie ihm unterstellt. Sie propagiert das Bild vom kindisch-dummen Verbraucher, der als Marionette der Werbemacher funktioniert. Die vorgeführten, vorgeblich idealen Verhaltensweisen – insbesondere die weiblicher Konsumenten – sollen glauben machen, wir befänden uns auf dem Intelligenzniveau prähistorischer Primaten. Das ist die permanente Beleidigung der Werbung, die die Zahl ihrer Gegner tagtäglich vergrößert. Immer mehr Menschen haben begriffen, daß die Werbemacher sie für dumm verkaufen wollen, und das bedeutet für sie: Wer auf Werbung reagiert, beweist, daß er sich für dumm verkaufen läßt.

Die Vorstellungen, die die Konsumenten heute mit Werbung verbinden, könnten sich ändern – Voraussetzung ist, daß sich die Vorstellungen der Werber von den Konsumenten ändern. Die Veränderung beginnt bei der Wahrnehmung des sozialen Kontextes der Verbraucher. Nicht die einem Produkt zugeschriebenen Attribute sind für sie die Kriterien der Rationalität, sondern ihre sozialen Möglichkeiten.

Ein Beispiel: Die Wahl eines Parfüms aus einer schier unbegrenzten Anzahl angepriesener Marken ist mit »vernünftigen« Argumenten nicht zu erklären. Aber bei dieser so irrationalen Entscheidung gibt es einen sehr rationalen Faktor, nämlich die vorausgehende Überlegung, ob man sich einen solchen Luxus leisten kann, und wenn ja, wieviel der Luxus denn kosten darf. Diese Rationalität ist ein Moment sozialer Kontrolle. Eine Hausfrau in finanziell schlechten Verhältnissen, die vom knappen Wirtschaftsgeld für die Familie statt Grundbedarfsartikeln eine Flasche mit Luxusparfüm kauft, wird – wenn sich das einige Male wiederholt – ein Fall für Psychiater und Gerichte: Sie wird entmündigt. Die Gattin eines Großindustriellen dagegen mag Parfüm kaufen, soviel sie will, ihr wird dieses Schicksal nicht widerfahren. Das ist kein Fall von Klassenjustiz, sondern von schichtspezifischen Angemessenheitsnormen. Denn die Großindustriellengattin bleibt mit dem Parfümkauf durchaus im sozialen Rahmen ihrer Möglichkeiten.

Hier zeigt sich, wie eng die soziale Kontrolle ist, selbst in scheinbar irrationalen Bereichen. Die schichtspezifischen Angemessenheitsnormen, die vor allem durch den Beruf geprägt sind, erklären, wann welches Verhalten wahrscheinlich, weil sozial erwünscht ist; welches Verhalten möglich, weil sozial geduldet ist; und welches Verhalten unwahrscheinlich ist, weil es sozial geächtet wird. Unangemessene Konsumansprüche werden so lange toleriert, wie die dadurch entstehenden sozialen Grenzverletzungen austauschbare Prioritäten betreffen. Ein Autonarr, der ein für seine Verhältnisse viel zu teures Auto durch Einsparungen in anderen, ebenfalls sekundären Konsumbereichen finanziert, gilt noch als mehr oder weniger liebenswürdiger Spinner. Ein Mann, der bis zur totalen Erschöpfung arbeiten muß, nur um ein zu teures Auto finanzieren zu können, ist für viele schon bedenklich gestört. Ein Vater, der sich sein Luxusauto nur leisten kann, indem er auch seine Kinder dafür arbeiten läßt, gerät in Konflikt mit der öffentlichen Moral. Und geht die Realitätstüchtigkeit, das Wissen um die soziale Angemessenheit der Wünsche ganz verloren, folgt (siehe oben) die Entfernung aus der Gesellschaft.

In der Beurteilung des Konsumenten müssen auch viele Werbekritiker lernen, umzudenken, denn viele von ihnen haben die Perspektive der Werbemacher kritiklos übernommen. Auch sie interpretieren das Verbraucherverhalten als Reaktionen auf die irrationale Werbung und halten folglich die Konsumenten für dumm. Aber die Kriterien zur Beurteilung der Konsumenten können nicht von den Werbemachern übernommen werden, es müssen die Kriterien der Konsumenten selbst sein. Dann, unter diesem Blickwinkel, ist zu erkennen, daß Konsumenten klüger sind als die Werbemacher.

Die Konsequenz der Forderung, den Verbraucher als intelligentes Individuum wahrzunehmen, ist intelligente Werbung. Werbung könnte die Kunstform unserer Zeit sein. Wahrscheinlich sogar die Form von Kunst, die unserer Zeit am angemessensten ist. Die Industriekonzerne besitzen die Macht der Herrscher des Mittelalters. Damals ließen sich die Mächtigen in der Kunst feiern, die heutigen Machthaber stellen sich in der Werbung dar, jener Kommunikationsform, die Symbol geworden ist für die Abwesenheit von Kultur. Warum ist das so? Was spricht dagegen, die Werbung zu einer Kunstform zu machen? Oder wenigstens zu einer Form der Unterhaltung, die es wert ist, sich darüber zu unterhalten? Die Werbemacher sind dagegen, denn das wäre das Ende ihrer Bequemlichkeit. Direkter Ausdruck dieser Bequemlichkeit – und indirekte Verleumdung der Konsumenten – ist die gnadenlose Langeweile, die die Werbung verbreitet. Die Leute wollen es so, behaupten die Werbemacher und beschwören geheime Testergebnisse. Was davon zu halten ist, kann durch einen Vergleich beantwortet werden: Welcher Gastgeber würde statt amüsanter, geistreicher Gäste lieber einen Langeweiler einladen, der unablässig dasselbe erzählt, schlaumeierisch über Dinge belehrt, die jeder schon weiß und ohnehin keinem Menschen eine Meinung wert sind? Wer schätzt einen Gast, der die Mühen der Hausfrau als hirnlose Spielereien diffamiert, lautstark die Figur der Gastgeberin taxiert und sich in Anzüglichkeiten ergeht? Niemand würde ihn freiwillig ein zweites Mal ertragen wollen. Aber eben mit der Attitüde eines solchen Gastes benehmen sich die Werber gegenüber ihrem Publikum, behaupten, wenn sie die Leute nur lange genug langweilen und beleidigen, würden sie schließlich von ihnen geliebt. Die Rechtfertigungen der Werber sind Verteidigungen ihrer Bequemlichkeit. Ideen zu haben, ist Arbeit. Einen Werbespot zu erfinden, der das Publikum fasziniert und amüsiert, ist ein schwieriges Geschäft. Eine Anzeige zu entwerfen, die auf die Interessen der Konsumenten eingeht, setzt voraus, daß die Interessen erforscht worden sind. Um einen Werbespot zu machen, in dem ein Vorschulkind seine Mutter belehrt, welches Putzmittel sie gefälligst zu verwenden habe; um eine Anzeige zu machen, in der ein Computer, eine Flasche Parfüm oder ein Paket Kanarienvogelfutter mit einer nackten Blondine kombiniert wird, dafür braucht es keine Ideen und Forschung schon gar nicht. Im Gegenteil, Forschung wäre höchst gefährlich, sie würde erweisen, daß sich Hausfrauen nicht von ihren Kindern bei der Wahl des Putzmittels belehren lassen; daß Sex in der Werbung kaum jemanden noch stimuliert (und wenn, dann nicht zum Kauf eines Computers etc.), dafür jedoch immer mehr Menschen frustriert, durch die unverhohlene Absicht dümmlicher Manipulation. Das Lamento der Praktiker, daß Forschung Kreativität lähme, hat den tieferen Sinn, die Ablehnung der Werber durch die Verbraucher geheimzuhalten. Die einzige von den Werbemachern noch akzeptierte Legitimationsinstanz sind die anderen Werbemacher – denn die haben auch keine Ideen.[7] Die Werbung kopiert sich selbst, das ist bequem und praktisch, denn sie gaukelt damit gleichzeitig ihren Auftraggebern vor, hinter dem Einerlei der Werbung stünden gesicherte Erkenntnisse, die dieses Einerlei erforderten. In Anbetracht dessen wäre es unrealistisch zu hoffen, daß sich die Werbung freiwillig ändert.

Werbemacher und Umworbene sind heute zwei feindliche Lager: die Langeweiler und die Gelangweilten.

Warum sich die Werbung trotzdem ändern wird

So bleibt als Trost für die Verbraucher, daß sich die Werbung unfreiwillig ändern wird. Die Einstellung zur Werbung ist heute so negativ, daß die meisten Produkte nicht wegen, sondern trotz der Werbung gekauft werden.

Das ist durchaus nicht paradox, denn der Absatz eines Produktes ist kein Indikator für effektive Werbung. Der Absatz kann auch allein ein Indikator für die Qualitäten des Produktes sein. Und das ist derzeit die wahrscheinlichere Ursache.

Das beste Werbeargument ist heute ein Prädikat der Stiftung Warentest. Werbemacher und Produzenten versuchen immer wieder diese Institution, die Produkte nach den Interessen der Verbraucher bewertet, zu desavouieren. Andererseits weiß mittlerweile jeder Produzent, sogar jeder Werbemacher, daß neben dem Siegel der Stiftung Warentest jedes Werbesprüchlein bedeutungslos wird.

Daß ein Produkt trotz Werbung gekauft wird, ist genauso plausibel wie ein Verkauf ohne Werbung. Vieles wird ja ohne Werbung verkauft – zumindest ohne permanente Werbung. Dazu kommt, daß die Konsumenten weder in der Lage noch willens sind, die immer austauschbarer werdende Werbung zu unterscheiden. Werbung, die nicht wahrgenommen wird, ist um nichts besser als gar keine Werbung.

Die Markenartikelindustrie beklagt seit langem die Auflösung des Markenbewußtseins. Immer mehr Leute kaufen mal diese Marke, mal jene, und besonders gerne kaufen sie Sonderangebote. Auch diese Entwicklung ist durch die Ödnis der Werbung mitbedingt: Wenn sich die Werbung gleicht – warum sollten sich dann die Produkte unterscheiden? Die sogenannten No-name-Produkte oder weißen Marken haben einen ungeahnten Sieges-zug angetreten. Selbstverständlich prognostizierten die Werber diesen Markenlosen, die billiger sind, weil für sie nicht gewor-ben wird, keinerlei Marktchancen. Sie seien unakzeptabel für die Verbraucher, denn die würden sich schämen, im Super-markt mit billigen Markenlosen gesehen zu werden; allenfalls von sozial sehr schlecht gestellten Käufern würden diese Ange-bote angenommen. Eine Prognose, falsch in jeder Hinsicht: Das Angebot an marken- und werbelosen Artikeln steigt der großen Nachfrage wegen ständig; und sie gelten durchaus nicht als peinliche Kennzeichen finanzieller Beschränktheit, im Ge-genteil, sie sind bei den Besserverdienenden zu Symbolen de-monstrativer Vernunft geworden.

In der Einführung zu diesem Buch wurden als Beispiel für die Gigantomanie der Werbung die Kosten der Einführungskam-pagne für die Zigarette ›West‹ angeführt – 50 Millionen Mark investierte 1981 der Reemtsma-Konzern in eine Kampagne, de-ren Leitbild ein Truckdriver war, ein markig-männliches Idol, im Fernlaster unterwegs auf den Spuren des Marlboro-Cow-boys. Schon ein Jahr später war diese Kampagne in die Ge-schichte der Werbung eingegangen – als »der teuerste Reinfall in der Geschichte der deutschen Markenartikel-Industrie«.[8] Überraschender als dieser Flop ist die neue Werbung für die ›West‹, mit der die Reemtsma-Manager 1983 von vorn zu begin-nen versuchten. Das erste Mal in der Nachkriegszeit senkte ein Konzern den Preis einer bereits eingeführten Zigarettenmarke. Die Kampagne wurde reduziert auf die Abbildung der Pak-kung, einen Hinweis auf die Qualität des Tabaks, im Vorder-grund steht der Preis. Statt schöne Bilder voller Langeweile und dynamische Worte von tiefer Bedeutungsleere auszutüfteln, besann man sich auf das Interesse der Verbraucher. Der Erfolg dieser Werbung war eine Revolution für die gesamte Branche.

Die neuen Entwicklungen markieren einen neuen Anfang. Bis auch der letzte Werbepraktiker in Nielsen IV aufhören wird, über die Irrationalität der Konsumenten im allgemeinen und die der hausfraulichen Psyche im besondern zu schwadronie-ren, das allerdings wird noch Jahrzehnte dauern. So wird das letzte Fazit noch lange tröstlich sein: Die Dummheit der Wer-bung spiegelt nicht die Dummheit der Konsumenten wider, sondern die Borniertheit der Werbemacher.

Anmerkungen

Um deutlich zu machen, daß Aussagen über das Verhalten der Konsumenten – und damit auch Theorien der Werbewirkung – im Kontext ihrer Zeit gesehen werden müssen, bezieht sich das im Text genannte Veröffentlichungsjahr eines Titels auf das Jahr, in dem die Originalausgabe erschienen ist. Die Quellennachweise der Anmerkungen hier nennen die Auflagen und Übersetzungen, aus denen zitiert wurde.

Einleitung

1 Verborgene Kanäle; in: Der Spiegel; Nr. 33, 1981.
2 ZAW-Meldung; Nr. 20, November 1982.
3 Klein-Blenkers und Robl: Die Werbekosten in der Bundesrepublik Deutschland 1978; in: Seminarinformationen des Handels- und Absatzseminars der Universität zu Köln; 1980. Und: Werbekosten 1978 mindestens 34,6 Milliarden DM; in: Media Perspektiven; Nr. 12, 1980.
4 Vgl. Böttcher: Werbung im Lehrplan; o. J.
5 Der Urheber dieses Zitats ist nicht mit Sicherheit festzustellen, weil so viele Unternehmer die Entdeckung dieser Erkenntnis für sich reklamieren. Häufig wird Henry Ford I als Urheber genannt.
6 Ogilvy: Was ich von der Werbung gelernt habe; Vortrag auf dem 1. deutschen Kommunikationstag; Mai 1979, Berlin.
7 Auskunft der Reemtsma AG Hamburg, vom November 1981.
8 Erkenntnisse dieser Art werden in allen Standardwerken über Werbewirkung referiert, vgl. z. B. Hoffmann 1972; Behrens (Hrsg) 1970; Maletzke 1963. Im folgenden wird darauf noch ausführlicher Bezug genommen und werden detaillierte Quellen genannt.

1. Kapitel
Die unsichtbare Manipulation

1 C. Henderson: A blessing or a bane? TV ads you'd see without knowing it; in: Wall Street Journal vom 13. 9. 1957. (Vgl. Anm. 5).
2 Packard: Die geheimen Verführer; Ausg. 1968, S. 33
3 ebd. S. 28
4 Brand: Die Legende von den »geheimen Verführern« – Kritische Analysen zur unterschwelligen Wahrnehmung und Beeinflussung; 1978. Alle zitierten Experimente sind in der Arbeit Brands besprochen. Zusätzliche Informationen sind aus Koeppler: Unterschwellig wahrnehmen – unterschwellig lernen; 1972. Koeppler analysiert ebenfalls die zitierten Experimente, ist in seiner Kritik allerdings zurückhaltender als

Brand. Aber: Koepplers Buch ist verständlich geschrieben – die Sprache Brands bereitet noch Experten Schwierigkeiten.

5 Alle Daten, die über das Vicary-Experiment veröffentlicht wurden, sind bei Brand aufgelistet; vgl. S. 168
6 ebd. S. 21
7 Sulich: Wenn Zsa Zsa Gabor ihre Kosmetik empfiehlt; in: Berliner Tagesspiegel vom 25. 11. 1979.
8 Hoffmann: Psychologie und Massenkommunikation; 1976, S. 132 f.: hier sind verschiedene Tachistoskope abgebildet.
9 vgl. Brand S. 203 ff. Detaillierte Angaben über dieses Experiment in Brand: Subliminale Wahrnehmung und Werbung; 1976, S. 311–356.
10 Brand S. 175
11 ebd. S. 164 f.
12 vgl. ebd. S. 93 ff.
13 D. P. Spence und B. Holland: The restricting effects of awareness: a paradox and an explanation; in: Journal of Abnormal and Social Psychology; 1962, Vol. 64, S. 163–174. (Brand: S. 93–97) (Koeppler: S. 102–104).
14 M. Wiener und P. H. Schiller: Subliminal perception or perception of partial cues; in: Journal of Abnormal and Social Psychology; 1960, Vol. 61, S. 124–137. (Brand: S. 121 f) (Koeppler: S. 59 f.).
15 vgl. Hoffmann: Psychologie und Massenkommunikation; 1976, S. 130 f. Hoffmann weist auf den Einfluß kognitiver Aspekte hin und betont, daß diese die emotionale Anmutung verändern können.
16 M. Wiener: Word frequency or motivation in perceptual defense; in: Journal of Abnormal and Social Psychology; 1955, Vol. 51, S. 214–218. (Brand: S. 29).
17 vgl. Graumann: Nicht-Sinnliche Bedingungen des Wahrnehmens; 1976.
18 Bei Experimenten mit Zeichnungen, die je abstrakter je vieldeutiger sind, ist die Hemmung noch größer, sexuelle Motive zu erkennen.
19 Brand S. 28
20 ebd. S. 278, Anm. 99
21 ebd. S. 220
22 O. Pötzl: Experimentell erregte Traumbilder in ihren Beziehungen zum indirekten Sehen; in: Zeitschrift für die gesamte Neurologie und Psychiatrie; 1917, Bd. 37, S. 278–349. (Brand: S. 57 ff.) (Koeppler: S. 73 ff.).
23 Als wichtiges methodisches Problem muß angemerkt werden, daß bei Experimenten mit Patienten der Psychiatrie die Abhängigkeit der Versuchspersonen vom Versuchsleiter viel größer ist als in normalen Experimentalsituationen. Denn diesen Versuchspersonen erscheint das Gelingen bzw. das, was sie dafür halten, sehr bedeutsam und folgenhaft. Wahrscheinlich glauben viele Patienten, von der richtigen Reaktion im Experiment hinge die Entlassung aus der Anstalt ab! Unter diesem Aspekt sind manche der mit viel Theorie verbrämten Phänomene zu sehen: So beispielsweise, wenn Versuchspersonen, die seit Monaten nicht geträumt hatten, nach dem Experiment träumten – weil sie vom Versuchsleiter ausdrücklich dazu angehalten worden waren. Ein klassischer Versuchsleiter-Effekt, für den dieses Experiment die günstigsten Voraussetzungen bietet, schließlich kann nicht überprüft werden, ob die Versuchspersonen tatsächlich träumten oder sich die ganze Nacht über die Bildvorlagen den Kopf zerbrachen.
24 vgl. Brand S. 60 ff.

25 R. J. Berger: Experimental modification of dream content by meaningful verbal stimuli; in: Brit. J. Psychiat.; 1963, 109, 722–740 (Brand: S. 73)
26 Koeppler: Unterschwellig wahrnehmen – unterschwellig lernen; 1972, S. 77.
27 Brand S. 165
28 ebd. S. 106
29 D. Byrne: The effect of a subliminal food stimulus on verbal responses; in: Journal of Applied Psychology; 1959, Vol. 43, S. 249–252. (Brand: S. 183 f.) (Koeppler: S. 151 f.).
30 vgl. Quellenangabe 9
31 Brand S. 219
32 ebd. S. 220

2. Kapitel
Die Manipulation geheimer Wünsche im Unterbewußtsein

1 Psychologie im Marketing: Was leisten die Methoden? In: Absatzwirtschaft; 1980, Heft 5.
2 In Hering: Weibsbilder; 1979, findet sich eine Sammlung derartiger Anzeigen.
3 Auffallend ist, daß sich Motivforscher, deren Interesse wissenschaftlich orientiert ist, häufig als ›Motivtheoretiker‹ bezeichnen. Die Unterscheidung ist jedoch nicht etabliert. Für sich ist die Unterscheidung wenig realistisch, da Forschung ohne Theorie nicht möglich ist, aber sie wäre realitätsbezogen, weil sie die Theoriefeindlichkeit der Werbeforschung thematisiert.
4 Stone, Hagoel: Über den Umgang mit Motiven; 1978, S. 31.
5 von Holzschuher: Psychologische Grundlagen der Werbung; 1955, S. 107.
6 Packard: Die geheimen Verführer; Ausg. 1968, S. 10.
7 Dichters ›The Strategy of Desire‹ erschien zwar erst einige Jahre nach Packards ›Hidden Persuaders‹. Dichter hatte jedoch die in seinem Buch enthaltenen Ausführungen schon vorher in wissenschaftlichen und werbeinternen Publikationen veröffentlicht. Daher waren sie Packard bekannt.
8 Dichter: Strategie im Reich der Wünsche; Ausg. 1964, S. 9.
9 ebd. S. 8. Jenes »wir«, mit dem sich Dichter adressiert, ist der Majestätsplural jener Wissenschaftler, die immer die ganze Wissenschaft oder zumindest die herrschende Meinung der Disziplin hinter sich wissen – darüber hinaus will Dichter aber in seiner den Leser einbeziehenden Diktion auch den Menschen ›als solchen‹ ansprechen. ›Als solche‹ sind wir als Gattungswesen gemeint, um fortlaufend auf die naturgesetzliche Verdammnis unserer Intelligenz verwiesen zu werden.
10 ebd. S. 17
11 Vgl. Friedrich: Sigmund Freud – ein Vatersymbol für T. Parsons?; 1977, S. 155 ff.
12 Dichter: Strategie im Reich der Wünsche; Ausg. 1964, S. 22. Sicherlich ist es kein Zufall, daß der Glaube, die Massen mit Psychologie manipulieren zu können, gerade zur Zeit des kalten Krieges so populär war.
13 Vgl. Haseloff: Marktforschung und Motivationstheorie; 1974, S. 104 ff. Haseloff gibt einen Überblick über die in der Markt- und Werbefor-

schung gebräuchlichen Motivationsmodelle. In der Werbung besonders populär ist die Motivationspyramide Maslows. Vgl. Maslow: Motivation and Personality; 1954.

14 Bei Haseloff findet sich ein komprimierter Überblick über den historisch-philosophischen Wandel in der Bewertung verschiedener Motive. Eine ausführliche Darstellung gibt Hoffmann: Werbepsychologie; 1972.

15 Solche Definitionen und Zuordnungen sind ein endloses Thema der Motivtheorie. Die Diskussion ist mittlerweile abgeflaut, da die Antwort nicht empirisch beweisbar ist. Insofern erübrigt es sich, auf die Klassifikationskontroverse einzugehen. Wichtiger ist es, darauf hinzuweisen, daß es keine verbindliche Klassifikation gibt. Die Zuordnung von Motiven ist eine Frage des theoretischen Ansatzes.

16 Dichter: Strategie im Reich der Wünsche; 1964, S. 35.

17 Dieser Aspekt der psychoanalytischen Theorie wurde insbesondere von Rapaport behandelt. Rapaport: Die Struktur der psychoanalytischen Theorie; 1945.

18 Dichter: Strategie im Reich der Wünsche; 1964, S. 35

19 ebd. S. 312

20 Freud: Gesammelte Werke Band X; Ausg. 1949, S. 62.

21 Dichter: Strategie im Reich der Wünsche; 1964, S. 35 ff.

22 ebd. S. 38

23 ebd. S. 39

24 von Holzschuher: Psychologische Grundlagen der Werbung; 1955, S. 285 ff. Holzschuhers »Primitivperson« zeigt – wenig überraschend – die gleichen Eigenschaften: Sie verkörpert den »Urmenschen in uns« und zusätzlich noch »das Massenwesen in uns«.

25 Dichter: Strategie im Reich der Wünsche; 1964, S. 37.

26 Dichter: Handbuch der Kaufmotive; 1964, S. 7.

27 Dichter: Strategie im Reich der Wünsche; 1964, S. 40.

28 Im Manipulationskonzept Kroeber-Riels taucht dieselbe Idee wieder auf. Vgl. Kapitel: Das Geheimnis der Psychobiologie.

29 Freud: Gesammelte Werke Band XVI; Ausg. 1950, S. 204

30 ebd. S. 206 f.

31 Vgl. Sève: Psychoanalyse und historischer Materialismus; 1977.

32 Dichter: Strategie im Reich der Wünsche; 1964, S. 43

33 ebd. S. 44

34 ebd. S. 35

35 Diese Studie wird in der ›Strategie im Reich der Wünsche‹ referiert; S. 319 ff. Auch im ›Handbuch der Kaufmotive‹ schreibt Dichter über die Motivation beim Autokauf, S. 307–377.

36 Dichter: Strategie im Reich der Wünsche; 1964, S. 336

37 ebd. S. 323

38 ebd. S. 335

39 ebd. S. 334

40 ebd. S. 344

41 ebd. S. 335 f.

42 ebd. S. 330

43 ebd. S. 325

44 Erma Bombeck: At Wit's End; 1965. Dt. Ausg.: Nur der Pudding hört mein Seufzen; Bergisch Gladbach 1981, S. 178.

45 Dichter: Handbuch der Kaufmotive; 1964, S. 39 ff.

46 ebd. S. 84
47 Petera: Wirtschaftspsychologie aus der Sicht der Verbraucher; in: psychologie heute; 1976, Nr. 10, S. 15.
48 Psychologie im Marketing: Was leisten die Methoden? In: Absatzwirtschaft; 1980, Nr. 5, S. 30
49 ebd. S. 30
50 ebd. S. 34
51 Vgl. Kapitel: Von der Natur des Menschen zur Natur des Konsumenten.
52 Vgl. Schreiber: Methoden der Motivforschung. In: Absatzwirtschaft; 1953, Nr. 7; Berth: Marktforschung zwischen Zahl und Psyche; 1959.
53 Dichter: Strategie im Reich der Wünsche; 1964, S. 62.
54 Vgl. Kapitel: Die Vorstellungen vom Verbraucher und ihre Beweismethoden.
55 Vgl. Sève: Psychoanalyse und historischer Materialismus; 1977, S. 27 ff. Burke: Permanence and Chance; 1954, S. 20 ff.
56 Ausführlich im Kapitel: Was bleibt vom Mythos der Manipulation?

3. Kapitel
Das Geheimnis der Psychobiologie

1 K & V; 1980, Nr. 1, S. 2
2 Kroeber-Riel: Konsumentenverhalten; 2. Aufl. 1980, S. 59 ff., S. 66 ff.
3 Die Unterscheidung von Technologien und Techniken folgt hier dem in den Sozialwissenschaften üblichen Gebrauch des Begriffs Technik. Technik bezeichnet die Art und Weise der Durchführung eines Verfahrens, z. B. Befragungstechnik. Im sozialwissenschaftlichen Sinn ist der Begriff Technik immer auf einen Plural bezogen. Technologien sind dagegen das eigentlich Technische, und in dieser Bedeutung ist der Begriff immer singularisch gemeint.
4 Abbildungen in Absatzwirtschaft; 1980, Nr. 3, S. 75. Und in Interview und Analyse; 1980, Nr. 7/8, S. 305.
5 vgl. Kapitel: Die unsichtbare Manipulation.
6 K & V; 1979, Nr. 1. Thermografie wird ansonsten in der Medizin eingesetzt – etwa zur Lokalisierung von Entzündungsherden; auch in der Architektur – etwa um in Gebäuden unsichtbare Risse, durch die Wärme nach außen tritt, festzustellen.
7 K & V; 1980, Nr. 1
8 Kroeber-Riel: Konsumentenverhalten; 1980, S. 116,
9 vgl. Sauermann: Lügt der Lügendetektor? In: Interview und Analyse; 1980, Nr. 5.
10 Kroeber-Riel: Konsumentenverhalten; S. 71 f.
11 K & V; 1980, Nr. 1, S. 4
12 Trend zur Psychobiologie; in: Absatzwirtschaft; 1980, Nr. 3, S. 79.
13 Die Auswirkungen von Reizen auf körperliche und seelische Erregung werden schon lange von der Psychophysiologie, einer Wissenschaft zwischen Medizin und Psychologie, erforscht.
14 K & V; 1980, Nr. 1, S. 8. Alle Hervorhebungen im Original
15 ebd. S. 8 f.
16 K & V; 1981, Nr. 1, S. 5
17 K & V; 1980, Nr. 1, S. 12

18 Aus diesem Grund war bei diesem Forschungsergebnis die Identifikation der Quelle möglich.
19 Einfach läßt sich das an der jahrhundertelangen Praxis der Chinesen nachvollziehen, die die Füße der Frauen einschnürten, um sie möglichst klein zu halten. Dieses gesellschaftlich erwünschte Ideal von Frauenschönheit vererbte sich nie, es wurde bei jeder Frau neu erzwungen.
20 K & V; 1980, Nr. 2, S. 10f.
21 Kroeber-Riel: Konsumentenverhalten; S. 141.
22 Zimmer: Die geheime Verführbarkeit; in: Die Zeit; 1980, Nr. 28, S. 58.
23 Kroeber-Riel: Konsumentenverhalten; S. 140
24 ebd. S. 133
25 ebd. S. 136, S. 133
26 Köhne: Werbung macht dumm; in: Warum!; 1980, Nr. 2
27 ebd. S. 55
28 Polaritätsprofile können durchaus sinnvoll sein, insbesondere dann, wenn sich die Attribute auf Personen beziehen. Vgl. dazu Hoffmann: Psychologie und Massenkommunikation; 1976, S. 50 ff.
29 Kroeber-Riel: Konsumentenverhalten; S. 138 und S. 139.
30 Köhne: Werbung macht dumm; S. 55.
31 ausführlich in Kapitel: Von der Unmöglichkeit, nicht manipuliert zu werden.
32 Koeppler: Psychophysikalische Maße der Werbewirkung; in: Vierteljahreshefte für Mediaplanung; 1980, Nr. 2. Koeppler bezieht sich hier auf Watson und Gatchel: Autonomic Measures of Advertising; in: Journal of Advertising Research; 1979, Nr. 3.
33 Die 10 Prozent Verweigerer ergeben sich aus den Angaben S. 135 und S. 137.
34 vgl. Abbildung und Text in Absatzwirtschaft; 1980, Nr. 3, S. 3.
35 Kroeber-Riel: Erotik verführt zum Kauf; in: Wirtschaftswoche; 1974, Nr. 52/53.
36 Das Geschäft mit den heimlichen Wünschen; in: Stern; 1970, Nr. 6.
37 Trend zur Psychobiologie; in: Absatzwirtschaft; 1980, Nr. 3, S. 76.
38 vgl. v. Keitz: Psychobiologische Werbewirkungsforschung – oder Sauermanns lügender Lügendetektor; in: Interview und Analyse; 1980, Nr. 7/8.
39 Kroeber-Riel und Neibecker: Die computerkontrollierte Datenerhebung – eine japanische Herausforderung der Marktforschung?; in: Interview und Analyse; 1981, Nr. 3.
40 ebd: »Wird von einer Testperson eine nicht zulässige Taste gedrückt, so wird die Antwort durch den Computer abgewiesen. Gleichzeitig wird die Testperson durch ein akustisches Signal aufgefordert, eine zulässige Antwort einzutasten.« – Abgesehen von der aufwendigen Programmierung mit entsprechendem Kostenaufwand, läßt diese Schutzvorrichtung auf beträchtliche Schwierigkeiten der Handhabung schließen.
41 Werbewirkungsforschung in den USA; in: K & V; 1978, Nr. 2.
42 Sulich: Wenn Zsa Zsa Gabor ihre Kosmetik empfiehlt; in: Tagesspiegel vom 25. 11. 1979.
43 Prokop: Die Kleinunternehmer von der Sozialforschungsranch – ein polemischer Exkurs zur empirischen Sozialforschung; in: Medien-Wirkungen; 1981, S. 63f.

4. Kapitel
Die öffentlichen Verführer

1 Hier insbesondere Marcuse: The One-Dimensional Man; 1964. Marcuse: Befreiung von der Überflußgesellschaft; 1969. Horkheimer und Adorno: Dialektik der Aufklärung; 1947.
2 vgl. dazu Lindner: Das Gefühl von Freiheit und Abenteuer; 1977, S. 9 f.
3 Haug hat diese Kritik vielfach publiziert, jedoch ohne grundsätzliche Veränderungen. Hier wird auf die ausführlichste Fassung, die ›Kritik der Warenästhetik‹ von 1971, Bezug genommen. Vgl. außerdem: Zur Ästhetik von Manipulation; 1963. Warenästhetik, Sexualität und Herrschaft; 1972. Warenästhetik. Beiträge zur Diskussion, Weiterentwicklung und Vermittlung ihrer Kritik; 1975.
4 Haug: Kritik der Warenästhetik; 1971, S. 66
5 ebd. S. 10
6 ebd. S. 11
7 ebd. S. 55
8 Diese Kombination ist typisch auch für die ›Frankfurter Schule‹, von der Haug wesentlich beeinflußt war, vgl. die Einleitung zur Kritik der Warenästhetik. Vgl. dazu auch: Rexroth: Warenästhetik – Produkte und Produzenten. Zur Kritik einer Theorie W. F. Haugs; 1974, S. 80. Rexroth zitiert auch die Neologismen zweiten Grades der Haug-Nachfolger.
9 Mit diesen Worten parodiert Haug in Zur Kritik der Warenästhetik; 1977, die Verworrenheit und Hilflosigkeit der Diskussion um die Kritik der Warenästhetik. Seinen Adepten wirft er vor, seine Begriffe als unmittelbar inhaltliche Kategorien thematisiert zu haben.
10 Haug: Kritik der Warenästhetik; S. 60 f.
11 Rexroth: Warenästhetik ...; 1974, S. 78
12 Haug: Kritik der Warenästhetik; S. 27
13 ebd. S. 60
14 Marx: Das Kapital, Band I; 1867. Ausg. Berlin/DDR, 1972, S. 55.
15 Haug: Kritik der Warenästhetik; S. 64
16 ebd. S. 65
17 ebd. S. 123. Haug zitiert aus Peter von Riedt: Ein Hund mit traurigen Augen und Schlappohren; in: Frankfurter Allgemeine Zeitung vom 14. 8. 1971, S. 17.
18 ebd. S. 123 f.
19 ebd. S. 125
20 ebd. S. 125
21 ebd. S. 50 ff.
22 ebd. S. 51
23 ebd. S. 20
24 ebd. S. 68
25 Packard: Die geheimen Verführer; Ausg. 1968, S. 8.
26 v. Holzschuher: Psychologische Grundlagen der Werbung; 1956, S. 107 Anm.
27 Haug: Kritik der Warenästhetik; S. 107
28 ebd. S. 66
29 Haug: Warenästhetik. Beiträge zur Diskussion ...; 1975.

30 neue werbung; 1980, Nr. 2, S. 2; zitiert in ZAW-service; 1980, Nr. 86, S. 27.
31 Bisky: Geheime Verführer – Geschäft mit Shows, Stars, Reklame, Horror, Sex; 1980, S. 67
32 ebd. S. 72
33 Haug: Kritik der Warenästhetik; S. 141.
34 vgl. Rexroth: Warenästhetik . . .; 1974, S. 122. Und Prokop: Medienprodukte. Zugänge – Verfahren – Kritik; 1981, S. 108 ff.
35 Diese Aspekte sind auch bei Haug angesprochen, vgl. S. 24 und S. 48 f. Allerdings bleibt die Täuschung der Erfahrung in Haugs Argumentation nebensächlich.
36 Haug: Kritik der Warenästhetik; S. 126.
37 Noelle-Neumann: Keine großen Empfindungen, eher trockene Gelassenheit – Was Deutsche von den achtziger Jahren erwarten. In: Frankfurter Allgemeine Zeitung. 4. 1. 1980, S. 5.
38 Rexroth: Warenästhetik . . .; 1974, S. 27. Vgl. auch S. 30 ff. Außerdem die Rezension der Kritik der Warenästhetik von Heinz Hirdina in: Weimarer Beiträge; 1973, Heft 12, nachgedruckt in Haug: Warenästhetik. Beiträge zur Diskussion . . .; 1975.

5. Kapitel
Werbeanalyse als Hohe Schule der Deutungskunst

1 Als »Hohe Schule der Deutungskunst« bezeichnet Lindner die strukturalistischen Werbeinterpretationen. Vgl. Lindner: Das Gefühl von Freiheit und Abenteuer; 1977, S. 11.
2 Ein sehr erfolgreicher Werbegestalter und geachteter Künstler war Alphonse Mucha, dessen um die Jahrhundertwende entworfene Plakate für Zigarettenpapier, Fahrräder und das Theater der Sarah Bernhardt noch heute populär sind.
3 Walter Benjamin: Das Kunstwerk im Zeitalter seiner technischen Reproduzierbarkeit. Frankfurt/Main 1963.
4 Was natürlich zur Folge hat, daß die Werbepraktiker die strukturalistischen Werbeinterpreten ignorieren.
5 Ehmer: Zur Meta-Sprache der Werbung – Analyse einer Doornkaat-Reklame; in: Ehmer (Hrsg): Visuelle Kommunikation – Beiträge zur Kritik der Bewußtseinsindustrie; 1971.
6 ebd. S. 172 f.
7 ebd. S. 174
8 ebd. S. 177
9 ebd. S. 176. Auslassungen und Hervorhebungen im zitierten Text. Vgl. Spitzer: Amerikanische Werbung – verstanden als populäre Kunst; 1966
10 ebd. S. 177
11 Ehmer: Von Mondrian bis Persil. Zur Ideologie des Reinen in Kunst und Werbung. In Ehmer (Hrsg); 1971, S. 182.
12 Barthes: Mythen des Alltags; Ausg. 1964, S. 76.
13 Ehmer: Von Mondrian bis Persil; S. 183 f.
14 ebd. S. 199 ff.
15 ebd. S. 200
16 Klein et al. (Hrsg): Mutti, Mutti, er hat überhaupt nicht gebohrt!; 1971, S. 32.

17 Ehmer: Zur Meta-Sprache der Werbung; S. 173.
18 Klein et al. (Hrsg): Mutti, Mutti, er hat überhaupt nicht gebohrt!; S. 33.
19 Ehmer: Zur Meta-Sprache der Werbung; S. 165.
20 Römer: Die Sprache in der Anzeigenwerbung; 2. Aufl. 1971, S. 60.
21 Flader: Strategien der Werbung; 1976, S. 20.
22 Hauswaldt-Windmüller: Sprachliches Handeln in der Konsumwerbung;
    1977, S. 95.
23 Römer: Die Sprache in der Anzeigenwerbung; Nachwort zur zweiten
    Auflage 1971, S. 286 f.
24 Watzlawick, Weakland, Fisch: Lösungen; Ausg. 1975, S. 83.
25 Grünwaldt: Didaktik des Deutschunterrichts in der Wandlung; 1970,
    S. 182. Diese Zielsetzung entspricht der Definition von Manipulation bei
    Haug als »nicht-terroristische Lenkung des Bewußtseins und Verhaltens
    der Massen durch sprachliche und ästhetische Mittel«. Vgl. Haug 1977,
    S. 232.
26 Barthes: Mythen des Alltags; S. 78.
27 Löwenthal: Über die Auffassung Dostojewskis im Vorkriegsdeutsch-
    land; in: Literatur und Massenkultur; 1980, S. 195.
28 Lindner: Das Gefühl von Freiheit und Abenteuer; 1977, S. 11.
29 Heiz: Wie argumentiert Werbung; 1978, S. 91 f.
30 ebd. S. 89

6. Kapitel
Exkurs: Von der Unmöglichkeit, nicht manipuliert zu werden

 1 Dichter: Handbuch der Kaufmotive; 1964, S. 223
 2 Dichter: Strategie im Reich der Wünsche; 1964, S. 44. Vgl. 2. Kapitel:
    Die Manipulation geheimer Wünsche im Unterbewußtsein.
 3 Kroeber-Riel: Konsumentenverhalten; 1980, S. 145 f.
 4 Vgl. Kapitel: Das Geheimnis der Psychobiologie.
 5 Haug: Kritik der Warenästhetik; 1971, S. 61.
 6 Vgl. Kapitel: Werbeanalyse als Hohe Schule der Deutungskunst.
 7 The New Yorker; 1979, Nr. 63, S. 116
 8 Gossage: Ist die Werbung noch zu retten?; 1967, S. 81 ff.
 9 Wie man gesundheitsbewußte Konsumenten manipulieren kann; in:
    K & V Nr. 1, 1980.
10 Paulot: Die Verwandlung von Waschpulver in Zucker und Salz; in:
    Frankfurter Idee; 1981, Nr. 1, S. 68.
11 Deshalb ist es auch unsinnig, Käufertypologien zu konstruieren, die
    Konsumverhalten unabhängig von den damit verbundenen Konsequen-
    zen klassifizieren.

7. Kapitel
Was bleibt vom Mythos der Manipulation?

 1 Es ist bemerkenswert, daß sich keiner der ›Naturforscher‹ um eine etho-
    logische Fundierung bemüht.
 2 Vgl. dazu Sève: Psychoanalyse und historischer Materialismus; 1977,
    S. 27 ff. Burke: Permanence and Chance; 1954, S. 20 ff. Schurig: Natur-
    geschichte des Psychischen; 1975 und: Die Entstehung des Bewußtseins;
    1976.
 3 Nur die Psychoanalyse, der Marxismus und die Astrologie seien, so Karl

Popper, in sich geschlossene Theorien, da Zweifel an einem der Dogmen, auf denen diese Theorien basieren, den Zusammenbruch des ganzen Systems bedeuteten (The Open Society and Its Enemies; 1945). Popper setzt damit geschlossene Wissenschaftssysteme Glaubensbekenntnissen gleich.

4 Holzkamp: Sinnliche Erkenntnis – Historischer Ursprung und gesellschaftliche Funktion der Wahrnehmung; 1976.

5 Eine komprimierte Darstellung des materialistischen Motivationsbegriffs in: Philosophisches Wörterbuch; 1970, Bd. 2, S. 749–751. Eine sehr umfassende Aufarbeitung ist Holzkamp-Osterkamp: Grundlagen der psychologischen Motivationsforschung; 1975 und 1976, Bd. 1 und 2. Anzumerken ist, daß die materialistische Psychologie entsprechend ihrer Definition von Motiven zwischen handlungsauslösenden und nicht-handlungsauslösenden Impulsen differenziert. So sind Gefühle nicht mit Motiven gleichzusetzen, weil sie nicht unbedingt Handlungen auslösen. Im materialistischen Ansatz wird die Existenz unbewußter Motive nicht geleugnet, jedoch wird im Gegensatz zur idealistischen Position angenommen, daß auch unbewußte Antriebe von gesellschaftlichen Verhältnissen geprägt sind.

6 Dewey: Human Nature and Conduct; 1930, S. 119f., zitiert nach Stone und Hagoel: Über den Umgang mit Motiven, 1978, S. 34.

7 Zur soziologisch-philosophischen Diskussion über den Massengeschmack vgl. Löwenthal: Literatur und Massenkultur; 1980.

8 Schreiber: Kaufverhalten der Verbraucher; 1965, S. 127f.

9 Dichter: Motivforschung mein Leben; 1977, S. 134f.

8. Kapitel
Die unsichtbare Diskriminierung der Frauen in der Werbung

1 Da ist was dran!; in: Der Spiegel; 1980, Nr. 22, S. 107.

2 Letzte Freude; in: Der Spiegel; 1980, Nr. 53, S. 21f.

3 Deutscher Werberat mahnt: Frauen nicht herabwürdigen; in: ZAW-Service; 1980, Nr. 86.

4 Gruner + Jahr AG: Der Stern und die Frauen; 1980. In der Hierarchie der Verbreitung unter Frauen belegt der Stern den vierten Rang. An erster Stelle steht die Fernsehillustrierte Hör Zu, an zweiter das an Mitglieder kostenlos verteilte ADAC-Heft Motorwelt, drittens Brigitte.

5 17,5 Prozent aller Frauen ab 14 Jahren lesen Brigitte.

6 Statistisches Jahrbuch; 1981. Zahlen auf ganze Prozent gerundet.

7 Bundesanstalt für Arbeit (Hrsg): Frauen und Arbeitsmarkt. Quint AB 4; 1976 (Daten von 1970). Wie stark die Berufsorientierung der Frauen in den letzten Jahren zugenommen hat, zeigt ein Statement des Instituts für Demoskopie Allensbach, in dem das Ideal der Nur-Hausfrau als Erwartung für die 90er Jahre zur Diskussion gestellt wurde. Die Meinung »Verheiratete Frauen arbeiten überhaupt nicht mehr beruflich, sondern kümmern sich nur noch um den Haushalt« rangierte in der langen Liste von Erwartungen für das Jahr 1990 ganz am Ende. 1962 äußerten noch 33 Prozent der Bevölkerung diese Erwartung, im Jahr 1979 nur noch 11 Prozent; Noelle-Neumann: Keine großen Empfindungen, eher trockene Gelassenheit – Was Deutsche von den achtziger Jahren erwarten; in: FAZ vom 4.1.1980, S. 5.

8 Der Stern und Die Frauen; 1980. Vier Frauentypen, die durch das Merk-

mal »berufstätig« bzw. »in Ausbildung« definiert sind, machen rund die Hälfte der weiblichen Stern-Leserschaft aus. Diese Frauentypen sind in der Typologie des Stern bezeichnet als ›die berufstätige Alleinstehende‹; ›die junge berufstätige Ehefrau ohne Kinder‹; ›die junge berufstätige Mutter‹; ›die Heranwachsende im Elternhaus‹.

9 Brigitte-Anzeigenabteilung (Hrsg): Brigitte und ihre Leser 82/83; 1982.

10 1980 waren zum erstenmal im deutschen Werbefernsehen auch nackte Männer zu sehen. Obwohl die männlichen Nackten nur von hinten oder dezent von der Seite zu sehen waren, weigerten sich diverse Sender die Spots auszustrahlen. Vgl.: Dufte Typen; in: Stern; 1980, Nr. 52, S. 150f.

11 Veblen: Theorie der feinen Leute; Ausg. 1971, S. 65.

12 Pross: Die Wirklichkeit der Hausfrau; 1975, S. 93 ff. Andere Studien kommen zum selben Ergebnis, vgl. Presse- und Informationsamt der Bundesregierung: Gesellschaftliche Daten; 1977, S. 154.

13 Allerdings tauchen die hausarbeitenden Männer in der Werbung immer häufiger auf, sie sind nach amerikanischem Vorbild zum neuen Trend geworden. Goffman merkt in Gender Advertisements (1978, S. 30, Fußnote) an, daß in der amerikanischen Werbung Hausarbeit überwiegend von Männern gemacht wird.

14 Solche Frauendarstellungen sind auch für Fernsehfilme typisch. Küchenhoff stellt in seiner Studie ›Die Darstellung der Frau und die Behandlung von Frauenfragen im Fernsehen‹ (1975) fest, daß Frauen in den Fernsehfilmen entweder als jung, sexy und unabhängig gezeigt werden oder als Muttchen. Auf jeden Fall sind sie unpolitisch und kaum je berufstätig.

15 Troost Campbell-Ewald GmbH: Interne Publikation zum fünfjährigen Bestehen der Agentur; 1980.

16 In: Frankfurter Idee; 1981, Heft 2, S. 60.

17 Werbeerfolgskontrolle? Nein danke!; in: W & V, Nr. 3, 22.1.1982, S. 1.

18 Vgl. dazu: Hering 1979; Schmerl und Huber 1979; Schmerl 1981

19 Sollwedel: Wie die Werbung die Frau verwertet; in: Neue Bonner Depesche; April 1979, Nr. 4.

20 Vgl.: Ein Verbundnetz für Frauen schaffen; in: psychologie heute; 1982, Nr. 8, S. 10.

21 Die Werbeagenturen der GWA. Jahresbericht 1980/81.

22 Heller und Scharioth: Die Frau im Spannungsfeld von Arbeit und Freizeit 1980. Vortrag auf dem Bundeskongreß deutscher Werber 1980. Heller und Scharioth: Frauen und Werbung 1950–1980 in: Media-Spektrum 1981, Nr. 1.

23 Reeves: Werbung ohne Mythos; Ausg. 1969, S. 119 ff.

24 Stewardess wird nicht mehr geflogen – NOW bläst zum Angriff auf US-Reklame; in: Die Neue, 25.7.1980.

9. Kapitel
Die Zielgruppentypologien

1 Krollpfeiffer: Die Zielgruppe oder der alternative Lippenstift; 1982, S. 13 f.

2 Nielsengebiete sind eine werbeinterne Aufteilung der Bundesrepublik einschließlich West-Berlin in sechs Regionen von sehr unterschiedlicher Größe und Struktur: So ist Berlin ein Nielsengebiet und Schleswig-Holstein, Hamburg, Bremen, Niedersachsen sind zu einem Nielsengebiet zusammengefaßt. Man benutzt diese Aufteilung für die regionale Werbeplanung.

3 Die in der Typologie 1976 verwendeten Statements sind großenteils identisch mit den zuvor aus der Typologie 1980 zitierten Statements.

4 Vgl. Prokop: Faszination und Langeweile; 1979, S. 127 ff., Kapitel: Realisten, gepflegte Erscheinungen, Offenherzige, Macher, Häusliche, alleinstehende alte Damen, Farblose, Protestler und Bildungsbeflissene. Prokop bezieht sich in diesem Kapitel, das sich mit den Wunschwelten des Publikums auseinandersetzt, auf die Burda-Typologie von 1974.

5 Vgl. Breuer: Welche Einstellungstypen bedienen Sie in welchen Teilmärkten? In: Absatzwirtschaft 1980, Nr. 6, S. 68.

6 Spiegel; 1981, Nr. 26, Rubrik Hohlspiegel.

7 Jeweils im Vorwort von Band 1–20, ohne Seitenangabe.

8 Vgl. die am Anfang dieses Kapitels zitierten Statements.

9 Zum Unterschied zwischen alten und neuen Typologien vgl. die Darstellung bei Prokop, 1979, S. 127 ff.

10 Schulthes: Manche mögens süß ... eine »Nascher-Typologie«. In: Interview und Analyse; 1981, Heft 2. Die Nascher-Typologie beruht auf den Daten des ›Markenkompaß 2‹ der Verlagsgruppe Bauer.

11 Wenn wir hier über die Hälfte aller Personen einem Typ zugeordnet sind, bedeutet das, daß entweder die Kriterien falsch gewichtet wurden oder (häufiger), daß die zur Klassifikation verwendeten Kriterien falsch sind.

12 Kolus-Darius: Frauentypologie 4. Die Kommunikationsleistungen der Zeitschriften und ihrer Leserschaften; In: Interview und Analyse; 1979, Nr. 5.

13 Entsprechend Auskunft vom Gruner + Jahr Marketing Service. Interne Mediastatistik. Konkurrenzvergleich Anzeigen vom 28. 12. 1980; Kumulation 1980.

14 Henri Nannen: Muß das sein? In: Stern; 1980, Nr. 10, S. 7. – 1975 war zur damaligen Preiserhöhung zu lesen: »Wußten Sie schon ... ... daß ein durchschnittliches Stern-Heft 200 Seiten hat, 450 Gramm wiegt, also doppelt so viel wie ein Taschenbuchdoppelband; ...daß ein solches Taschenbuch im Schnitt 9,80 Mark kostet, der Stern dagegen seit dieser Woche 2,50 Mark. – Denn mit zwei Mark war das alles nicht mehr zu machen.« Stern; 1975, Nr. 7, S. 3.

15 Daten zur Mediensituation in der Bundesrepublik 1980; Herausgegeben von Media Perspektiven 1981.

16 Diese und die folgenden Preise aus Stamm '80 und Media-Daten 2/81. Alle Preise gerundet, ohne Rabatte und andere Abzüge.

17 Preisliste BILD Nr. 33 für alle Ausgaben ab 1. 10. 1980.

18 Methodische Probleme der Reichweitenermittlung werden in der AWA '80 diskutiert. Vgl.: Band 1: Medien; S. X ff.

19 Stein: Enthüllungen aus dem Land der Riesenwaschkraft; 1978, S. 24.
20 Vgl. MA '80; S. 155
21 MA '80; die Preise variieren saisonal.
22 Vgl. Deike: Schaumschlägerei; in: Stern; 1979, Nr. 36.
23 AWA '80. Band 1, S. XXV. Hier auch die Zahlen über die durchschnittlichen Zuschauerzahlen der Sender.
24 Kiefer: Werbung im öffentlich-rechtlichen Rundfunk. In: Media Perspektiven; 1981, Nr. 4.
25 Kiefer: Massenkommunikation 1964–1980. Trendanalyse zur Mediennutzung und Medienbewertung. In: Media Perspektiven; 1981,
Heft 4.
26 Vgl. Frauentypologie 4
27 Statement aus der Burda-Typologie
28 Vgl. Noelle: Umfragen in der Massengesellschaft; 1963, S. 50ff.
29 pardon; 1981, Nr. 1. Dokumentation des Prozesses in pardon Nr. 3,
Nr. 4, Nr. 5; 1981.

10. Kapitel
Erkenntnisse der Massenkommunikationsforschung

1 Vgl. Berelson: Communication and Public Opinion; 1950, S. 451. Hovland: Effects of the Mass Media of Communication; 1954. Noelle-Neumann: Wirkungen der Massenmedien; 1971, S. 317ff.
2 Eberhard dokumentiert, wie rasch der Rundfunk sich in Deutschland
ausgebreitet hat: Ende Oktober 1923 begannen die ersten regelmäßigen
Sendungen. Im Dezember 1923 waren 467 Rundfunkgeräte
angemeldet, sieben Monate später bereits 100000, am 1. Januar
1925 waren 548749 Geräte angemeldet. Vgl. Eberhard: Hörfunk;
1971.
3 Vgl. Cantril und Allport: The Psychology of Radio; 1935. Lazarsfeld,
Berelson, Gaudet: Wahlen und Wähler; 1969, Kapitel: Was ist einfluß-
reicher – der Rundfunk oder die Zeitung? S. 164ff.
4 Cantril: The Invasion from Mars; 1940. Auszugsweise Übersetzung in
Prokop (Hrsg): Massenkommunikationsforschung; Band 2: Konsumtion. Zur Inszenierung des Hörspiels: Goffman: Frame Analysis; 1974,
S. 390.
5 Eberhard: Hörfunk; 1971, S. 36
6 Noelle-Neumann und Schulz (Hrsg): Publizistik; 1971, S. 149 und
S. 14.
7 Die Parteizugehörigkeit steht in den USA in engerem Zusammenhang
mit dem sozialen Status als bei uns. Die soziale Zuordnung der Parteien
ist jedoch regional unterschiedlich. Vgl. Lazarsfeld et al.: Wahlen und
Wähler, S. 51ff.
8 Katz und Lazarsfeld: Persönlicher Einfluß und Meinungsbildung; 1962,
S. 31ff.
9 ebd. S. 39
10 ebd.
11 Lazarsfeld et al.: Wahlen und Wähler; 1969, S. 84f.
12 Berelson, Lazarsfeld und McPhee hatten 1948 eine Folgestudie zur Erie
County-Studie in Elmira im Bundesstaat New York durchgeführt. Die
Elmira-Studie erschien 1954 unter dem Titel: Voting. A Study of Opinion Formation in a Presidential Campaign. Sie zeigte einige Abschwä-

chungen der These vom zweistufigen Kommunikationsprozeß, bestätigte jedoch die Bedeutung der Meinungsführer.

13 Katz und Lazarsfeld: Persönlicher Einfluß und Meinungsbildung; S. 13.
14 ebd. S. 10
15 Luthe: Interpersonale Kommunikation und Beeinflussung; 1968, S. 50.
16 Vgl. Berelson et al.: Voting. Eine Zusammenfassung der Ergebnisse der Meinungsführerforschung in Eurich: Politische Meinungsführer; 1976, S. 91 ff.
17 Vgl. Eurich: Politische Meinungsführer; S. 68.
18 Katz: Die Verbreitung neuer Ideen und Praktiken; 1963, S. 107.
19 Eurich: Politische Meinungsführer; S. 91.
20 ebd. S. 67
21 Luthe: Interpersonale Kommunikation und Beeinflussung; S. 20.
22 Rencksdorff: Zur Hypothese des ›two-step-flow‹ der Massenkommunikation; 1973.
23 Eurich: Beeinflussungsstrategien zur Weiterentwicklung des Meinungsführerkonzepts. In: Zeitschrift für Markt-, Meinungs- und Zukunftsforschung; 1977, Heft 1.
24 Noelle-Neumann: Wirkungen der Massenmedien; 1971, S. 342.
25 Greve und Müller: Die Entwicklung des ›Opinion Leader‹-Konzeptes und der Hypothese vom zweistufigen Kommunikationsprozeß. In: Zeitschrift für Markt-, Meinungs- und Zukunftsforschung; 1976, Heft 1, S. 4030.
26 Spot-Alternativen: TV-Nischen für die Mittelklasse. In: Absatzwirtschaft; 1980, Nr. 12.
27 Sombart hat diesen Aspekt der Entwicklung der Werbung analysiert. Vor der Entwicklung des modernen Kapitalismus bezog sich Reklame ausschließlich auf einmalige Angebote oder völlig neuartige Produkte. Die Konkurrenz der Märkte entstand erst anfangs des 20. Jahrhunderts mit dem Aufkommen der Markenartikel. Vgl. Sombart: Der moderne Kapitalismus; 1924, S. 410 f.
28 Noelle-Neumann: Wirkungen der Massenmedien; S. 316.
29 ebd. S. 349
30 Dröge, Weißenborn, Haft: Wirkungen der Massenkommunikation; 1969, S. 85.
31 Dröge im Vorwort zur 2. Auflage von Wirkungen der Massenkommunikation; 1973.
32 Bisky: Zur Kritik der bürgerlichen Massenkommunikationsforschung; 1976, S. 157.
33 Hovland, Lumsdaine, Sheffield: Experiments in Mass Communication; 1949. Vgl. dazu auch Bisky; 1976, S. 145. Dröge, Weißenborn und Haft; 1973, S. 89 f.
34 Vgl. Noelle-Neumann: Wirkungen der Massenmedien; S. 321.
35 Dichter: Strategie im Reich der Wünsche; 1964, S. 56.
36 Zitiert nach Dröge, Weißenborn, Haft: Wirkungen der Massenkommunikation; S. 11, Fußnote. Original in Berelson: Communication and Public Opinion; 1950, S. 345.
37 Lasswell: The Structure and Function of Communication in Society; 1948. Eine frühere Fassung der Lasswell-Formel in: Smith, Lasswell, Casey: Propaganda, Communication and Public Opinion; 1946, S. 121.

38 Zitiert nach Noelle-Neumann: Wirkung der Massenmedien; S. 317. Original in Berelson und Steiner: Human Behavior; 1964.
39 Vgl. Haug: Kritik der Warenästhetik; 1971, S. 40f.
40 Vgl. Noelle-Neumann: Wirkungen der Massenmedien; S. 323
41 Hovland: The Influence of Source Credibility on Communication Effectiveness; In: Public Opinion Quarterly; 1951, S. 635–650.
42 Bisky: Zur Kritik der bürgerlichen Massenkommunikationsforschung; S. 167.
43 Capon und Hulbert stellen den Sleeper-Effekt grundsätzlich in Frage. Vgl.: The Sleeper-Effect – An Awakening. In: Public Opinion Quarterly; 1973, S. 333–358.
44 Kate Smith verkaufte in mehreren Sendungen für insgesamt 600 Millionen Dollar Kriegsanleihen. Insgesamt mehr, als alle andern Aktionen zusammen erbrachten. Vgl. dazu Merton: Mass Persuasion; 1946.
45 Noelle-Neumann: Wirkungen der Massenmedien; S. 330f.
46 Lazarsfeld und Merton: Mass Communication, Popular Taste and Organised Social Action. 1948; deutsch in Aufermann, Bohrmann, Sülzer; 1973, Band 2; vgl. insbesondere S. 466.
47 Eberhard: Der Rundfunkhörer und sein Programm; 1962.
48 Fishbein und Ajzen unterscheiden deshalb zwischen »single-act-criteria« und »multiple-act-criteria«. Vgl. Fishbein und Ajzen: Attitudes towards Objects as Predictors of Single and Multiple Behavioral Criteria. In: Psychological Review; 1974, Nr. 1.

11. Kapitel
Von der Natur des Menschen zur Natur des Konsumenten

1 Stamm 2; 1981, S. 57.
2 Stamm 2; 1981, S. 110.
3 Stamm 2; 1981, S. 127.
4 Stamm 2; 1981, Inserat gegenüber S. 62.
5 Lebensweg einer jungen Marke. In: Absatzwirtschaft; 1980, Sonderausgabe 10, S. 116.
6 ebd. Vgl. dazu auch: Ihre Lieblichkeit auf den Thron des Marktleaders; in: W & V; 1980, Nr. 11, Beilage Fallstudie.
7 Schelsky: Auf der Suche nach der Wirklichkeit; 1965.
8 Der Begriff des »verbürgerlichten« Arbeiters wurde von Goldthorpe geprägt. Vgl. Goldthorpe et al.: The Affluent Worker; 1968.
9 Vgl.: Moore und Kleining: Das soziale Selbstbild der Gesellschaftsschichten in Deutschland; 1960. Moore und Kleining: Soziale Selbsteinstufung (SSE) – ein Instrument zur Messung sozialer Schichtung; 1968. Bolte: Deutsche Gesellschaft im Wandel; Band 2, 1970. Scheuch: Sozialprestige und soziale Schichtung; 1961.
10 Vgl. Kapitel: Vom demonstrativen Konsum zur demonstrativen Vernunft.
11 Allensbacher Werbeträger-Analyse (AWA); 1980, Band 2, S. D.
12 Media-Analyse (MA); 1980, S. 33.
13 Die Allensbacher Werbeträger-Analyse bringt eine sehr viel gröbere Differenzierung und bringt damit die Antworten auf die Frage, was die Unterschiede im Haushaltseinkommen denn konkret bewirken mögen, auf eine etwas weniger spekulative Basis. Die Kategorien der AWA zum Haushalts-Netto-Einkommen und die prozentuale Verteilung:

8 % unter   1250 DM
15 % 1250 DM–1750 DM
43 % 1750 DM–3000 DM
22 % 3000 DM–4000 DM
14 % 4000 DM und mehr

14 Die 1980 veröffentlichten Zahlen beziehen sich auf Erhebungen von 1979 und 1978. Die Differenzen zwischen 79 und 78 sind hier nicht von Bedeutung.

15 Berechnet ohne die Kategorie »Sonstige Haushalte«. Vgl. Statistisches Jahrbuch 1980. S. 65, Tabelle 3. 16.

16 Statistisches Jahrbuch 1980. S. 65, Tabelle 3. 16.

17 Diese Kategorie sagt nichts über den Beruf aus: Die darin enthaltenen Berufe sind zu heterogen, und außerdem sind hier auch »nie berufstätig gewesene« Personen miterfaßt. Um so bedenklicher ist die Tatsache, daß diese Kategorie mit 39 Prozent die größte Gruppe darstellt.

18 Dieselben Berufskategorien sind auch in Meinungsumfragen üblich, sie führen dort zu denselben Verzerrungen. Vgl. Heller: Umfragen zur Kernenergie. Analysen demoskopischer Ergebnisse. In: Krebsbach-Gnath: Konfliktfeld Energie; München, Wien 1981.

12. Kapitel
Die Vorstellungen vom Verbraucher und ihre Beweismethoden

1 Einen ausführlichen Überblick über die Methoden gibt das Handbuch der empirischen Sozialforschung (Ausgabe 1973, Band 2); hier insbesondere Scheuch: Das Interview in der Sozialforschung; König: Die Beobachtung. Ein weiteres Standardwerk ist Noelle: Umfragen in der Massengesellschaft; 1963. Ein Klassiker zu den Methoden der Motivforschung ist Lazarsfeld: The Art of Asking Why; 1935. Zur Kritik an der empirischen Sozialforschung u. a. Berger: Untersuchungsmethode und soziale Wirklichkeit; 1974. Ritsert: Inhaltsanalyse und Ideologiekritik; 1972.

2 Vgl.: Schreiber: Marktforschung; 1966, S. 63 ff. Schreiber: Das standardisierte und das nicht-standardisierte Interview; 1974.

3 Wenn im folgenden die Bezeichnungen ›quantitativ‹ und ›qualitativ‹ dennoch beibehalten werden, so deshalb, weil hier als Gegensatz standardisierter Interviews insbesondere Motivstudien diskutiert werden. Für die Motivstudien hat sich die Charakterisierung ›qualitativ‹ besonders durchgesetzt – nicht zuletzt deshalb, weil hier der Begriff ›nicht-standardisiert‹, der eher eine methodische als eine theoretische Unterscheidung kennzeichnet, zu eng wäre.

4 Unter dem Druck der forschungsfeindlichen Werbung, die jede Forschungsmark bejammert, sind qualitative Studien besonders unter Preisdruck geraten. Das hat dazu geführt, daß sie jetzt oft ebenso kurz und bündig wie quantitative Studien durchgeführt werden und sich nur noch durch Formalismen unterscheiden.

5 Haedrich: Der Interviewereinfluß in der Markforschung; 1974.

6 Alfred C. Kinsey: Sexual Behavior in the Human Male; 1948, Philadelphia.

7 Haseloff: Markforschung und Motivationstheorie; 1974, S. 132.

8 Shere Hite: The Hite Report; 1976, New York.

9 Dabei wird dann wieder vergessen, daß statistische Verfahren ohne Be-

rücksichtigung der je speziellen Fragestellung nicht sinnvoll angewendet werden können. Haseloff und Hoffmann demonstrieren in ihrem ›Kleinen Lehrbuch der Statistik‹ 1970 dieses Problem wiederholt.

10 Derartige Fragen sind häufig schon vor einer Untersuchung durch die Datensammlungen amtlicher und halbamtlicher Statistiken zu klären. Vgl. Ante und Schmidt: Amtliche und halbamtliche Statistiken als Quellen von Sekundäranalysen; 1974.

11 Bergler: Werbung als Untersuchungsgegenstand der empirischen Sozialforschung; 1980, S. 34.

12 Interview und Analyse. 1981, Nr. 2, S. 47.

13 Vgl. Einleitung. S. 11

14 Stein: Enthüllungen aus dem Land der Riesenwaschkraft; 1978, S. 25.

15 Stein: Und wie war das bei Ihnen?, 1980, S. 112.

16 Femina: Flauschig weich wird selbst die Leiche; 1971, S. 246.

17 Reeves: Reality in Advertising; 1960.

18 Gossage: Ist die Werbung noch zu retten?; 1967, S. 217.

19 Ogilvy: Confessions of an Adverting Man; 1963.

20 Ruczinski und Suthoff: Die Bedeutung des Modell-Denkens für die Werbung; 1979, S. 7.

21 Gesellschaft Werbeagenturen GWA: Jahresbericht 1980/81, S. 101.

22 Heumann, Ogilvy & Mather: Wie man Werbung macht, die verkauft; 1974, § 9

23 ebd. § 18

24 Heumann, Ogilvy & Mather: Wie man Werbung macht, die mehr einbringt, als sie kostet; 1979. § 25; § 14; § 31.

25 ebd. § 27

26 ebd. § 34

27 Gaede: Vom Wort zum Bild – Kreativ-Methoden der Visualisierung; 1981, S. 8.

28 Hoffmann: Werbepsychologie; 1972, S. 138f.

29 Bergler im Vorwort zu Zacharias: Die Einstellung der Bevölkerung zur Werbung; 1977, S. 1.

13. Kapitel
Vom demonstrativen Konsum zur demonstrativen Vernunft

1 Veblen: Theorie der feinen Leute; Ausg. 1971, S. 48.

2 ebd. S. 42

3 Kleining und Moore: Soziale Selbsteinschätzung (SSE); 1968, S. 517f. und S. 551, Anm. 4.

4 Engelmann: Das Reich zerfiel, die Reichen blieben; 1972.

5 Zapf: Beiträge zur Analyse der deutschen Oberschicht; 1965.

6 Bolte: Deutsche Gesellschaft im Wandel; 1966, S. 321, unter Bezug auf Gordon: Kitty Foyle and the Concept of Class as Culture; in: American Journal of Sociology; Vol. LIII, 1947/48.

7 Herzog von Bedford: Traktat über die feine britische Art; 1966, S. 72f.

8 Dichter: Strategie im Reich der Wünsche; 1964, S. 341.

9 Vgl. Schreiber: Kaufverhalten der Verbraucher; 1965. Scherhorn: Information und Kauf; 1964. Katona und Mueller: A Study of Purchase Decisions; 1955.

10 Becker, Anderson, Engledow: Vergleichende Untersuchungen über Kauf- und Informationsverhalten deutsch-amerikanischer Eliteverbraucher 1970–1976; 1978, S. 197f.

11 Vgl. Schmölders, Scherhorn, Schmidtchen: Der Umgang mit Geld im privaten Haushalt; 1969.

12 Vgl. Becker, Anderson, Engledow: Verbrauchereinstellung zur Werbung; 1977.

13 Kleining und Moore: Soziale Selbsteinschätzung (SSE); 1968.

14 Die Schichten bei Kleining und Moore: Oberschicht; Obere Mittelschicht; Mittlere Mittelschicht; Untere Mittelschicht (nicht-industriell); Untere Mittelschicht (industriell); Obere Unterschicht (nicht-industriell); Obere Unterschicht (industriell); Untere Unterschicht; Sozial Verachtete.

15 Vgl. Scheuch und Daheim: Sozialprestige und soziale Schichtung; 1961; S. 76. Daheim: Die Vorstellungen vom Mittelstand; 1960, S. 243.

16 Noelle-Neumann und Neumann (Hrsg): Jahrbuch der öffentlichen Meinung. 1965–67.

17 Branchenuntersuchung der Westdeutschen Landeszentralbank (WestLB); Düsseldorf 1976.

18 Standhafter Punkt; in: Der Spiegel; 1979, Nr. 32, S. 160.

19 In den Idealen zeigen sich deutlich Überreste der Oberschichtskultur, wie sie Veblen beschrieb, vgl. insbesondere das Kapitel: Die Bildung als Ausdruck der Geldkultur; S. 268ff.

20 Steinbuch thematisierte 1968 in ›Falsch programmiert‹ diese Mentalität und griff sie als hinterwäldlerisch an.

21 Battelle-Institut e. V. Frankfurt: Gruppenprojekt Wärmepumpen; 1979. Anmerkung zur Untersuchungsmethodik: Die Erforschung solcher Verbrauchermotivation erfordert eine hohe Flexibilität der Befragung; standardisierte Interviews sind dafür nicht geeignet. Anstelle von Einzelinterviews boten qualitative Gruppeninterviews den Vorteil, daß nicht der Forschungsleiter, sondern die Gruppen die Schwerpunkte des Themas setzten. Das war besonders wichtig bei den Konsumpionieren, da sich diese als In-Crew begriffen, von der die Forscher ausgeschlossen waren.

22 Vgl. Scherhorn: Verbraucherinteresse und Verbraucherpolitik; 1975, S. 10f.

23 Vgl. Hörning: Ansätze zu einer Konsumsoziologie; 1970.

14. Kapitel
Die Absicht der Werbung ist ihre Wirkung

1 Bretscher: Die Analyse von kommunikativen Erwartungen; in: Communications; 1976, Nr. 1.

2 Vgl. Kapitel: Die Erkenntnisse der Massenkommunikationsforschung S. 180.

3 In den USA macht man bereits Werbung mit der Unbeliebtheit der Werbung. So wirbt der Petro-Konzern ›Mobil‹ damit, daß Mobil Fernsehsendungen finanziert, die nicht von Werbung unterbrochen werden; Anzeige im New Yorker vom 18. 5. 1981, S. 127.

4 Vgl. Goffman: Frame Analysis – An Essay on the Organisation of Experience; 1974. In Goffmans Analyse entsprechen die ›Frames‹ den hier als Genre bezeichneten Interpretationsrastern.

5 Haase: Kinder und Medien; in: Media Perspektiven; 1979, Heft 12.
6 Gossage: Ist die Werbung noch zu retten? 1967, S. 16.
7 Vgl.: TV-Spots immer austauschbarer; in: W & V; 1982, Nr. 4, S. 1.
8 Hersteller bereiten sich auf Preiskrieg vor; in: Der Spiegel; 1983, Nr. 4, S. 93.

Literaturverzeichnis

Literatur, aus der zur Illustration einer Argumentation zitiert wurde, die sich ansonsten jedoch nicht auf Werbung bezieht, wurde nicht ins Verzeichnis aufgenommen. Diese Titel sind in der entsprechenden Anmerkung mit voller Angabe zu finden.

Advertising Research Foundation (Hrsg): Evaluation Advertising – A Bibliography of the Communications Process; New York 1978

Albert, Hans: Probleme der Wissenschaftslehre in der Sozialforschung; in: König (Hrsg): Handbuch der empirischen Sozialforschung; Bd. 1, 1973

Albrecht, Uwe: Der deutsche Werberat – Aufgaben – Arbeitsweise – Ergebnisse; in: Media Perspektiven; Heft 4, 1981

Allensbach, Institut für Demoskopie (Hrsg): Allensbacher Werbeträger-Analyse (AWA); Allensbach am Bodensee 1959 ff. (jährlich)

Anger, Hans: Möglichkeiten und Grenzen werblicher Beeinflussung, in: Kommunikation und Gesellschaft; 1972

Ante, Bruno; Schmidt, Brigitte: Amtliche und halbamtliche Statistiken als Quellen von Sekundäranalysen; in: Behrens (Hrsg): Handbuch der Marktforschung; 1974

Appell ans Unterbewußtsein; in: Der Spiegel; Nr. 14, 1958

Arnim, Gabriele von: Fünf Thesen über die Wirkung der Massenmedien im Wahlkampf – Ein Resümee der empirischen Forschung; in: Prokop (Hrsg): Massenkommunikationsforschung; Bd. 2, 1973

Attenslander, Peter; Kneubühler, Hans Ulrich: Verzerrungen im Interview – Zu einer Fehlertheorie der Befragung; Opladen 1975

Aufermann, Jörg; Bohrmann, Hans; Sülzer, Rolf (Hrsg): Gesellschaftliche Kommunikation und Information – Forschungsrichtungen und Problemstellungen; Frankfurt/Main 1973

Aufermann, Jörg: Werbung, Presse und manipulierte Öffentlichkeit; in: Aufermann, Bohrmann, Sülzer (Hrsg): Gesellschaftliche Kommunikation und Information; Bd. 2

Axel Springer Verlag AG (Hrsg): Märkte-Informationen für die Werbeplanung; Berlin 1978

Axel Springer Verlag AG (Hrsg): Feminine Kaufmotive – Meinungsbildung der Frauen im Kaufentscheidungsprozeß; Hamburg 1980

Baran, Paul A.; Sweezy, Paul M.: Theses on Advertising; 1963. / Thesen zur Werbung; in: Baran: Zur politischen Ökonomie der geplanten Wirtschaft; Frankfurt/Main 1968

Barthes, Roland: Mythologies; Paris 1957. / Mythen des Alltags; Frankfurt/Main 1964

Bauer, Raymond A.: Das widerspenstige Publikum – Der Einflußprozeß aus der Sicht sozialer Kommunikation; in: Prokop (Hrsg) : Massenkommunikationsforschung; Bd. 2, 1973

Becker, Helmut; Anderson, Ronald D.; Engledow, Jack L.: Verbrauchereinstellung zur Werbung; in: Jahrbuch der Absatz- und Verbrauchsforschung; Nr. 3, 1977

Becker, Helmut; Anderson, Ronald D.; Engledow, Jack L.: Vergleichende Untersuchungen über Kauf- und Informationsverhalten deutsch-amerikanischer Eliteverbraucher 1970–1976; in: Jahrbuch der Absatz- und Verbrauchsforschung; Nr. 2, 1978

Bedford, John Herzog von: Book of Snobs; London 1965. / Traktat über die feine britische Art; Düsseldorf/Wien 1966

Behrens, Karl Christian (Hrsg): Handbuch der Werbung; Wiesbaden 1970

Behrens, Karl Christian (Hrsg): Handbuch der Marktforschung; Wiesbaden 1974

Beike, Peter: Werbewirkung – Mediawirkung. – Problemstudie zur Frage nach der Generalisierbarkeit von Ergebnissen der Werbewirkungsforschung; Gruner + Jahr Schriftenreihe Bd. 18; Hamburg o. J.

Beike, Peter: Zielgruppenprobleme; in: Vierteljahreshefte für Mediaplanung; Heft 2, 1979

Berelson, Bernard: Communication and Public Opinion; in: Berelson und Janowitz (Hrsg): Reader in Public Opinion and Communication; Glencoe, Illinois 1950

Berelson, Bernard: Content Analysis in Communication Research; Glencoe, Illinois 1951

Berelson, Bernard; Lazarsfeld, Paul F.; McPhee, William N.: Voting: A Study of Opinion Formation in a Presidential Campain; Chicago 1954

Berelson, Bernard; Steiner, G. A.: Human Behavior. An Inventory of Scientific Findings; New York 1964. / Menschliches Verhalten; Weinheim/Berlin/Basel 1969

Berger, Hartwig: Untersuchungsmethode und soziale Wirklichkeit – Eine Kritik an Interview und Einstellungsmessung in der Sozialforschung; Frankfurt/Main 1974

Bergler, Reinhold (Hrsg): Marktpsychologie; Bern/Stuttgart/Wien 1972

Bergler, Reinhold: Konsumententypologien; in: Bergler (Hrsg): Marktpsychologie; 1972

Bergler, Reinhold: Zigarettenwerbung und Zigarettenkonsum – Eine psychologische Studie; Bern/Stuttgart/Wien 1979

Bergler, Reinhold: Werbung als Untersuchungsgegenstand der empirischen Sozialforschung – Problemanalysen und methodische Rahmenbedingungen; herausgegeben vom Zentralausschuß der Werbewirtschaft e. V. (ZAW); Bonn 1980

Bettinghaus, Erwin P.: Persuasive Communication; New York 1968

Bidlingmaier, Johannes: Marketing; Reinbek bei Hamburg 1973

Bisky, Lothar: Zur Kritik der bürgerlichen Massenkommunikationsforschung; Berlin/DDR 1976

Bisky, Lothar: Massenkommunikation und soziales Handeln der Massen; in: Communications; Heft 3, 1978

Bisky, Lothar: Geheime Verführer – Geschäft mit Show, Stars, Reklame, Horror, Sex; Berlin/DDR 1980

Bledjian, Frank: Theoretische Ansätze über den Einfluß der präkommunikativen Einstellungsstruktur der Reziepienten auf Bildung und Änderung von Einstellungen; in: Prokop (Hrsg): Massenkommunikationsforschung; Bd. 2, 1973

Böttcher, Winfried: Werbung im Schulbuch; herausgegeben vom Zentralausschuß der Werbewirtschaft e. V. (ZAW); Bonn o. J.

Böttcher, Winfried: Werbung im Lehrplan; herausgegeben vom Zentralausschuß der Werbewirtschaft e. V. (ZAW); Bonn o. J.

Bolte, Karl Martin: Deutsche Gesellschaft im Wandel; Bd. 1, Opladen 1966

Bolte, Karl Martin; Neidhardt, Friedhelm; Holzer, Horst: Deutsche Gesellschaft im Wandel; Bd. 2, Opladen 1970

Bolte, Karl Martin; Recker, Helga: Vertikale Mobilität; in: König (Hrsg): Handbuch der empirischen Sozialforschung; Bd. 5, 1976

Bombach, Gottfried; Gahlen, Bernhard; Ott, Alfred E.: Neuere Entwicklungen in der Theorie des Konsumentenverhaltens; Tübingen 1978

Bongard, Willi: Männer machen Märkte; Oldenburg/Hamburg 1963

Brand, Horst W.: Subliminale Wahrnehmung und Werbung – Zur methodologischen Problematik »unterschwelliger« Beeinflussungen; Diss., Köln 1976

Brand, Horst W.: Die Legende von den »geheimen Verführern« – Kritische Analysen zur unterschwelligen Wahrnehmung und Beeinflussung; Weinheim/Basel 1978

Brand, Horst W.: »Soziale Wahrnehmung« – oder Wahrnehmung in sozialen Situationen?; in: Bungard (Hrsg): Die »gute« Versuchsperson denkt nicht; 1980

Bretscher, Georges: Die Analyse kommunikativer Erwartungen; in: Communications; Heft 1, 1976

Breuer, Norbert: Welche Einstellungstypen bedienen Sie in welchen Teilmärkten?; in: Absatzwirtschaft; Heft 6, 1980

Brigitte-Anzeigenabteilung (Hrsg): Brigitte und ihre Leser 82/83; interne Publikation der Gruner + Jahr AG; Hamburg 1982

Bundesanstalt für Arbeit, Institut für Arbeitsmarkt und Berufsforschung (Hrsg): Frauen und Arbeitsmarkt. Quint AB 4 – Quintessenzen aus der Arbeitsmarkt- und Berufsforschung; Nürnberg 1976

Bundesministerium für Wirtschaft (Hrsg): Leistung in Zahlen '78; Bonn 1979

Bungard, Walter (Hrsg): Die »gute« Versuchsperson denkt nicht. Artefakte in der Sozialpsychologie; München/Wien/Baltimore 1980

Burda GmbH (Hrsg): Typologie der Wünsche – Bedürfnisstrukturen von Zielgruppen; Offenburg 1974 und 1976

Burda GmbH (Hrsg): Typologie der Wünsche – Strukturen von Zielgruppen und deren Kommunikationsverhalten; Offenburg 1980

Burke, Kenneth: Permanence and Change; Los Altos 1954

Cantril, Hadley: The Psychology of Radio; New York 1933

Cantril, Hadley: The Invasion from Mars – A Study in the Psychology of Panic; Princeton 1940. Die Invasion vom Mars; (Kurzfassung) in: Prokop (Hrsg): Massenkommunikationsforschung Bd. 2, 1973

Catton, William R. jr: Massenmedien als Ursache von Wirkungen: Bericht über den Stand der Forschung; in: Aufermann, Bohrmann, Sülzer (Hrsg): Gesellschaftliche Kommunikation und Information; Bd. 1, 1973

Capon, N.; Hulbert, J.: The Sleeper Effect. An Awakening; in: Public Opinion Quarterly; Vol. 37, 1973

Claessens, Dieter; Klönne, Arno; Tschoepe, Armin: Sozialkunde der Bundesrepublik Deutschland; 9. durchges. Auflage, Düsseldorf/Köln 1979

Clark, Lincoln Harold (Hrsg): Consumer Behavior; New York 1955

Clausen, Lars: Soziologische Probleme der Werbung; in: Behrens (Hrsg): Handbuch der Werbung; 1970

Colley, Russell H.: Goals for Measured Advertising Results; herausgegeben von der Association of National Advertisers; New York 1961

Daheim, Hansjürgen: Die Vorstellungen vom Mittelstand; in: Kölner Zeitschrift für Soziologie und Sozialpsychologie; Heft 12, 1960

Dahlhoff, Hans-Dieter: Wirtschaftspsychologie; in: psychologie heute; Nr. 12, 1975

Dahlmüller, Götz; Hund, Wulf D.; Kommer, Helmut: Kritik des Fernsehens. Handbuch gegen Manipulation; Darmstadt/Neuwied 1973

Dahlmüller, Götz; Hund, Wulf D.; Kommer, Helmut: Politische Fernsehfibel; Reinbek bei Hamburg 1974

Das Geschäft mit den heimlichen Wünschen – Die Werbung ist nicht mehr zimperlich; in: Der Stern. Nr. 6, 1970

DeFleur, Melvin L.; Larsen, Otto N.: The Flow of Information; New York 1958

Deicke, Maren: Schaumschlägerei; in: Stern; Nr. 36, 1979

Deutscher Werbekalender – Taschenbuch für Marketing und Werbung; Neuss (jährlich)

Deutschmann, P.; Danielson, W. A.: Diffusion of Knowledge of the Major News Story; in: Journalism Quarterly; Vol. 37, 1960

Deutscher Werberat mahnt: Frauen nicht herabwürdigen; in: ZAW-Service; Nr. 86, 1980

Dewey, John: Human Nature and Conduct; New York 1930

Dichter, Ernest: The Strategy of Desire; New York 1961. / Strategie im Reich der Wünsche; München 1964

Dichter, Ernest: Handbook of Consumer Motivations – The Psychology of the World of Objects; New York 1964. / Handbuch der Kaufmotive – Der Selling Appeal von Waren, Werkstoffen und Dienstleistungen; Wien/Düsseldorf 1964

Dichter, Ernest: Packaging: The Sixth Sense?; Boston 1975

Dichter, Ernest: Motivforschung mein Leben – Die Autobiografie eines kreativ Unzufriedenen; Frankfurt/Main 1977

Dichter, Ernest: Die Welt gehört den Unzufriedenen – Auf der Suche nach den Konsumenten von morgen; In: Communication; Nr. 3, 1979

Dichtl, Erwin; Müller-Heumann, Günther: Konsumententypologische und produktorientierte Marktsegmentierung; in: Jahrbuch der Absatz- und Verbrauchsforschung; 1972

Diehl, Joerg M.: Motivationsforschung im Bereich des Konsumentenverhaltens; in: Todt (Hrsg): Motivation; 1977

Domeyer, Barbara: Die soziolinguistische Textanalyse in: Interview und Analyse; Nr. 9, 1980

Dröge, Franz: Wissen ohne Bewußtsein – Materialien zur Medienanalyse; Frankfurt/Main 1972

Dröge, Franz; Weißenborn, Rainer; Haft, Henning: Wirkungen der Massenkommunikation; Münster 1969. / Frankfurt/Main 1973

Eberhard, Fritz: Der Rundfunkhörer und sein Programm – Ein Beitrag zur empirischen Sozialforschung; Berlin 1962

Eberhard, Fritz; Schulz, Winfried: Hörfunk; in: Noelle-Neumann, Schulz (Hrsg): Publizistik; 1971

Ehmer, Hermann K. (Hrsg): Visuelle Kommunikation – Beiträge zur Kritik der Bewußtseinsindustrie; Köln 1971

Ehmer, Hermann K.: Von Mondrian bis Persil – Zur Ideologie des Reinen in Kunst und Werbung; in: Ehmer (Hrsg): Visuelle Kommunikation; 1971

Ehmer, Hermann K.: Zur Metasprache der Werbung – Analyse einer Doornkaat-Reklame; in: Ehmer (Hrsg): Visuelle Kommunikation; 1971

Elias, Norbert: Über den Prozeß der Zivilisation – soziogenetische und psychogenetische Untersuchungen; Bd. I: Wandlungen des Verhaltens in den weltlichen Oberschichten des Abendlandes; Bd. II: Wandlungen der Gesellschaft. Entwurf zu einer Theorie der Zivilisation; 1936. / Frankfurt/Main 1977

Engelmann, Bernt: Das Reich zerfiel, die Reichen blieben; Hamburg 1972

Enzensberger, Hans Magnus: Baukasten zu einer Theorie der Medien; in: Prokop (Hrsg): Massenkommunikationsforschung; Bd. 2, 1973

Eurich, Claus: Politische Meinungsführer. – Theoretische Konzeptionen und empirische Analysen der Bedingungen persönlicher Einflußnahme im Kommunikationsprozeß; München 1978

Eurich, Claus: Beeinflussungsstrategien zur Weiterentwicklung des Meinungsführerkonzepts; in: Zeitschrift für Markt-, Meinungs- und Zukunftsforschung; Nr. 1, 1977

Evans, Franklin B.: Correlates of Automobil Shopping Behavior in: Journal of Marketing; Vol. 26, 1962

Femina, Jerry Della: From those Wonderful Folks who gave you Pearl Harbor – Front-Line Dispatches from the Advertising War; New York 1970. / Flauschig weich wird selbst die Leiche – Frontberichte aus dem Werbekrieg; Frankfurt/Main 1971

Festinger, Leon: A Theory of Cognitive Dissonance; Evanston Ill. 1957

Festinger, Leon: Die Lehre von der »kognitiven Dissonanz«; in: Schramm (Hrsg): Grundfragen der Kommunikationsforschung; 1963

Festinger, Leon: Conflict, Decision and Dissonance; Stanford/Ca. 1964

Fishbein, Martin (Hrsg): Readings in Attitude Theory and Measurement; New York 1967

Fishbein, Martin: A Behavior Theory Approach to the Relations between Beliefs about an Object and the Attitude toward the Object; in: Fishbein (Hrsg): Readings in Attitude Theory and Measurement; New York 1967

Fishbein, Martin; Ajzen, Icek: Attitudes towards Objects as Predictions of Single and Multiple Behavioral Criteria; in: Psychological Review; Jan 1974

Fishbein, Martin; Ajzen, Icek: Beliefs, Attitudes, Intentions and Behavior: An Introduction to Theory and Research; Reading/Mass. 1975

Flader, Dieter: Strategien der Werbung – Ein linguistisch-psychoanalytischer Versuch zur Rekonstruktion der Werbewirkung; 2. überarb. Aufl., Kronberg im Taunus 1976

Frank, Bernward: Typologie der Fernsehzuschauer; in: Rundfunk und Fernsehen; Heft 2/3, 1975

Frank, Bernward: Einschalt- und Sehverhalten in der Familie; in: ZDF-Schriftenreihe; Heft 21, Mainz 1978

Fréese, Gunhild: Die Nummer mit Claus. – Jägermeister-Werbung: Eine witzige Idee, die auch nach sieben Jahren noch ankommt, in: Die Zeit; Nr. 35, 1980

Freud, Sigmund: Einige Bemerkungen über den Begriff des Unbewußten in der Psychoanalyse; 1913. / Gesammelte Werke, Bd. VIII, London 1943

Freud, Sigmund: Zur Geschichte der psychoanalytischen Bewegung; 1914. / Gesammelte Werke, Bd. X, London 1949

Freud, Sigmund: Der Mann Moses und die monotheistische Religion; 1939. / Gesammelte Werke, Bd. XVI, London 1950

Freud, Sigmund: Massenpsychologie und Ich-Analyse; 1921. / Gesammelte Werke, Bd. XIII, London 1940

Frey, Dieter (Hrsg): Kognitive Theorien der Sozialpsychologie; Bern/Stuttgart/Wien 1978

Friedrich, Walter (Hrsg): Kritik der Psychoanalyse und biologistischer Konzeptionen; Frankfurt/Main 1977

Friedrich, Walter: Sigmund Freud – ein Vatersymbol für T. Parsons?; in: Friedrich (Hrsg): Kritik der Psychoanalyse und biologistischer Konzeptionen; 1977

Friedrichs, Jürgen: Methoden empirischer Sozialforschung; Reinbek bei Hamburg 1973

Gaede, Werner: Vom Wort zum Bild – Kreativ-Methoden der Visualisierung; München 1981

Ganter, Richard: Die Sprüchemacher; Reinbek bei Hamburg 1980

Geese, Uwe; Kimpel, Harald (Hrsg): Kunst im Rahmen der Werbung; Marburg 1982

Geiger, Siegfried; Heyn, Wolfgang: Fehlerquellen in der demoskopischen Marktforschung; in: Behrens (Hrsg): Handbuch der Marktforschung; 1974

Gesellschaft Werbeagenturen GWA (Hrsg): Die Werbeagenturen der GWA. Jahresbericht 1980/81; Frankfurt/Main 1980

Glass, David W.; König, René (Hrsg): Soziale Schichtung und soziale Mobilität; Sonderheft 5 der Kölner Zeitschrift für Soziologie und Sozialpsychologie; Köln und Opladen 1961

Götteritz, Hans W.: Diffusion und Planung – Das diffusionstheoretische Adaptionsmodell in einer empirischen Vergleichsanalyse; Hochschule der Künste Berlin, FB 5; mimeo., 1977

Goffman, Erving: Symbols of Class Status; in: British Journal of Sociology; Vol. 2, 1951

Goffman, Erving: Frame Analysis – An Essay on the Organisation of Experience; New York/Evanstone/San Francisco/London 1974. / Rahmen-Analyse – Ein Versuch über die Organisation von Alltagserfahrungen; Frankfurt/Main 1977

Goffman, Erving: Gender Advertisements; New York/Evanstone/San Francisco/London 1978

Goldmann, Lucien: La création culturelle dans la société moderne; Paris 1971. / Kultur in der Mediengesellschaft; Frankfurt/Main 1973

Goldthorpe, John H. et al.: The Affluent Worker: Industrial Attitudes and Behavior; Cambridge 1968
Goldthorpe, John H.: Der gutverdienende Arbeiter und die Verbürgerlichungsthese; in: Hörning (Hrsg) Der »neue« Arbeiter; 1971
Gossage, Howard Luck: Ist die Werbung noch zu retten?; Düsseldorf/Wien 1967
Graumann, Karl Friedrich: Nicht-Sinnliche Bedingungen des Wahrnehmens; in: Metzger (Hrsg): Handbuch der Psychologie; Bd. 1, 1; Göttingen 1967
Graumann, Carl Friedrich: Interaktion und Kommunikation; in: Graumann (Hrsg): Handbuch der Psychologie; Bd. 7, 2; Göttingen 1972
Grefe, Rolf; Müller, Siegfried: Die Entwicklung des »Opinion Leader«-Konzeptes und der Hypothese vom zweistufigen Kommunikationsprozeß; in: Zeitschrift für Markt-, Meinungs- und Zukunftsforschung; Heft 1, 1976
Grüneisl, Gerd et al. (Hrsg): Visuell-gesturale Kommunikation in der Anzeigenwerbung; Nürnberg 1973
Grünstein, Nickel: Zahnpasta gegen Demokraten. Zur Funktion der Produktwerbung im Spätkapitalismus; in: Tendenzen; Nr. 54, 1968
Grünwaldt, H. J.: Didaktik des Deutschunterrichts in der Wandlung; in: Ide, H. (Hrsg): Bestandsaufnahme Deutschunterricht – Ein Fach in der Krise; Stuttgart 1970
Gruner + Jahr AG (Hrsg): Brigitte-Frauentypologie – Markt- und Medienverhalten weiblicher Marketing-Zielgruppen; Typologien I–IV; Hamburg 1973–1979
Gruner + Jahr AG (Hrsg): Konkurrenzvergleich Anzeigen; Erscheint wöchentlich; interne Publikation
Gruner + Jahr AG; Anzeigenabteilung Stern (Hrsg): Der Stern und die Frauen – Beiträge für die Werbeplanung; interne Publikation; Hamburg 1980
Güttner, Gisela: Identifikationsmodelle und Konsumverhalten; in: Bergler (Hrsg): Marktpsychologie; 1972

Haase, Henning: Kinder und Medien – Eine Literaturübersicht zur Wirkungsforschung 1975–1979; in: Media-Perspektiven; Heft 12, 1979
Haase, Henning: Aspekte der (Werbe-) Fernseh-Wirkung; in: Media Perspektiven; Heft 4, 1980
Haase, Henning: Kinder, Medien, Werbung – Ein Literatur- und Forschungsbericht; Schriftenreihe Media Perspektiven 1; Frankfurt/Main 1981
Habermas, Jürgen: Strukturwandel der Öffentlichkeit; Neuwied und Berlin 1962
Haedrich, Günther: Marktforschung und Werbeplanung; in: Bidlingmaier, Jacobi, Uherek (Hrsg): Absatzpolitik und Distribution; Wiesbaden 1967
Haedrich, Günther: Der Interviewer-Einfluß in der Marktforschung; in: Behrens (Hrsg): Handbuch der Marktforschung 1974
Haedrich, Günther: Werbung als Marketinginstrument mit Fallbeispielen aus der Praxis; Berlin/New York 1976
Hammerich, Kurt; Klein, Michael: Materialien zur Soziologie des Alltags; in: Kölner Zeitschrift für Soziologie und Sozialpsychologie; Sonderheft 20, 1978

Handbuch der Werbung; Autorenkollektiv (Hrsg); 2. überarbeitete Auflage; Berlin/DDR 1969

Haseloff, Otto Walter; Hoffmann, Hans-Joachim: Kleines Lehrbuch der Statistik; Berlin 1970

Haseloff, Otto Walter: Struktur und Dynamik des menschlichen Verhaltens; Stuttgart/Berlin/Köln/Mainz 1970

Haseloff, Otto Walter: Kommunikation und gesellschaftlicher Wandel; in: Kommunikation & Gesellschaft; 1972

Haseloff, Otto Walter: Kommunikation, Transformation und Werbeerfolg; in: Kommunikation & Gesellschaft; 1972

Haseloff, Otto Walter: Marktforschung und Motivationstheorie; in: Behrens (Hrsg): Handbuch der Marktforschung; 1974

Haug, Wolfgang Fritz: Zur Ästhetik von Manipulation; in: Das Argument; Nr. 25, 1963

Haug, Wolfgang Fritz: Kritik der Warenästhetik; Frankfurt/Main 1971

Haug, Wolfgang Fritz: Warenästhetik, Sexualität und Herrschaft – gesammelte Aufsätze 1963–70; Frankfurt/Main 1972

Haug, Wolfgang Fritz (Hrsg): Warenästhetik. Beiträge zur Diskussion, Weiterentwicklung und Vermittlung ihrer Kritik; Frankfurt/Main 1975

Haug, Wolfgang Fritz: Zur Kritik der Warenästhetik; in: Prokop (Hrsg): Massenkommunikationsforschung; Bd. 3, 1977

Hauswaldt-Windmüller, Brigitte: Sprachliches Handeln in der Konsumwerbung – Eine herrschaftsbestimmte Form der Kommunikation. Polit-ökonomische, pragmatische und ideologiekritische Aspekte bei der Untersuchung sprachlicher Handlungen in der Konsumwerbung am Beispiel der Rundfunkwerbung; Weinheim/Basel 1977

Heiz, André: Wie argumentiert Werbung – Zur verbalen und imaginalen Konzeption von Werbebotschaften. Rhetorik des Codes, Analyse und Methodendiskussion; München 1978

Heller, Eva: Motivation und soziale Schichtung; in: Format; Nr. 1, 1974

Heller, Eva: Zur Motivationsstruktur von Verbrauchergruppen; in: Der Markenartikel; Nr. 7, 1976

Heller, Eva: Das Elend der Wirkungsforschung; in: Absatzwirtschaft; Nr. 11, 1978

Heller, Eva: Sozialisationsforschung. Alles ganz anders?; in: betrifft erziehung; Nr. 6, 1979

Heller, Eva: Demonstrativer Konsum – eine neue Konsumentenorientierung?; in: Absatzwirtschaft; Nr. 10, 1980

Heller, Eva: Die verschwundenen Hausfrauen; in: Interview und Analyse; Nr. 12, 1980

Heller, Eva: Der Hausfrauen-Jet-Set; in: psychologie heute; Nr. 7, 1981

Heller, Eva: Je globaler das Thema – desto größer die Unsicherheit; in: Frankfurter Rundschau; 26.11.1981

Heller, Eva: Wie manipulierbar sind wir eigentlich?; in: psychologie heute; Nr. 11, 1982

Heller, Eva; Scharioth, Joachim: Die Frau im Spannungsfeld von Arbeit und Freizeit; Vortrag auf dem Bundeskongreß deutscher Werber; 16.5.1980; mimeo.

Heller, Eva; Scharioth, Joachim: Frauen und Werbung 1950–1980; in: Media-Spektrum; Nr. 1, 1981

Hering, Heide: Weibs-Bilder – Zeugnisse zum öffentlichen Ansehen der Frau; Reinbek bei Hamburg 1979

Hermanns, Arnold: Sozialisation durch Werbung – Sozialisationswirkung von Werbeaussagen in Massenmedien; Düsseldorf 1972

Hermanns, Arnold: Der Prozeß der Aufnahme und Verarbeitung von Werbebotschaften, die von verschiedenartigen Medien übermittelt werden; Gruner + Jahr Schriftenreihe Bd. 12; Hamburg 1973

Heumann, Ogilvy & Mather (Hrsg): Wie man Werbung macht, die verkauft; Frankfurt/Main 1974

Heumann, Ogilvy & Mather (Hrsg): Wie man Werbung macht, die mehr einbringt als sie kostet; Frankfurt/Main 1979

Heygster, Anna-Luise; Maseberg, Eberhard: Werbung im Fernsehen; Fernsehkritik Bd. VIII, Mainz 1975

Higgins, Denis: The Art of Writing Advertising; Chicago 1965. / Die hohe Kunst des Werbetextens; München 1967

Höltschi, Peter: Die geheimen Verführer – Werbeleute müssen manchmal nächtelang spinnen; in: Playboy, Heft 10, 1979

Hörning, Karl H.: Ansätze zu einer Konsumsoziologie; Freiburg 1970

Hörning, Karl H. (Hrsg): Der »neue« Arbeiter – Zum Wandel sozialer Schichtstrukturen; Frankfurt/Main 1971

Hoffmann, Hans-Joachim: Werbepsychologie; Berlin/New York 1972

Hoffmann, Hans-Joachim: Psychologie und Massenkommunikation – Planung, Durchführung und Analyse öffentlicher Beeinflussung; Berlin/New York 1976

Holm, Karl-Friedrich: Grünes Licht für Marktforschung; in: Interview und Analyse; Teil I: Nr. 3, 1981, Teil II: Nr. 4, 1981

Holzer, Horst: Massenkommunikation und Demokratie in der Bundesrepublik Deutschland; in: Bolte, Neidhardt, Holzer: Deutsche Gesellschaft im Wandel; Bd. 2, 1970

Holzer, Horst: Politik und Unterhaltung in den Massenmedien: Reaktionen des Publikums; in: Prokop (Hrsg): Massenkommunikationsforschung; Bd. 2, 1973

Holzer, Horst: Kommunikationssoziologie; Reinbek bei Hamburg 1973

Holzkamp, Klaus: Zum Problem der Relevanz psychologischer Forschung für die Praxis; in: Psychologische Rundschau; Nr. 21, 1970

Holzkamp, Klaus: Kritische Psychologie – Vorbereitende Arbeiten; Frankfurt/Main 1972

Holzkamp, Klaus: Soziale Kognition; in: Graumann (Hrsg): Handbuch der Psychologie; Bd. 7, 2; Göttingen 1972

Holzkamp, Klaus: Sinnliche Erkenntnis – Historischer Ursprung und gesellschaftliche Funktion der Wahrnehmung; Frankfurt/Main; 3. rev. Auflage 1976

Holzkamp, Klaus: Die Überwindung der wissenschaftlichen Beliebigkeit psychologischer Theorien durch die kritische Psychologie (Teil 2); in: Zeitschrift für Sozialpsychologie; Nr. 8, 1977

Holzkamp-Osterkamp, Ute: Grundlagen der psychologischen Motivationsforschung; Bd. 1, Frankfurt/Main 1975. Grundlagen der psychologischen Motivationsforschung – Die Besonderheit menschlicher Bedürfnisse – Problematik und Erkenntnisgehalt der Psychoanalyse; Bd. 2, Frankfurt/Main 1976

Holzschuher, Ludwig Freiherr von: Psychologische Grundlagen der Werbung; Essen 1956

Hondrich, Karl Otto: Menschliche Bedürfnisse und soziale Steuerung; Hamburg 1975

Hondrich, Karl Otto; Matthes, Joachim (Hrsg): Theorienvergleich in den Sozialwissenschaften; Darmstadt und Neuwied 1978

Hondrich, Karl Otto: Instrumente der Bedürfnis- und Bedarfsermittlung im Planungsprozeß: Kritische Darlegung aus der Sicht des bedürfnistheoretischen Ansatzes; in: Molt; von Rosenstiel (Hrsg): Bedarfsdeckung oder Bedürfnissteuerung?; Berlin 1978

Hondrich, Karl Otto: Bedürfnisänderung durch Aufklärung?; in: Meyer-Abich und Birnbacher (Hrsg): Was braucht der Mensch, um glücklich zu sein; 1979

Horkheimer, Max: Zum Problem der Voraussage in den Sozialwissenschaften; in: Zeitschrift für Sozialforschung, Jg. II, 1933 (Faksimile-Reprint Bd. 2, München 1980)

Horkheimer, Max; Adorno, Theodor W.: Dialektik der Aufklärung; Amsterdam 1947

Horn, Klaus: Zur individuellen Bedeutung und gesellschaftlichen Funktion von Werbeinhalten; in: Zoll (Hrsg): Manipulation der Meinungsbildung; 1971

Hovland, Carl I.; Lumsdaine, Arthur A.; Sheffield, Fred D.: Experiments on Mass Communication; Princeton 1949

Hovland, Carl I.; Weiss, Walter: The Influence of Source Credibility on Communication Effectiveness; in: Public Opinion Quarterly; Heft 15, 1951

Hovland, Carl I.: Effects of the Mass Media of Communication; in: Lindzey (Hrsg): Handbook of Social Psychology; Massachusetts/London 1954

Hovland, Carl I. et al.: The Order of Presentation in Persuasion; New Haven 1957

Hund, Wulf D.: Kommunikation in der Gesellschaft – Demokratische Willensbildung oder manipulierte Meinung; Frankfurt/Main 1970

Hundhausen, Carl: Wirtschaftswerbung; Berlin 1971

Hundhausen, Carl: Werbung. Grundlagen; Berlin 1969

Hyman, Herbert H.; Sheatsley, Paul B.: Some Reasons why Information Campains Fail; in: Public Opinion Quarterly; Heft 11, 1947

Ihre Lieblichkeit auf den Thron des Marktleaders; in: W & V; 1980, Nr. 11, Beilage Fallstudie.

Irle, Martin; Cranach, Mario von; Vetter, Hermann (Hrsg): Texte aus der experimentellen Sozialpsychologie; Neuwied und Berlin 1969

Irle, Martin: Lehrbuch der Sozialpsychologie; Göttingen 1975

Jahoda, Marie; Warren, N. (Hrsg): Attitudes: Selected Readings; Harmondsworth 1966

Janis, Irving L.; Feshbach, Seymour: Effects of Fear-Arousing Communications; in: Journal of Abnormal and Social Psychology; Nr. 48, 1953. / Auswirkungen angsterregender Kommunikation; in: Irle (Hrsg): Texte aus der experimentellen Sozialpsychologie; 1969

Janis, Irving L.; Hovland, Carl I. et al.: Personality and Persuability; New Haven 1959

Johannsen, Uwe: Methoden der Werbeerfolgskontrolle in psychologischer Sicht; in: Behrens (Hrsg): Handbuch der Werbung; 1970

Johannsen, Uwe: Das Marken- und Firmen-Image. – Theorie, Methodik, Praxis; Berlin 1971

Kaas, Klaus Peter: Diffusion und Marketing. – Das Konsumentenverhalten bei der Einführung neuer Produkte; Stuttgart 1973

Kaiser, Andreas (Hrsg): Werbung. Theorie und Praxis werblicher Beeinflussung; München 1980

Kästing, Friederike; Schiller, Rüdiger: Bibliographie der Werbeliteratur – Verzeichnis deutschsprachiger Werbeliteratur ab 1945, einschließlich ausgewählter Literatur über Markterkundung und Absatz; Stuttgart 1972

Kätsch, Siegfried: Teilstrukturen sozialer Differenzierungen und Nivellierung in einer westdeutschen Mittelstadt. Aufwandsnormen und Einkommensverwendung in ihrer sozialen Schichtung; Köln/Opladen 1965

Kätzel, Siegfried: Kritische Analyse der Psychoanalyse aus philosophischer Sicht; in: Friedrich (Hrsg): Kritik der Psychoanalyse und biologistischer Konzeptionen; 1977

Kath, Joachim: Das Kreativtief in Werbung und Marketing; München 1974

Katona, George; Mueller, Eva: A Study of Purchase Decisions; in: Clark (Hrsg): Consumer Behavior; Bd. 1, 1955

Katona, George: Psychological Analysis of Economic Behavior; New York/Toronto/London 1951. / Das Verhalten der Verbraucher und Unternehmer; Tübingen 1960

Katona, George: The Mass Consumption Society; 1964. / Der Massenkonsum – Eine Psychologie neuer Käuferschichten; Wien/Düsseldorf 1965

Katz, Elihu: Die Verbreitung neuer Ideen und Praktiken; in: Schramm (Hrsg): Grundfragen der Kommunikationsforschung; 1963

Katz, Elihu: The Two Step Flow of Communication – An Up-to-Date Report on a Hypothesis; in: Public Opinion Quarterly; Heft 21, 1957

Katz, Elihu; Lazarsfeld, Paul F.: Personal Influence – The Part Played by People in the Flow of Mass Communications; Glencoe/Illinois 1955. / Persönlicher Einfluß und Meinungsbildung; Wien 1962

Keitz, Wolfgang von: Psychobiologische Werbewirkungsforschung – oder Sauermanns lügender Lügendetektor; in: Interview und Analyse; Nr. 7/8, 1980

Kellner, Hella; Horn, Imme: Gewalt im Fernsehen – Literaturbericht über Medienwirkungsforschung; Schriftenreihe des ZDF; Heft 8, Mainz 1974

Kelly, G. A.: Der Motivationsbegriff als irreführendes Konstrukt; in: Thomae (Hrsg): Die Motivation menschlichen Handelns; 1965

Kiefer, Marie-Luise: Werbung im öffentlich-rechtlichen Rundfunk; in: Media Perspektiven; Heft 4, 1981

Kiefer, Marie-Luise: Massenkommunikation 1964 bis 1980 – Trendanalyse zur Mediennutzung und Medienbewertung; in: Media Perspektiven; Heft 4, 1981

Klapper, Joseph T.: The Comparative Effects of the Various Media; in: Schramm (Hrsg): The Process and Effects of Mass Communication; 1954

Klapper, Joseph T.: The Effects of Mass Communication – An Analysis of Research of the Effectiveness and Limitations of Mass Media in Influencing the Opinions, Values, and Behavior of their Audiences; Glencoe/Illinois 1960

Klapper, Joseph T.: Die gesellschaftlichen Auswirkungen der Massenkommunikation; in: Schramm (Hrsg): Grundfragen der Kommunikationsforschung; 1963

Klapper, Joseph T.: Massenkommunikation – Einstellungskonstanz und Einstellungsänderung; in: Aufermann, Bohrmann, Sülzer: Gesellschaftliche Kommunikation und Information; Bd. I, 1973

Klar, Michael: Kommunikation und Praxis; in: Meurer und Viçon (Hrsg): Kritik der Alltagskultur; 1979

Klein, Friedhelm et al. (Hrsg): Werbung im Unterricht. Unterrichtsmittel für den Lehrer. »Mutti, Mutti, . . . er hat überhaupt nicht gebohrt!«; 2. erweiterte Auflage, München 1971

Klein-Blenkers, Fritz; Robl, Karl: Die Werbekosten in der Bundesrepublik Deutschland 1978; in: Seminarinformationen des Handels- und Absatzseminars der Universität zu Köln; Oktober 1980

Kleining, Gerhard: Über soziale Images; in: Glass und König (Hrsg): Soziale Schichtung und soziale Mobilität; 1961

Kleining, Gerhard; Moore, Harriet: Das Bild der sozialen Wirklichkeit; in: Kölner Zeitschrift für Soziologie und Sozialpsychologie; Heft 11, 1959

Kleining, Gerhard; Moore, Harriet: Das soziale Selbstbild der Gesellschaftsschichten in Deutschland; in: Kölner Zeitschrift für Soziologie und Sozialpsychologie; Heft 12, 1960

Kleining, Gerhard; Moore, Harriet: Soziale Selbsteinstufung (SSE) – ein Instrument zur Messung sozialer Schichten; in: Kölner Zeitschrift für Soziologie und Sozialpsychologie; Heft 20, 1968

Kluckert, Ehrenfried: Kunstgeschichte und Werbung – Kunsthistorische Voraussetzungen in der Illustriertenwerbung. 7 Unterrichtsmodelle zur ästhetischen Erziehung in der Sekundarstufe; Ravensburg 1979

Knilli, Friedrich (Hrsg): Die Unterhaltung der deutschen Fernsehfamilie. Ideologiekritische Untersuchungen; München 1971

Kreutz, Henrik: Einfluß von Massenmedien, persönlicher Kontakt und formelle Organisation. Kritik und Weiterführung der These vom »two-step flow of communication«; in: Ronneberger (Hrsg): Sozialisation durch Massenkommunikation; 1971

Köhne, Helgard: Werbung macht dumm; in: warum! Zeitschrift für Psychologie im Alltag; Nr. 2, 1980

König, René (Hrsg): Handbuch der empirischen Sozialforschung.
 Bd. 1: Geschichte und Grundprobleme; 1973.
 Bd. 2: Grundlegende Methoden und Techniken; Teil I; 1973
 Bd. 3a: Grundlegende Methoden und Techniken; Teil II; 1974.
 Bd. 3b: Grundlegende Methoden und Techniken; Teil III; 1974.
 Bd. 4: Komplexe Forschungsansätze; 1974.
 Bd. 5: Soziale Schichtung und Mobilität; 1978.
 Bd. 8: Beruf. Industrie. Sozialer Wandel in unterentwickelten Ländern; 1977.
 Bd. 10: Großstadt. Massenkommunikation. Stadt-Land-Beziehungen; 1977.
 Bd. 11: Freizeit. Konsum; 1977.
 Bd. 12: Wahlverhalten, Vorurteile, Kriminalität; 1978.
 (Bd. 1–4: 3. umgearbeitete Auflage; Bd. 5ff.: 2. völlig neu bearbeitete Auflage) München

König, René: Einige Bemerkungen über die Bedeutung der empirischen Forschung für die Soziologie; in: König (Hrsg): Handbuch der empirischen Sozialforschung, Bd. 14, 1979

Koeppler, Karlfritz: Unterschwellig wahrnehmen – unterschwellig lernen; Stuttgart 1972

Koeppler, Karlfritz: Werbewirkungen definiert und gemessen; herausgegeben von der Heinrich Bauer Stiftung; Braunschweig 1974

Koeppler, Karlfritz: Psychophysiologische Maße der Werbewirkung; in: Vierteljahreshefte für Mediaplanung; Nr. 2, 1980

Kolus-Darius, Roswitha: Frauentypologie 4 – Die Kommunikationsleistungen der Zeitschriften und ihrer Leserschaften; in: Interview und Analyse; Nr. 5/6, 1979

Kommunikation & Gesellschaft – Möglichkeiten und Grenzen von Kommunikation und Marketing in einer sich wandelnden Gesellschaft; herausgegeben vom Bund Deutscher Werbeberater; Karlsruhe 1972

Kotelmann, Joachim; Mikos, Lothar: Frühjahrsputz und Südseezauber – Die Darstellung der Frau in der Fernsehwerbung und das Bewußtsein von Zuschauerinnen; Baden-Baden 1981

Kroeber-Riel, Werner: Erotik verführt zum Kauf; in: Wirtschaftswoche; Nr. 52/53, 1974

Kroeber-Riel, Werner: Konsumentenverhalten; 2. erw. Auflage; München 1980

Kroeber-Riel, Werner; Neibecker, Bruno: Die computerkontrollierte Datenerhebung – eine japanische Herausforderung der Marktforschung? in: Interview und Analyse; Nr. 3, 1981

Krollpfeiffer, Hannelore: Die Zielgruppe oder der alternative Lippenstift; Wien/Hamburg 1982

Küchenhoff, Erich: Die Darstellung der Frau und die Behandlung von Frauenfragen im Fernsehen; Stuttgart 1975

Lage der Werbewirtschaft; in: ZAW-Service; Nr. 86, 1980

Lakaschus, Carmen: Die Kommunikationswirkung des Werbefernsehens; Schriftenreihe über Vortragsveranstaltungen der Verlagsgruppe Bauer, Bd. 1; 1972

Laplanche, J.; Pontalis, J.-B.: Vocabulaire de la Psychoanalyse; Paris 1967. / Das Vokabular der Psychoanalyse; Frankfurt/Main 1975

Lasswell, Harold D.; Casey, Ralph D.; Smith, Bruce L.: Propaganda and Promotional Acitivities. An Annotated Bibliography; Minnesota 1935. / Chicago/London 1969

Lasswell, Harold D.: The Structure and Function of Communications in Society; in: Bryson, L. (Hrsg): The Communication of Ideas; New York 1948

Lazarsfeld, Paul F.: The Art of Asking Why; in: National Marketing Review; / Nr. 1, 1935. / wieder abgedruckt in: Katz et al.: Public Opinion and Propaganda; 2. Auflage, New York 1954

Lazarsfeld, Paul F.: Some Remarks on the Typological Procedures in Social Research; in: Zeitschrift für Sozialforschung. Jg. VI, 1937 (Faksimile-Reprint Bd. 6, München 1980)

Lazarsfeld, Paul F.: Radio and the Printed Page; New York 1940

Lazarsfeld, Paul F.: Bemerkungen über administrative und kritische Kommunikationsforschung; 1941 / in: Prokop (Hrsg): Massenkommunikationsforschung, Bd. 2, 1973

Lazarsfeld, Paul F.; Berelson, Bernard; Gaudet, Hazel: The People's Choice – How the Voter makes up his Mind in a Presidential Campaign;

273

New York/London 1944. / Wahlen und Wähler – Soziologie des Wahlverhaltens; Neuwied/Berlin 1969

Lazarsfeld, Paul F.; Merton, Robert K.: Mass Communication, Popular Taste and Organized Social Action; New York 1948. / Massenkommunikation, Publikumsgeschmack und organisiertes Sozialverhalten; in: Aufermann, Bohrmann, Sülzer: Gesellschaftliche Kommunikation und Information; Bd. 2, 1973

Lazarsfeld, Paul F.; Menzel, Herbert: Massenmedien und personaler Einfluß; in: Schramm (Hrsg): Grundfragen der Kommunikationsforschung; 1963

Lazarsfeld, Paul F.: Am Puls der Gesellschaft – Zur Methodik der empirischen Soziologie; Wien/Frankfurt/Zürich 1968

Lebensweg einer jungen Marke; in: Absatzwirtschaft, Sonderausgabe 10, 1980

Le Bon, Gustave: Psychologie des foules; Paris 1895. / Psychologie der Massen; Stuttgart 1964

Lengauer, Michael: Effektivität audiovisueller Kommuniqués – Vergleichende Pilot-Untersuchung; Hochschule der Künste Berlin, FB 5; mimeo., 1980

Lengauer, Michael: Untersuchung von 183 TV-Werbespots und Versuch einer analytisch-kritischen Wertung; Hochschule der Künste Berlin, FB 5; mimeo., 1975

Leontjew, Alexej Nikolajewitsch: Problemy razvitija psichiki; Moskau 1959. / Probleme der Entwicklung des Psychischen; Kronberg im Taunus 1977

Lewin, Kurt: Group Decision and Social Change; in: Maccoby, Newcomb, Hartley (Hrsg): Readings in Social Psychology; New York 1958

Lewin, Kurt: Principles of Topological Psychology; New York/London 1936

Lilli, Waldemar: Die Hypothesentheorie der sozialen Wahrnehmung; in: Frey (Hrsg): Kognitive Theorien der Sozialpsychologie; 1978

Lindner, Rolf: Das Gefühl von Freiheit und Abenteuer – Ideologie und Praxis der Werbung; Frankfurt/New York 1977

Lucas, Darell B.: Measuring Advertising Effectiveness; New York 1963. / Messung der Werbewirkung; Essen 1966

Luthe, Heinz Otto: Interpersonale Kommunikation und Beeinflussung – Beitrag zu einer soziologischen Theorie der Kommunikation; Stuttgart 1968

Luthe, Heinz Otto: Zum Verhältnis von Massenkommunikation und interpersonaler Kommunikation; in: Prokop (Hrsg): Massenkommunikationsforschung; Bd. 2, 1973

Löwenthal, Leo: Literatur und Massenkultur; Frankfurt/Main 1980

McLuhan, Marshall: Understanding Media; New York 1964. / Die magischen Kanäle; Frankfurt/Main 1970

Maletzke, Gerhard: Psychologie der Massenkommunikation – Theorie und Systematik; Hamburg 1963

Maletzke, Gerhard (Hrsg): Einführung in die Massenkommunikationsforschung; Berlin 1972

Marcuse, Herbert: The One-Dimensional Man; Boston/Massachusetts 1963; Der eindimensionale Mensch; Neuwied/Berlin 1970

Marcuse, Herbert: Befreiung von der Überflußgesellschaft; in: Kursbuch; Nr. 16, 1969

274

Maslow, Abraham H.: Motivation and Personality; New York 1954;/ Motivation und Persönlichkeit; Reinbek bei Hamburg 1981

Matthöfer, Hans (Hrsg.): Verbraucherforschung; Frankfurt/Main 1977

Mayer, Hans; Schneider, Hermann: Neuere Untersuchungen zur Theorie der Meinungsführerschaft; in: Jahrbuch der Absatz- und Verbraucherforschung. Berlin 1978

Media Analyse AG, Arbeitsgemeinschaft Media Analyse e. V. und Media-Micro-Census GmbH (Hrsg.): Media-Analyse (MA) – für Publikumszeitschriften, Tageszeitungen, Fernsehen, Hörfunk, Lesezirkel, Filmtheater; erscheint jährlich, Frankfurt/Main (1980)

Media-Daten – Handbuch der deutschen Werbeträger
– Zeitschriften mit Auslandteil. Nr. 2, 1981
– Fachzeitschriften. Nr. 2, 1981

Media Perspektiven (Hrsg.): Daten zur Mediensituation in der Bundesrepublik 1980; Frankfurt/Main 1981

Menge, Wolfgang: Der verkaufte Käufer – Die Manipulation der Konsumgesellschaft; Wien/München/Zürich 1971

Merbold, Klaus: Maße der Leser-Blatt-Bindung – Kriterien zur qualitativen Media-Planung; Gruner + Jahr Schriftenreihe. Bd. 22; Hamburg 1977

Merton, Robert K.: Mass Persuasion; New York / London 1946

Messing, Hans W.: Es gibt eben keine wertfreie Nachricht – Werbung zwischen Information und Manipulation; in: Frankfurter Allgemeine Zeitung. 7. 8. 1979

Meurer, Bernd; Vinçon, Hartmut (Hrsg.): Kritik der Alltagskultur; Berlin 1979

Meyer-Abich, Klaus M.; Birnbacher, Dieter (Hrsg.): Was braucht der Mensch um glücklich zu sein – Bedürfnisforschung und Konsumkritik; München 1979

Meyer-Hentschel, Gundolf: Der Saarbrückener Werbetest; in: Marketing Journal; Nr. 3, 1980

Meyn, Hermann: Massenmedien in der Bundesrepublik Deutschland; neu bearbeitete Auflage, Berlin 1974

Mitscherlich, Alexander; Vogel, Horst: Psychoanalytische Motivationstheorie; in: Thomae (Hrsg.): Handbuch der Psychologie Bd. 2; Göttingen 1965

Moeller, Barbara von: Hausfrau oder »Karrieregirl«? – Werbung und Rollenverständnis der Frau; in: Der Markenartikel; Nr. 11, 1979

Möller, Carola: Gesellschaftliche Funktionen der Konsumwerbung; Stuttgart 1970

Müller-Veeh, Dieter: Produktverwendung bei Leserschaften; in: Interview und Analyse; Nr. 6/7, 1979

Naschold, Frieder: Kommunikationstheorien; in: Aufermann, Bohrmann, Sülzer (Hrsg.): Gesellschaftliche Kommunikation und Information; Bd. 1, 1973

Neske, Fritz; Heuer, Gerd F.: Handlexikon Werbung und Marketing; Frankfurt/Main 1971

Noelle, Elisabeth: Umfragen in der Massengesellschaft – Einführung in die Methoden der Demoskopie; Reinbek bei Hamburg 1963

Noelle, Elisabeth: Meinungsführer und Massenmedien; in: Der Markenartikel; Nr. 12, 1963

Noelle-Neumann, Elisabeth; Neumann, Erich Peter (Hrsg.): Jahrbuch der öffentlichen Meinung 1965–67; Allensbach/Bonn 1967; Jahrbuch der öffentlichen Meinung 1968–73; Allensbach/Bonn 1974

Noelle-Neumann, Elisabeth (Hrsg): Allensbacher Jahrbuch der Demoskopie 1974–76; Wien/München/Zürich 1976; Allensbacher Jahrbuch der Demoskopie 1977–79; Wien/München/Zürich 1979

Noelle-Neumann, Elisabeth; Schulz, Winfried (Hrsg): Publizistik – Das Fischer-Lexikon; Frankfurt/Main 1971

Noelle-Neumann, Elisabeth: Wirkung der Massenmedien; in: Noelle-Neumann, Schulz (Hrsg): Publizistik

Noelle-Neumann, Elisabeth: Probleme des Fragebogenaufbaus; in: Behrens (Hrsg): Handbuch der Marktforschung 1974

Ogilvy, David: Confessions of an Advertising Man; New York 1963. / Geständnisse eines Werbemannes; Wien/Düsseldorf 1964

Ogilvy, David: Was ich von der Werbung gelernt habe; Vortrag auf dem 1. deutschen Kommunikationstag und BDW-Kongreß 1979, Berlin

Osgood, Charles E.; Suci, Georg J.; Tannenbaum, Percy H.: The Measurement of Meaning; Urbana/Illinois 1957

Packard, Vance: The Hidden Persuaders; 1957. / Die geheimen Verführer – Der Griff nach dem Unbewußten in Jedermann; Düsseldorf 1968

Pagès, Robert: Das Experiment in der Soziologie; in: König (Hrsg): Handbuch der empirischen Sozialforschung; Bd. 3 a, 1974

Paulot, Bruno: Die Verwandlung von Waschpulver in Zucker und Salz; in: Frankfurter Idee; Nr. 1, 1981

Petera, Georg: Wirtschaftspsychologie aus der Sicht der Verbraucher; in: psychologie heute; Nr. 10, 1976

Petermann, F.: Modelle der Massenkommunikationsforschung; in: Kölner Zeitschrift für Soziologie und Sozialpsychologie; Nr. 1, 1976

Philosophisches Wörterbuch; herausgegeben von Klaus, Georg und Buhr, Manfred; 7. Auflage, Leipzig 1970

Popper, Karl R.: The Logic of Scientific Discovery; New York 1959. / Logik der Forschung; Tübingen 1966

Porträts deutscher Werbeagenturen 1980/81; herausgegeben von märkte & medien Verlagsgesellschaft mbH; Hamburg 1980

Presse- und Informationsamt der Bundesregierung (Hrsg): Kommunikationspolitische und kommunikationswissenschaftliche Forschungsprojekte der Bundesregierung (1971–74); Bonn 1974

Presse- und Informationsamt der Bundesregierung (Hrsg): Gesellschaftliche Daten 1979; Bonn 1980

Prokop, Dieter (Hrsg): Kritische Kommunikationsforschung – Aufsätze aus der Zeitschrift für Sozialforschung; München 1973

Prokop, Dieter: Massenkultur und Spontaneität; Frankfurt/Main 1974

Prokop, Dieter: Design und Phantasietätigkeit in der Massenkommunikation; in: Meurer und Viçon (Hrsg): Kritik der Alltagskultur; 1979

Prokop, Dieter (Hrsg): Massenkommunikationsforschung; Bd. 1 Produktion; Frankfurt/Main 1972. Bd. 2 Konsumtion; Frankfurt/Main 1973. Bd. 3 Produktanalysen; Frankfurt/Main 1977

Prokop, Dieter: Faszination und Langeweile – Die populären Medien; Stuttgart 1979, München 1979

Prokop, Dieter: Medienprodukte. Zugänge – Verfahren – Kritik; Tübingen 1981

Prokop, Dieter: Medien – Wirkungen; Frankfurt/Main 1981

Pross, Helge: Die Wirklichkeit der Hausfrau; Reinbek bei Hamburg 1975

Psychologie im Marketing: Was leisten die Methoden?; in: Absatzwirtschaft; Nr. 5, 1980

Raab, Erich: Probleme der Frageformulierung; in: Behrens (Hrsg): Handbuch der Marktforschung; 1974

Rapaport, David: Die Struktur der psychoanalytischen Theorie; 1945. / Stuttgart 1970

Reeves, Rosser: Reality in Advertising; New York 1960. / Werbung ohne Mythos; München 1969

Reichenberg, H. G. von: Werbung – Bluff oder Wissenschaft?; Berlin o. J. (ca. 1955)

Renckstorff, Karsten: Zur Hypothese des »two-step flow« der Massenkommunikation; in: Prokop (Hrsg): Massenkommunikationsforschung; Bd. 2, 1973

Rexroth, Tilman: Warenästhetik – Produkte und Produzenten. Zur Kritik einer Theorie W. F. Haugs; Kronberg/Ts. 1974

Rexroth, Tilman; Amft, Dirk: Bild und Begriff – Historische Voraussetzungen der visuellen Kommunikation; in: Meurer und Viçon (Hrsg): Kritik der Alltagskultur; 1979

Ritsert, Jürgen: Inhaltsanalyse und Ideologiekritik – Ein Versuch über kritische Sozialforschung; Frankfurt/Main 1972

Rober, Peter W.: Sex für Millionen. Erotik an der Werbetrommel. Ein Rätsel, das gar keines ist; Bonn 1963

Roberts, M.; Koggan, P. B.: How should Women be Portrayed in Advertisements? A Call for Research; in: Wilkie, W. (Hrsg): Advances in Consumer Research; Bd. 6. Herausgegeben von der Association for Consumer Research; Ann Arbor/Mich. 1979

Robinson, Gertrude Joch: 25 Jahre »Gatekeeper«-Forschung: Eine kritische Rückschau und Bewertung; in: Aufermann, Bohrmann, Sülzer: Gesellschaftliche Kommunikation und Information; Bd. I, 1973

Römer, Ruth: Die Sprache der Anzeigenwerbung; 2. überarbeitete Auflage, Düsseldorf 1971

Rogosky, Wolf D.: Werbung in Amerika: Die Hohe Schule der Verführung; in: Der Stern; USA-Sonderteil Nr. 44, 1980

Ronneberger, Franz: Sozialisation durch Massenkommunikation; Stuttgart 1971

Roosen, Hans: Zum Problem der Inhaltsbedeutung von Werken bildender Kunst; in: Ehmer (Hrsg): Visuelle Kommunikation; 1971

von Rosenstiel, Lutz: Psychologie der Werbung; Rosenheim 1969

Ruczinski, Erich M.; Suthoff, Karl: Die Bedeutung des Modell-Denkens für die Werbung; Schriftenreihe der Verlagsgruppe Bauer; Bd. 9, o. J. (ca. 1979)

Sauermann, Peter: Lügt der Lügendetektor?; in: Interview und Analyse; Nr. 5, 1980

Sauermann, Peter: Marktpsychologie; Stuttgart 1980

Schäfers, Bernhard: Sozialstruktur und Wandel der Bundesrepublik Deutschland; Stuttgart 1976

Schelsky, Helmut: Auf der Suche nach der Wirklichkeit; Düsseldorf 1965

Scherhorn, Gerhard: Information und Kauf – Empirische Analyse der Markttransparenz; Köln/Opladen 1964

Scherhorn, Gerhard: Markforschung und Marktsoziologie; in: Behrens (Hrsg): Handbuch der Marktforschung; 1974

Scherhorn, Gerhard; Augustin, Elke et al.: Verbraucherinteresse und Verbraucherpolitik; Göttingen 1975

Scherhorn, Gerhard: Konsum; in: König (Hrsg): Handbuch der empirischen Sozialforschung; Bd. 11, 1977

Scheuch, Erwin K.; Daheim, Hansjürgen: Sozialprestige und soziale Schichtung; in: Glass, König (Hrsg): Soziale Schichtung und soziale Mobilität; 1961

Schiller, Herbert I.: The Mind Managers; 1973. / Die Bewußtseins-Manager. Medienindustrie der USA. Struktur und Einfluß; München 1976

Schiller, Rüdiger; Kästing, Friederike: Bibliographie der Marktforschungsliteratur – Verzeichnis deutschsprachiger Literatur ab 1945; Stuttgart 1976

Schiwy, Günther: Der französische Strukturalismus; Reinbek bei Hamburg 1969

Schmerl, Christiane; Huber, Michaela: Frauenfeindliche Klischees in der Werbung; in: psychologie heute; Nr. 2, 1979

Schmerl, Christiane (Hrsg): Frauenfeindliche Werbung; Berlin 1981

Schmidt, Hans Dieter: Einstellungen und offenes Verhalten; in: psychologie heute; Nr. 2, 1976

Schmidtchen, Gerhard: Gibt es eine Sozialwissenschaft ohne Manipulation?; Zürich 1973

Schmidtchen, Gerhard: Der Wandel im Selbstverständnis der Frau; Vortrag zum GWA-Seminar: Die Frau in der Werbung. 29.11.–1.12.74; Gesellschaft Werbeagenturen Frankfurt

Schmölders, Günter: Psychologie des Geldes; Hamburg 1966

Schmölders, Günter: Marktforschung und Wirtschaftstheorie; in: Behrens (Hrsg): Handbuch der Marktforschung; 1974

Schmölders, Günter; Scherhorn, Gerhard; Schmidtchen, Gerhard: Der Umgang mit Geld im privaten Haushalt; Berlin 1969

Schramm, Wilbur (Hrsg): Communication in Modern Society; Urbana/Ill. 1948

Schramm, Wilbur (Hrsg): The Process and Effects of Mass Communication; Urbana/Ill. 1954

Schramm, Wilbur (Hrsg): The Science of Human Communication; New York 1963. / Grundfragen der Kommunikationsforschung; München 1970

Schreiber, Klaus: Methoden der Motivforschung; in: Absatzwirtschaft. Heft 7, 1953

Schreiber, Klaus: Kaufverhalten der Verbraucher; Wiesbaden 1965

Schreiber, Klaus: Marktforschung; Berlin/Frankfurt/Main 1966

Schreiber, Klaus: Marktforschung und Marktdynamik – Die Bedeutung neuerer Entwicklungen der Wettbewerbstheorie für die Marktforschung; in: Behrens (Hrsg): Wandel im Handel; Wiesbaden 1966

Schreiber, Klaus: Aktuelle Fragen der Werbeerfolgskontrolle; in: Modernes Marketing – Moderner Handel; Wiesbaden 1972

Schreiber, Klaus: Standardisierte und nicht-standardisierte Interviews; in: Behrens (Hrsg): Handbuch der Marktforschung; 1974

Schulthes, Peter: Manche mögens süß ... eine »Nascher-Typologie«; in: Interview und Analyse; Nr. 2, 1981

Schurig, Volker: Die Entstehung des Bewußtseins; Frankfurt/Main 1976

Sève, Lucien: Marxisme et théorie de la personnalité; Paris 1968. / Marxismus und Theorie der Persönlichkeit; Frankfurt/Main 1973

Sève, Lucien: Psychoanalyse und historischer Materialismus; in: Friedrich (Hrsg): Kritik der Psychoanalyse und biologistischer Konzeptionen; 1977

Shannon, Claude E.; Weaver, Warren: The Mathematical Theory of Communication; Urbana, Ill. 1949

Silbermann, Alphons (Hrsg): Die Massenmedien und ihre Folgen – Kommunikationssoziologische Studien; München/Basel 1970

Silbermann, Alphons; Krüger, Udo Michael: Soziologie der Massenkommunikation; Stuttgart/Berlin/Köln/Mainz 1973

Silbermann, Alphons: Massenkommunikation; in: König (Hrsg): Handbuch der empirischen Sozialforschung; Bd. 10, 1977

Smith, Bruce Lannes; Laswell, Harold D.; Casey, Ralph D.: Propaganda, Communication and Public Opinion – A Comprehensive Reference Guide; Princeton 1946

Söllner, Walter J.: Modelle zur Werbewirkungsprognose für Konsumgüter – Markenartikel; Gruner + Jahr. Schriftenreihe Bd. 19; Hamburg o. J. (ca. 1975)

Sollwedel, Inge: Appelle an Träume und Triebe – Mutterliebe durch Babypuder. Konsum als weibliche Lebenserfüllung; in: Publik; Nr. 11, 2.7.1978

Sollwedel, Inge: Wie die Werbung die Frau verwertet; in: Neue Bonner Depesche; Nr. 4, April 1979

Sombart, Werner: Der moderne Kapitalismus; München/Leipzig 1924

Sowinski, Bernhard: Werbeanzeigen und Werbesendungen – Analysen zur deutschen Sprache und Literatur; München 1979

Specht, Karl Gustav; Wiswede, Günter (Hrsg): Marketing Soziologie – Soziale Interaktionen als Determinanten des Marktverhaltens; Berlin 1976

Spiegel, Bernt: Werbepsychologische Untersuchungsmethoden; Berlin 1958

Spiegel, Bernt: Die Struktur der Meinungsverteilung im sozialen Feld; Bern/Stuttgart 1961

Spiegel Verlag Rudolf Augstein KG (Hrsg): Werbung, Märkte, Manager; Hamburg, erscheint jährlich

Spiegel Verlag Rudolf Augstein KG (Hrsg): Effektivität in der Werbung. Ergebnisse von vier Fallstudien über Werbewirkung und Werbeerfolg; Hamburg 1971

Spiegel Verlag Rudolf Augstein KG (Hrsg): Das ›top- und middle-management‹; Hamburg o. J. (1972)

Spiegel Verlag Rudolf Augstein KG (Hrsg): Eff-Kurve. Kommunikationsprozesse und Werbewirkung gemessen an 32 Kampagnen; Hamburg 1973

Spiegel Verlag Rudolf Augstein KG (Hrsg): Kauf-Konsum-Verhaltenstypologie; Hamburg 1973

Spitzer, Leo: Amerikanische Werbung verstanden als populäre Kunst; in: May, K. und Höllerer, Walter (Hrsg): Eine Methode Literatur zu interpretieren; München 1966

279

Spot-Alternativen: TV-Nischen für die Mittelklasse; in: Absatzwirtschaft; Heft 2, 1980

Stamm-Leitfaden für Presse und Werbung. Nachweis und Beschreibung periodischer Druckschriften sowie aller Werbemöglichkeiten in Deutschland und der wichtigsten im Ausland; Essen 1980 (jährlich)

Statistisches Bundesamt (Hrsg): Statistisches Jahrbuch 1980 für die Bundesrepublik Deutschland; Stuttgart/Mainz 1981 (jährlich)

Stein, Günter: Erthüllungen aus dem Land der Riesenwaschkraft; Stuttgart 1978

Stein, Günter: Aus dem Werbeleben eines Taugenichts; Stuttgart 1979

Stein, Günter: Und wie war das bei Ihnen?; Stuttgart 1980

Steinbuch, Karl: Falsch programmiert; Stuttgart 1968

Stewardess wird nicht mehr geflogen – NOW (National Organisation for Women) bläst zum Angriff auf US-Reklame; in: Die Neue, 25. 7. 1980

Stone, Gregory P.; Hagoel, Lea: Über den Umgang mit Motiven; in: Kölner Zeitschrift für Soziologie und Sozialpsychologie. Sonderheft 20: Materialien zur Soziologie des Alltags; 1978

Sulich, Ingrid: Wenn Zsa Zsa Gabor ihre Kosmetik empfiehlt; in: Berliner Tagesspiegel; 25. 11. 1979

Teigeler, Peter: Verständlichkeit von Sprache und Text; Stuttgart 1968

Tennstädt, Friedrich W. R.: Methodische Entwicklungen der Marktforschung in den achtziger Jahren; in: Interview und Analyse; Heft 1, 1980

Thomae, Hans (Hrsg): Die Motivation menschlichen Handelns; Köln/Berlin 1965

Thomae, Hans: Soziale Schichten als Sozialisationsvariablen; in: Graumann (Hrsg): Handbuch der Psychologie; Bd. 7; 2, 1972

Todt, Eberhard et al. (Hrsg): Motivation; Heidelberg 1977

Toman, Walter: Motivation, Persönlichkeit, Umwelt; Göttingen 1968

Trend zur Psychobiologie; in: Absatzwirtschaft; Heft 3, 1980

Troost Campbell-Ewald GmbH (Hrsg): Hausinterne Publikationen zum fünfjährigen Bestehen der Agentur; Düsseldorf 1980

Ubbens, Wilbert: Zur Kritik massenkommunikativer Textanalyse; in: Aufermann, Bohrmann, Sülzer (Hrsg): Gesellschaftliche Kommunikation und Information; Bd. I, 1973

Veblen, Thorstein: The Theory of the Leisure Class – An Economic Study of the Evolution of Institutions; New York 1899. / Theorie der feinen Leute – Eine ökonomische Untersuchung der Institutionen; München 1971

Wachstumsmarkt Werbung – Sieben Milliarden für die klassischen Werbemedien im Werbejahr 1979; in: Media Perspektiven; Heft 2, 1980

Wahl, François: Qu'est-ce que le structuralisme?; Paris 1968. / Einführung in den Strukturalismus; Frankfurt/Main 1973

Warner, Lloyd W. et al.: Social Class in America: A Manual for Procedure for the Measurement of Social Status; Chicago/Ill. 1949

Watzlawick, Paul; Beavin, Janet H.; Jackson, Don D.: Pragmatics of Human Communication – A Study of Interactional Patterns, Pathologies and Paradoxes; New York 1967. / Menschliche Kommunikation – Formen, Störungen, Paradoxien; Bern/Stuttgart/Wien 1974

Watzlawick, Paul; Weakland, John H.; Fisch, Richard: Change – Principles of Problem Formation and Problem Resolution; New York 1974. / Lösungen – Zur Theorie und Praxis menschlichen Wandels; Bern/Stuttgart/Wien 1975

Wedderburn, Dorothy: Arbeiter und Angestellte: Gleichen sich die Unterschiede aus?; in: Hörning (Hrsg): Der »neue« Arbeiter; 1971

Wember, Bernward: Wie informiert das Fernsehen? Ein Indizienbeweis; München 1976

Werbeerfolgskontrolle? Nein danke!; in: W & V; Nr. 3, 1982, S. 1.

Werbekosten 1978 mindestens 34,6 Milliarden DM – Neue Berechnungen von Klein-Blenkers und Robl; in: Media Perspektiven; Heft 12, 1980

Werbetexte/Texte zur Werbung für die Sekundarstufe; herausgegeben von Springmann, Ingo; Stuttgart 1973

Werbewirkung – abhängig von Heftumfängen?; Faltblatt mit Ergebnissen einer Untersuchung herausgegeben von der Verlagsgruppe Bauer; o. J. (1981)

Werbung pro & kontra; herausgegeben vom Zentralausschuß der Werbewirtschaft e. V. (ZAW); Bonn 1981

Werbung und Verbraucher, in: ZAW-Meldung; Nr. 5, 1982, S. 9

Whipple, T. W.; Courtney, A. E.: How to Portray Women in TV Commercials; in: Journal of Advertising Research; 20/1980

Wicklund, Robert A.; Brehm, Jack W.: Perspectives on Cognitive Dissonance; Hillsdale/New Jersey

Wie man Strauß verkauft; in: Der Stern, Heft 26, 1980

Wilensky, Harold: Massengesellschaft und Massenkultur; in: Prokop (Hrsg): Massenkommunikationsforschung Bd. 2, 1973

Wiswede, Günter: Soziologie des Verbraucherverhaltens; Stuttgart 1972

Wiswede, Günter: Motivation und Verbraucherverhalten; 2. neubearbeitete Auflage; München/Basel 1973

Wiswede, Günter: Meinungsführung und Konsumverhalten. Zur Metamorphose eines kommunikationswissenschaftlichen Konzepts; in: Jahrbuch der Absatz- und Verbrauchsforschung; Heft 2, Berlin 1978

Wiswede, Günter: Motivforschung heute; in: Markenartikel; Heft 11, 1979

Zacharias, Gerhard: Die Einstellung der Bevölkerung zur Werbung; München 1977

Zahn, Ernest: Die Fragen des Konsumentenverhaltens in der heutigen Sozialforschung; in: Kölner Zeitschrift für Soziologie und Sozialpsychologie; Teil 1 Heft 3, 1959; Teil II Heft 5, 1959

Zahn, Ernest: Soziologie der Prosperität; Köln/Berlin 1960

Zapf, Wolfgang (Hrsg): Beiträge zur Analyse der deutschen Oberschicht; 2. erweiterte Auflage; München 1965

Zentralausschuß der Werbewirtschaft (ZAW) (Hrsg): Der ZAW. Aufgaben, Organisation und Mitgliedsverbände; Bonn 1979

Zetterberg, Hans L.: Theorie, Forschung und Praxis in der Soziologie; in: König (Hrsg): Handbuch der empirischen Sozialforschung; Bd. I, 1973

Zimmer, Dieter E.: Die geheime Verführbarkeit – Seelenspionage mit Hilfe der Biologie; in: Die Zeit; Nr. 28, 1980

Zoll, Ralf; Hennig, Eike: Massenmedien und Meinungsbildung – Angebot,

Reichweite, Nutzung und Inhalt der Medien in der BRD; München 1970

Zoll, Ralf (Hrsg): Manipulation der Meinungsbildung – Zum Problem hergestellter Öffentlichkeit; Opladen 1971

Zweites Deutsches Fernsehen (Hrsg): Familie und Fernsehen; Schriftenreihe des ZDF, Heft 21, Mainz 1978

Fischer Wissenschaft
Eine Auswahl

Philippe Ariès /
André Béjin /
Michel Foucault u.a.
**Die Masken des Begehrens
und die Metamorphosen
der Sinnlichkeit**
Band 7357

Michel Foucault
Die Geburt der Klinik
Band 7400

Schriften zur Literatur
Band 7405

Von der Subversion des Wissens
Band 7398

Gaston Bachelard
Poetik des Raumes
Band 7396

François Furet / Denis Richet
Die Französische Revolution
Band 7371

Maurice Blanchot
Der Gesang der Sirenen
Band 7402

Maurice Halbwachs
**Das kollektive
Gedächtnis**
Band 7359

Umberto Eco
Apokalyptiker und Integrierte
Band 7367

Kultur-Analysen
Beiträge von Hans-Dieter
König, Alfred Lorenzer,
Heinz Lüdde, Søren Nagbøl,
Ulrike Prokop, Gunzelin
Schmid Noerr, Annelind
Eggert
Band 7334

Moses I. Finley
**Quellen und Modelle
in der Alten Geschichte**
Band 7373

Fischer Taschenbuch Verlag

fi 513 / 5 a

Fischer Wissenschaft

Eine Auswahl

Fischer Taschenbuch Verlag

Fischer Wissenschaft
Eine Auswahl

Michail M. Bachtin
Formen der Zeit
im Roman
Untersuchungen zur
historischen Poetik
Band 7418

Ernst Cassirer
Der Mythus des Staates
Band 7351

Ernst Robert Curtius
Kritische Essays zur
europäischen Literatur
Band 7350

Robert Darnton
Literaten
im Untergrund
Lesen, Schreiben
und Publizieren im
vorrevolutionären
Frankreich
Band 7412

Mary Douglas
Ritual, Tabu und
Körpersymbolik
Sozialanthropologische
Studien in Industrie-
gesellschaft und
Stammeskultur
Band 7365

Heidrun Hesse
Vernunft und
Selbstbehauptung
Band 7343

Max Horkheimer
Zur Kritik der
instrumentellen
Vernunft
Band 7355

Martin Jay
Dialektische Phantasie
Band 6546

Fischer Taschenbuch Verlag

Fischer Wissenschaft
Eine Auswahl

Alfred Lorenzer
Das Konzil
der Buchhalter
Die Zerstörung der
Sinnlichkeit
Eine Religionsgeschichte
Band 7340

Bronislaw Malinowski
Magie, Wissenschaft
und Religion /
Und andere Schriften
Band 7335

Das Denken des
Marquis de Sade
Mit Beiträgen von
Roland Barthes, Hubert
Damisch, Pierre Klossowski,
Philippe Sollers,
Michel Tort
Band 7413

Sergio Moravia
Beobachtende Vernunft
Philosophie und
Antropologie in
der Aufklärung
Band 7410

Herfried Münkler
Machiavelli
Die Begründung des
politischen Denkens
der Neuzeit aus der
Krise der Republik
Florenz
Band 7342

Jean Piaget
Biologie und Erkenntnis
Über die Beziehungen
zwischen organischen
Regulationen und
kognitiven Prozessen
Band 7333

Marthe Robert
Das Alte im Neuen
Von Don Quichotte
zu Franz Kafka
Band 7346

Viktor Šklovskij
Theorie der Prosa
Band 7339

Jean Starobinski
Montaigne
Denken und Existenz
Band 7411

Fischer Taschenbuch Verlag

fi 406 / 3 b

Michael Kausch

Kulturindustrie und Populärkultur

Kritische Theorie der Massenmedien

Fischer Taschenbuch Band 6636

Michael Kauschs Studie ist die erste umfassende Darstellung der Medientheorie(n) der Frankfurter Schule. Dabei liegt der Schwerpunkt auf der theoretischen und praktischen Arbeit der Frankfurter im amerikanischen Exil; zur Sprache kommt aber gleichfalls die Frühphase – Hinwendung zu Medienphänomenen unter dem Eindruck der Nazi-Propaganda –, wie auch der spätere vorsichtige Optimismus vor allem Adornos in den fünfziger Jahren.

Kausch hat nicht nur die Werke Horkheimers, Adornos, Benjamins und Löwenthals im Hinblick auf medientheoretische Überlegungen aufgearbeitet; er hat darüber hinaus auch zahlreiche Quellen überhaupt erst erschlossen. Diese Materialien aus amerikanischen Archiven beziehen sich überwiegend auf konkrete empirische Untersuchungen (Radio, TV, Musik, Propaganda) und ermöglichen Einblicke in die tägliche Arbeit der Mitglieder des Instituts für Sozialforschung.

Die verschiedenen Auffassungen von Massenkultur, die innerhalb des Instituts aufeinandertrafen, beleuchtet Kausch nicht zuletzt unter kommunikationswissenschaftlichen Aspekten. Dabei zeigt sich, daß zahlreiche Argumente, die in heutigen Mediendebatten laut werden, bereits vor einem halben Jahrhundert innerhalb der Kritischen Theorie formuliert und diskutiert worden sind.

Fischer Taschenbuch Verlag

fi 821 / 1